U0921953

未读 | 思想家

UNREAD

DK传记
伟大的作家

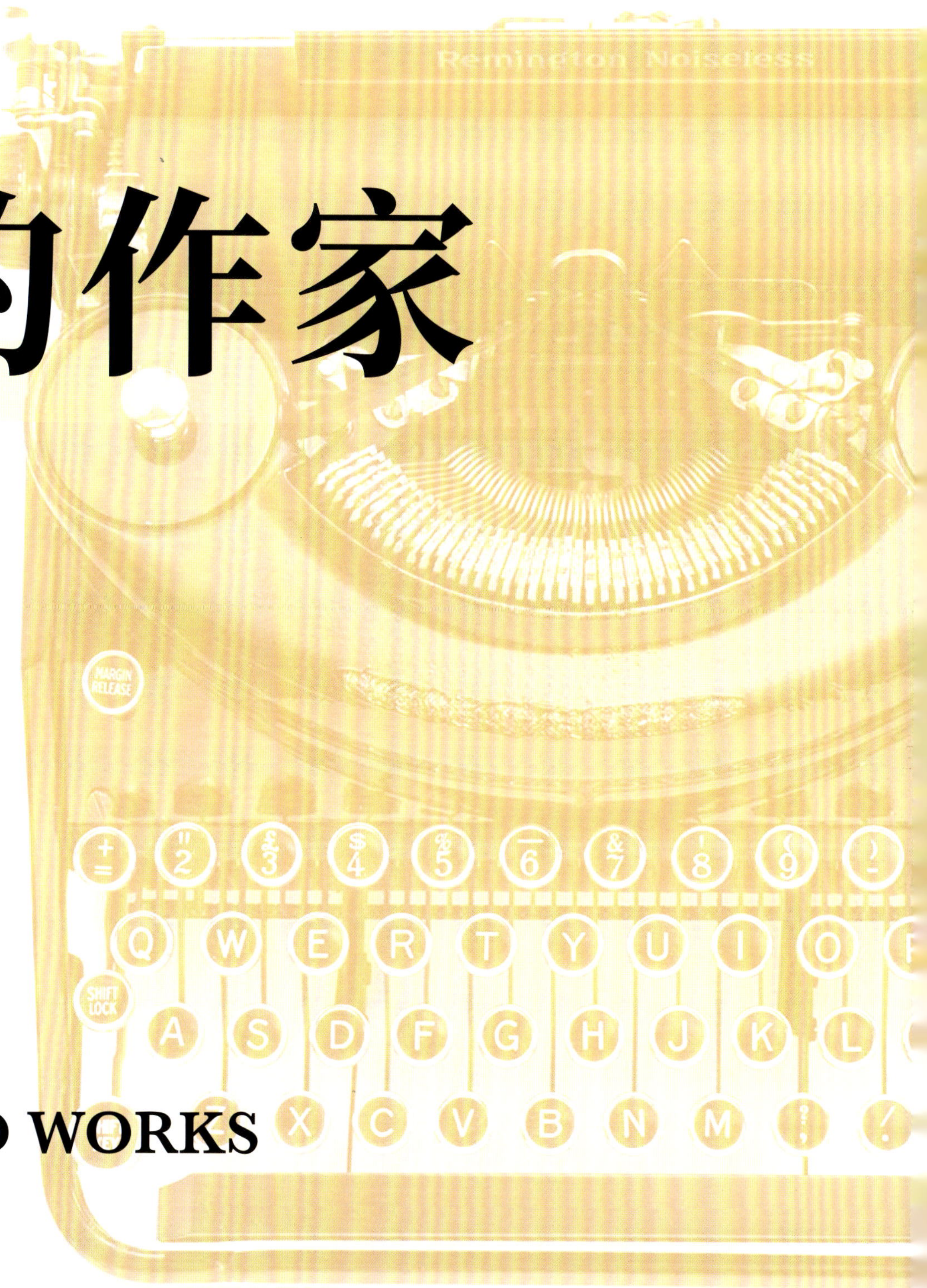

WRITERS
THEIR LIVES AND WORKS

〔英〕DK出版社 编著　　李星辰 张迥 译

上海文化出版社

DK | Penguin Random House

图书在版编目（CIP）数据

DK传记 ：伟大的作家 / 英国DK出版社编著 ；李星辰，张[illegible]André译. -- 上海 ：上海文化出版社，2021.11（2024.1重印）
ISBN 978-7-5535-2188-6

Ⅰ. ①D… Ⅱ. ①英… ②李… ③张… Ⅲ. ①作家一生平事迹一世界 Ⅳ. ①K815.6

中国版本图书馆CIP数据核字（2020）第272863号

著作权合同登记号 图字:09-2020-808 号

www.dk.com

出 版 人：姜逸青
选题策划：联合天际
责任编辑：顾杏娣
特约编辑：谭秀丽 王 争
封面设计：木 春
美术编辑：程 阁

未读 |

书 名：DK传记：伟大的作家
作 者：〔英〕DK出版社
译 者：李星辰 张迿
出 版：上海世纪出版集团 上海文化出版社
地 址：上海市闵行区号景路159弄A座3楼 201101
发 行：未读（天津）文化传媒有限公司
印 刷：鸿博昊天科技有限公司
开 本：787mm×1092mm 1/8
印 张：45
版 次：2021年11月第一版 2024年1月第三次印刷
书 号：ISBN 978-7-5535-2188-6/K.240
定 价：238.00元

关注未读好书

客服咨询

本书若有质量问题，请与本公司图书销售中心联系调换
电话：(010) 52435752

编著者

凯·塞尔特尔（Kay Celtel）
拥有历史学博士学位。从事过与出版、培训和拍卖等有关的职业，现在是作家、研究员和编辑。

海伦·克利里（Helen Cleary）
毕业于英国剑桥大学英语文学专业，之后又取得了创意写作硕士学位。目前，她在位于南威尔士乡村的家中从事与写作、编辑和版画相关的工作。

R. G. 格兰特（R. G. Grant）
在历史、传记和文化方面广有著述。另外，他还参与撰写了《死前必读的一千零一本书》（*1001 Books You Must Read Before You Die*，2006）和《五百零一位伟大的作家》（*501 Great Writers*，2008）。

安·克雷默（Ann Kramer）
作家、历史学家。她撰写了多部著作，主题从女性历史到艺术与文学。

戴安娜·洛克斯利（Diana Loxley）
自由编辑、作家。洛克斯利拥有文学博士学位，曾担任伦敦一家出版公司的执行主编。

伊斯特·雷普利（Esther Ripley）
作家、编辑。她的职业生涯始于新闻行业，曾任DK出版社的执行主编。此外，她从心理学的视角来研究文学，并撰写了一系列以文化为主题的文章。

柯斯蒂·西摩尔－尤尔（Kirsty Seymouro-Ure）
经验丰富的自由撰稿人、编辑。她拥有英国杜伦大学英语文学和意大利语专业的学士学位，现居意大利。

布鲁诺·文森特（Bruno Vincent）
编辑、作家。他撰写或参与撰写了近三十部著作，其中包括系列作品《伊妮德·布莱顿写给成年人的故事》（*Enid Blyton for Grown Ups*），现居伦敦。

马库斯·威克斯（Marcus Weeks）
作家、音乐家。他创作或参与编撰了多部与哲学、文学和艺术相关的著作，其中包括DK出版社的丛书“人类思想简明百科”（BigIdeas Simply Explained）。

伊恩·扎切克（Iain Zaczek）
曾在牛津大学瓦德汉学院学习法语和历史。他撰写了三十多部与文学、历史和艺术等领域相关的著作。

内容顾问：彼得·休姆（Peter Hulme）
埃塞克斯大学文学专业的荣誉教授，并在那里执教了四十年。他的著作包括《殖民地冲突：欧洲与本土加勒比，1492—1797》（*Colonial Encounters: Europe and the Native Caribbean*，1492-1797，1986）和《古巴的野蛮东方：东方文学地理学》（*Cuba's Wild East: Aliterature Geography of Oriente*，2011）。

前言
詹姆斯·诺蒂（James Naughtie）
电台主播、播音员，曾荣获多个奖项。他的第一份职业是记者，后于1986年转到电台做主播。二十多年来，他参与主持了BBC第四台的新闻节目——《今日》。自1998年BBC第四台的《每月读书俱乐部》栏目成立以来，他一直担任该栏目的主播。詹姆斯·诺蒂曾担任英国布克奖和塞缪尔·约翰逊奖的评委会主席，创作了一系列非虚构作品，包括《对手：一桩政治婚姻的私密故事》（*The Rivals: The Intimate Story Of A Political Marriage*）、《美国意外：托尼·布莱尔与总统之职》（*The Accidental American: Tony Blair And The Presidency*）、《制作音乐》（*The Making Of Music*）和《新伊丽莎白》（*The New Elizabethans*）。此外，他还创作了两部小说，分别是《七月的疯狂》（*The Madness of July*）和《巴黎春天》（*Paris Spring*）。

第2页 根据威廉·莎士比亚的早期肖像雕刻的彩色版画，约1750年

▷ 约翰·沃尔夫冈·冯·歌德和他的秘书在书房，J. J. 施梅勒绘，1851年

第一章
19 世纪以前

第二章
19 世纪上半叶

第三章
19 世纪下半叶

第四章
20 世纪前叶

第五章
20 世纪中期

第六章
当代文学

前言

一位著名的作家曾向我表达歉意，因为他得离开公众视线一段时间。“我在一本小说上磨了六个月。”他说。无须再做解释。他不得不重返这种折磨，因为问题不能搁置，必须以某种方式得到解决。他手握着笔，被迫再次凝视那一页空白。

富有想象力的作家——无论是本书提到的小说家和诗人，还是其他无数人——都听到了持续不断的呼唤，而这种呼唤会将他们带往彼方。怀着不同程度的不情愿或是喜悦，他们发现，自己被带向的地方就是他们命中注定要去的地方。对作家而言，关键之事不是将重要的话写在纸上，而是当呼唤响起之时，懂得去履行倾听的义务。

作家确实受到了某种冲动的驱使，这是一种反抗周遭世界的冲动。乔纳森·斯威夫特、狄更斯或卡夫卡这样的讽刺作家便是如此，那些想为自己的想象力建立一个遥远的新领地的人亦是如此。他们都意识到了一些诗人或小说家所描述的一种近乎祭司的功能，就好像他们是更高真理的阐释者，向那些需要他们介入和指导才能亲眼看到并理解真理的人进行解释。

你可能会说，这种理念很省事，因为它将整个行业笼罩在神秘之中，暗示有些秘密永远不会被外人揭开。然而，这是真的。作家如果不承认自己正在探索一段未知的旅程，就会因缺乏感染读者心灵的魔力而永远写不出经久不衰的作品。即使有些作家对自己日常工作中的挣扎无动于衷，他们也会一次又一次地回归，回到推动他们前进的那种不可言喻的力量面前。乔治·奥威尔用“虚荣、自私、懒惰”来形容作家，并说不是这类道德缺陷让他们继续这项工作——为自己写一本书的工作就像忍受一场漫长而痛苦的疾病——而是一种他们既无法拒绝也无法理解的魔鬼般的存在，将他们困在了写作事业中。

当然，诗人享有比小说家更大的自由，因为在每一种文化中，人们总会期待诗人与某位缪斯女神保持联系，而这种接触是其他人所无法企及的。19世纪早期的英国诗人将他们之前的诗人所谓“反映自然的镜子”放在一旁，而举起能够照亮他们内心生活的灯，但早在此之前，诗歌就曾是能够带你离开这个世界的媒介，正如那些口头传说一样，它们将历史传说和幻想结合在一起，使诗歌和故事为人津津乐道，代代传诵。

在20世纪最后一个十年荣获诺贝尔文学奖的诗人谢默斯·希尼，在他的最后一部作品[1]中回到了《埃涅阿斯纪》，重释了维吉尔这部史诗的第六卷，这段史诗描述了特洛伊英雄埃涅阿斯是如何坠落到冥界的，其间，他砍下金枝用以保护自己。这个神话故事启发了历代诗人，从中世纪意大利诗人但丁·阿利基利，到近六个世纪后第一次世界大战期间来到英国的诗人T. S. 艾略特。就像希尼一样，他们被最古老的故事所吸引。我们想要一遍遍地阐释那些故事，以此来解释我们是谁，以及我们为什么会做出这样的行动。

1 指2010年出版的诗集《人之链》（*Human Chain*）。——编者注没有任何一位优秀的作家能逃离这一使命。在F. 斯科特·菲茨杰拉德的《了不起的盖茨比》结尾，叙述者尼克·卡罗威说："所以我们继续前进，逆流而上，不断地回到过去。"这不仅仅是对这个浮华且虚无的财富世界发出的悔恨之声——这个世界最初吸引了卡罗威，但随后又把他拒之门外——还是菲茨杰拉德对自己的一段注定永远不会结束的旅程的深刻体会。它就像赫尔曼·麦尔维尔的《白鲸》中与自然的野性力量的基本生存斗争一样，与所有美国人的生活息息相关。几代人之后，像约翰·厄普代克这样的小说家也在同样的文化中思考同样的问题：是什么在驱使我们前进?

未能正视上述问题的诗人或散文作家，不管他是全神贯注于数世纪以来激励欧洲作家的才能和个人责任——在英语世界，莎士比亚发出了诗人的最强音——还是身处于充溢着历史与神话感受力的东方文学背景之下，或许都注定要漫无目的地在表象之中滑行，渐行渐远，最终被遗忘。而本书中的任何一位作家都不会消失，不管他们被视为执着的说书人、伟大幻想的编织者，还是愤怒的青年（或老年）男女，都为世人所珍视。他们才华横溢，有的或许饱经忧患，他们已为读者留下永不消逝的一个人物或一出悲剧、一个令人兴奋的时刻或一道永不过时的难题。

我们都清楚，我们会回到他们身边。我们当中有多少人渴望拿起一本自己喜欢的书，回味一段令人难忘的开场白，或者在书的第一章与一位老朋友重逢，不是为了寻觅新的体验，而是想重温那些难以忘怀之物?或者，有多少人正开始读一首回旋在脑海中的诗?作家们对此心知肚明，也许驱使他们前进的神秘动力中，至少有一个我们可辨识出的显见成分——一种持续不断的给予的欲望。他们启迪智慧，予人娱乐，也带来麻烦和困扰。拿起书吧。

这就是我们所知道的一切。或许，谜团仍然存在，这是一个诱人的、无解的问题，我们也将这个谜题视若珍宝，因为我们知道，优秀的作家有别于常人。他们行我们所不能行的事，这就是为什么我们需要他们，且大多数时候我们并不对此感到嫉妒。

对于这些被束缚在自己命运的火轮上的人，我们怎么能够嫉妒呢?欧内斯特·海明威曾以他那乖戾、阳刚气十足的方式，试图让写作听起来简单些，结果却适得其反。他说："你要做的就是写出一个真实的句子，写出你所知道的最真实的句子。"

然而，这正是困难的开始。

詹姆斯·诺蒂（James Naughtie）

19 世纪以前

第一章

但丁 · 阿利基利

Dante Alighieri，1265—1321，意大利人

作为长诗《神曲》（*The Divine Comedy*）的作者，但丁是文学史上的杰出人物。他对地狱、炼狱和天堂的戏剧性想象一直启发着彼时至今的作家和艺术家。

大约在1265年5月，但丁·阿利基利生于意大利佛罗伦萨。那时的佛罗伦萨是一个无比富裕的独立城邦国家，作坊的高产和银行家的精明都吸引着人们钦佩而羡慕的目光。这也是个政局动荡之地，敌对家族为争夺对市政的控制权而展开竞争，斗争往往十分激烈。

但丁的父亲是一位放贷人兼律师，他在政治上属于归尔甫党（Guelphs）[1]。但丁在十一岁时与吉玛·多纳蒂（Gemma Donati）订婚，后者来自一个强大的归尔甫党家族。这段包办婚姻持续了一生，他们至少生育了三个孩子，但是但丁从来没有为妻子吉玛写过一个字。在他的作品中，作为爱的对象出现的女人，是他在佛罗伦萨的邻居——贝阿特丽采·波尔蒂纳里（Beatrice Portinari）。

但丁在他的早期诗歌和散文评论集《新生》（*La Vita Nuova / The New Life*，1294）中，讲述了他深爱贝阿特丽采的奇异故事。按照其中的叙述，他见到贝阿特丽采时只有九岁（而她是十岁），对她一见钟情。此后，他只见过她一次，那是在九年之后，他们在街头简单地问候了彼此。这次接触已经足以让但丁视贝阿特丽采为最高的精神追求之象征。贝阿特丽采除了给但丁的早期抒情诗带来灵感以外，还多次出现在他最后的作品《神曲》的“炼狱篇”和“天堂篇”中。

1 又称“教皇党”，11—14世纪的意大利政治派别，主张维护教皇至高无上的权力。——译者注（后文注释未做特别说明之处，均为译者注，不再一一赘述。）

△ 但丁和贝阿特丽采
19世纪英国画家亨利·霍利迪（Henry Holiday）受到但丁诗作《新生》的启发，想象出了这一场景。画作描绘了佛罗伦萨维琪奥桥（Ponte Vecchio）旁的但丁、他的心爱之人贝阿特丽采（穿淡黄色衣服的女子）以及她的同伴。贝阿特丽采刻意避开了但丁的凝视。

早期导师

在文艺复兴肇始之时，佛罗伦萨是艺术和哲学创新的中心，对古代拉丁和希腊作家作品的再发现为教会提供了另一种权威来源。但丁知识的发展受到两位佛罗伦萨导师的影响：学者布鲁内托·拉蒂尼（Brunetto Latini，约1220—1294），他引导但丁接触到最新的人文主义思想；还有爱情诗人圭多·卡瓦尔坎蒂（Guido Cavalcanti，约1250—1300），他是但丁诗歌创作所效仿的典范。卡瓦尔坎蒂用“温柔的新体”（dolce stil novo）写作，将中世纪传统的“典雅之情”

人物简介

乔托·迪·邦多纳（Giotto di Bondone，约1266—1337）

乔托·迪·邦多纳与但丁在同一时期出生，且同样出生于佛罗伦萨。乔托被公认为他那个时代最伟大的画家，他将一种崭新的现实主义带入对宗教场景的描绘之中。但丁是乔托的朋友，也是他的崇拜者，可能受到了其绘画的影响，尤其是帕多瓦（Padua）的斯克罗维尼礼拜堂（the Scrovegni Chapel）壁画中对地狱的描绘的影响。但丁和乔托是意大利文艺复兴的两位先驱。

《最后的审判》（细节图），乔托绘，1306年

> “最悲伤的事莫过于在痛苦中回忆起往昔的快乐。”
>
> 但丁，《神曲 · 地狱篇》（第5章，第121—123行）

▷ 肖像的献礼
但丁为他的故乡佛罗伦萨带去了诸多艺术灵感。这幅1475年的肖像画是由文艺复兴早期著名的艺术家桑德罗·波提切利创作的，画中，但丁头戴象征着成就的月桂花环。

（Courtly Love）推向巅峰，在其作品中，诗人赞颂了他对一位遥不可及的女子怀有的纯洁之爱。

但丁与贝阿特丽采的爱情故事如此完美地契合了这一模板，以至于很多批评家怀疑这是诗人为了满足这种老套的模式而虚构的故事——不过贝阿特丽采·波尔蒂纳里确有其人，她在二十四岁时芳逝。

公民斗争

在佛罗伦萨，但丁之所以广为人知，不仅是因为他的抒情诗，还因为他的公民活动。作为归尔甫党的一员，他越来越积极地参与这座城市动荡的政治生活。在1289年的坎帕尔迪诺战役中，他加入了归尔甫党的军队，击败了他们的死敌吉伯林党[1]；自1295年起，他成为佛罗伦萨复杂共和政体的民选代表。

1300年夏，但丁被选为佛罗伦萨最高委员会的六位执行委员之一。然而，个人灾难随即降临。归尔甫党的传统是支持教皇，反对与之争夺基督教世界至高权力的世俗对手——神圣罗马皇帝，但是现在归尔甫党分裂成了支持教皇的黑党和反对教皇的白党，而但丁支持后者。作为最高执行委员之一，他加入了代表团，被派往教皇卜尼法斯八世位于罗马郊外的住所。在那里，他被教皇拘留，并被当作囚犯对待。而在佛罗伦萨，黑党在教皇的鼓动下控制了这座城市，并对白党成员发起了大规模的迫害。但丁被判流放，财产也被没收了。此后，如果他再踏上佛罗伦萨的土地，就会被处以火刑。

1　吉伯林党，又称“皇帝党”，与归尔甫党对立的意大利政治派别，主张神圣罗马帝国皇帝的权力高于教皇。

▽ 地狱

这幅壁画由多梅尼科·迪·米切利诺（Domenico di Michelino）于1465年所绘。画中，但丁拿着一本《神曲》，背后是根据其叙述描绘出的地狱和佛罗伦萨城。

▷ 卜尼法斯八世（Boniface Ⅷ）

放置于佛罗伦萨的圣玛利亚·德尔·弗洛雷大教堂（Basilica di Santa Maria del Fiore）内的这座正面大理石雕像，是为了纪念但丁的敌人——教皇卜尼法斯八世——而造。教皇于1303年去世之后，但丁在《神曲》中进行复仇。

从佛罗伦萨逃亡

但丁前往意大利的其他城市避难，尤其是维罗纳，在那里，他受到当地统治者斯卡利杰（Scaliger）家族的欢迎。但丁不是一个温和宽容的人，面对佛罗伦萨的政敌，他怒不可遏，并和其他流亡者一道，试图用武力将佛罗伦萨政权从黑党手中夺回，但一切都是徒劳。然而，他在故城的被逐却将其写作推入了一个新的层次。正是在流亡初期，他创作出了富有影响力的论著《论俗语》（*De Vulgari Eloquentia*）。文章使用的是拉丁文，这是当时所有受过教育的欧洲人通用的文学语言，然而，矛盾的是，文章呼吁将意大利方言用作文学语言，与拉丁语平起平坐，还讨论了为实现这一目标，应当采用哪一种流行的口语音调。

神曲

大约在1307年，但丁开始创作其杰作《神曲》。这是一首包含了一万四千多行诗句的长诗，描述了诗人从地狱到炼狱再到天堂并见到上帝的旅行。在第一部“地狱篇”中，但丁的引路人是拉丁语诗人维吉尔，而在第二部“炼狱篇”和第三部“天堂篇”中，他则跟随着所爱之人贝阿特丽采的精神指引。他沿途遇到了来自同时代生活、历史和神话故事中的人物，每个人都有自己的故事。一直以来，《神曲》中被人阅读得最多的是“地狱篇”，作者对层层地狱中罪行与惩罚场景的生动描写激起了人的恐惧和怜悯。

但丁毫不犹豫地在书中为自己报仇，让他现实生活中的敌人遭受酷刑，但他也同情一些蒙受地狱之苦的人，比如保罗·马拉泰

斯塔（Paolo Malatesta）和弗朗西斯卡·达·雷米妮（Francesca da Rimini）这对恋人，他们因屈从于欲望而受罚，又如被发现犯下鸡奸罪的、他年迈的导师布鲁内托·拉蒂尼。神话人物尤利西斯也身处地狱之中（部分原因在于他用特洛伊木马伏击了敌人），但是但丁对他无休止地渴求知识的描述，更像是在赞扬英雄壮举，而不是批判。

在展现死后世界图景的同时，《神曲》还呈现了但丁如何阐释当时政治秩序之堕落。他临终时怀抱的理想是促成神圣罗马帝国皇帝的政治领导和教皇的精神领导相统一的一个基督教世界，即在人间实现上帝的意志。他在论著《论世界帝国》（*De Monarchia*）中发展了这一观念，又在书信中表达了对1310年带领军队进入意大利的皇帝海因里希七世的支持。然而，这位皇帝于1313年的逝世打破了但丁将理想付诸实践的一切希望。

但丁再也没有回佛罗伦萨，而是在拉韦纳（Ravenna）统治者波伦塔（Polenta）家族的宫廷里度过了他的晚年。《神曲》大约是在1321年（但丁五十六岁那年）完成的，不久后他便去世了。但丁下葬后，人们才发现他的卧室里藏着这部长诗的最后章节。

△ 但丁的佛罗伦萨
但丁的生活与佛罗伦萨这座城市密不可分，这张鸟瞰图展示的便是该城。这位伟大诗人的形象出现在城市的各种壁画、塑像和浮雕中。

文学形式
“三行体”（*Terza rima*）

为创作《神曲》，但丁发明了一种新诗体——“三行体”。这种诗体每三行组成一个诗节，其中第一行与第三行押韵，第二行与下一节的第一行和第三行押韵。这种“链韵”，把一个诗节与另一个诗节连接起来，赋予这首诗一种蓬勃向前的势头。自那以后，该诗体被许多诗人使用，包括杰弗里·乔叟、珀西·比希·雪莱、威廉·卡洛斯·威廉姆斯和西尔维娅·普拉斯。

14 世纪，埃斯特（Estense）家族收藏的但丁《神曲》手稿

重要作品

约1294
《新生》出版。但丁用抒情诗探讨了对贝阿特丽采理想化的爱。

约1303
《论俗语》主张使用意大利托斯卡纳方言作为文学语言。

约1307—1309
《神曲》第一部写成，描述了但丁在诗人维吉尔的带领下游历地狱的旅程。

约1307—1309
在《神曲》的第二部中，但丁爬上炼狱之山，罪人们在那里清洗罪恶。

约1314
在《论世界帝国》中，但丁主张将神圣罗马帝国皇帝与教皇的权力分开。

约1316—1321
《神曲》的最后一部“天堂篇”描绘了但丁从天堂的天空上升，直至目睹上帝的幻象。

乔万尼·薄伽丘

Giovanni Boccaccio，1313—1375，意大利人

薄伽丘关于普通人日常生活的宏大故事为散文化的叙事奠定了文学基础，也为文艺复兴时期的作家及后世作家提供了灵感。

乔万尼·薄伽丘1313年出生于意大利，是佛罗伦萨一位富有的银行家薄伽丘·迪·切利诺（Boccaccino di Chellino）的私生子。这个男孩在他父亲和出身高贵的继母玛格瑞塔·德·玛多莉（Margherita de' Mardoli）的抚养下长大成人。1327年，他们全家从佛罗伦萨搬到了那不勒斯，在那里，薄伽丘被寄予了随父从商的厚望。但这个年轻人另有想法——他学了六年法律，后又爱上了文学，尤其是但丁的作品（薄伽丘把他描述为“我学业的第一位向导”）。他离开了商业和法律，全身心地投入阅读。

▽ 托斯卡纳区切塔尔多
1363年，薄伽丘在贫困中退休，来到托斯卡纳山顶小镇切塔尔多。1373年，他曾短暂地回到佛罗伦萨，为大家朗诵但丁的《神曲》。

小小的火花

在那不勒斯，薄伽丘爱上了一个女子，有人认为她是国王的女儿。尽管她的身份仍不能确认，但在薄伽丘早期的散文和作品《十日谈》(*The Decamern*)中，她以菲亚美达（Fiammetta，意为“小小的火焰”）之名出现。她还出现在被称为西方第一部用现代语言写的心理小说《菲亚美达夫人的挽歌》（*The Elegy of Lady Fiammetta*，1343—1344）中，在这部小说中，她讲述了与潘菲罗（Panfilo）的恋情的各个阶段。潘菲罗是一个带有自传性的角色。

1341年，薄伽丘不情不愿地回到佛罗伦萨鳏居的父亲身边。这座城市刚刚遭受了瘟疫的摧残，并深陷政治动荡之中。在父亲于1348年死于瘟疫后，薄伽丘继承了他的财产，获得了经济上的独立。他的家成了知识分子、作家和学者聚会的地方。在接下来的三年里，他创作出了最著名的作品《十日谈》（见右图）。在这部作品中，他抛弃了中世纪常见的对善与恶的宣教，转向了更人性化的视角。他笔下的人物具有真实的维度，他可以通过他们表现人类塑造自己命运的力量，同时温和地接受作为人的局限性。

晚年生活

薄伽丘与同时代最著名的诗人彼特拉克结下了亲密且持久的友谊。1350年后，薄伽丘越来越致力于学术研究，用拉丁文写了几部作品，还负责了佛罗伦萨市一些市政工作和外交任务。晚年的他幻想破灭，陷入沮丧，而他的朋友彼特拉克在1374年去世，激发了他的灵感，由此薄伽丘创作出最后的作品——一首抒情诗。次年，薄伽丘去世，葬在佛罗伦萨附近的切塔尔多。

文学形式
《十日谈》

在薄伽丘的《十日谈》中，佛罗伦萨的十个年轻人从正受黑死病摧残的城市逃到了乡野深处的一栋别墅里。他们约定每天每人讲一个故事。所以这本书被分成十天，每天十个故事，由作者的叙述连缀起来。这种设定给薄伽丘提供了一种可以探索多种主题（比如欺骗、不幸的爱和放纵）且可以轻而易举地变换作品口吻——从喜剧式到粗俗的，再到悲剧式——的结构。

一幅表现《十日谈》中十个叙事者的19世纪画作

▷ **古典学者**
这幅薄伽丘画像的创作者不详，其中薄伽丘被描绘成了戴着月桂花冠的古典学者。

“如果用**恰当的词语**来表达，就没有什么过于粗鄙而无法向人言说的事情。”

薄伽丘，《十日谈》

杰弗里 · 乔叟

Geoffrey Chaucer，约1343—1400，英国人

乔叟是英国白话文学的早期倡导者。他在《坎特伯雷故事集》(*The Canterbury Tales*) 中对朝圣者形象的生动刻画，自中世纪以来一直很受欢迎。

乔叟出生于伦敦，是一位葡萄酒商人之子。尽管我们对他的早年生活和教育情况知之甚少，但他的职业生涯却被完整地记录了下来，因为他是一位公务员和外交家，在爱德华三世以及之后的理查二世统治下的宫廷圈子里活动。乔叟受冈特的约翰（John of Gaunt）[1]庇护，后者后来成了他的姐夫。

乔叟波澜起伏的职业生涯也许为他的写作提供了素材，不过他的诗歌在那个时代的记述中极少被提及。爱德华三世确实曾在1374年的圣乔治节（St George's Day，一个庆祝艺术成就的日子）奖赏乔叟"余生每天一加仑的葡萄酒"。

欧洲的影响

外交官生涯给了乔叟在国外生活的经历。他受雇于爱德华三世的第三个儿子、安特卫普的莱昂内尔（Lionel of Antwerp），出使法国。1359年，他被法国人逮捕，但在国王爱德华三世为其支付赎金后被释放，国王随后派他去佛兰德、西班牙和意大利执行接下来的外交任务。在那些地方，他接触了意大利文艺复兴时期激进的新观念，其中很可能包括但丁和薄伽丘的作品。

中世纪的宫廷故事仍然充斥着理想化的人物和基督教教义，而意大利文艺复兴时期的作家却转而接受了古典文明的影响。他们从人本主义的视角出发，刻画的是与普通人和日常生活密切相关的事物。另外，他们以白话写作，使读者群扩大。乔叟以他们为榜样，选择用中世纪英语写作，而当时英国大多数作品用的都是拉丁语或法语：1066年，诺曼人征服英国后，英语没有获得官方地位，法语则是属于贵族且具有权威性的语言。作为普通人的语言的中古英语也随之发展起来。

早期诗作

乔叟在三十岁时出版了他的第一部重要诗作。《公爵夫人之书》（*The Book of the Duchess*）是兰开斯特公爵

1 冈特的约翰（1340—1399），即兰开斯特公爵，英格兰国王爱德华三世之子，也是其继任者理查二世的叔叔，曾在1377—1399年代幼年的理查二世治理国家。

▷《乔叟作品集》（柯姆史考特版）
1896年，英国作家兼设计师威廉·莫里斯（William Morris）通过他的柯姆史考特出版社（Kelmscott Press），出版了这一系列装帧极为华丽的乔叟作品集。

背景知识
朝圣之旅

通过神圣的旅行来充实灵魂是许多宗教的特有观念。在基督教世界，最早的朝圣者是那些在圣地追随耶稣足迹的人，以及罗马和其他地方的耶稣使徒、早期殉道者。后来，朝圣者的动机往往是获得赦免（教会许诺虔诚的旅程可以换取对罪恶的宽恕），或者渴望逃离家庭的局限，去看看外面的世界。一些朝圣者长途跋涉，历经艰险，前往耶路撒冷或西班牙的圣地亚哥－德孔波斯特拉等地，还有一些人仅去了附近供奉着圣徒遗物的圣坛。

一段从温切斯特到坎特伯雷的朝圣之路

> "这世界只不过是一段充满**痛苦的旅程**，而我们就是其中往来不息的**朝圣者**。"
>
> 杰弗里·乔叟，《坎特伯雷故事集》

▷ 乔叟，佚名画家绘
牛津大学博德利图书馆的这幅画像被认为创作于乔叟死后——图中的"1400"指人们猜想的乔叟的死亡年份。

Caucer 1400

△ **贝克特的圣骨匣，约1180年**
1170年12月29日，托马斯·贝克特（Thomas Becket）大主教在坎特伯雷大教堂被亨利二世手下的四名骑士杀害。这起谋杀震惊了基督教界，使贝克特在1173年被封为圣徒，坎特伯雷也由此成为英国朝圣者最重要的目的地之一。这个做工考究的圣骨匣用以存放贝克特的遗物，上面描绘了他殉难时的场景。

夫人布兰奇（Blanche，Duchess of Lancaster）的挽歌，以国际象棋游戏为反复出现的核心元素。

布兰奇是乔叟的庇护人约翰的第一任妻子，约翰可能在她死后委托乔叟创作了这一诗篇。其他的早期作品包括篇幅更短的诗作《安妮丽达和阿塞特》（“Anelid and Arcite”）和《声誉之宫》（“The House of Fame”），它们广泛地借鉴了古罗马作家奥维德、维吉尔，意大利作家薄伽丘和但丁的作品。乔叟与意大利作家的密切关系以及他文学技巧的迅速进步，使他的作品超越了英国文艺复兴时期的文学经典，这些经典大多可以追溯到15世纪晚期。

官方任务

大约在1366年，乔叟娶了王后的女侍臣菲利帕·罗伊特（Philippa Roet），这对夫妇至少生育了三个孩子。菲利帕的妹妹后来嫁给了冈特的约翰。

1374年，乔叟被委任为伦敦海关审计官，这是一个很有威望的职位，因为海关税收是该城的一项主要财政收入。这个职位使他在位高权重者之中树敌，而他失去了保护人——伦敦市市长的庇护之后，因遭到抨击而不得不逃往相对安全的肯特郡。1386年，他成为肯特郡的国会议员，同时担任治安法官。后来，他在爱德华三世和理查二世治下担任其他皇家职务，包括国王的建筑工程的监督员，负责建造和修复皇家住宅和公园，以及泰晤士河沿岸的城墙、桥梁和下水道。

▷ **坎特伯雷大教堂**
乔叟以前往坎特伯雷的朝圣之旅为框架，组织起来自社会不同阶层的不同角色的故事，只有在这类旅程中，这些形形色色的角色才会聚集到一起。

《坎特伯雷故事集》

在担任海关审计官的十二年间，乔叟笔耕不辍，相当高产，创作了诗歌《贤妇传说》（“The Legend of Good Women”）以及备受赞誉的叙事诗《特洛伊罗斯与克瑞西达》（*Troilus and Cressida*），后者使用的是中古英语，讲述了特洛伊战争背景下一对恋人的故事。然而，他最著名的作品《坎特伯雷故事集》是在14世纪80年代前期开始创作的。

这本书收集了二十四个生动、写实的故事，来源于一场讲故事比赛，讲述者是去往坎特伯雷朝拜圣托马斯·贝克斯（St Thomes Becket）途中的“三教九流”——有着不同地位和职业的朝圣者。乔叟很可能从薄伽丘的伟大作品《十日谈》中获得了启发，在《十日谈》中，为了逃离黑死病而集合在佛罗伦萨乡间别墅的十个普通人讲述了一百个成系列的散文体故事。

几乎可以肯定的是，乔叟是从现实生活中的人物那里取材，塑造了《坎特伯雷故事集》中的角色：“客店老板”与一位同时代的伦敦人同名，研究者们还猜测了书中“巴斯城的妇人”“商人”“律师”和“学者”的身份。乔叟确保他笔下每一个人物的言谈举止都能反映出他们的地位和职业，而诙谐的引语和丰富的主题使这些故事更加生动有趣。他还展现出了自己身为讽刺作家的实力，在“管家”身上引入了一种方言，在《赦罪僧的故事》（“The Pardoner's Tale”）中揭露了宗教的伪善。

这些故事因其质朴的幽默语言和野性而深受喜爱。在《磨坊主的故事》（“The Millerr's Tale”）中，磨坊主妻子倒霉的崇拜者受到捉弄，亲吻了她的臀部。巴斯城的妇人则愉快地回忆着她是如何操纵五个丈夫，并一直过着没有孩子的幸福生活的。现代读者得以深入了解14世纪晚期人们的日常生活和观念，那

▽ **起点**
爱德华·亨利·科博尔德（Edward Henry Corbould）1843年的一幅版画，描绘了在伦敦南部南沃克的塔巴德酒店（Tabard Inn）聚集的乔叟朝圣者们，这是他们启程前往坎特伯雷的起点。

“生命是如此短暂，掌握技艺的过程却如此漫长。”

杰弗里·乔叟，《百鸟议会》（*The Parliament of Fowls*）

时的人很少关注精神上的纯粹，而对自己的社会地位和身体上的满足更感兴趣。

这些故事的一个重要部分是乔叟的总引，其中，叙述者一一介绍了朝圣者，并解释了他们是如何在南沃克的泰巴客店（Tabard Inn）相遇的。全知的叙述者在第二十行变成了第一人称的“我”，力求营造一种亲切感：他声明自己意欲按照他所感知的情形描述每一个朝圣者，暗示故事可能是不可靠且易受到个人观点影响，并会削弱自己故事的权威性。每一个人物都被他或她的社会地位所定义，这似乎是这部作品的焦点。

经济困难

直到1400年乔叟去世，他的杰作也未能完成，而他在总引中介绍的那些朝圣者并没有都能讲述他们的故事。乔叟在晚年似乎遭遇了经济上的危机，尽管他从理查二世那里得到了一笔津贴，但新王亨利四世（1367—1413）却没有履行先王的承诺。乔叟最后的作品之一《乔叟对钱包的抱怨》（“The Complaint of Chaucer to His Purse”）是一首关于钱包的情诗，也是对国王继续给他发放年金的请求。

乔叟是第一个被安葬在威斯敏斯特教堂诗人角的诗人。他去世一个多世纪后竖立的纪念碑表明，他死于1400年10月25日，但就像大部分关于乔叟的生活记录一样，我们并不能完全确定这是真的。

文学形式

皇家韵诗（Rhyme royal）

乔叟以他的韵律创新和诗歌创作而闻名。他创造了“皇家韵诗”，其形式是：每节七行，通常采用五步抑扬格。他是最早在押韵对句中使用“五音步诗行”（five-stress line）的诗人。乔叟的长诗《特洛伊罗斯与克瑞西达》和《百鸟议会》便以“皇家韵诗”为特色，而《坎特伯雷故事集》中有四个故事也运用了这一形式，即“律师的故事”“女修道院院长的故事”“书记官的故事”和“第二个修女的故事”。后来，它成为一种标准的英语诗歌形式。

《特洛伊罗斯与克瑞西达》卷首插图，艾瑞克·吉尔（Eric Gill）绘，1927年

重要作品年表

1379—1380
《声誉之宫》发表。这是一首两千行的诗，描述了一个由苍鹰引导的叙事者的梦境。

1381—1382
在《百鸟议会》中，乔叟首次用英语提到一个纪念爱情的特殊日子——情人节。

14世纪80年代中期
乔叟受薄伽丘《十日谈》的启发，创作了《特洛伊罗斯与克瑞西达》。

1386—1388
《贤妇传说》出版。它讲述了来自古典世界的十位贤良淑女的故事。

1387—1400
《坎特伯雷故事集》出版，成为乔叟最受欢迎的作品。

弗朗索瓦·拉伯雷

François Rabelais，1493 或 1494—1553，法国人

作为作家、医生、学者和牧师，拉伯雷是16世纪法国的知识巨人。由于他的杰作《巨人传》（*Gargantua and Pantagruel*），他的名字已经成为粗野鄙俗的幽默的代名词。

◁ 拉德维尼（La Deviniere）
拉伯雷出生且成长的这处农舍，位于一座叫瑟伊（Seuilly）的村镇附近。卡冈都亚最初的战斗就在这附近的乡野间上演。

弗朗索瓦·拉伯雷是一位富有的律师、地主的儿子，于15世纪晚期出生在法国图赖讷的葡萄酒产区——希农。这里的风景在其笔下的巨人卡冈都亚的历险中得到了充分的展现，他与愤怒的邻国国王毕可肖（Picrochole）的战斗就发生在拉伯雷童年家园周围的田野、溪流和巨大的城堡之间。

16世纪初，拉伯雷学习了法律，但在加入位于拉博梅特（La Baumette）的方济各修道院及在普瓦图接受圣职后，他与方济各狭隘的学术传统产生了冲突。拉伯雷转而被文艺复兴时期的人文主义（一种建立在复兴古典思想之上的理论体系）所吸引，并与那些正在使用拉丁文和希腊语手稿的新译本，来支持一种更广泛、更开明的哲学教育的学者保持一致。他们对古卷轴文本的分析也为《圣经》的首个现代译本奠定了基础。然而，在拉伯雷所在的法国修道院中，他对希腊语的热情被认为是异端，很可能滋生出危险的想法。

> “我的笔是用来**大笑**而不是流泪的。欢笑是**人类的财富。高高兴兴地生活吧！**”
>
> 弗朗索瓦·拉伯雷

拉伯雷从教皇那里获得特许，继续以圣本笃会修士的身份继续他的研究，但在1530年，他违背了自己的誓言，并前往蒙彼利埃大学学习医学。很可能就是在此期间，一位姓名不详的寡妇为他生下了两个儿子。作为一名医生，拉伯雷受雇于里昂主宫医院（Hôtel-Dieu hospital），他的治疗方法基于自己翻译的盖伦和希波克拉底的著述，并以对黑死病患者的看护而闻名。

文艺复兴时期

拉伯雷生活在一个动荡的年代。法国统治者与神圣罗马帝国皇帝查理五世就法国在意大利的领属问题进行了旷日持久的战争，直至1525年，弗朗索瓦一世被俘并被勒索赎金，战争以法国的耻辱性失败告终。人文主义的兴起还与德国的宗教改革同步。法国街头张贴的谴责教会腐败和天主教习俗的海报引发了暴力冲突，最终路德会教徒被指控为异端，并被处以火刑。

站在这个迅速变化的世界的门槛上，拉伯雷开始创作中世纪文学中前所未有的故事。他的故事讲述了两个巨人（卡冈都亚和他的儿子庞大固埃）的冒险故事。《庞大固埃》（*Pantagruel*，全名为《巨人卡冈

文学风格

喜剧文体的发明

作为一名语言学家，拉伯雷乐于看到语言本身的力量及其喜剧效果，他经常在章节中加入文字游戏，罗列词汇表。例如，在他的圣维克多修道院图书馆里，长长的图书目录中就包含了这类书名：《灌肠剂领域研究》（*Fields of Enemas*）、《猢狲念经论》（*Ape-chattering with a Rosary*）和《学校去污器》（*Scrubbing Dons Clean*）[1]。拉伯雷对法语书面语产生了重大影响，他编造了一些新词和流行表达，比如“一文不值”（not worth a button）、“大自然憎恶真空”（nature abhors a vacuum）[2]等。如今，“拉伯雷式”（Rabelaisian）一词指的是粗野的幽默；“庞大固埃主义”（Pantagruelism）指情绪快乐，但带有讽刺的意味；“卡冈都亚般的”（gargantuan）可用来描述所有巨大的东西，如拉伯雷的智慧和好奇心。

Pantagruel.

Les horribles et espouentables faictz & prouesses du tresrenomme Pantagruel Roy des Dipsodes, filz du grand geant Gargantua. Composez nouuellement par maistre Alcofrybas Nasier.

On les vend a Lyon en la maison de Claude nourry/dict le Prince pres nostre dame de Confort.

拉伯雷《巨人传》的卷首版画，1532年

1 圣维克多修道院图书馆是拉伯雷在《巨人传》第二部分第七章虚构的一所图书馆，庞大固埃到巴黎云游期间参观了这所馆藏丰富的图书馆，拉伯雷在《巨人传》中“抄录”了大量荒诞不经、粗俗逗乐或者惊世骇俗的书名，除了上文列出的书名以外，还有诸如《社交场合的放屁艺术》《封斋节内偷吃荤菜之探究》《驳教皇御骑定时喂料说》等。

2 这句话首先是对自然现象的描述，即自然界中几乎不存在绝对的真空状态，由此引申为世界上任何一种事物的消失所带来的“真空”都会很快被另一种事物填满。

▷ 散文革新者
这幅创作于17世纪的画像被悬挂在巴黎附近的凡尔赛宫中，以纪念拉伯雷。将散文写作从中世纪的束缚中解放出来，是他留给后人的遗产。

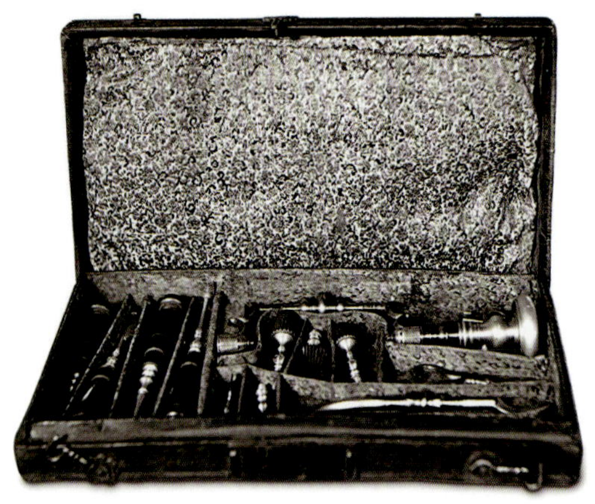

△ 拉伯雷的工具箱
当时，拉伯雷是一位备受尊敬的医生。他曾主持了一场解剖学讲座，并在讲座中公开解剖了一名被绞死的男子。

都亚之子、狄波莎德王、大名鼎鼎的庞大固埃的可怖而骇人听闻的事迹与勋业记》）于1532年出版，署的是笔名——阿尔科弗里巴斯·纳西耶（Alcofribas Nasier，是拉伯雷名字的变位词）。1534年，拉伯雷年又出版了《卡冈都亚》（*Gargantua*，全名为《庞大固埃之父、伟大的卡冈都亚不可估量的一生》）。

这些故事充斥着淫秽而低俗的幽默：有些章节里罗列了各种各样的粗俗辱骂词汇；人物角色被冠以粗俗的名字，如废话船长（Captain Squit）、啜饮者（Sieur de Slurp-ffart）[1]；章节标题本身也体现了拉伯雷的滑稽趣味（如“格朗古昔是如何从卡冈都亚发明擦屁股的方法中得知儿子是奇才”）。然而，在这些故事的表象之下，充满了讽刺和哲学洞察力。

巨人的脚步

拉伯雷深谙中世纪骑士传奇浪漫小说的传统，他的仿英雄体小说中充满了饮酒、暴食、放纵、生理机能，以及对期望的奇怪逆转。例如，卡冈都亚授予他的修士一座奢华的德廉美修道院（Abbey of Thélème），在那里，修女和修士生活奢侈，婚姻美满。“笑”是这本书的核心，拉伯雷也邀请读者在他的故事中寻找智慧的精髓。与此同时，他嘲笑徒劳的战争、宗教教条和狭隘的思想。在追寻生命意义的过程中，他笔下的巨人们及其同伴展现了他们在法律、科学、哲学、诗歌、医学、自然等方面的天赋及和平主义的倾向。

拉伯雷借鉴了过往时代的诗歌和散文，但在其中加入了现代智慧以及根据希腊语和拉丁语词根创造的新词，如“无知是万恶之母”和“大自然憎恶真空”等格言，其中许多至今仍在使用。

赞助与审查

《巨人传》在公众之中大受欢迎，却被巴黎索邦大学的审查者谴责为淫秽之作，他们多次请求最高法院查禁其中的政治性和宗教异端内容。然而，拉伯雷有一些颇有影响力的朋友。他享有政界要员纪尧姆·杜·贝莱（Guillaume du Bellay）、高级自由教会主教让·杜·贝莱（Jean du Bellay）与若弗罗瓦·德·埃斯蒂萨克（Geoffroy d' Estissac）、沙蒂永地区的红衣主教奥代（Odet）的保护。他还是弗朗索瓦一世的姐姐——纳瓦拉的玛格丽特（Marguerite of Navarre）——庇护下的一个受欢迎的诗人和作家圈中的一员。国王及

△ 纳瓦拉的玛格丽特，约1527年
拉伯雷受益于他的保护人——纳瓦拉的玛格丽特。她的这幅画像是由弗朗索瓦一世的一位宫廷画家让·克卢埃（Jean Clouet）所绘。

人物简介
伊拉斯谟（Erasmus）

拉伯雷将法国杰出的人文主义者皮埃尔·艾米（Pierre Amy）、纪尧姆·比代（Guillaume Budé）和安德烈·蒂拉科（André Tiraqueau）视为盟友，并将荷兰文艺复兴时期的人文主义者伊拉斯谟视为他的指路明灯。拉伯雷是这位博学、仁慈、机智之士的忠实追随者，后者认为人类的核心原则和丰富知识可以从古希腊和拉丁语手稿中获得。拉伯雷与伊拉斯谟通信，并以这位“精神之父”为榜样，追求知识、研究医学并进行幽默创作。

伊拉斯谟，昆汀·马西斯（Quentin Metsys）绘，1517年

1 此句的两个译名出自杨松河译本（《巨人传》，南京：译林出版社，2002年）。——编者注

“……一个得到了慷慨恩惠的理性之人，会借由他高尚的思想和记忆将恩德发扬光大。”

弗朗索瓦·拉伯雷，《巨人传》

其继任者亨利二世授予他“公开出版作品”这一终身的皇家特权。1535年，拉伯雷作为主教让·杜·贝莱的同伴和医生前往罗马旅行，并因放弃他的神圣使命而得到教皇的赦免。之后，他回到法国，成为一名世俗牧师并开始行医。1537年，他在蒙彼利埃成为一名医学博士。

新的篇章

直到十多年后，拉伯雷才在该小说第三卷中重拾庞大固埃和他穷困潦倒的骗子同伴巴汝奇（Panurge）的故事。在此期间，作家最重要的两位庇护人去世了，而在法国，宗教上不宽容的危险氛围日益加重，拉伯雷被迫前往自由的德国城市——梅斯。在那里，他继续行医，阅读马丁·路德的作品，并继续义无反顾地从事写作。

那些曾猛烈抨击拉伯雷早期作品的神学家发现，在这部喜剧小说的第四卷中，他们也变成了被嘲讽的对象。这卷作品是拉伯雷陪同让·杜·贝莱前往意大利的另一段旅行中写成的。多亏了他强大的赞助人，这些关于庞大固埃事迹的章节才得以出版，尽管索邦和最高法院一再谴责和审查。

拉伯雷回到法国后，得到了梅登（Medon）教区和圣克里斯托夫-德-詹贝特（Saint-Christophe-de-Jambet）教区的两份圣职，这得以维持他晚年的生活，但他从未履行过职责。1553年，拉伯雷在巴黎花园路去世。他临终前的最后一句话透露了他下一场大冒险的开放心态：“我将去寻找那广阔的可能了。”

重要作品年表

1532 拉伯雷以巨人诞生的粗鄙细节开始了《庞大固埃》的故事，接着描述了庞大固埃是如何通过放屁创造出一个小人族的。

1534 《卡冈都亚》讲述的故事有：巨人创造性地使用一只羽毛丰满的鹅来擦屁股，以及卡冈都亚的父亲因为偷来的蛋糕卷入了一场幼稚的战争。

1546 小说的第三卷介绍了巴汝奇，一个狡猾的市民，他在得知自己会被戴绿帽子的预言之后，寻求是否要结婚的建议。

1552 小说的第四卷描述了庞大固埃和巴汝奇的海上航行，其间，他们与半人半香肠的香肠国人展开战斗。

1564 小说的第五卷是匿名发表的，讲述了庞大固埃的一系列奇幻岛之旅。它可能不是拉伯雷的作品。

▷《卡冈都亚》，多雷绘，1873年
法国版画家古斯塔夫·多雷（Gustave Dore）在他创作于19世纪的木版画中，以怪诞的生活方式呈现了卡冈都亚。图中，人们正把芥末铲进巨人的嘴里。

米歇尔 · 德 · 蒙田

Michel de Montaigne，1533—1592，法国人

贵族家庭出身的蒙田在转向写作之前曾是一位成功的政治家。他的代表作《随笔集》（*Essays*）将随笔确立为一种文学体裁。

米歇尔·德·蒙田1533年出生于法国西南部的吉耶讷。作为一个小贵族家庭的成员，他起初在家接受拉丁语教育。后来，他被送到波尔多的吉耶讷学院，这所学院以文科教学而闻名。他从那里进入图卢兹大学学习法律，而在波尔多议会获得了一个席位之后，这个年轻人似乎注定要在政府部门成就一番事业。然而，1568年，蒙田的父亲委托他翻译雷蒙德·塞蓬德（Raymond Sebond）15世纪的一部神学著作《自然神学》，这一任务激发了蒙田对文学和哲学的热情。同年，他的父亲去世，蒙田继承了“蒙田爵爷”（Seigneur de Montaigne）的头衔和遗产。他开始从他在波尔多的责任中解脱出来，1571年，他终于做出决断，从议会退休，搬到了吉耶讷并定居于此。

沉思之地

蒙田致力于写作，并选择了城堡的南塔作为他的工作场所，重新设计它作为自己的书房和图书馆。在那里，他着手写作了一系列短小而独特的散文，他称之为“随笔”（见右图），它们涵盖了广泛的话题，从政治和哲学到爱情、性、愤怒、食人行为和谈话艺术。他的著作很少遵从传统理论。事实上，他信奉不确定性，而且经常自相矛盾。他将个人经验与哲学探索相结合的方式，使他成为那个时代最具独创性的思想家之一。到1580年，他创作的这类短篇散文已足够多，遂结集为两卷本的《随笔集》初次出版。

最后的岁月

不久后，蒙田患上了肾结石，于是前往意大利寻求治疗方法。在此期间，他得知自己在缺席的情况下被选为波尔多市市长，于是返回法国就职。虽然这一定会使他从写作中分心——他的工作还包括处理该地区天主教徒和新教徒之间的冲突——不过在1592年去世前的三年间，他仍然找时间继续修改和补充他的随笔，出版了一些更新的版本，并最终完成了三卷本的第五版《随笔集》——收录了他的所有散文。

◁ 蒙田的城堡
这座建于14世纪的城堡位于佩里戈尔的吉耶讷，是蒙田的故居。这座建筑的大部分结构是在1885年的一场毁灭性火灾之后重建的。

文学形式
随笔（The essay）

蒙田被视为当今所谓“随笔”的鼻祖，这是一种表达个人观点的短文。他选择“essais”（法语，意为“尝试”）这个词来描述他对这种形式的实验，该术语后来被用来指表达论点或观点的短文（包括“正式”的学术论文）。正是他富有个人色彩的表现方法使散文作为一种体裁得以发展，尤其是在英国作家中。

ESSAIS
DE
MICHEL SEIGNEVR
DE MONTAIGNE.

A PARIS,
Chez ABEL L'ANGELIER,
au premier pillier de la grand
Salle du Palais.

蒙田的第五版《随笔集》（1588）扉页

◁ 作家兼政治家
这幅由一位不知名的法国艺术家在17世纪上半叶创作的蒙田的画像，藏于巴黎郊外宏伟的凡尔赛宫。

> **“我描绘的是我自己……我自己就是这本书的素材。”**
>
> 米歇尔 · 德 · 蒙田，《随笔集 · 第一卷》

米格尔·德·塞万提斯

Miguel de Cervantes，1547—1616，西班牙人

▷ 一幅不完美的肖像

没有任何经过明确证明的塞万提斯肖像存世。右图很可能由胡安·德·赫勒吉（Juan de Jáuregui）所绘，这幅画成为众多的塞万提斯肖像画之基础，包括西班牙欧元硬币上的头像。

西班牙最负盛名的作家塞万提斯，是 16 世纪的一名士兵、诗人、剧作家和小说家。他的代表作《堂吉诃德》（*Don Quixote*）被认为是现代文学史上第一部伟大的小说。

米格尔·德·塞万提斯五十岁时第三次入狱，在此期间，一个故事开始在他的想象中成形。在他获释后的几年中，他让他的主人公在书页上自由驰骋：堂吉诃德，一个因阅读骑士小说而发狂且想成为骑士的人，骑着他那瘦骨嶙峋的老马“洛西南特”[1]，在忠诚的侍从桑丘·潘沙的陪伴下，在西班牙的拉曼查追寻他的使命。1605 年，也就是塞万提斯出狱五年后，《堂吉诃德》出版，它以文学史上前所未有的文体形式，成为几个世纪以来对小说形式进行试验的助推因素。这本书衍生出了属于自己的形容词——“堂吉诃德式的”（quixotic），用来描述某种无望的理想主义。这个词也恰如其分地描述了塞万提斯自己的人生，他经历了以军人身份取得英雄伟绩之巅峰，也经历了被捕入狱之低谷，他的人生故事随西班牙历史上一段充满冲突的历史时期而起起落落。

早年生活与学习

米格尔出生于1547年的圣米迦勒节（St Michael’s Day，9 月 29 日），出生地为马德里附近的埃纳雷斯堡（Alcalá de Henares），他是贵族之女莱昂诺尔·德·科尔蒂娜（Leonor de Cortinas）与四处漂泊的外科医生兼理发师罗德里戈·德·塞万提斯（Rodrigo de Cervantes）所生的七个孩子中的第四个。人们对塞万提斯的早年生活所知甚少，但知道他二十一岁时身处马德里，并在人文主义教授胡安·洛佩斯·德·奥约斯（Juan Lopez de Hoyos）的指导下学习，这位教授形容塞万提斯是他“深爱的学生”。1569 年，塞万提斯搬到了罗马（可能是因为他在一次决斗中打伤了对手，被西班牙当局通缉），在一位红衣主教手下做男仆。

△ 勒班陀之战（The battle of Lepanto）

这幅16世纪画作展示了1571 年的勒班陀之战。在该战中，塞万提斯受重伤，最终基督教海军部队击败了土耳其人。

战争与被俘

在一场从塞利姆二世（Selim Ⅱ）的奥斯曼帝国军队手中夺取地中海控制权的战争中，西班牙与威尼斯、罗马两地的教皇结成天主教势力联盟。1570 年，塞万提斯和他的兄弟罗德里戈投身这项事业，并在西班牙

1　洛西南特为“Rocinante”的音译，有译者兼顾音义，翻译为“若昔难得”。这个堂吉诃德苦思冥想后取的名字是由“Rocin”（意为“驽马”）和“ante”（意为“以前的”“排第一的”）组成，可以理解为“驽马中排第一”。

“堂吉诃德只为我而生，**而我亦为他**而生。他拥有的是**行动的力量，**我拥有的则是**写作的力量。”**

米格尔·德·塞万提斯，《堂吉诃德》第二部分

文学形式
事实与想象

塞万提斯一生中尝试了多种文学形式，而在《堂吉诃德》中，他创造了一个“镜厅”。读者被书中疯狂的英雄的幻想世界所吸引，尽管他与那位理智的同伴是在这个真实的世界旅行。现实与幻想交织，将喜剧、悲剧以及当时社会的紧张形势一一呈现。这部小说由一系列独立部分构成，其中包括由不同角色拓展开的故事，还包括滑稽的自我指涉。小说人物意识到他们在书中的作用，叙述者也时常现身，讨论他在作品中的小戏法和文学的迷惑效应。

EL INGENIOSO HIDALGO DON QVIxote de la Mancha.
Compuesto por Miguel de Ceruantes Saauedra.
DIRIGIDO AL DVQVE DE Bejar, Marques de Gibraleon, Conde de Benalcaçar, y Bañares, Vizconde de la Puebla de Alcozer, Señor de las villas de Capilla, Curiel, y Burguillos.

Impresso con licencia, en Valencia, en casa de Pedro Patricio Mey, 1605.
A costa de Iusepe Ferrer mercader de libros, delante la Diputacion.

《堂吉诃德》第一部分的章节页，1605 年版

△ **五年奴隶生涯**
塞万提斯被俘，并被当作奴隶出售。他将这段经历写进了《堂吉诃德》（俘虏的故事）和两部以阿尔及尔为背景的戏剧中。

控制下的那不勒斯参军。兄弟俩随海军登上“侯爵夫人号”（Marquesa）战舰，参加了科林斯附近的勒班陀血战，而战争最终以土耳其军队的一场毁灭性失败告终。塞万提斯胸部中了两枪，他的左手几乎被第三次枪击废掉，但他在后来的战争中恢复了过来。他的这些经历为随后创作的故事提供了素材，而他在意大利度过的时光也同样宝贵：作为一个狂热的读者，塞万提斯在文艺复兴的发源地经历了哲学与文学革命。

1575年，塞万提斯兄弟二人乘船返回西班牙时，巴巴里海盗袭击了他们的航船，海盗俘虏了船员，并将他们卖到阿尔及尔为奴，此地是一处基督徒奴隶交易中心。塞万提斯携带了高层的推荐信，本希望日后在西班牙获得上尉之职，但这些信件却使他成了一个值钱的俘虏，被标上了一大笔赎金。当时其他奴隶的记录将塞万提斯描绘为一位勇敢的领袖，他曾四次试图逃跑，但由于俘获他的人对他高度敬重，得以免于惩罚，甚至死刑。他的身份使其监禁时间延长，他一共被监禁了五年。正准备被运往君士坦丁堡出售时，他的家人在修士的帮助下，筹集了五百枚埃斯库多金币，解救了塞万提斯并将他带回了马德里。

▷ **显著地位**
塞万提斯和他创造的“堂吉诃德”成了西班牙的象征。这座雕像矗立在作家的故乡埃纳雷斯堡的塞万提斯广场上。

回到西班牙

这个来自勒班陀的独臂男人在西班牙努力谋生，并开始转向写作。此时西班牙因其美洲殖民地而变得富足，正处于艺术与文学创作的黄金时期，而塞万提斯的两部早期作品则影响深远。《阿尔及尔的地牢》（*The Dungeons of Algiers*，又译作《阿尔及尔的交易》）根据他作为基督徒奴隶在阿尔及尔的经历而创作；《努曼西亚》（*Numantia*，又译作《被围困的努曼西亚》）讲述的是罗马人残酷地围攻努曼西亚的故事。塞万提斯也写小说，其田园牧歌式

1　低地国家（the Low Countries），是指欧洲西北沿海地区，广义上包括荷兰、比利时、卢森堡，以及法国北部与德国西部；狭义上则仅指荷兰、比利时、卢森堡三国。

背景知识
衰退中的西班牙

塞万提斯出生时，哈布斯堡王朝统治下的西班牙是一个超级大国，领土遍布东印度群岛、低地国家[1]和意大利。来自美洲的大量黄金使这个国家富裕起来，同时该国也是欧洲的艺术、文学和哲学的中心。然而，正是在这个国家衰退期间，塞万提斯创作了其主要作品。腓力二世（1527—1598）和腓力三世（1578—1621）的统治始终饱受多方困扰：暴力镇压、宗教法庭臭名昭著的宗教狂热、天主教为阻止新教传播而施行的反宗教改革、来自西班牙殖民地的财富的缩减，以及无敌舰队的失败。

《与西班牙无敌舰队作战的第七天》，亨德里克·科涅里茨·弗鲁（Hendrick Cornelisz Vroom）绘，1601 年

浪漫小说《伽拉忒亚》(*La Galatea*)的故事核心是两个牧羊人爱上了海中仙女伽拉忒亚。

尽管塞万提斯靠写作获得了报酬，但他挣得的钱仍不足以维持自己和他那复杂家庭的生计。三十七岁时，他遇到了自己的一生所爱——已婚女子安娜·弗兰卡·德·罗哈斯(Ana Franca de Rojas)，并生育了他们唯一的孩子伊莎贝尔·德·萨阿维德拉(Isabel de Saavedra)。他后来和来自埃斯基维亚斯(Esquivias)的卡塔利娜·德·帕拉西奥斯·萨拉萨尔(Catalina de Palacios Salazar)结了婚，但与她分开生活，因为塞万提斯作为负责西班牙海军无敌舰队物资补给的一名军需官，要远赴安达卢西亚。

1588年，西班牙无敌舰队被英国击败，这加快了西班牙在黄金时代后期从超级大国地位衰落的速度。这个君主政体试图通过对农民征收重税来挽救摇摇欲坠的经济。尽管塞万提斯在此前从负责粮食征收工作时，账簿上就出现过很多偏差，但他还是被任命为征税员，然而，他因挪用公款在塞维利亚被监禁了一段时间，后来又被监禁了一年。获释后，他继续创作十四行诗和戏剧，以及他在狱中构思的那个伟大的故事。

堂吉诃德

1605年，五十八岁的塞万提斯出版了他的杰作《堂吉诃德》，开启了他作为作家的高产期。这部小说既是对中世纪侠义骑士及其贵妇人故事的戏仿，也是对西班牙当时社会的讽刺和批判。作品随即大获成功。随着该作品在国际范围内的翻译和出版，塞万提斯名扬英国、法国和意大利，当然也包括西班牙。然而，由于他已经出售了作品版权，因此只享受了一段短暂的富裕生活。他移居马德里，生活在作家和诗人的圈子里，继续写作《警示典范小说集》(*Exemplary Novels*)和《帕尔纳索斯之旅》(*Journey to Parnassus*，1614)。而后，无名作家伪造的“《堂吉诃德》第二部”的出现激怒了塞万提斯，因此他于1615年出版了该作品的续篇。

1616年4月22日，塞万提斯去世，当时他已是“一名老迈的士兵，一位贫穷的绅士”，被葬于马德里的赤足三一会修道院(Convent of the Barefoot Trinitarians)。2015年，人们找回了他的骸骨碎片。西班牙这位最伟大的作家随后被正式安葬，而在他去世近四百年后，人们为他修建了一座纪念碑。

重要作品年表

1585
塞万提斯的第一部重要作品《伽拉忒亚》是一部田园牧歌式的浪漫小说，作品曾风靡一时。该作品在故事的第二部分戛然而止。

1605
《堂吉诃德》的第一卷[《匪夷所思的拉曼查绅士堂吉诃德》(*El Ingenioso Hidalgo Don Quijote de la Mancha*)]出版，并很快大获成功。

1613
塞万提斯的《警示典范小说集》出版，其中的十二篇短篇小说代表了17世纪西班牙的问题。

1615
在一位匿名作者伪造了一份未经作者授权的续集之后，《堂吉诃德》第二部出版。

1617
《贝尔西雷斯和西希斯蒙达历险记》(*Los Trabajos de Persiles y Sigismunda*)出版。塞万提斯在完成这部作品三天后就去世了。

▷ **大战风车**
在塞万提斯的世界里，日常生活中的点点滴滴均被转化成为非同寻常之物；他笔下的古怪英雄堂吉诃德以大战风车而闻名——堂吉诃德认为风车是穿越拉曼查平原的巨人。

威廉·莎士比亚

William Shakespeare，1564—1616，英国人

莎士比亚是英国文艺复兴时期杰出的诗人和剧作家，他创作了三十多部戏剧，以及多首十四行诗和叙事诗。作为一位悲剧和喜剧大师，他在英国文学世界中的地位无与伦比。

◁ **童年的家**
莎士比亚出生且成长于埃文河畔斯特拉特福的这座木制结构房子里。房子分成两部分：一部分作为生活空间，另一部分则作为他父亲的营业场所。

1564年4月，莎士比亚出生于沃里克郡埃文河畔斯特拉特福的一个集镇。他的准确出生日期尚不清楚，但通常被认为是4月23日，即圣乔治日。他父亲是一个颇有雄心之人，出生于一个佃农家庭，但后来离开故土去斯特拉特福做了一名手套贩卖商，不仅生意兴隆，还娶了向务农的莎士比亚家族租赁土地的地主亚登的女儿。他拥有两套房子，在斯特拉特福小镇的生活中扮演着举足轻重的角色。

作为五个成活的孩子中年纪最大的，莎士比亚被送到了当地的文法学校。虽然后来他被同时代的戏剧家本·琼森（Ben Jonson）描述只会“很少拉丁语和较少希腊语词汇”，但学校教育无疑使他接触到了古典拉丁语作家的作品，这对当时任何接受过教育的人来说都是不可或缺的基础。至于莎士比亚如何由一个外省乡下人变为伦敦的一名成功演员和剧作家，其中的过程人们所知甚少，只能大致确定这个故事的梗概。

> “我们就是 / **梦幻**所用的**材料**，
> 一场**睡梦** / 环抱了**短暂的人生**。”
>
> 威廉·莎士比亚，《暴风雨》（*The Tempest*）

在斯特拉特福的早年生活

莎士比亚与斯特拉特福当地一位比他大八岁的女人安妮·海瑟薇结了婚。他们步入婚礼圣坛时，她已经怀孕。在他们的第一个孩子出生之后，一对龙凤胎也很快出生了——其中的男孩受洗之名是哈姆奈特。莎士比亚二十三岁时，他和妻子及三个孩子住在他父亲的家中。随后，他离开家人，移居伦敦。据说，他不得不离开斯特拉特福，是因为他被指控非法猎鹿。另外，还有一些消息来源表明，他是在逃离无爱婚姻的束缚。但情况很有可能是，他意识到自己拥有非凡的诗歌天赋，于是离开去追求一种充满声名和财富的生活。

在伦敦崭露头角

1587年，当莎士比亚到达伦敦时，这座城市的戏剧演出还处于萌芽阶段。仅有的几个固定剧场都建在城外，且建成时间还不足十年，而屈指可数的几位受过大学教育的诗人——包括托马斯·纳什（Thomas Nashe）、罗伯特·格林（Robert Greene）和克里斯托弗·马洛——开始为剧团演员创作用于演

背景知识
四开本（quatos）和对开本（folios）

莎士比亚创作的剧本是为了舞台演出而用，而不是印刷阅读，他的手稿属于演出公司的财产。在他生前，一小部分剧作以四开本出版，其中一些是公司授权的，另一些则是被某位观众在演员说台词时偷偷记下来出版的盗版。当然了，这些四开本往往错漏百出。莎士比亚去世后，多种精心编排的“对开本”剧本合集出版。1623年的“第一对开本”被认为是其大多数戏剧最可靠的来源。

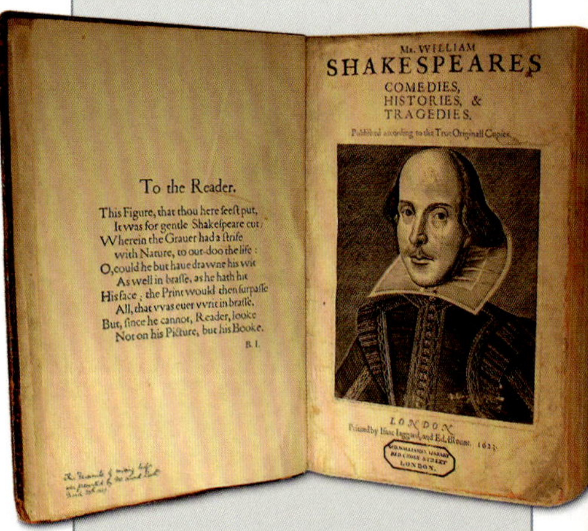

“第一对开本”收录了部莎士比亚的三十六剧作

▷ **科布肖像，约1612年**
这幅作品被认为是威廉·莎士比亚在世时绘制的唯一一幅肖像画，是其赞助人南安普敦伯爵（the Earl of Southampton）委托一位不知名的艺术家创作的。画作的名字来自收藏它的科布家族（The Cobbe）。

背景知识

环球剧院

1599年，莎士比亚所属的演艺公司——“宫内大臣剧团”（The Lord Chamberlain's Men），在泰晤士河南岸建造了一座新剧场。环球剧院可容纳三千多名观众，有三层座位和一个可供平民观众站立的地方。一部分露天舞台延伸向观众席。最初的环球剧场在1613年被烧毁，重建后一直开放到1642年。这座剧院的现代复制品建在原址附近，自1997年以来一直在上演戏剧。

伦敦，河畔的莎士比亚环球剧院

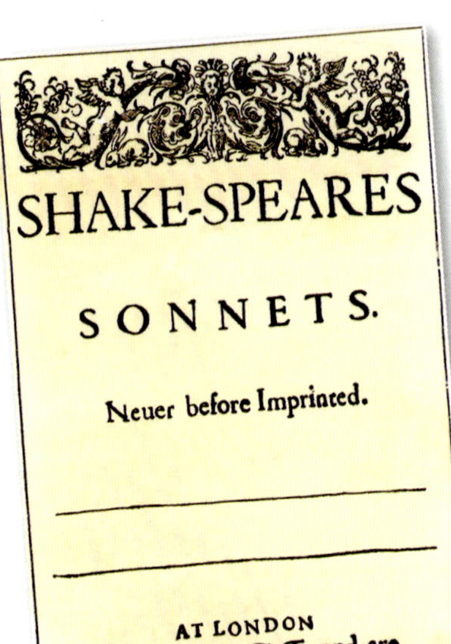

SHAKE-SPEARES

SONNETS.

Neuer before Imprinted.

AT LONDON
By G. Eld for T. T. and are
to be solde by Iohn Wright, dwelling
at Christ Church gate.
1609.

◁《十四行诗》第一版

1609年版的莎士比亚十四行诗很可能是由他自己编排的。其中包括英国文学中一些著名的诗歌。

出的作品。莎士比亚究竟是怎样设法进入这个正在萌蘖的戏剧界的？这一问题仍然留待猜测。传说，他最初是从一家剧场外照看马匹的职员起步的，但众所周知，到1592年，他已经成为一名演员、剧作家。

伊丽莎白时期的戏剧作品是合作的成果，莎士比亚经典作品中最早的戏剧——包括《亨利六世》（*Henry VI*）的三个部分和《理查三世》（*Richard III*）——很可能就包含马洛或纳什等其他剧作家的贡献。这些作品获得了巨大的成功，莎士比亚因此声名鹊起，并受到了竞争对手、剧作家罗伯特·格林（Robert Greene）的猛烈抨击。格林骂莎士比亚是“暴发户乌鸦……自命不凡地以为自己能够在戏剧舞台上‘霎时比下’[1]其他所有人”。

瘟疫和诗歌

1592—1594年，莎士比亚的剧作家生涯被一场使伦敦人口锐减的大规模瘟疫打断。在此期间，所有的剧场都关门了，而就是在这段戏剧休眠期，莎士比亚发表了他的第一首诗。爱情叙事诗《维纳斯和阿多尼斯》（*Venus and Adonis*）发表于1593年，题献给二十岁的南安普敦伯爵亨利·里奥谢思利（Henry Wriothesley）。次年，莎士比亚的第二首叙事诗《鲁克丽丝受辱记》（*The Rape of Lucrece*）发表，同样是献给这位伯爵。

此时，莎士比亚已经开始创作十四行诗序列——这是最近因埃德蒙·斯宾塞（Edmund Spenser）而流行的一种诗歌体裁。莎士比亚的一百五十四首十四行诗粗略地讲述了诗人对一位“美少年”和一位“黑女士”的爱情，它们很可能写于1591年至1603年，并于1609年首次结集成书出版。很多研究者都曾试图将这些人物的身份确定为莎士比亚生活中的真实人物，就像解开这些十四行诗题献的“W. H先生”的身份之谜一样。这些诗作表明莎士比亚可能是同性恋或双性恋。一些学者认为，这位“美少年”可被确定为南安普敦伯爵或者莎士比亚后来的赞助人彭布洛克伯爵（the Earl of Pembroke）。这些诗作也可能是纯粹的想象，与莎士比亚的私人生活并无关系。无论如何，它们都属于最优美的英语诗歌之列。

1　罗伯特·格林的原话直译为“自负地以为自己是这个国家中唯一能够震撼舞台的人”，其中“震撼舞台”用的是“Shakescene”一词，是根据莎士比亚的姓氏（Shakespeare）化用而来。因此此处取“莎士比亚”的谐音译为“霎时比下”。

▷ **威尔·坎普**

在这幅创作于1600年前后的木版画中，英国演员、备受欢迎的小丑威尔·坎普（于1603年去世）正在表演吉格舞。坎普是莎士比亚手下最早的演员之一，他的名字曾出现在莎士比亚早期一些四开本剧本的舞台提示上（“威尔·坎普上场”）。

△《奥菲莉亚》(*Ophelia*)
英国画家约翰·埃弗里特·米莱斯爵士(Sir John Everett Millais)在《奥菲莉亚》(1851—1852)这幅作品中描绘了莎士比亚的悲剧《哈姆雷特》(*Hamlet*,约1601,第四幕第七场)中的场景。奥菲莉亚——可以看到她漂在溪流之中——在听闻她的爱人哈姆雷特杀了她父亲之后,因悲痛而自溺。

舞台上的成功

1594年,疫情消散,剧场重新开张,莎士比亚加入了一个名为“宫内大臣剧团”[因其赞助人是女王的最高大臣亨斯顿勋爵(Lord Hunsdon)而得名]的演艺公司。剧团中有当时顶尖的两位演员,即喜剧演员威尔·坎普和悲剧演员理查德·伯比奇(Richard Burbage)。莎士比亚也登台演出,但他的主要任务是创作新剧本。在之后的五年里,他写了十部戏剧,包括《罗密欧与朱丽叶》、喜剧《仲夏夜之梦》和《皆大欢喜》,以及历史剧《理查二世》(*Richard II*)、《亨利四世》(*Henry IV*)的第一部分和第二部分和《亨利五世》(*Henry V*)。这些作品旋即大获成功,不仅受到伦敦观众的欢迎,还到宫中为女王演出。

莎士比亚的故事并不是原创的,他会借用各种资源,但他以无与伦比、充满活力的语言赋予各种各样的人物形象以生命。他将高级悲剧与低级喜剧交融,将浪漫与淫秽相互融合,使伊丽莎白时期受过良好教育的一些人在考虑经典的戏剧规则时倍感困惑,但即使是他们,最终也折服于莎士比亚的创造力和想象力。当其他剧作家过着起伏不定的生活时,如马洛在一次酒吧斗殴中被杀,琼森因冒犯当局而被监禁两次,莎士比亚始终远离麻烦,并积累了一小笔财富。他在斯特拉特福买了一幢大房子,后来又在城外买了块地。当“宫内大臣剧团”于

“世界是一个舞台,/所有的男男女女不过是一些演员。”

威廉 · 莎士比亚,《皆大欢喜》(*As You Like It*)

人物简介

伊丽莎白一世

都铎王朝的女王伊丽莎白一世在1558年到1603年在位期间，主持了英国的文艺复兴，并资助艺术家、诗人和剧作家。莎士比亚的历史剧反映了女王所激发出的民族自豪感。但她的统治被宗教分歧所烦扰。她处决了信奉天主教的表亲苏格兰女王玛丽，并抵抗住了西班牙天主教统治者腓力二世派往英格兰的无敌舰队。尽管莎士比亚的家庭成员可能是秘密的天主教徒，但即使在他的前赞助人南安普敦伯爵卷入1601年埃塞克斯叛乱失败时，他也免于麻烦。伊丽莎白一世终身未婚，她的侄孙苏格兰的詹姆斯六世继承了她的王位。

伊丽莎白一世，约1588年

1599年在伦敦建造环球剧院时，他是投资该房产的共同所有者之一。但是，公开的成功被个人的巨大不幸所掩盖，1596年，莎士比亚十二岁的儿子哈姆奈特夭折了。

黑暗戏剧

很多批评家注意到莎士比亚写于17世纪早期的一系列悲剧作品中所流露出的阴郁情绪，从《裘力斯·恺撒》(*Juliu Caesar*，1599)、《哈姆雷特》，到1604—1606年创作的《奥赛罗》(*Othello*)、《李尔王》(*King Lear*)和《麦克白》(*Macbeth*)，再到1606—1607年创作的《安东尼和克莉奥佩特拉》(*Antony and Cleopatra*)及《科里奥兰纳斯》(*Coriolanus*)。还有人猜测他可能染上了性病，因为他在一些戏剧中对性行为表现出强烈的反感。然而，浪漫喜剧《第十二夜》(*Twelfth Night*)也写于这个时期。此外，由于悲剧被认为是戏剧最高级的形式，因此一位剧作家在他创作的高峰期转向更加沉重的悲剧主题也在情理之中。

在伊丽莎白一世于1603年逝世后，“宫内大臣剧团”受到英格兰新王詹姆斯一世（James I）的庇护。他们更名为“国王剧团”，并在频繁、报酬丰厚的宫廷演出中发展壮大。莎士比亚在创作以英格兰为背景的戏剧《麦克白》时，可能迎合了詹姆斯一世对故土的兴趣，尽管这部悲剧几乎没有对国界以北的政治生活有所奉承。

△《麦克白》
英国画家约翰·马丁的画作《麦克白》(约1820)，描绘了莎士比亚剧作中麦克白和班柯在荒原上遇到三位女巫（位于画面左侧）的情景。

风格的变化

莎士比亚继续为环球剧院的演出创作剧本，剧院中均衡地混杂着久经世故者和喧闹的普通人。然而，宫廷的影响渐渐推动他走向一种更加精致的戏剧风格，更符合有教养之士的品位。这种趋势随后得到更多鼓励——该公司从1608年起，开始在规模较小、非露天的黑修士剧院（Blackfriars Theatre）演出，吸引了更小众的观众群体。像《泰尔亲王佩里克里斯》(*Pericles*)和《冬天的故事》(*The Winter's Tale*)这类戏剧展现了一种更华丽、不那么犀利的莎士比亚晚期风格。

大约写于1611年的《暴风雨》可能是莎士比亚自己创作的最后一部剧作。其中的最后一段话，即魔法师普洛斯彼罗（Prospero）向观众呼喊“让我自由”，经常被解读为莎士比亚对剧场的告别。他继续为国王剧团写作，尤其是与约翰·弗莱彻（John Fletcher）合作。然而，莎士比亚和弗莱彻合作的剧作《亨利八世》(*King Henry Ⅷ*)在1613年的

重要作品年表

约1591—1592
《亨利六世》第一部分到第三部分，聚焦于玫瑰战争的历史剧三部曲。

约1596
《仲夏夜之梦》，浪漫喜剧，包含了关于精灵世界的民间传说。

1599
《裘力斯·恺撒》，罗马悲剧，早期在环球剧院上演的剧作之一。

约1601
《哈姆雷特》，一个以丹麦为背景，讲述谋杀、疯狂和复仇的复杂故事，是莎士比亚最长的剧作。

约1604
《奥赛罗》是一部悲剧，讲述了一位受疯狂嫉妒心驱使的摩尔军人奥赛罗谋害了自己无辜的妻子。

1606
《麦克白》是莎士比亚最阴冷的一部悲剧，讲述了罪恶感对一对弑君夫妇的意识造成的腐蚀性影响。

1609
《十四行诗》(完整版)出版。很可能写于16世纪90年代至17世纪初。

1611
《暴风雨》讲述了魔法师普洛斯彼罗和他女儿的故事。这是莎士比亚写的最后一部作品。

“人生不过是一个行走的影子，一个在舞台上指手画脚的拙劣的伶人，登场片刻，就在无声无息中悄然退下……”

威廉 · 莎士比亚，《麦克白》

首演却引发了一场火灾——一颗本来被用以制造特殊效果的火炮点燃了环球剧院的楼顶并烧毁了这座建筑。尽管剧院得以重建，但莎士比亚却被卷入这桩麻烦事中。

根据一个广为流传的谣言，莎士比亚是在从斯特拉特福返回伦敦的旅程中发高烧，由此身亡的——彼时天气恶劣，而他刚刚在美人鱼酒馆（the Mermaid Tavern）与诗人朋友有过一场热情洋溢的会面。他逝世于1616年4月，很可能是在他的第52个生日时。他留下的遗嘱反映了他对家人未来的担忧，这很正常，而唯一引人注目的奇怪之处是，他把“第二好的床”留给了妻子。有人颇有说服力地指出，“第二好的床”应该是婚床，而最好的床是留给客人的。莎士比亚被安葬在斯特拉特福圣三一教堂，在那里，他的家人为他立了一座纪念碑。

▷ 本 · 琼森

琼森的这幅画像由亚伯拉罕 · 凡 · 布莱恩伯奇（Abraham van Blyenberch）绘于1617年前后。琼森是莎士比亚的朋友和对手，他在一首诗中这样描述莎士比亚的作品：“无论是人还是缪斯女神，无论怎么赞扬都不过分。”

▽ 圣三一教堂（Holy Trinity Church）

1616年4月25日，莎士比亚被葬于这座他在1564年4月26日接受洗礼的教堂。此后他的妻子、大女儿也与他葬在了一起。

ILLVMINA
NOSTRAS DOMINA

约翰 · 邓恩

John Donne，1572—1631，英国人

邓恩的职业生涯丰富多彩——军人、政治家、朝臣、外交家、牧师——但使他名垂青史的是他那令人惊艳的原创诗歌，他被公认为文艺复兴时期最好的诗人之一。

约翰·邓恩出生于伦敦，他父亲是一位五金商人，母亲是剧作家约翰·海伍德（John Heywood）的女儿。他曾就读于牛津大学，但没有拿到学位就离校了，后在1592年进入林肯学院（Lincoln's Inn，伦敦的一所律师学院）。他从未有过法律实践，不过这段法律培训经历对他的写作产生了重要影响。

1596年，邓恩成为一名士兵，参加了埃塞克斯伯爵对西班牙的远征。他在那里看到的军事行动启发他创作了两首诗，即《平静》（"The Calme"）和《风暴》（"The Storme"），而他也因此获得了自己的第一个重要职位，即掌玺大臣托马斯·埃格顿爵士（Sir Thomas Egerton）的秘书。1601年，他成为布莱克利的国会议员，这是埃格顿送给他的礼物。

爱的烦恼

在这个时期，邓恩创作了他最杰出的一批爱情诗，但讽刺的是，爱情导致了他职业生涯的毁灭。1601年，他与埃格顿夫人十七岁的侄女安妮·莫尔（Anne More）秘密结婚。一场抗议风暴随之而来。吓坏了的安妮父亲试图让这个婚姻无效，最终邓恩被解雇，甚至遭到短暂监禁。由于失业和无家可归，这对夫妇一度不得不暂时依靠朋友的慷慨解囊。邓恩利用这个机会学习和提高他的写作水平，但他寻找另一个社会职位的努力失败了。

◁ 约翰·邓恩，约1695年
这幅由不知名的英国画家所绘的肖像画，将邓恩表现为一位陷于忧思中的情人。题词为"啊，女士，照亮我们的黑暗"，暗示了作者的痛苦源于一个女人。

◁《伪殉道者》
此处展示的是1610年版《伪殉道者》的标题页，页面上方和下方均留下了诗人醒目的笔迹。

教会生涯

邓恩意识到他晋升的唯一希望在教会，但他从小就是天主教徒，而那时正值天主教信仰的艰难时期，尤其是在1605年的火药阴谋之后——天主教叛乱分子试图炸毁议会大厦。随着时间的推移，邓恩转而效忠英国国教，甚至写了一本小册子，名为《伪殉道者》（*Pseudo-Martyr*，1610），并敦促其他人追随他的脚步。他于1615年被任命，并获得了一系列的晋升。后来他成了一名皇家牧师，林肯律师学院的一名神学研究者，并最终成为圣保罗学院的院长。他在詹姆斯一世和查理一世面前布道，并被选派到德国执行一项著名的和平使命（1619—1620）。

邓恩创作散文和诗歌，既涉及世俗主题，也涉及宗教主题，他还通过写诗来赢得潜在赞助者的青睐。他的爱情诗急切、诙谐，且往往也很生动。其中大部分内容都是对话式的，仿佛是对想象中的情妇说："看在上帝的分儿上，住口，且让我爱……"［《圣谥》（"The Canonization"）］。它常常围绕着巧妙的双关语或曲喻[1]展开，但它也可以温柔得让人消除敌意："我真的好奇，在我们相爱之前，你和我/做了什么？"［《美好的明天》（"The Good Morrow"）］。后来，邓恩专注于宗教诗歌。最好的例子是他的"圣十四行诗"。

邓恩的诗集一出版，他就被尊为大师，但他在18世纪时遭到冷遇。而后到了20世纪，当T. S. 艾略特称赞他为现代主义诗歌的主要先驱时，他的光芒重现。

1　曲喻（Conceits），又译作"奇喻"，是玄学派常用的修辞手法，约翰逊将它定义为"一种一致的不协调，不同意象的结合，或者是从明显不同的事物中发现隐秘的相似之处"。

背景知识

玄学派诗人

邓恩历来被认为是最杰出的玄学派诗人。这个团体从来不是一个正规的学派，但它的成员之间确实有一些共同的文体特征。玄学派诗人还包括乔治·赫伯特（George Herbert）、亨利·沃恩（Henry Vaughan）、安德鲁·马维尔（Andrew Marvell）和托马斯·特拉亨（Thomas Traherne）。起初，这个词带有贬义，德莱顿（Dryden）和约翰逊博士（Dr Johnson）用它来批评诗人牵强附会的曲喻和精心设计的文字游戏。约翰逊尤其不喜欢他们"在明显不同的事物中发现隐秘的相似之处"。

安德鲁·马维尔，佚名画家绘，约1655年

▽ 在西班牙的军事行动
当英国和荷兰军队袭击西班牙的加的斯时，身为士兵的邓恩被卷入了英西战争之中。这幅1596年的版画描绘了军队登陆以及西班牙船只在港口受到攻击的场景。

▷ 弥尔顿，约1629年
这幅肖像画（创作者不详）描绘的是三十岁出头的弥尔顿，此时他可能正在剑桥大学求学。这位诗人从年轻时就开始了写作，还是学生时就创作出许多重要作品。

约翰·弥尔顿

John Milton，1608—1674，英国人

约翰·弥尔顿是史诗《失乐园》（*Paradise Lost*）的作者，是一位参与政治活动的作家，他主张处死查理一世。他生命的最后二十年被彻底的失明所折磨。

约翰·弥尔顿于1608年出生在伦敦，是一位富有的公证律师之子。他是个勤奋好学的孩子，精通拉丁语、希伯来语和意大利语。他被送去剑桥大学完成学业，但他发现那里的教学和同伴都了无生趣。1629年的圣诞节，他创作出他的第一首重要诗作《基督诞生的早晨》（“On the Morning of Christ’s Nativity”）。然后是《快乐的人》（*L'Allegro*）和《沉思的人》（*Il Penseroso*），它们是对田园风格的出色实践。1632年，他离开剑桥，并坚信自己的使命是写诗。

弥尔顿早期的作品显示了神话世界和他严肃的新教信仰之间的创造性张力，通过阅读拉丁语经典，他打开了神话世界的大门。1634年，他写了一部假面喜剧（贵族娱乐表演的一种形式），即《科玛斯》（*Comus*），其中，基督教的美德战胜了放荡的狂欢。写于1637年的《利西达斯》（*Lycidas*）是为了悼念一位朋友的去世，其中既有对古典学识生动丰富的展示，也有对英国国教神职人员堕落的抨击。

背景知识

内战和弑君

1642年，英国国会和国王查理一世之间由来已久的争端演变成了公开的战事。国会为反对君主专制的传统权力和拒绝主教在宗教生活中的权威地位而奋战。1649年，皇家军队战败，查理一世在伦敦被斩首。国会领袖奥利弗·克伦威尔实际上是一名军事独裁者，直到他于1658年去世，此后，君主专制得以恢复。弥尔顿认为，建立一个有道德的共和国是上帝的工作，并通过写作为奥利弗·克伦威尔辩护。

奥利弗·克伦威尔

共和党时事评论员

17世纪40年代，弥尔顿作为诗人仍然鲜为人知，但他在关于英国政府与宗教形式的辩论中崭露头角。他在英国内战中支持国会方，并在奥利弗·克伦威尔（Oliver Cromwell，见左图）的共和政府担任公职。他于1644年撰写的著名论辩散文《论出版自由》（*Areopagitica*）是对言论自由的慷慨激昂的辩护。弥尔顿从未放弃过共和主义，而幸运的是，他在1660年恢复君主制时免于受惩。

他经历过困境和失去亲人的痛苦。1642年，弥尔顿与十六岁的玛丽·鲍威尔（Mary Powell）结婚，她来自一个保皇派家庭。尽管弥尔顿对这段婚姻感到后悔，还是倡导离婚的拥护者，但这对夫妇最终还是生活在一起并养育了三个孩子。玛丽在1652年去世后，弥尔顿再婚，但在1658年再次丧偶。那时，他已经完全失明了，不得不向助手口述他的作品。作为对自身不幸的回应，弥尔顿写了两首情真意切的十四行诗，即《失明抒怀》（“On His Bliandness”）与《梦亡妻》（“Methought I saw my late espoused saint”），后一首诗记述了他梦见自己的第二任妻子以及他的视力短暂地恢复了。1662年，弥尔顿第三次结婚，妻子是比他小三十岁的伊丽莎白·米舒尔（Elizabeth Minshull）。据说，这次婚姻是幸福的。

> **“心灵乃自身之所，在其中可以创造出地狱中的天堂、天堂中的地狱。”**
>
> 弥尔顿，《失乐园》

自17世纪50年代后期起，弥尔顿投入无韵史诗《失乐园》的写作之中，诗作有着广阔的宇宙视野，从撒旦对上帝的反抗到亚当和夏娃的堕落。《失乐园》于1667年出版，其中包含一万余行有着精致拉丁风格的诗句，后来，这部作品使弥尔顿成为英国最伟大的诗人之一。在他最后的岁月中，弥尔顿创作了《复乐园》（1671），这是对他早期史诗的回应。此外，还有一部悲剧《力士参孙》（*Samson Agonistes*，1671），该作品强有力地唤起读者对失明与奴役的想象。

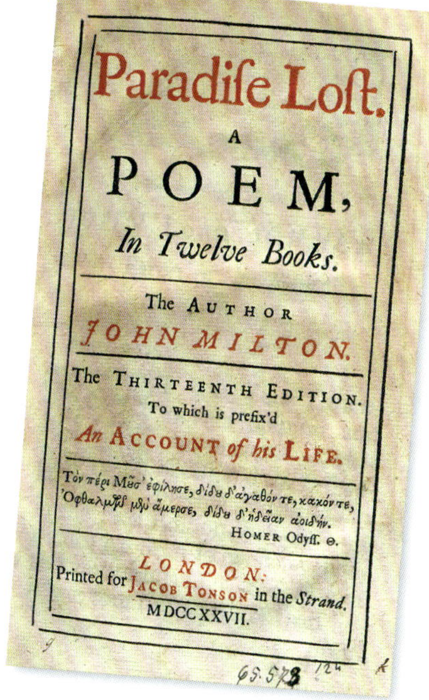
Paradise Lost.
A
POEM,
In Twelve Books.
The AUTHOR
JOHN MILTON.
The THIRTEENTH EDITION.
To which is prefix'd
An ACCOUNT of his LIFE.
HOMER Odyss. θ.
LONDON:
Printed for JACOB TONSON in the Strand.
MDCCXXVII.

△《失乐园》初版
《失乐园》初次出版时的读者群有限，一定程度上是由于弥尔顿的政治和宗教观点。书中讨论了重大的主题——人的堕落、善与恶，以及自由意志与权威之间的关系。

▷ 弥尔顿的书房
在白金汉郡查尔方特·圣吉尔斯（Chalfont St Giles）乡间别墅的书房里，弥尔顿完成了他的杰作《失乐园》。

莫里哀

Molière，1622—1673，法国人

莫里哀是法国最伟大的喜剧作家之一。不仅如此，他在舞台艺术的各个领域都有突出的才能。他经营自己的公司，创作、监制和导演自己的剧本，并在其中参演。

让－巴狄斯特·波克兰（Jean-Baptiste Poquelin）出生于巴黎，是“宫廷侍从”[1]之子。他在著名的耶稣会学校克莱蒙学院接受教育，并开始学习法律。他父亲为他在宫廷里谋得一个皇家室内装潢师的职位，但这一计划没有实现，因为在1643年，这个年轻人宣布他要放弃工作和法律学业，去做一名演员。

目前还不清楚究竟是什么激发了波克兰对舞台的渴望。他可能是受到学校里演出的拉丁喜剧和悲剧的启发，也可能是受到一位比他大四岁的女演员玛德莱娜·贝雅尔（Madeleine Bejart）的爱的蛊惑而进入剧院的，贝雅尔后来成了他的情妇。两人同在“盛名剧团”（Illustre Théâtre）工作，这个剧团一开始在巴黎一个改造过的网球场演出。在不到一年的时间里，波克兰就确立了自己在剧团的领导地位，并取了艺名“莫里哀”。

剧团早期的努力并没有取得成功：几个月后，他们陷入了财政危机，莫里哀因债务而几近入狱。为了减少亏损，剧团离开了巴黎，并在接下来的十三年里走遍了各个省份。这或许是一种因祸得福，因为它使正在成长期的剧作家莫里哀得以在批评家的审视下学习技艺。剧团的演出剧目包括流行的喜剧和悲剧，以及莫里哀自己的戏剧。其中一些以“即兴喜剧”（the commedia dell' arte，见下图）的方式精心构织喜剧场面，另一些则专门聚焦于社会讽刺，这些作品后来成为莫里哀的标志性作品。

宫廷里的成功

莫里哀的突破来自他于1658年10月在卢浮宫的王室成员面前表演的一部喜剧（已佚）。这赢得了国王弟弟的欢心，他为他们在首都争取到一个演出基地，剧团可与梯伯里·菲奥雷利（Tiberio Fiorillo）的意大利演员共用该基地。在接下来的十年里，莫里哀创作出他最伟大的一系列戏剧。这些作品包含滑稽的意大利元素，但也有新的发展。他完善了一部“风俗喜剧”，对一些群体予以讽刺，比如受到不良风习熏染的年轻女士（《可笑的女才子》，*The Affected Young Ladies*）和想要成为贵族的人（《贵人迷》，*The Bourgeois Gentleman*）。他还将喧闹的喜剧元素与对人性的敏锐洞察相结合，开拓了对复杂的人物个性的研究。莫里哀最受欢迎的一些喜剧表现的是古怪的痴迷者，如吝啬鬼[《吝啬鬼》（*The Miser*）]和绝望的疑病患者[《没病找病》（*The Imaginary Invalid*）]。

丑闻

莫里哀的戏剧备受欢迎，但他的事业却并非毫无争议。他与阿尔芒德·比雅特（Armande Béjart，传闻她是他之前情妇的女儿）的婚姻引发了一桩丑闻。此外，他对宗教虚伪的探讨作品（《伪君子》，*Tartuffe*）被禁数年。尽管如此，他仍旧继续演出，直到生命的终点。颇为讽刺的是，莫里哀死于《没病找病》的一场戏的演出后。

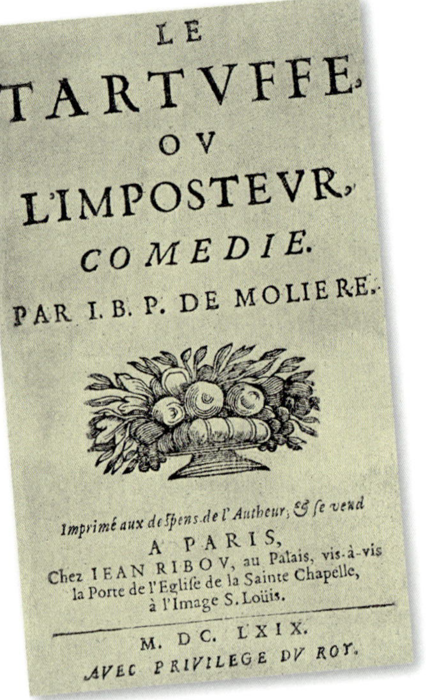
LE
TARTVFFE,
OV
L'IMPOSTEVR,
COMEDIE.
PAR I. B. P. DE MOLIERE.
Imprimé aux deſpens de l'Autheur, & ſe vend
A PARIS,
Chez IEAN RIBOV, au Palais, vis-à-vis
la Porte de l'Egliſe de la Sainte Chapelle,
à l'Image S. Loüis.
M. DC. LXIX.
AVEC PRIVILEGE DV ROY.

△《伪君子》
莫里哀的《伪君子》于1664年首演，其手稿于五年后出版。整部剧皆以押韵的对句写成，每句十二个音节。

▷ 饰演恺撒的莫里哀
莫里哀经常在他的剧团的舞台剧中饰演主角。这幅由尼古拉·米尼亚尔（Nicolas Mignard）所绘的肖像展现的是他在皮埃尔·高乃依（Pierre Corneille）的剧作《庞贝之死》中扮演的裘力斯·恺撒。

背景知识

即兴喜剧

莫里哀始终承认他从“即兴喜剧”中受惠颇多。这种戏剧形式起源于16世纪的意大利，但在法国和欧洲其他地区流行起来。头戴面具、身着戏服的演员不是依照成形的剧本演出，而是根据粗略设定的情境即兴表演，中间穿插着各种各样的“lazzi”（喜剧套路）。当莫里哀在巴黎与意大利演员共用同一个剧院时，他得以近距离地观察这些人。他从他们老套的角色中汲取灵感，如贪婪的老人、嫉妒的丈夫和狡猾的仆人，并借鉴了他们的许多喜剧性转折方式。

即兴喜剧的程式化服装

1　莫里哀的父亲实际上是一名生意兴隆的挂毯商，同时还是宫廷室内陈设商，所谓“宫廷侍从”的身份其实是用钱买来的。

BEHN. THE POETESS

阿芙拉·贝恩

Aphra Behn，1640—1689，英国人

贝恩被誉为英国第一批靠写作谋生的女性作家之一。她创作了小说、戏剧和诗歌，对小说的发展产生了巨大的影响。此外，她还是一名政府间谍。

随着17世纪大英帝国版图和探险的迅速扩张，英国人对遥远国度的阅读兴趣也在迅速增长，这些故事构成了“帝国振奋人心的神话”的一部分。因此，小说《奥鲁诺克》（*Oroonoko*）[1]——一个以苏里南为背景、以“高贵的野蛮人”为核心的横跨大西洋的奴隶故事——在1688年出版时获得巨大成功，也许就不足为奇了。更为值得注意的是，这本书是阿芙拉·贝恩写的，而在当时的公共领域，女性的声音在很大程度上是缺席的。尽管她在《奥鲁诺克》开篇就假意声称她的笔“只是一支女性的笔”，但在作品的最后，她对自己的作者身份发出了更为坚定的诉求：“我希望我的笔有足够的声誉，使其光耀之名超越时代而永生。”

不确定的开始

贝恩的生平细节不详且颇有争议。她很可能出生在坎特伯雷，是阿芙拉·约翰逊（Aphra Johnson）的女儿，出身卑微。1663年，她在苏里南（当时是英国的殖民地）待了一段时间，那里后来成为她最著名的作品《奥鲁诺克》的创作背景。1664年回到英国后不久，她嫁给了德国或荷兰血统的商人约翰·贝恩（John Behn），不过这段婚姻很短暂。两年后，她被招募为政府间谍，并被派往荷兰（见下图）。

多样的作品

贝恩的作品体裁多样，题材广泛，从爱情、婚姻、卖淫和性，到阶级、政治、残酷的奴隶制世界和殖民主义。尤其引人注目的是，她在第三部戏剧《荷兰情人》（*The Dutch Lover*，1673）的一首歌中对女性欲望的讨论，以及她在著名的诗歌《失望》（“The Disappointment”，1680）中对性别角色的审视。1670—1688年，她有十九部戏剧（包括喜剧和悲喜剧）得以上演。

尽管贝恩生前被公认为一位重要作家，但在她去世后的两个世纪里，由于人们认为她的作品过于淫秽，其受欢迎程度也随之下降。多年来，女作家的身份也阻碍了人们对其作品的严肃讨论。但是，抛开贝恩的许多戏剧、诗歌和短篇小说所展露的智慧和才华，《奥鲁诺克》也无疑可以被视为最早的小说之一，并对这一体裁类型的发展产生了巨大的影响。它也早于笛福的《鲁滨孙漂流记》，该小说通常被认为是第一部英语小说。近年来，贝恩的作品重新引起了人们的兴趣和称赞，尤其是女权主义者和文学与文化理论家。

贝恩于1689年去世，葬在威斯敏斯特大教堂。两个半世纪后，女权主义作家中的领军人物弗吉尼亚·伍尔夫在《一间只属于自己的房间》中向她做了一段广为人知的致敬：“所有女性都应该在阿芙拉·贝恩的墓上献花……因为正是她为她们赢得了表达自己想法的权利。”

△ 多塞特郡花园剧院
贝恩的许多戏剧都在伦敦东部的多塞特花园剧院（又称公爵剧院）首演，这座剧院建于1671年。贝恩住在附近，与她的朋友、剧作家兼诗人约翰·德莱顿（John Dryden）比邻。

背景知识
秘密特工

从1665年到1667年，英国和荷兰因贸易路线问题处于交战状态。贝恩作为一名保守党成员和坚定的君主主义者，被查理二世的政府招募为间谍，并被派往安特卫普，任务是揭露任何攻击英格兰或破坏政府稳定的阴谋。她使用代号“160”和“星螺”（Astrea）向内政部发送报告，其中一份报告提醒他们，荷兰计划向泰晤士河上游派遣舰队。1667年回到伦敦后，贝恩因无力支付她在服务王室期间产生的费用，被送进了债务人监狱。她出狱后身无分文，转而靠写剧本挣钱。

《恩德拉赫特水道与一支荷兰舰队》，卢多尔夫·巴克赫伊森（Ludolf Bakhuizen）绘，约1665年

1 这本书的全称是 *Oroonoko, or the History of the Royal Slave*，通译为《奥鲁诺克，或王奴：一段信史》。

◁ 阿芙拉·贝恩，约1670年
贝恩在世时颇有名气，主要是因为她的那些“丑闻”戏剧以及同性恋题材的诗作。这幅肖像由彼得·莱利爵士（Sir Peter Lely）绘制，他是一名荷兰艺术家，后成为英格兰宫廷画家。

松尾芭蕉

Matsuo Bashō，1644—1694，日本人

作为日本最负盛名的诗人，松尾芭蕉将俳句升华为一种崇高的艺术形式。他离开都市文坛，徜徉于乡间，以寻求精神体验，其卓绝于世的诗歌即根植于此。

松尾芭蕉出生于京都附近的伊贺上野（Ueno），原名松尾宗房（Matsuo Munefusa，又译作松尾藤七郎），是一名低阶武士的次子。他父亲在他十二岁时过世，六年后，芭蕉来到当地一位武士将军的家里，成为其子藤堂蝉吟（Tōdō Yoshitada，又译作藤堂良忠）的陪读。对诗歌的共同爱好将这两位年轻人联结在一起，芭蕉在1662年以“宗房”（Sōbō）为笔名发表了他的第一首为人所知的诗歌。在良忠于1666年早逝之后，芭蕉离开他的贵族雇主，去京都住了一段时间。

到1670年，他编纂了诸如《合贝》（*The Seashell Games*，1671）等诗歌选集，建立他作为作家的声誉。他二十八岁时移居江户（现在的东京），在那里，他在水务署工作，同时以“桃青”（Tōsei）的笔名进行创作。当时占主导地位的诗歌风格是诙谐讽刺的俳句（见右图），它是合作创作的，即诗人们聚在一起写一种具有传统结构的短诗，并将此作为一首更长的诗的一部分。在江户，芭蕉加入了著名诗人西山宗因（Nishiyama Sōin）的谈林派（Danrin）。

▽ 荒野中的灵感
芭蕉在日本北部的荒野中旅行。他的诗歌灵感源于他对自然的直接体验——如石头的静止或水的流动。

精神之旅

芭蕉在1680年时在写作方面已经成为一位受人尊敬的老师，但他仍不满足，开始研习禅宗。1680年，他从繁华的江户搬到了城市边缘的一座小茅屋。正是在这一时期，他开始以“芭蕉”（Bashō）的笔名进行创作，而他的诗歌也变得更加新颖，基调更加幽暗。1682年年底，他的生活发生了翻天覆地的变化。他的小屋毁于一场大火，而他又听说自己的母亲去世了。芭蕉与朋友一起住在甲斐国（Kai province），继续深化他的禅宗研究。1684年，他开始云游全国，寻找灵感。他第一次徒步旅行的成果就是创作了《饱经风霜的骷髅之记录》（*Records of a Weather-Beaten Skeleton*，又名《旷野纪行》），这是一部以俳文（haibun）——一种诗歌和散文的结合体——形式写成的旅行日志。

1689年，芭蕉开始了一段全长约两千公里的徒步旅行，这也是他的杰作《奥之细道》（*Narrow Road to the Deep North*）的主题。在这趟精神与肉体的旅行中，他与同伴河合曾良（Sora）一起探索了这个国家偏远且崎岖不平的北部内陆。他在古战场之畔写道：“夏日青青草/是战士之梦想的/全部的遗迹。”在一场暴风雨的间歇，他在诗中用“跳蚤，虱子们/现在一匹马撒尿/在我的枕边”显现出他那苦楚和质朴的幽默感。

松尾芭蕉在1691年回到江户后，再次陷入了一位著名诗人的繁忙生活之中，这与他对孤独的渴望相矛盾。正是在这一时期，松尾芭蕉形成了关于“轻妙”的观念，这一观念弥漫于他后来的诗歌中。

1694年，他开始了他最后的旅行。在大阪时，他因胃病逝世，去世时身边环绕着众多弟子，享年五十岁。他的最后一首诗是：“衰病的途中/我的梦想游荡在/干枯沼泽上。”

文学形式
俳句（haiku）

在相连的长诗俳谐（haikai）的开头，是一个由十七个音节组成的三行诗节（5-7-5），被称为“发句”（hokku），松尾芭蕉擅长发句。在芭蕉的影响下，发句获得了重要地位，后来演变为众所周知的俳句。俳句的目的是传达自然的本质，包含一个季节参照点和两个相关但往往相矛盾的意象或想法。芭蕉借鉴了禅宗佛教和更为内省的中国诗歌传统，将俳句提升为一种能引发强烈共鸣的诗歌形式，尽管简洁，但却极具表现力。他最著名的俳句是写于1686年的“古池塘/青蛙跃入/水清响”。

镌刻在石头上的一首芭蕉的俳句

▷ 沉思中的行走
这幅由月冈芳年（Tsukioka Yoshitoshi）创作的19世纪木版画，展现的是芭蕉在众多旅途中的一程，当时他正与两位路人交谈。

丹尼尔 · 笛福

Daniel Defoe，1660—1731，英国人

笛福是一位虔诚的长老会教徒、商人、作家、记者、政府间谍、时事评论家兼宣传家。他多才多艺，其文学作品产生了巨大而深远的影响。

◁ **阴谋与背叛**
这幅蚀刻画描绘了蒙茅斯公爵在阴谋篡夺詹姆斯二世之位失败后被处决的情景。公爵是在塞奇莫尔战役（Battle of Sedgemoor）中被国王的军队击败的。

丹尼尔·笛福最广为人知的身份大概是时事评论家和文学先驱，但他的个人生活也不平凡。他出生于伦敦圣吉尔斯（St Giles）的一个商人家庭，时值1666年那场大火的六年前。他原名为丹尼尔·福（Daniel Foe），后来加上了“笛”（De），据说是为了给自己增添一种威严和贵族气质。他的家族是有着佛兰芒血统的长老会教徒（Presbyterians），因此被认为是持不同政见者——处于英国（尤其是宫廷）社会中国教信徒这一主流之外——这阻断了笛福进入英国优秀大学之路。因此，他在查尔斯·莫顿（Charles Morton）开办的“伦敦异议者学院”（London academy for Dissenters）接受教育。莫顿最初是一名牧师，后来成为美国马萨诸塞州哈佛学院的副校长。

◁ **丹尼尔 · 笛福**
正如这幅18世纪初的版画所展示的那样，笛福喜欢通过他的衣服展示财富，炫耀浮华。他喜欢长长的假发和蕾丝花边，而且经常佩着一把剑。

经商生涯

笛福似乎注定要成为一名牧师，但他却选择了经商。大约在1684年，也就是他刚结婚的时候（他后来和妻子玛丽生育了六个孩子），他开始经营男士服装生意，而到17世纪90年代，他已经在烟草、葡萄酒和房地产方面小有成就。随后，他将业务拓展到更多的投资事业，包括一次注定失败的保险业务尝试，这导致了他在1692年的破产，而后，他花了十年时间才还清债务。

在经商的同时，笛福仍然积极参与政治活动，撰写小册子支持他作为持异见者的信仰。1685年，亲天主教的詹姆斯二世（James II）登基，笛福加入蒙茅斯叛乱（Monmouth Rebellion），后险些因其参与的推翻国王的行动而被处决。

“对有罪的一方而言，正义永远是一种暴行，因为每个人都认为自己清白无辜。”

丹尼尔 · 笛福，《处理持不同政见者的捷径》（*The Shortest Way with the Dissenters*）

人物简介

奥兰治的威廉（William of Orange）

出生于荷兰共和国海牙市的威廉（1650—1702）注定要成为荷兰的国家元首。1673年，他将法国天主教军队赶出荷兰共和国时，被视为新教英雄。1677年，他娶了自己的表妹，即英国王位继承人约克公爵詹姆斯的女儿玛丽。在1685年詹姆斯成为国王时，许多英国新教徒对他的天主教信仰持怀疑态度。1688年，当詹姆斯的继承人出世时，他们担心王位会被天主教徒继承。国王的反对者暗中怂恿威廉入侵英国。1688年，他的军队登陆后，詹姆斯投降了，威廉和他的妻子玛丽共同统治这个国家。

奥兰治的威廉（威廉三世）的代尔夫特锡釉陶器半身像

背景知识
辉格党与托利党

1688年的光荣革命使奥兰治的威廉登上英国王位，并将议会永久地确立为英国的统治权力。“辉格党”和“托利党”是指18世纪英国议会中两个对立的派别。这两个词都源于辱骂措辞：“辉格”指偷马贼，而“托利”则指天主教的亡命之徒。在笛福的时代，托利党代表了乡绅阶层，他们直到最近还深信国王的神圣权力，并反对宗教宽容政策。与此同时，辉格党代表了试图限制君主制的地主和新晋富裕的中产阶级。

一幅展现托利党（左边）和辉格党（右边）的漫画，托马斯·桑德斯（Thomas Sanders）绘，18 世纪

讽刺与煽动

笛福是奥兰治的威廉（威廉三世）的热情的拥护者，后者于1869年登上王位。1688年威廉的光荣革命标志着英国向议会统治的过渡，确立了新教至高无上的地位，这为持不同政见者创造了一种自由的良好氛围。然而，1702年威廉去世后，虔诚的英国国教教徒、女王安妮继承了英国王位，她鄙视所有的异议者，同情托利党（见上图），并立即着手取缔非国教教徒的活动。笛福制作了一本名为《处理持不同政见者的捷径》的小册子作为回应。他对托利党的想法进行了尖锐的讽刺，认为异议者应当被铲除：“现在让我们用铁腕手段对付盗贼吧。”

当这本小册子的讽刺意图被揭露后，当权者震怒。笛福被控煽动诽谤罪，三次被捕入狱，被关押在新门监狱（Newgate Prison），在那里，他遇到了摩尔·金（Moll King），后者成为他的小说《摩尔·弗兰德斯》（*Moll Flanders*）的灵感来源。国务大臣罗伯特·哈雷（托利党领袖）看到了笛福的巧妙辞令与狡黠多谋有可供利用之处，于是他保释了笛福，并派笛福到全国各地建立一个间谍网；在苏格兰，笛福甚至在1707年的《联合法案》（*Act of Union*）投票之前，就已在两国之间播下了不和与不确定的种子。在这些旅行中，他经常隐姓埋名，以多种虚假身份行于世。

◁ 位于斯托克纽因顿的家
作为一个持不同政见者，笛福不可能成为英国统治集团的一分子。因此，他安家落户于离伦敦城有一段距离的斯托克纽因顿。

> “只要有可能，**人人都会**成为**暴君**，这是**大自然**赋予人的**本性**。”
>
> 丹尼尔·笛福，《肯特请愿纪实》（*The History of the Kentish Petition*）

真理问题

笛福晚年才开始创作小说，他在五十七岁时创作了最著名的作品——《鲁滨孙漂流记》。他的小说就像是“真实的”自传一样被写作和出版：读者被引导着去相信鲁滨孙·克鲁索和摩尔·弗兰德斯分别是这些作品的作者。笛福的名字没有出现在任何一本出版物上：《鲁滨孙漂流记》直接以日志体写成，被认为是小说的虚构主人公“鲁滨孙本人”（见扉页背面）所写；小说《摩尔·弗兰德斯》则声称是“摩尔根据她自己的备忘录而写”。

同样，笛福1722年的小说《瘟疫年纪事》（*A Journal of the Plague Year*）记录了一个人在1665年伦敦黑死病暴发期间的经历，它无疑被读者认为是一部直截了当的新闻作品，笛福所扮演的角色是这本书的编辑，而不是作者。文中煞费苦心地精确引用了日期和地点，并复制了鼠疫受害者的表格数据；笛福在其中展现了一种细致的新闻式重构。事实上，他似乎不带私心，因为当时有传言称，法国暴发了新一轮瘟疫。通过对事件的准确描述，笛福希望给读者提供一个更好的生存机会。

现代小说

《鲁滨孙漂流记》和塞万提斯的

重要作品年表

1702
笛福的讽刺性小册子《处理持不同政见者的捷径》出版，正是这本册子致使他在监狱里待了一段时间。

1704
撰写《风暴》(*The Storm*)，讲述了1703年袭击英格兰的一场风暴，被认为是最早的现代新闻报道之一。

1719
小说《鲁滨孙漂流记》大获成功。同年，他又完成了《鲁滨孙漂流记续集》(*The Farther Adventures of Robinson Crusoe*)。

1722
以H. F.[这是他从瘟疫中幸存下来的叔父亨利·福(Henry Foe)的名字的缩写]的笔名发表了《瘟疫年纪事》。

1722
创作《摩尔·弗兰德斯》，这是一部关于一个出生在新门监狱的漂亮女人跌宕起伏的命运的流浪汉小说。

《堂吉诃德》被广泛认为是现代意义上的“小说”的早期范例。这些作品有着共同的特点。例如，它们是虚构的散文叙事，旨在独自阅读，而不是大声朗读，不同于古代用来表演的诗歌和散文史诗。此外，它们还是为受过教育的新兴中产阶级而写的。与弥尔顿的诗歌和莎士比亚的戏剧截然不同的是，它们不以帝王神灵作为主要人物，而是选择刻画普通人，且这些人的故事发生在读者可以感同身受的场景之中。

海岛故事

《鲁滨孙漂流记》引起了读者的强烈共鸣(它出版的第一年就印刷了四版)，部分原因在于它是一部如此引人入胜的人类故事，讲述了一个男人漂流到荒岛上，与自然环境和“厄运”做斗争以求生存的故事。一些批评家将这一文本解读为对每个人在生活中奋力挣扎的隐喻。对另一些批评家来说，这本书的重要性在于，它是那个时代的产物，不加批判地展示了欧洲人对世界上多个地区殖民的意识形态。殖民者和被殖民者的关系由小说中鲁滨孙·克鲁索和“星期五”的互动展现出来，后者是海岛上的原住民，鲁滨孙则是所谓“文明”的传播者。在一杆枪的助威下，鲁滨孙教导“野蛮人”星期五理解了西方世界的运行方式，其中包括最重要的对权威的屈从。

在笛福的时代，有不计其数的沉船和漂流到荒岛事件，关于这些真实事件流传着许多故事。笛福很可能将这类故事作为他创作海岛故事的灵感，其中包括在太平洋的一个海岛上生活了一年的亚历山大·塞尔柯克(Alexander Selkirk)，以及从加勒比流放地逃出的流亡者亨利·皮特曼(Henry Pitman)。

丹尼尔·笛福生命的最后几年是在健康状况持续恶化、债务缠身和躲避债主的多种压力下度过的。他死于1731年，死因很可能是中风，适逢他最后一部小说《罗克珊娜》(*Roxana*)出版七年之后。他的纪念碑矗立在伦敦北部的邦希田园(Bunhill Fields)。

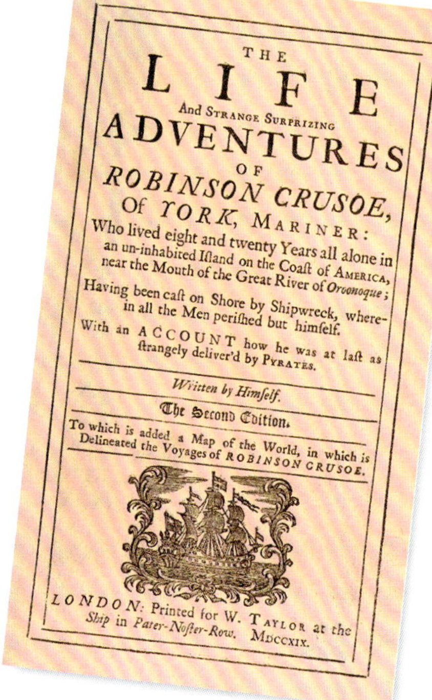
THE
LIFE
And Strange Surprizing
ADVENTURES
OF
ROBINSON CRUSOE,
Of YORK, Mariner:
Who lived eight and twenty Years all alone in an un-inhabited Island on the Coast of America, near the Mouth of the Great River of *Oroonoque*;
Having been cast on Shore by Shipwreck, wherein all the Men perished but himself.
With an Account how he was at last as strangely deliver'd by Pyrates.
Written by Himself.
The Second Edition.
To which is added a Map of the World, in which is Delineated the Voyages of Robinson Crusoe.
LONDON: Printed for W. Taylor at the *Ship* in *Pater-Noster-Row*. MDCCXIX.

△《鲁滨孙漂流记》，1719年版
笛福的这本关于征服与生存的小说是有史以来最成功的作品之一。它被翻译成多种语言，且被翻译次数仅次于《圣经》。

▽ 鲁滨孙·克鲁索之岛
这座太平洋岛屿位于智利中部海岸以西约六百五十千米远的地方，曾是苏格兰漂流者亚历山大·塞尔柯克的临时住所，他被认为是笛福著名的岛屿故事的灵感来源之一。

▷ **圣帕特里克大教堂教长斯威夫特，1718年**
这幅由查尔斯·杰瓦斯（Charles Jervas）绘制的斯威夫特肖像，展示了穿着牧师袍、戴着牧师领的作家。桌上放的是伊索、贺拉斯和琉善（Lucian）的作品的副本。

乔纳森·斯威夫特

Jonathan Swift，1667—1745，爱尔兰人

斯威夫特是一位杰出的讽刺散文作家，他对战争和帝国主义充满愤慨。在奇幻作品《格列佛游记》（*Gulliver's Travels*）中，他嘲弄了人类的残忍与荒谬。

“讽刺是一面镜子，观看者通常能从中发现每一个人的脸，但却看不到自己。”

乔纳森 · 斯威夫特，《书的战争》（*The Battle of the Books*）

乔纳森·斯威夫特在他父亲突然离世的七个月后出生，他的父亲生前是都柏林国王学院的法律顾问。他母亲是一位英国牧师的女儿，后因贫困而回到英格兰，并将乔纳森留给了他的叔父照顾。这个男孩被送到爱尔兰最好的学校——基尔肯尼学校，后来他从圣三一学院毕业，尽管他曾违反学校的规章制度。

1689—1694年，斯威夫特担任外交官威廉·坦普尔（William Temple）爵士的私人秘书，在此期间，他在萨里郡穆尔帕克（Moor Park）的图书馆里如饥似渴地阅读书籍。他结识了门房的女儿——体弱多病的埃丝特·约翰逊（Esther Johnson），她成为他的朋友和学生。斯威夫特结束爱尔兰的神职工作后，又赴牛津大学学习，而后，他回到穆尔帕克，发现他的门生已经成长为“伦敦最美丽、优雅且讨人喜欢的年轻女士，除了有一点点胖”。

方向的转变

斯威夫特三十几岁时，他以匿名或使用笔名的方式发表了一系列讽刺作品。在《桶的故事》（*A Tale of a Tub*，1704）中，他讽刺了当时的伦理和道德；在“比克斯塔夫”的“历书”[1]中，他通过预言备受追捧的占星家约翰·帕特里奇（John Partridge）之死，摧毁了帕特里奇的职业生涯。斯威夫特与诗人亚历山大·蒲柏（Alexander Pope）、戏剧家威廉姆·康格里夫（William Congreve）及约翰·盖伊（John Gay）在伦敦成立了“斯克里布利勒斯俱乐部”（Scriblerus Club）[2]。另外，他还是《考察家报》（*The Examiner*）的编辑和保守党政权的宣传员。斯威夫特一度希望在英国获得一个高级神职人员的职位，但在1713年，他被任命为都柏林圣帕特里克大教堂的教长。

斯威夫特有很多风流韵事，尤其与埃丝特·凡鹤立[Esther Vanhomrigh，昵称瓦内萨（Vanessa）]，她是斯威夫特的《卡德努斯与瓦内萨》（“Cadenus and Vanessa”）一诗中的重要角色；而斯威夫特一直在给埃丝特·约翰逊[昵称斯黛拉（Stella）]写信。他在信中对自己在伦敦的生活进行了坦率而温柔的描述，后来这些信被结集成书并在他逝世后以《致斯黛拉小札》（*Journal to Stella*）之名出版。至于斯威夫特是否与埃丝特结了婚，至今仍不清楚。

随着保守党政府的垮台，斯威夫特被流放到爱尔兰，1724年，他在那里发表了《布商信札》（*Drapier's Letters*），就爱尔兰人生活中对英国人的屈从进行了猛烈抨击。仅仅两年之后，他又出版了《格列佛游记》，而他最初写这部作品是为了“激怒这个世界，而不是取悦它”。随后是《育婴刍议》（*A Modest Proposal*，又译作《一个小小的建议》），作者在文中建议将爱尔兰的婴孩作为食物卖掉，因为他们是唯一不受英国人限制的商品。

大约在1742年，一次中风致使斯威夫特瘫痪，并且无法说话。1745年，斯威夫特去世，享年七十七岁，与埃丝特·约翰逊一起被葬在了圣帕特里克大教堂。他自拟了自己的墓志铭，即他躺在“一个任何强烈的义愤都无法撕裂我心的地方”。

背景知识
政治和宗教

作为一名圣公会教徒（Anglican Church），斯威夫特反对詹姆斯二世恢复天主教君主制，并支持辉格党提倡的公民和宗教自由以及议会控制下的君主制。他转而效忠安妮女王治下的托利党（保守党）政府。但在安妮女王去世后，保守党的瓦解粉碎了他在圣公会获得晋升的希望。具有讽刺意味的是，由于他的作品强调了英国不公正的殖民统治，这使他成为爱尔兰人民（主要是天主教徒）心中的民族英雄。

安妮女王，迈克尔·达尔（Micheal Dahl）绘，约1714年

▽《格列佛游记》初版，1726年
《格列佛游记》讲述了遭遇海难的漂流者雷米尔鲁·格列佛在小人国、巨人国和“慧骃国”——在这里，文明的马统治着邪恶的人类“列胡”——的历险故事。这是对人性各方面的深刻讽刺。

TRAVELS INTO SEVERAL Remote Nations OF THE WORLD. IN FOUR PARTS. By LEMUEL GULLIVER, first a SURGEON, and then a CAPTAIN of several SHIPS. VOL. I. LONDON: Printed for BENJ. MOTTE, at the Middle Temple-Gate in Fleet-street. M, DCC, XXVI.

▽ 萨里郡穆尔帕克
查尔斯·赫伯特·伍德伯里（Charles Herbert Woodbury）的这幅画展示了斯威夫特从1689年到1699年生活和工作的房子。正是在这里，他开始创作《桶的故事》。

1 1708—1709年，斯威夫特以比克斯塔夫（Bickerstaff）为笔名，模仿占星历书，写了一系列文章预言占星家约翰·帕特里奇行将致死，以讽刺当时在英国红极一时的占星术。

2 “斯克里布利勒斯”是斯威夫特、蒲柏、盖伊等人假想出的滑稽形象，其姓氏意为“涂鸦”，因此“斯克里布利勒斯俱乐部”也译作“涂鸦社”，斯威夫特等人虚构此人的传记来讽刺迂腐的学究。

伏尔泰

Voltaire，1694—1778，法国人

伏尔泰是启蒙时代的典范人物。他的大量作品讽刺了天主教会的迷信和国家权力的任意妄为，呼吁言论自由和宗教宽容。

弗朗索瓦－马利·阿鲁埃（Francois-Marie Arouet）——后来以笔名伏尔泰而闻名于世——于1694年出生在巴黎。他是一位小型法庭公证人之子，在著名的路易大帝中学（Collège Louis-le- Grand）接受教育，在那里，耶稣会严苛的宗教教导使他产生了深深的怀疑，而不是预期的虔诚信念。年轻的他放弃了人们期望他从事的法律职业，转而投身于文学研究。

伏尔泰开始进入自由思想者们经常出入的精英社交圈，他对宗教和政治权威大胆而诙谐的抨击为他赢得了许多崇拜者。然而，1717年，他因诽谤法国摄政王而被判入狱十一个月。伏尔泰后来自豪地说，巴士底狱的监禁给了他时间去思考和创作他的第一部悲剧《俄狄浦斯》（*Oedipus*），该剧于1718年在巴黎上演，为他赢得了赞誉和金钱。随后是史诗《亨利亚德》（*The Henriade*，1723），他用法国国王亨利四世的故事来谴责宗教狂热和不宽容。

英国的经历

伏尔泰与出身权贵的罗昂爵士（Chevalier de Rohan）发生私人纷争后，移居到英国。在伦敦度过的那两年使他对宗教宽容、政治自由和实证科学的价值的认识更具体了。回到法国后，他在1733年出版了《英国通信集》（*Letters on the English*，又译作《哲学书简》），其中，他通过将法国政府、教会和社会与英吉利海峡对岸的相关做法进行比较，进而对前者加以批判。这些文章被谴责为反天主教，于是伏尔泰赴瑞士避难，隐居在他的情妇夏特莱夫人（见右图）的乡间别墅——西雷（Cirey）庄园。

◁ **持《亨利亚德》的伏尔泰**
在这幅1728年的肖像中，伏尔泰拿着一本打开的《亨利亚德》，这部诗作通过描述巴黎被围困的场景来探讨法国的政治状况。

讽刺作品

伏尔泰钦佩普鲁士的腓特烈二世（Frederick Ⅱ），认为他是一位“开明的君主”。18世纪50年代初，伏尔泰在腓特烈二世位于柏林的皇宫中度过了三年，直到他再次因丑闻而逃离。他与年轻的侄女、情妇丹尼斯夫人一起在法国东南部的菲尔奈（Ferney）定居了下来。在那里，他发起了一系列运动，抗议法国境内因宗教而产生的不公正现象，如1766年以亵渎神明罪对拉巴尔骑士进行的野蛮虐待和处决。

在伏尔泰的作品中，如今最多人阅读的是他的《故事集》（*Contes*），这是一部收录了讽刺当时社会和哲学思想的短篇小说集，其中最著名的是《老实人》（*Candide*，1759）。伏尔泰在其中猛烈抨击了莱布尼茨的观点，即这个世界是“所有‘可能世界’中最好的，一切都是为了最好的目的而设”。这本书的结论是，面对一个混乱脱节的世界，唯一明智的回应是“培育自己的花园”。

1778年，在成功回到巴黎并演出了最后一部悲剧《伊雷娜》（*Irène*）之后，伏尔泰去世了。

人物简介
夏特莱夫人

伏尔泰自1733年起，其后十五年间的情妇都是夏特莱夫人（1706—1749）。她是一位极具天赋的女性，写了许多关于物理学和科学哲学的有影响力的著作。她将艾萨克·牛顿（Issac Newton）的《数学原理》（*Principia Mathematica*）译成了法语，并随附一篇评论，提出了一种新的研究力学的方法。伏尔泰承认了她对自己的著作《牛顿哲学的要素》（*Elements of the Philosophy of Newton*，1738）的贡献。1748年，她找了一个年轻的情人，于次年死于难产。

鼻烟盒上夏特莱夫人的微型画像

▽ **《老实人》，1759年版**
伏尔泰的《故事集》虽然文笔轻快诙谐，却呈现出一种对世界现状的悲观看法，非理性和酷刑在世界各地不断出现。

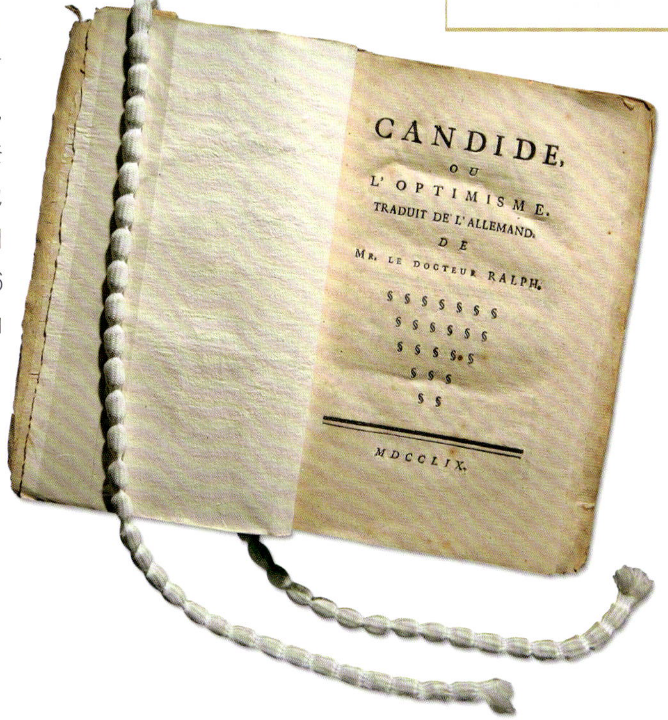

> “如果这就是可能世界中最好的，那么其他的是什么？”

伏尔泰，《老实人》

名录

弗朗索瓦·维庸

François Villon，1431—?，法国人

弗朗索瓦·维庸是中世纪晚期法国最著名的诗人之一，他于1452年毕业于巴黎大学（University of Paris）。他混迹于底层社会，四年后，在一场街头打斗中杀死了一位神父。自此之后，他的生活便成了一部关于犯罪与惩罚的绝望故事。

由于被指控盗窃金币，维庸被迫逃离巴黎；他于1461年入狱，后于1462年在巴黎再次被捕。他被判处绞刑，后来减刑为流放。1463年后，他的生活则无迹可循。维庸的诗歌交织着冷嘲、苦涩、风趣、怜悯和自哀，富于表现力地描绘了贫穷、犯罪、卑劣、时光流逝和死亡的主题。他偶尔会在诗歌中使用晦涩难懂的俚语和黑话，但他主要的作品《大遗言集》（*The Testament*）却惊人的简洁明晰。有时他会把自己的亲身经历直接写入诗歌之中，这在《绞刑犯之歌》（"Ballad of the Hanged Men"）中体现得尤为明显。

代表作：《小遗言集》（*The Legacy / Le Petit Testament*，约1457）；《大遗言集》（约1461）；《绞刑犯之歌》（约1463）。

路易斯·瓦斯·德·卡蒙斯

Luís Vaz de Camões，1524—1580，葡萄牙人

作为葡萄牙最著名的诗人之一，卡蒙斯度过了精彩而惊险的一生。年轻时，卡蒙斯在摩洛哥与穆斯林作战时失去了一只眼睛，而他成年之后的大部分时间都是在葡萄牙之外度过的，如印度的果阿和中国的澳门。在经历了诸多人生起伏之后，他携着长篇史诗《卢济塔尼亚人之歌》（*The Lusiads*）的手稿于1570年回到葡萄牙。

《卢济塔尼亚人之歌》以葡萄牙探险家瓦斯科·达·伽马前往印度的航海经历为蓝本，取材于作者亲历的各种海上冒险和异国游历。在这部史诗中，现实与神话交织在一起，奥林匹斯众神主宰着人类的命运。尽管《卢济塔尼亚人之歌》为卡蒙斯赢得了一笔皇家津贴，但晚景依然凄凉，死后被葬在公共墓地。他的抒情诗，包括那些感性与理性完美交织的十四行诗，直至作者死后才发表。

代表作：《卢济塔尼亚人之歌》（1572）；《旧韵集》（*Rhythmas*，1592）；《新韵集》（*Rimas*，1598）。

△ 托尔夸托·塔索，佚名画家绘

托尔夸托·塔索

Torquato Tasso，1544—1595，意大利人

塔索是一位诗人兼朝臣的儿子，他是个少年天才，十八岁时就写出了首部史诗《里纳尔多》（*Rinaldo*）。他成为文艺复兴时期统治着费拉拉地区的埃斯特家族（D'Este family）宫廷中的宠儿。他为宫廷的贵妇们写了上百首情诗，并创作了用以演出的田园牧歌主题戏剧《阿敏塔》（*Aminta*）。他的杰作是创作于15世纪70年代的史诗《被解放的耶路撒冷》（*Jerusalem Delivered*）。这部作品基于第一次十字军东征，融合了声名卓著的战斗场景和缠绵悱恻的爱情故事。遗憾的是，塔索的精神状态出现了问题。有评论指出，《被解放的耶路撒冷》在宗教和文学方面是异端，这些反对之词使塔索患上了被害妄想症，被关在疯人院七年。1586年，他被释放，后在罗马逝世，在那里，他被视为最著名的诗人，并被教皇授予桂冠。

代表作：《阿敏塔》（1573）；《被解放的耶路撒冷》（1581）；《托里斯蒙多》（*Re Torrismondo*，1587）。

洛佩·德·维加

Lope de Vega，1562—1635，西班牙人

洛佩·德·维加是西班牙黄金时代最高产的作家之一。他出身卑微，曾为了追求一个女人，从耶稣会学院和神职人员的任职培训中逃跑了，这成为他充满混乱关系的人生的底色。此外，他有过两次婚姻。在1588年他到西班牙派去进攻英国的无敌舰队上服役之前，维加就开始创作戏剧了。

1614年，维加成为一名牧师，但这并未改变他的生活方式。他的剧作，包括"袍剑喜剧"[1]和历史剧，打破了古典戏剧的规则，以迎合普通观众，而使用的是"傻子都能理解的语言，因为是他们付钱给我们"。他的诗作包括以海盗弗朗西斯·德雷克为原型的史诗《德雷克海盗》（*La Dragontea*，1598）和关于猫的讽刺史诗《拉加托马基阿》（*La Gatomaquia*，1634）。

代表作：《马德里矿泉水》（*El Acero de Madrid*，1608）；《佩里巴涅斯和奥卡尼亚的领主》（*Peribáñez y el comendador de Ocaña*，约1609）；《羊泉村》（*Fuente Ovejuna*，约1613）。

1 袍剑喜剧（cloak-and-sword comedies），西班牙语为"Capay espada"，是文艺复兴时期以穿斗篷佩剑的人物为主人公的一种戏剧，多以西班牙马德里为背景，大多表现上层中产阶级的风俗世态，情节曲折动人。洛佩·德·维加是袍剑喜剧的代表人物。

△ 让·德·拉·封丹，亚森特·里戈（Hyacinthe Rigaud）绘，1675—1685

克里斯托弗·马洛

Christopher Marlowe，1564—1593，英国人

作为伊丽莎白时代第一位伟大的剧作家，马洛确立了悲剧在英国戏剧中的至高地位。他短暂的一生充满了神秘色彩。他是坎特伯雷一个鞋匠的儿子，毕业于剑桥大学。他很有可能是一名政府间谍，在一个小酒馆被刺身亡，死因或许不单单是因钱财而起的酒后斗殴所致。马洛为“海军大臣剧团”（The Admiral's Men）创作了多部英国戏剧史上受欢迎的作品。他在无韵诗和有韵诗上都展现出了极高的造诣。他的《帖木儿大帝》（*Tamburlaine the Great*）和《浮士德博士》（*Doctor Faustus*）等悲剧为威廉·莎士比亚的创作铺平了道路。事实上，有说法认为，马洛可能参与了莎士比亚早期剧作的创作。除悲剧外，马洛著名的作品还包括抒情诗《多情的牧羊人致情人》（“The Passionate Shepherd to His Love”）和引人入胜的长诗《海洛和利安德》（*Hero and Leander*）。

代表作：《帖木儿大帝》（约1586—1587）；《马耳他的犹太人》（*The Jew of Malta*，约1590）；《浮士德博士》（约1592）；《爱德华二世》（*Edward the Second*，1593）。

让·德·拉·封丹

Jean de la Fontaine，1621—1695，法国人

拉封丹以他的《寓言诗》而闻名，这些寓言以朗朗上口的诗句巧妙而诙谐地重述古老的故事。他一生中的大部分时光都是在巴黎度过的，在那里，他与剧作家莱辛、莫里哀及文学批评家布洛瓦（Boileau）来往。虽然拉封丹惯于挥霍钱财，但他总能找到赞助人来资助他。他很少与妻子和孩子见面，因此当他见到已成年的儿子时，竟然没认出来。

拉封丹直到晚年才开始发表他描写放荡和淫秽画面的韵诗集《故事诗》，而取材于伊索和其他古典作家作品的《寓言诗》一经面世就大获成功。其中，著名的篇章包括《蚂蚁和蚱蜢》《狐狸和葡萄》和《龟兔赛跑》。这些寓言通常在诙谐的表象下传达出社会或政治的批判。《寓言诗》迷人而不浮夸，在道德和心理方面富有洞察力，至今仍为广大儿童和成年读者所喜爱。

代表作：《故事诗》（*Tales and Novels in Verse*，1644、1666、1671）；《丘比特与普塞克之爱》（*The Love of Cupid and Psyche*，1669）；《寓言诗选》（*Selected Fables in Verse*，1668、1678、1694）。

拉法耶特夫人

Madame de La Fayette，1634—1693，法国人

拉法耶特夫人以《克莱芙王妃》（*La Princesse de Clèves*）一书建立了法国心理小说的传统。《克莱芙王妃》讲述了一个求而不得的爱情故事。拉法耶特夫人原名玛丽·马德莱娜·皮奥什·德·拉韦尔涅（Marie Madeleine Pioche de La Vergne），二十一岁时嫁给了比自己大十八岁的军官拉法耶特伯爵（Comte de La Fayette），之后他们生育了两个孩子。然而，拉法耶特夫人离开家乡并加入了巴黎知识分子的圈子，这个圈子中有作家德·拉罗什富科公爵（Duc de La Rochefoucauld）——以其极富洞察力的《箴言集》（*Maxims*）而闻名。

拉法耶特夫人匿名发表了她的短篇小说《蒙庞西埃王妃》（*La princesse de Montpensier*），该小说讲述了一个偷情故事，并为其之后的创作奠定了基础。《克莱芙王妃》是对这一主题进行的更深入的探索，讲述了一个忠贞的妻子是如何因坠入爱河而毁掉自己的生活的。拉法耶特夫人精练而清晰的文字风格和她对感情的精确分析，使这部作品一经问世就大获成功。

代表作：《蒙庞西埃王妃》（1662）；《扎伊德》（*Zaïde*，1670）；《克莱芙王妃》（1678）。

让-雅克·卢梭

Jean-Jacques Rousseau，1712—1778，瑞士人

卢梭以他的平等主义哲学而闻名，同时他还是浪漫主义文学的先驱。他是日内瓦一位钟表匠的儿子，在法国度过了大半生。他以其作品《论科学与艺术》（*Discourse on the Arts and Sciences*，1750）而声名鹊起，其中，他认为腐朽的文化已经侵蚀了人类的美好天性。他认为，平等与自由是人类的自然状态，而这一思想在《社会契约论》（*The Social Contract*）一书中展现得最为彻底，开篇第一句话就是“人是生而自由的，但却无往不在枷锁之中”。

卢梭唯一一部小说《新爱洛依丝》（*La Nouvelle Héloïse*）是一部畅销作品，它以细腻的笔触描绘了自然风光和高尚的情感，展现了一种新的前浪漫主义（pre-Romantic）情感。他坦诚直率的自传体作品《一个孤独漫步者的遐想》（*Reveries of the Solitary Walker*）和《忏悔录》（*Confessions*），例证了他对个人真实性和自我坦诚的激进信念。

代表作：《新爱洛依丝》（1761）；《社会契约论》（1762）；《一个孤独漫步者的遐想》（1782）；《忏悔录》（1782、1789）。

19 世纪上半叶

第二章

J. W. 冯 · 歌德

J. W. von Goethe，1749—1832，德国人

歌德是德国文学大师，他在二十五岁时就写出了一本畅销书。在包括诗歌、戏剧、小说在内的各类作品中，他与人类经验的复杂性与矛盾进行斗争。

1831年8月，约翰·沃尔夫冈·冯·歌德封存了《浮士德》(*Faust*)第二部的手稿，并指示在他死后出版。这是他持续了六十年的写作生涯中最后的作品，也是他大量非凡作品中的巅峰之作，其作品多达四十部，有着令人惊异的丰富性和复杂性。歌德的一生跨越了一个重塑欧洲的革命与战争的年代，一个文化巨变的时代，在此期间，艺术家和作家在启蒙主义、浪漫主义和新古典主义之中调适他们的道路。种种影响在这位作家的作品演进中留下了痕迹。

◁ **歌德，1828年**
这幅作家七十岁时的画像由约瑟夫·卡尔·斯蒂勒(Joseph Karl Stieler)绘制，他是巴伐利亚国王的御用画师。

家庭和教育

歌德1749年8月28日出生于德国法兰克福市，他是约翰和凯瑟琳娜的长子。约翰是一个有教养的人，依靠继承的遗产过着优越的生活，凯瑟琳娜比约翰年轻二十岁，是法兰克福一个权贵家庭之女。歌德的妹妹科妮莉亚是他的兄弟姐妹中唯一个长大成人的，两人十分亲密，直到她于1777年去世。

歌德十六岁之前一直在家由其父授教，此后赴莱比锡学习法律。在那里，他的浪漫生活，尤其是他对难以企及的女性的热烈的爱，为他早期的作品提供了素材。他被一位旅店老板的女儿凯特馨·薛恩可普夫(Kätchen Shönkopf)拒绝，这在他的戏剧《同谋犯》(*Partners in Guilt*)中有所体现。另外，这一主题在《少年维特之烦恼》(*The Sorrows of Young Werther*)中得到了最著名的表达，小说讲述了一个年轻人陷入与他深爱的女人和她未婚夫的痛苦友谊中，最终自杀。这个故事以歌德的一位因相思而自杀的友人为原型，但反映了歌德与他的妹妹科妮莉亚及其丈夫之间的某种关系。《少年维特之烦恼》于1774年一经出版，立即引起了轰动。欧洲各地的年轻人，包括歌德在内，很快穿上了维特著名的青色燕尾服、黄色马甲和裤子，而一连串模仿者的自杀行为引起了公愤。这本书是

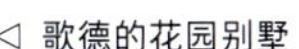

◁ **歌德的花园别墅**
1776年，歌德抵达魏玛时买下了这座曾是葡萄园的小别墅。年老时，他回到了那里，那所房子为他提供了一个不受打扰的工作庇护所。

人物简介

歌德与席勒

1794年，歌德结识了德国诗人、剧作家、哲学家兼物理学家弗里德里希·席勒(Friedrich Schiller)，席勒创作了《欢乐颂》(*Ode to Joy*)，后来贝多芬将它谱成了乐曲，而席勒那狂野、浪漫的外表和备受争议的行为使他成为受人追捧的英雄。尽管两人有着不同的生活方式，但他们还是成了朋友，并共同创作诗歌，创办期刊。此外，他们还是魏玛古典主义(Weimar Classicism)的领军人物，这是一场着眼于希腊文学经典，试图为当代小说带来和谐与平衡的新人文主义运动。

歌德－席勒纪念碑，魏玛，恩斯特·里彻尔(Ernst Rietschel)制作，1857年

> “**行为**是一面**镜子**，每个人都把自己的**形象**显现于其中。”

歌德，《格言与感想集》(*Maxims and Reflections*)

文学形式
教育小说

在1796年初次出版的《威廉·迈斯特的学习时代》中，歌德为后人所熟知的“教育小说”建立了模板，这类小说讲述的是年轻人的道德成长。在歌德的故事中，痛苦和失败驱使年轻的威廉走向对自我实现与智慧的追寻。教育小说由此成为一种主流的叙事模式，显见于诸如查尔斯·狄更斯的《大卫·科波菲尔》（*David Copperfield*）和赫尔曼·黑塞的《悉达多》（*Siddhartha*）等作品之中。

歌德小说中年轻的威廉的蚀刻版画

根植于德国的前浪漫主义“狂飙突进运动”的经典产物。参与该运动的作者们拒绝启蒙运动的理性主义，他们创作的小说和戏剧以极端的情感、巨大的能量和艺术创造力为特征。

魏玛公国

歌德的名声使他引起了十八岁的萨克森－魏玛（Saxe-Weimar）公爵查尔斯·奥古斯都（Charles Augustus）的注意，1776年，歌德被召入公国担任枢密院参议。这两个人因启蒙主义中的宽容与平等的理想及知识追求紧密地联系在一起，十年间，歌德竭尽全力地为魏玛公国勤勉工作，成为税收、交通、农业和矿业方面的专家，并恢复了这个国家的秩序。

1782年，基本相当于魏玛公国首相的歌德被授予贵族头衔，成为“冯·歌德”，并住进了魏玛弗劳恩普朗（Frauenplan）的一所大房子里。他与一位年长的已婚女性夏洛特·冯·施泰因（Charlotte von Stein）的柏拉图式恋爱为他带来了安慰。寻求平静的同时，歌德的创作也从狂飙突运动时期激烈的戏剧，转入了对人文主义更深层次的探索，如他的新古典主义散文戏剧《伊菲革涅亚在陶里斯》（*Iphigenia in Taurus*）。然而，到了1780年，他陷入了灵感匮乏之中。他的诗歌创作灵感几乎枯竭，所以他不得不强迫自己继续写作《威廉·迈斯特的戏剧使命》（*The Theatrical Mission of Wilhelm Meister*）。就像在创作匮乏期常做的那样，歌德转而涉足生物和其他科学领域，但他越来越明显地发现，他的公职与他的作家职业相当矛盾。

1786年，歌德离开魏玛，赴意大利进行了一次计划已久的旅行。在两年的时间里，他沉浸于古典艺术与建筑之中。他回到魏玛时已宛如另一个人，完全服膺于古典文化的优异之处，并终于为一段充实的恋情做好了准备。歌德有了一个年轻的情人——克里斯蒂娜·武尔皮乌斯（Christiane Vulpius），而且在《罗马挽歌》中用古典格律写了一系列情诗。

克里斯蒂娜使歌德有了安稳的家庭和孩子，尽管只有一个孩子长大成人。有了稳定的关系，又摆脱了公国的行政职责的歌德，得以专注于成为一位诗人。在罗马期间，他为自己的作品集做了许多编辑工作，完成了小说《埃格蒙特》（*Egmont*），并为《托夸多·塔索》（*Torquato Tasso*，一部讲述文艺复兴晚期的一位意大利诗人的悲剧）找到了灵感。1789年，作品集接近完成；次年，《浮士德》的第一部出版。

▷ **歌德和冯·施泰因，约1790年**
这幅未署名的水彩画展示了歌德与他的朋友、知己夏洛特·冯·施泰因交谈的场景，施泰因是德国公主安娜·阿玛莉亚（Anna Amalia）的侍女。施泰因是歌德的缪斯女神，承载了他对女性之美的理想。他至少给她写了一千五百余封信。

重要作品年表

1774
歌德的书信体小说《少年维特之烦恼》使他名扬欧洲。

1795
席勒说服歌德出版了他的《罗马挽歌》（*Roman Elegies*），并用情诗向拉丁语爱情诗人致敬。

1810
歌德出版了《色彩论》（*Theory of Colours*），阐释了大自然中的色彩与情感之间的联系。

1832
歌德完成《浮士德》，这是一个关于贵族学者与魔鬼签订契约的故事。

◁意大利之旅
1786年，歌德访问意大利时，他已年近四十，而且已经是一位著名的作家了。他在罗马与画家约翰·海因里希·蒂施拜因（Johann Heinrich Tischbein）住在一起，这标志着他创造力的重生。这幅画是德国风景画家雅各布·菲利普·哈科特（Jakob Philipp Hackert）所绘的参观斗兽场时的场景。

▽《浮士德》
歌德最伟大的作品《浮士德》是16世纪德国一个传奇故事的翻版。它讲述了一个追寻至高知识的人与魔鬼靡菲斯特进行交易的故事。歌德的戏剧引发了人们在音乐、电影和歌剧领域对其进行诠释。1859年，法国作曲家查尔斯·古诺（Charles Gounod）的同名歌剧在巴黎举行了首演。

军事活动

1792—1793年，歌德的创作进程被打断，他被召去参加萨克森－魏玛公爵反对法国大革命的运动。这段经历更加强化了歌德对军事主义以及大型集权国家的厌恶，因为集权政府极少关心他们的人民。歌德此前曾在戏剧《葛兹·冯·贝利欣根》（*Götz von Berlichingen*，1773）中探讨过这类主题，该剧作基于特立独行的英雄戈特弗里德（“葛兹”）·冯·贝利欣根的生平故事而创作。

1794年，歌德遇见了对他的其中一段高产期产生重要影响的人——弗里德里希·席勒。他们所写的一千余封信以及席勒的友爱为歌德的几部最成功的作品提供了动力，包括他的史诗《赫曼和多罗西亚》（*Hermann and Dorothea*）、《威廉·迈斯特的学习时代》（*Wilhelm Meister's Apprenticeship*）——这部小说他在几年前就开始构思了，以及戏剧《浮士德》的第一部分。

1805年，席勒去世，歌德失去了挚友。一年后，魏玛在耶拿战役（1806年10月）后被拿破仑的军队洗劫一空，而克里斯蒂娜的勇气和敏捷的思维拯救了歌德的家。此后不久，两人结了婚，但是，对歌德来说，这段婚姻似乎让人难以承受，他与年轻女子威廉米娜·哈尔兹利布（Wilhelmina Harzliebw）坠入了爱河。他又一次将自己对爱情的复杂态度抒发在了作品中——正如《亲和力》（*Elective Affinities*，1809）探讨了社会规范与激情之间的冲突，并得出一个令人沮丧的结论，即按道德行事是艰难的，且只能带来极少的安慰。然而，歌德清醒地摆脱了那些令人沮丧的沉思，决心不放弃爱情。1815年，他开始与一个只有他一半年龄的女人互赠情诗，并在七十三岁时向一个十九岁的女孩求婚，而他的妻子于1816年去世。

最后的岁月

歌德在他生命的最后几年里完成了他的最后一部作品集和几卷自传的筹备工作，这些工作他在1813年的《意大利之旅》（*Italian Journey*）开始时就着手了。最后，他完成了由两部分组成的悲剧《浮士德》，这个故事的主人公很像歌德本人，他花了一生的时间在寻找生命的本质。1832年，工作完成后，歌德在家中的扶手椅上离开了人世。

“艺术长存，人生短暂，判断实在不易，机遇须臾之间。行动简单，思维困难；思而后行，讨厌麻烦。”

J. W. 冯·歌德，《威廉·迈斯特的学习时代》

威廉·华兹华斯

William Wordsworth，1770—1850，英国人

华兹华斯是英国浪漫主义运动中的关键人物，他将神秘的自然崇拜与对乡村贫民生活的关怀结合在一起。他对“人们真正使用的语言”的运用给英国诗歌带来了持久的影响。

◁ **埃斯韦特湖（Esthwaite Water）**
华兹华斯花了很长时间在湖边散步，这里有着“数公里愉快的漫游路线”。此处是《紫杉树下座椅上的诗行》（“Lines Left Upon A Seat In A Yew-Tree”）的发生地，这首诗在他的《抒情歌谣集》（*Lyrical Ballads*）中别具一格。

1770年，威廉·华兹华斯出生在英国西北部坎伯兰郡的科克茅斯，他的父亲是一位律师，还是当地地主朗斯代尔伯爵（Earl of Lonsdale）的法律代理人，而他是家中五个孩子之一。在华兹华斯十三岁时，其父母双双过世，他本该得到一笔可观的遗产，但由于法律纠纷而被推迟了二十年。孩子们皆颇有成就：华兹华斯的长兄成为伦敦一位富有的律师，另一个兄弟成为剑桥大学三一学院的院长。

童年与学业

华兹华斯在乡间度过了田园牧歌般的童年生活，其中一些经历成为他的自传体诗歌《序曲》（*The Prelude*，1805）中令人难忘的一部分——在冰封的湖面上滑冰，攀登岩石峭壁寻找鸟蛋——它们就发生在他在英格兰湖区埃斯韦特湖畔的霍克斯西德文法学校做寄宿生时期。

用他自己的话说，他成长为“一个狂野且不谙世事的年轻人，沉溺于自然与书籍”。剑桥圣约翰学院的三年生活经历给了他成熟世故的外表，尽管他是个除了英国诗歌以外，其他科目都表现平平的学生。

> **“能活在那个黎明已是至福，若再加上年轻，简直是天堂！”**
>
> 华兹华斯，《序曲》

革命性的冒险

华兹华斯决意不遵循传统而从事牧师或律师的职业，而是进入了人生的一个实验性阶段。1789年法国大革命的爆发鼓舞了英国的激进分子，1791—1792年，华兹华斯赴法进行了一次长时间的旅行，并在那里转而成为一个革命共和主义者。他后来用那句著名的诗来赞颂他对那个时代的感情：“能活在那个黎明已是至福，若再加上年轻，简直是天堂！”然而，他的关注点并不都是政治。一个名叫安妮特·德·瓦隆（Annette de Vallon）的法国保皇派女子成了他的情妇，并怀上了他的孩子。他们的关系被英法两国爆发的战争和革命沦为大屠杀的转变所中断。华兹华斯回到英国后，与安妮特和他的女儿失去了联系。1793年，华兹华斯出版了他最早的诗作，《黄昏漫步》（*An Evening Walk*）和《景物写生》（*Descriptive Sketches*）。大约在此期间，他恢复了与妹妹多萝西的关系，这段关系在此前数年间

人物简介
多萝西·华兹华斯（Dorothy Wordsworth）

多萝西·华兹华斯（1771—1855）自1795年起就一直陪伴在她的兄长身边，并被华兹华斯称为“我的灵魂妹妹”。他们密切的关系延续到华兹华斯于1802年成婚，多萝西没去参加婚礼。活在威廉阴影之下的她，始终没有充分地发展自己非凡的写作才能。1897年，她的《格拉斯米尔日记》（*Grasmere Journal*）在其去世后出版，揭示了她是一位非凡而敏锐的自然观察者，也显示了对她的兄长的工作而言，她有多么重要和必不可少。

多萝西·华兹华斯

▷ **威廉·华兹华斯，1842年**
这是本杰明·海登（Benjamin Haydon）为七十二岁的华兹华斯所绘的肖像画。华兹华斯十分认可这幅肖像画，将它描述为“我的肖像[1]，不只是一幅实事求是的肖像，也是一个富有诗意的人物”。

1 原文是“a likeness of me”，“likeness”既有“样子”“肖像”“照片”之意，也有“相像、相似物”的意思。

△《巴士底狱的陷落》[1]，1789年
华兹华斯深受法国大革命释放的热情的影响。就在巴士底狱风暴，也就是这幅油画中所绘的事件之后不久，年轻的华兹华斯就前往了巴黎访问。

逐渐淡去，现在他们又变得密不可分。在18世纪90年代中期，他经历了一次崩溃，一次可能由他对法国大革命进程的幻灭所引发的强烈的抑郁，毕竟他曾在其中倾注了如此多的希望。作为一位写作者，他也颇为沮丧，因为没人愿意将他写于1795年到1796年的历史剧《边民》（*The Borderers*）搬上舞台。

1797年，华兹华斯通过与另一位诗人塞缪尔·泰勒·柯勒律治（Samuel Taylor Coleridge）的结盟找到了前进的道路。他们在萨默塞特郡的宽托克丘陵（the Quantock Hills in Somerset）比邻而居，两人对乡间漫步、民歌有着共同的兴趣，还探讨了启蒙运动理性主义的局限性。

他们合作的成果是1798年《抒情歌谣集》的出版。在这里，华兹华斯成为诗人，他用打破陈词滥调的语言来表达自然启示下的崇高情感，讲述乡村贫民的故事，他相信这些未被玷污的心灵能揭示人性的本质。

湖畔诗人

华兹华斯进入了一个充满创造力的时期，他开始着手创作自传体的无韵诗《序曲》，这首诗原本是一部更长的哲学史诗《隐士》（*The Recluse*）的第一部分，但该史诗并未写成。在此期间，他还创作了《丁登寺》（*Tintern Abbey*，1798），唤起了一种与自然“融合”的崇高精神，以及抒情组诗《露西》（*Lucy*，1798—1799），而其中的主人公无法确定是否是华兹华斯生命中真实存在的女人。

1799年年末，多萝西和威廉返回湖区，在格拉斯米尔的“鸽舍”（Dove Cottage）定居。在那里，华兹华斯与柯勒律治以及住在附近的诗人罗伯特·骚塞（Robert Southey）以“湖畔诗人”之称闻名于世。

诗作继续涌现，包括诸如《决心与自立》（“Resolution and Independence”）和《颂诗：忆童年而悟不朽》（“Ode: Intimations of Immortality”）等杰作，前者的灵感来自与一位捞水蛭的穷人的相遇，后者则赞颂了孩童的视野比成人的超越之处。华兹华斯还开始写作十四行诗，在这种严格的诗歌格律中寻找安慰，以摆脱“过度的自由的重压”。他最好的十四行诗——如批判当代社会

1 这幅画的全称为 *The Storming of the Bastille Prison and the Arrest of Its Governor, Bernard-René de Launay*，即《巴士底狱风暴与逮捕司令洛奈侯爵》。

△ 华兹华斯的书桌
位于坎伯兰郡科克茅斯的华兹华斯故居中，展示了华兹华斯的写字台和几页稿纸。这座乔治王朝时期（Georgian）风格的联排别墅是诗人的出生地和童年的家。

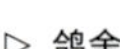
▷ 鸽舍
1799—1808年，华兹华斯住在格拉斯米尔村郊区的这座石灰粉刷的小屋里，并在此创作了多部他最受喜爱的作品。这栋小屋现在被留存为博物馆。

物质主义的《这世界对我们而言太多了》（“The world is too much with us”），以及《在威斯敏斯特桥上》（“Upon Westminster Bridge”）——写于这一时期。

诗才衰退

1802年，华兹华斯终于得到了他继承的遗产，有能力娶妻成家了。他与自幼相识的玛丽·哈钦森（Mary Hutchinson）结婚，后来，他们有了五个孩子。华兹华斯与他的妹妹、妻子和家人继续在“鸽舍”一起生活到1808年。华兹华斯最著名的诗歌中的《孤独的刈麦女》（“The Solitary Reaper”）和《水仙花》（“Daffodils”）皆创作于这一时期，但他的诗才却在衰退：比之《序曲》的水准，《远游》（“The Excursion”）——这是他构想的史诗《隐士》的另一部分——出现了明显的退步。

接踵而来的不幸折磨着华兹华斯的精神。1805年，他的兄长约翰在海难中丧生，随后，他与染上鸦片的柯勒律治的友谊也走到尽头。1807年出版的《双卷诗》（*Poems in Two Volumes*）招致了怀有敌意的反响（如拜伦勋爵形容他的语言“不是简单，而是幼稚”），这深深地伤害了他，而1812年两个孩子的夭折也是他人生中一场巨大悲剧。

自1813年起，华兹华斯住在安布尔赛德附近的莱德山（Rydal Mount）。他获得了一个公务闲职，即威斯特摩兰的邮票发行员，这使他在经济上有了保障。这时，他的政治态度已经发生了转变。他曾经被政府视为潜在的危险分子而遭监视，如今他转而成为君主政体和国教的坚定支持者，写了赞颂英国军事胜利的爱国诗歌，反对一切群众抗议和政治变革。华兹华斯成了权贵人物，被年青一代的浪漫主义诗人嘲讽，如珀西·比希·雪莱（Percy Bysshe Shelley），但他仍继续为穷人和流浪者争取权益，并强烈反对19世纪30年代的《济贫法》，该法拒绝让失业者进救济院。随着华兹华斯对政府的认同与日俱增，他的灵感逐渐枯竭。1843年，他获得“桂冠诗人”的称号。

在他最后的岁月中，由于多萝西早衰，华兹华斯的女儿朵拉成为另一位照顾他起居生活的女性，直到她三十九岁时违背父亲的意愿逃到了婚姻之中。1847年，朵拉的去世成为华兹华斯生命中最后的悲痛。1850年4月23日，华兹华斯去世，享年八十岁。

重要作品年表

1798 《抒情歌谣集》匿名发表，包含华兹华斯和柯勒律治的诗歌。

1800 《〈抒情歌谣集〉序言》陈述了华兹华斯的宣言，并阐述了他对诗歌的看法。

1802—1804 发表《颂诗：忆童年而悟不朽》，这是对童年生活和纯真消逝的沉思。

1804 发表《水仙花》，该诗成为华兹华斯最著名的抒情诗。

1805 华兹华斯的无韵诗自传《序曲》初次出版。

1814 诗作《远游》发表，它是构想中的哲思性长诗《隐士》的一部分。

△ 英格兰湖区阿尔斯沃特湖

华兹华斯诗歌的流行刺激了湖区旅游业的发展，这是他所痛恨的。他曾经强烈反对修建让人们能够前往湖区的铁路。

◁《水仙花》

这是华兹华斯亲笔誊抄的《水仙花》一诗。诗的开头是那句著名的诗行：“我独自游荡，像一朵孤云。”其灵感来自他的妹妹多萝西的一篇日记。

文学形式
《抒情歌谣集》

收录了华兹华斯和柯勒律治作品的诗集《抒情歌谣集》是对18世纪诗歌传统的一次反叛，华兹华斯声明这些诗歌应当被“视为实验”。他们的激进之处在于简单、直接的风格，而就华兹华斯的诗歌而言，激进之处还体现在他对日常生活题材的选择上。一些诗歌——如华兹华斯的《傻男孩》（“The Idiot Boy”）——模仿了民谣和传统的短诗节叙事诗。评论界对这本书最初的反应很平淡，但现在它被认为是英国浪漫主义的开创性作品。

塞缪尔·泰勒·柯勒律治，彼得·范·戴克（Pieter Van Dyke）绘，1795年

> “……诗是强烈感情的自然流露；它源于平静中回忆起的情感……”
>
> 威廉 · 华兹华斯，《〈抒情歌谣集〉序言》

简·奥斯汀

Jane Austen，1775—1817，英国人

简·奥斯汀是英国最杰出的小说家之一。来自普通农村家庭的她，以娴熟的讽刺之笔和洞察人物性格之眼为她的时代绘制了一幅生动的图景。

简·奥斯汀出生于汉普郡史蒂文顿的一个小村庄，是八个孩子中的第七个。她父亲乔治是当地教堂的教区长，尽管他来自一个好家庭并在牛津接受过教育，但却过着贫穷而讲求体面的生活。乔治没有土地，没有佃户，没有私人收入，为了维系生计，他不得不为当地乡绅的孩子授课。

一些批评家对奥斯汀的小说不屑一顾，因为它们总是聚焦于金钱、富裕的亲戚和通过婚姻获利，但这些主题是完全可以理解的。简在很小的时候，应该就已经非常清楚她的前途有限。她应该已经意识到，没有嫁妆，她找到一个合适丈夫的机会则微乎其微。但与此同时，她也看到了一些逃脱命运的方法。在1783年前后，她的兄弟爱德华被远亲收养，那是一个富裕但没有孩子的爵士家庭，而这类收养在当时并不罕见。一夜之间，爱德华时来运转，拥有了全新的生活方式和社会地位。对年幼的简来说，这种变化看起来近乎神奇，因此，她后来试图给她小说中的女主角设定类似的灰姑娘式的经历，也就不足为奇了。

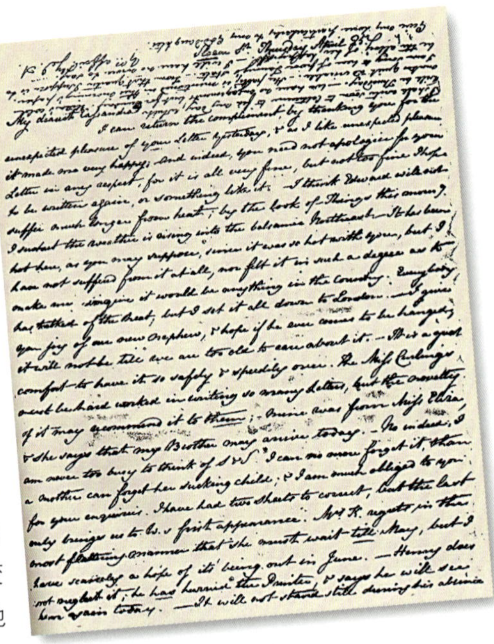

△ 给卡珊德拉的信
奥斯汀的人生与她挚爱的姐姐卡珊德拉紧密交织着。但凡她们不在一起时，她就常常给姐姐写信。

人物简介
范妮·伯尼（Fanny Burney）

简·奥斯汀是一位具有开创精神的小说家，但她不是第一位在这一领域崭露头角的英国女性。在奥斯汀的写作生涯开始之前，范妮·伯尼（1752—1840）和玛利亚·埃奇沃思（Maria Edgeworth，1767—1849）就已经取得相当大的成功。她崇拜这两位作家，其中范妮对她的影响较大。事实上，她最著名的小说《傲慢与偏见》的标题就是借自范妮的《塞西莉亚》中的段落。范妮是著名音乐家查尔斯·伯尼（Charles Burney）的女儿，这一身份使她接触到活跃的文化圈，包括小品文作者约翰逊博士。范妮最著名的小说《伊夫莱娜》（*Evelina*，1778）和《塞西莉亚》（*Cecilia*，1782）皆讲述了一位年轻女士在社会上出人头地的经历，而这一主题深深地吸引了奥斯汀。

范妮·伯尼，爱德华·弗朗西斯·伯尼绘，1784—1785年

◁ 汉普郡史蒂文顿
奥斯汀的父亲是史蒂文顿的圣尼古拉教堂的教区长。他是一个沉着而有学养的人，支持女儿写作。

家庭生活

简拥有一个快乐的童年。她与姐姐卡珊德拉尤其亲近，她们一起上学，一开始是在牛津考利太太的寄宿学校，后来在修道院学校学习阅读。女孩们在那里感到非常满足，但是学费对乔治来说太过高昂，因此在1786年年底，她们返回了家中。两姐妹仍然十分亲密，她们的通信为了解简的观点和兴趣提供了宝贵的见解。然而，不幸的是，卡珊德拉在简去世后毁掉了大量信件，使故事留下了空白。

1786年后，奥斯汀仍旧与家人

“一个人——无论是先生还是女士——如果不能从一部优秀的小说中获得愉悦，那么这个人一定愚蠢得让人难以忍受。”

简·奥斯汀，《诺桑觉寺》（*Northanger Abbey*）

▷ 简·奥斯汀，约1788年
这个没有落款、没有日期的画像被认为是乌西亚·汉弗莱（Ozias Humphry）所绘，人们认为画中人物是十三岁时的简·奥斯汀——尽管近年来的学术研究对它的源起提出了诸多疑问。

△《傲慢与偏见》初版

自1813年初版发行之后，奥斯汀的《傲慢与偏见》一直在加印。它是最受欢迎的英语作品之一，在世界范围内销量超过了两千万册。

同住，她在父亲的书房里中完成她的文学教育。除此之外，她的生活也不平淡。她的哥哥詹姆斯喜欢组织业余戏剧表演，因此常有亲朋好友来访。另外，她的钢琴弹得很好，每天早上都比家人们早起一个小时进行练习。更重要的是，她开始写作：从大约十二岁起，她就开始在父亲送她的三个精装笔记本上写小说、诗歌和历史提纲。这些卷册——现在被结集起来，统称为“少年时代作品”（the Juvenilia）——证明了奥斯汀广泛的阅读，尤其是塞缪尔·理查森（Samuel Richardson）和亨利·菲尔丁（Henry Fielding）的作品。

书信体

这些笔记本上最后的日期停留在1793年。从那以后，奥斯汀似乎开始致力于创作小说，尽管还要再过几年她才会发表作品。一开始，她喜欢书信形式——也就是说，完全通过主要人物之间的通信来讲述她的整个故事。她也使用其他的文体形式，如日志体或日记体。简必定是用这种形式写作了《埃莉诺和玛丽安》（*Elinor and Marianne*，《理智与情感》的早期版本），而《傲慢与偏见》中的鲜明印记表明这部小说的最初版本也是以这种方式呈现的。

书信体小说在整个18世纪被广泛阅读。在英国，它们因奥斯汀最喜欢的作家之一——塞缪尔·理查森——的推行而风靡一时。在他最著名的作品《帕梅拉》（*Pamela*，1740）和《克拉丽莎》（*Clarissa*，1749）中，他将这种技巧发挥出了最佳效果。

然而，到了18世纪末，书信体小说渐渐不再流行，这无疑是奥斯汀决定放弃这种形式的原因。她引入了一种全新的叙事形式，被现代批评家们称为“自由间接风格”（或“自由间接引语”）。这是第三人称叙事的一种变体，但它加入了第一人称演说的要素。换句话说，叙事者不需要用“她说”或者“她想”一类的短语就可以表达角色的想法或言语。

小说技巧

奥斯汀极其巧妙地运用她新近发展出的融合叙事者和角色的技巧。例如，在《爱玛》（*Emma*）中，当女主人公固执地误解朋友们的意图和想法时，奥斯汀让叙事者来描述爱玛的幻觉，就仿佛这是事实一样，以此来捉弄读者。读者无法确定实际的状况，直到爱玛自己意识到她爱上了奈特利先生。奥斯汀还在身体层面运用自由间接风格，仿佛叙事者就在角色的身体里。因此，在《劝导》（*Persuasion*）中，当一位女性角色在一位绅士面前低垂眼帘、屈膝行礼时，叙事者只记述那些她可以听到的内容，不记录角色看不到的东西。

不情愿的出版商

作为女性，奥斯汀发现，发表作品很困难。1797年，她的父亲对《第一印象》（*First Impressions*，奥斯汀《傲慢与偏见》的第一版）充满了热情，他写信给出版商托马斯·卡德尔（Thomas Cadell），问托马斯是否愿意阅读这部手稿。卡德尔回绝了。奥斯汀自己的进展也好不到哪儿去。

1803年，她以十英镑的价格将《苏珊》（*Susan*，后更名为《诺桑觉寺》）的版权卖给了出版商克罗斯比公司（Crosby & Co.）。这是她的第一部重要作品，对当时哥特式恐怖小说的流行进行了温和的讽刺。出

相关背景

巴斯（Bath）

奥斯汀一家在巴斯住了五年（1801—1806）。简并没有很喜欢这座城市，它已经度过了最时髦的黄金时代，但它为她的小说提供了宝贵的素材，且常常作为情节的触发点出现。在当时受到严格管制的社会里，遇到合适的人往往不太容易，但在巴斯却不一样。早晨，上流社会的人聚集在泵房里取水，晚上在礼堂举行音乐会和募捐舞会。所有的社会活动都由一位司仪主持。

《巴斯的皇家新月酒店》（版画），约翰·希尔（John Hill）绘，1804年

“这是一个公认的**真理**：任何一个**有钱**的**单身汉**，都必定想**要娶一个妻子**。”

简·奥斯汀，《傲慢与偏见》

版商将这部手稿搁置不理，最终在1816年，奥斯汀的哥哥亨利买回了版权，而这部小说在奥斯汀在世时未能出版。

巴斯岁月

1801年，奥斯汀的父亲从教区长的职位上退休并举家迁往巴斯。在这里，奥斯汀的一段经历后来直接变成了她小说中的情节。1802年12月，奥斯汀朋友的哥哥哈里斯·比格·威瑟（Harris Bigg Wither）向她求婚。她当即接受了，但考虑了一晚之后，她改变了主意。关于她这样做的原因，人们有很多猜测，但并无定论。或许，她和她的女主角们不同，她太看重自己的独立性，拒绝用它来换取经济上的保障。

奥斯汀的父亲于1805年去世，一家人不得不离开巴斯。他们陷入了困境，而爱德华·奥斯汀爵士伸出援手，将他们解救了出来，即让他们住在他位于汉普郡查顿村的小别墅里。就是在这里，简的写作事业终于开始飞腾。1811年，她的第一部小说《理智与情感》（*Sense and Sensibility*）发表，备受赞誉且销量可观。它是匿名发表的（署名为“一位女士”），在当时，这是女作家们普遍的做法，尽管奥斯汀的身份在文学圈已是一个公开的秘密。奥斯汀很快就拥有了许多崇拜者，包括作家沃尔特·斯科特爵士和摄政王子（后来的乔治四世）——他后来请求奥斯汀将《爱玛》题献给他。奥斯汀不情愿地这样做了；1815年，她收到一封邀请函，内容是邀请她去参观乔治四世位于卡尔顿府邸的举世瞩目的图书馆。

遗憾的是，奥斯汀没能享受多久成功和赞誉。1816年，她患上一种神秘的疾病——现在通常被认为是爱迪生氏病，于次年去世。她被安葬在温彻斯特大教堂的中殿。

△ **查顿小别墅**
奥斯汀在汉普郡的这座房子里与她的母亲、姐姐卡珊德拉以及她们的朋友玛莎·劳埃德（Martha Lloyd）一起生活。这栋小别墅与简富裕的兄长爱德华·奥斯汀爵士富丽堂皇的住宅比邻，简也是那里的常客。

▷ **书写箱**
奥斯汀的便携式书写箱是她二十岁时父亲送她的礼物。现在，它被陈列在伦敦的大英图书馆。

重要作品年表

1803
奥斯汀将她的第一部重要作品《诺桑觉寺》（最初名为《苏珊》）卖给了出版商。1817年，该书印行。

1811
在对《理智与情感》最初的书信体进行改写之后，该作品出版。

1813
《傲慢与偏见》出版。这部小说开始于1796年，被出版社拒绝后，奥斯汀在1811年至1812年修订了它。

1814
《曼斯菲尔德庄园》（*Mansfield Park*）出版发行。该书在评论界褒贬不一，但在公众之间很受欢迎，颇为畅销。

1815
奥斯汀的《爱玛》出版。作者描述爱玛是一个“除自己以外，没有人会喜欢的女主人公”。

1817
奥斯汀最后一部忧郁的小说《劝导》是她在健康每况愈下时写的，该作在她逝世后出版。

玛丽 · 雪莱

Mary Shelley，1797—1851，英国人

作为哥特小说的代表作家之一，玛丽 · 雪莱以她经典的恐怖小说《弗兰肯斯坦》而闻名于世。她同时还是一位优秀的短篇小说家、散文家和旅行作家。

玛丽·雪莱在为1831年版的《弗兰肯斯坦》（*Frankenstein*）所写的序言中，讲述了一个关于这部杰作源起的传奇性故事。1816年6月，她与未来的丈夫珀西·雪莱、拜伦勋爵及其医生朋友约翰·波里道利（John Polidori）一起住在日内瓦湖畔的迪奥达蒂别墅（villa Diodati）。那天晚上天气异常，狂风暴雨，电闪雷鸣仿佛在头顶上咆哮，大家在昏暗的灯光下彻夜未眠，共同阅读德国恐怖故事。大家决定进行一场竞赛，看哪一位能写出最好的鬼故事，而内部极具影响力的作品就诞生于这场竞赛，即波里道利的《吸血鬼》（*The Vampyre*）和雪莱的《弗兰肯斯坦》。

◁ **玛丽·雪莱，1840年**
这幅肖像由理查德·罗思韦尔（Richard Rothwell）绘制。尽管玛丽再也未能重现其处女作带来的轰动，但她一直持续写作并声名日盛。

玛丽·雪莱是激进哲学家、小说家威廉·戈德温（William Godwin）与女性主义先驱玛丽·沃斯通克拉夫特（Mary Wollstonecraft）的女儿，后者的《女权辩护》（*A Vindication of the Rights of Woman*）是女性主义运动的里程碑作品。玛丽从很小的时候起就开始写作，且与父亲的文人朋友交好，其中就包括珀西·雪莱。两人在1812年相遇并坠入爱河，他们最爱的约会地点是玛丽母亲的墓边，她在生下玛丽十一天后去世。

颠覆自然

十六岁时，玛丽与珀西私奔到法国，引发了一桩丑闻。他们在1816年结婚，那时，她已为珀西生了两个私生子。

正是在这一背景下，她写出了《弗兰肯斯坦》。这部作品基于当时流行的哥特小说元素，拒绝秩序和理性，聚焦于恐怖和骇人听闻的事。然而，玛丽·雪莱的故事，尤其是她对怪物主题的创造性重构，超越了哥特小说这一类型。这部作品吸取了很多当时的科学、社会和政治方面的议题，例如生命的起源、科学与宗教之争、邪恶问题，以及环境与教养在塑造性格方面的作用。小说中怪物诞生的灵感源于18世纪晚期的电疗法实验，这种实验依靠电流的作用来让解剖过的动物肌肉抽搐。近几十年来，玛丽·雪莱的作品引发了一系列有关女性主义的重要讨论。例如，当男性掌握全部控制权时女性的遭遇、失母问题、对自然的操纵和侵犯，以及男性试图将女性从创造领域移除等议题。

《弗兰肯斯坦》一问世便大获成功。它多次再版并衍生出很多改编的舞台剧。但玛丽·雪莱的胜利却蒙有一层悲剧的荫翳。截至1824年，她是那晚日内瓦暴风雨之夜的作家中的唯一幸存者。[1]波里道利于1821年自杀，拜伦在希腊独立战争中死去（1824），珀西在1824年死于一场海难。然而，玛丽·雪莱继续写作，《最后的人》（*The Last Man*，1826）是她晚期作品中最负盛名的一部，《变身》（*Transformation*，1831）则是她最优秀的短篇小说之一。

背景知识
《弗兰肯斯坦》与电影

《弗兰肯斯坦》不朽的声誉很大程度上要归功于众多电影人。在默片时代，詹姆斯·塞尔·道利（James Searle Dawley）和约瑟夫·斯迈利（Joseph Smiley）分别于1910年和1915年将其改编为电影。但最为经典的版本是詹姆斯·威尔（James Whale）于1931年改编的。在这部电影中，由波利斯·卡洛夫（Boris Karloff）饰演的怪物十分有代表性，至今仍然广为流传。在英国，汉默电影公司以改编弗兰肯斯坦而闻名，它一共制作了不少于七部关于《弗兰肯斯坦》的电影。这部作品还启发了梅尔·布鲁克斯（Mel Brooks）的喜剧片《新科学怪人》（*Young Frankenstein*）以及邪典音乐剧《洛基恐怖秀》（*The Rocky Horror Picture Show*），由蒂姆·克里（Tim Curry）扮演弗兰克·弗特博士。

1931年由波利斯·卡洛夫出演的《弗兰肯斯坦》海报

◁ **迪奥达蒂别墅（Villa Diodati），1833年**
这幅蚀刻画是根据威廉·珀苏（William Purser）的画制作而成。它展现了拜伦和约翰·波里道利在1816年居住的迪奥达蒂别墅的外观。为弗兰肯斯坦的故事提供灵感的那场暴风雨，被认为是1815年印尼的坦博拉火山爆发所引起的气候异常造成的。

1　1816年，日内瓦湖畔的别墅里还有第五位参与者，是玛丽的妹妹克莱尔·克莱尔蒙特（Clare Clairmont），她也是拜伦当时的情妇。克莱尔不是作家，也未参与此次竞赛。她死于1879年。

拜伦

Lord Byron，1788—1824，英国人

浮夸、自由、时尚，拜伦是 19 世纪的浪漫主义的化身。他对巧妙的押韵、机智的讽刺风格与优美的语言的运用，使他成为那个时代最伟大的诗人之一。

乔治·戈登·拜伦（George Gordon Byron）生于1788年，是约翰·拜伦（John Byron）上校和他的第二任妻子凯瑟琳·戈登（Catherine Gordon）之子。他们一家定居在阿伯丁，在一定程度上是为了远离约翰的众多债权人。1791年，约翰·拜伦去世，之后，拜伦的叔伯和祖父也去世了，于是这个男孩继承了诺丁汉郡一座浪漫的哥特式建筑——纽斯特德修道院，成为拜伦家族的第六代拜伦男爵。

拜伦此后进入剑桥大学三一学院，在那里，他以大胆的爱情生活和对赌博、拳击等无聊消遣的沉迷——而不是他的学术能力——为人所知。十七岁时，拜伦完成了他的第一本诗集《即兴诗集》（*Fugitive Pieces*），但当他被告知其中一些作品颇为不雅之后，他就撤回了诗集的出版。他第一本正式出版的诗集《闲散的时光》（*Hours of ididle*，1807）在苏格兰杂志《爱丁堡评论》上遭到抨击，促使他以讽刺诗的形式进行了机敏的反击——诗题为《英国诗人和苏格兰评论家》。

漫游与婚姻

1809年，拜伦游历了葡萄牙、西班牙、马耳他、希腊和土耳其，也就是一些与通常的壮游路线相去甚远的地点。这段旅程启发他创作了自己的第一首长诗《恰尔德·哈罗德游记》，记述了一位幻想破灭的年轻人的旅行，即最初的"拜伦式主人公"。当这首诗的第一章和第二章在1812年发表后，拜伦的名字开始享誉于世，这也为他打开了进入伦敦文学界的大门。他发表了一系列具有异国情调或东方背景的英雄叙事诗，包括《异教徒》和《海盗》。它们风行一时，并为他带来了可观的收益。

1815年，拜伦与安娜贝拉·米尔班克（Annabella Milbanke）结婚。这对夫妻有一个孩子，但是安娜贝拉在听说拜伦与他同父异母的姐姐奥古斯塔的不伦关系之后便离开了。据说，奥古斯塔于1814年所生的女儿是拜伦的。拜伦发现自己成了被社会驱逐的人，于是他在1816年离开了英国，再也没有回来。

意大利与希腊的冒险

拜伦与克莱尔·克莱尔蒙特、珀西·雪莱和玛丽·雪莱一起住在瑞士日内瓦，致力于创作《恰尔德·哈罗德》和另一首有着拜伦式主人公的诗歌《曼弗雷德》，后来他搬到了意大利。在威尼斯，他写出《贝波》（*Beppo*），故事发生在威尼斯著名的狂欢节期间。在这首诗中，他采用了讽刺、闲笔（digressive）、诙谐的风格，这成为他后期作品的特点，也是他最后一部未完成的杰作《唐璜》（*Don Juan*）——一首十六章的长诗——所呈现的特点。《唐璜》，和他丰富的情史一道，成了一个丑闻性的话题，但这首诗为他赢得了公众和包括歌德在内的同时代作家的赞赏。

拜伦投身于希腊从奥斯曼帝国独立出来的事业，他前往希腊，准备为"拯救一个国家"而奋斗。但他还没来得及参加战斗，就发烧了，于1824年4月去世。

◁《拜伦勋爵在迈索隆吉翁受到接待》，1861 年
这幅由希腊画家希奥多罗·弗里扎基斯（Theodore Vryzakis）创作的画，展示了拜伦在迈索隆吉翁（Missolonghi）开启希腊冒险之旅时的场景。

背景知识

拜伦式主人公

"拜伦式主人公"一词是指那种被社会驱逐的性情中人，表现出浪漫的忧郁气质，会对社会进行讽刺性的评论。这种角色在一定程度上是作者的自画像：拜伦是一位思想和行为都很极端的人，他写道："我是善与恶的奇特混合体，描述我将会非常困难。"他的几部作品中的主人公，包括恰尔德·哈罗德、《海盗》中的康拉德，以及曼弗雷德，都是拜伦式的。唐璜是一个更晚出现的人物，是这一主题的变体，他更加疏离也更富讽刺性，常常以一种非常幽默的方式被描绘出来。

《恰尔德·哈罗德》的卷首插图，1825 年

▷ 乔治·戈登·拜伦，1813 年
拜伦是一位才华横溢且不拘小节的作家。在这幅由理查德·韦斯托（Richard Westall）所绘的肖像画中，二十五岁的拜伦被描绘成一个英俊的浪漫主义人物。

▷ 巴尔扎克，1836年
作家这幅三十七岁时的画像是巴尔扎克的情妇埃维丽娜·韩斯卡（Ewlina Hanaska）委托路易·坎迪德·布朗热（Louis Candide Boulanger）画的。画中，巴尔扎克穿着一件有些像修道院院长袍的衣服，这是他在家里写作时喜欢的穿着。

奥诺雷·德·巴尔扎克

Honoré de Balzac，1799—1850，法国人

在由相互关联的长篇小说和中篇小说组成的《人间喜剧》中，巴尔扎克为19世纪的法国社会绘制了一幅巨型壁画。他被认为是现实主义文学的奠基人之一。

“巨大财富的秘密……是一种被遗忘的罪行，因为它被安排得很恰当。”

奥诺雷 · 德 · 巴尔扎克，《高老头》

奥诺雷·巴尔扎克1799年生于法国中部的图尔市。后来，他在自己的名字中间加了一个“德”字来伪造贵族身份。巴尔扎克的父亲原是一名工匠，也是个汲汲于挤入上流社会的人，他与一位地位显赫的女性缔结了没有爱情的婚姻。巴尔扎克自幼就没有得到多少父母的关爱，他八岁时就被送到了旺多姆的奥拉托利教会学校做寄宿生，甚至节假日也不回家。他写于1832年的小说《路易·兰伯特》（*Louis Lambert*）就取材于这段残酷的求学经历。

早年的奋斗

巴尔扎克后来移居巴黎，并在那里度过了余生。他成为一家律师事务所的初级职员，这段经历让他对有产阶级的贪婪和小把戏有了可贵的洞察。

19世纪20年代，他拒绝了法律方面的工作，致力于成为一名作家。他先是为剧院写剧本，但没有成功，后来又开始写小说，炮制了许多湮没无闻的粗制滥造之作。他试图在出版和印刷方面进行商业冒险，却损失惨重。虽然生活在贫困的边缘，但他通过与各种贵族女士的关系进入了上流社会。他努力以微薄的收入维持优雅的外表，这为他的《野驴皮》（*The Wild Ass's Skin*，1831）和《高老头》（*Old Goriot*，1835）等小说提供了素材。

社会的画像

1829年，巴尔扎克的历史小说《朱安党人》（*The Chouans*）使他首次获得创作上的成功，该故事就发生在保皇党起义反对法兰西共和国时期。1832年，也就是他著名的中篇小说《图尔的本堂神父》（*The Vicar of Tours*）出版的那一年，他构想了一个计划，即通过一系列小说来描绘整个法国社会。他后来将这部作品命名为《人间喜剧》（*The Human Comedy*），比附但丁的《神曲》（*Divine Comdey*）。《欧也妮·葛朗台》（*Eugénie Grandet*，1833）是他的第一本畅销书，该作深入研究了吝啬对人际关系的腐蚀作用。一系列的成功之作相继涌现：从《高老头》和《赛查·皮罗多盛衰记》（*César Birotteau*，1837），到三卷本的《幻灭》（*Lost Illusions*，1837、1839、1843），再到《贝姨》（*Cousin Bette*，1846）和《邦斯舅舅》（*Cousin Pons*，1847）。

发现细节的眼睛

《人间喜剧》中的小说被分为“外省生活场景”“巴黎生活场景”和“私人生活场景”。它们描绘了一个倡导无情的野心的社会，在那里，强者获得财富，而弱者走投无路。虽然巴尔扎克的小说通常情节性很强，但他的作品展现了对社会各阶层生活的深刻把握，这反映在他对服装和家具的详尽刻画以及对财富和收入的精确描述上。作品强有力的刻画了富有传奇色彩的人物形象，以犀利、冷峻的讽刺手法描绘贪婪、社会野心和性迷恋。

巴尔扎克的动力是对金钱的不断渴求，这种渴求甚至在他成名之后依然存在。他经常每天写作十五个小时，产量惊人。《人间喜剧》一共包含了九十部长篇、中篇和短篇小说。巴尔扎克的健康状况始终欠佳，于1850年去世，时年五十一岁，此时正值他与长久以来的情妇、波兰贵族埃维丽娜·韩斯卡结婚后的第五个月。

◁ 乡间别墅
巴尔扎克住在巴黎，但他经常去拜访图尔市附近的萨谢城堡，这座城堡的主人是他的朋友让·德·马赫冈（Jean de Margonne）。巴尔扎克就在马赫冈的卧室里的这张桌子上写作。这栋房子现在作为博物馆被保存下来。

△ 巴尔扎克的怀表
巴尔扎克是阶级和社会的敏锐观察者。细节——如一块怀表的形状和风格——会影响到他对人物的评判。

文学风格
反复出现的人物

巴尔扎克《人间喜剧》中一个创新性之处在于让相同的人物在不同的小说中出现。譬如，野心勃勃的年轻人拉斯蒂涅（Rastignac），他是《高老头》中的主角，也在其他十七部小说中出现或被提及。其他反复出现的角色还有诗人记者吕西安·德·吕邦泼雷（Lucien de Rubempré）、高利贷者高布赛克（Gobseck）、黑暗世界的大反派伏脱冷（Vautrin）以及银行家纽沁根（Nucingen）。作为一种如今广泛应用于电影和电视剧中的手法，人物的反复出现可以营造出紧密交织的社会氛围。

《高老头》中的反派沃特林

维克多 · 雨果

Victor Hugo，1802—1885，法国人

雨果是 19 世纪法国文学中的杰出人物。他创作出了令人惊异的诗歌、戏剧和小说。他还是一位积极的社会活动家，为穷人与受压迫者争取权益。

维克多·雨果生于1802年，是一名法国军官的第三个儿子。他的父亲为法国大革命事业参军战斗，曾被派往布列塔尼镇压法国天主教保皇派的反革命运动，在那里，他遇到了雨果的母亲索菲·特尔布特（Sophie Trébuchet）。父亲坚定的革命信仰和母亲的宗教君主主义立场之间的尖锐冲突，并不能造就一个幸福而稳定的家庭，他的父母很快就分居了。

维克多早年最刺激的经历是和母亲一起旅行，他们随服役的父亲在西班牙和意大利短暂停留。西班牙的异国情调给这个正在成长的男孩留下了特别深刻的印象，他后来借用这些经历创作了一些戏剧作品，如《欧那尼》（*Hernani*，1830）和《吕伊·布拉斯》（*Ruy Blas*，1838）。

早年天赋

雨果和他的哥哥们主要生活在巴黎，由他们的母亲抚养。为了削弱母亲对他们的影响，他们的父亲坚持要他们上寄宿学校。然而，这是徒劳的，孩子们长大后纷纷成为天主教徒和保皇主义者。

雨果在早年就显现出他令人惊异的文学天赋。十四岁时，他已经写了数千行诗；十七岁时，他和哥哥们一起创办了文学杂志。雨果的母亲全力支持他的文学追求，抵御来自孩子父亲的压力，因为父亲要求他们选择更有利可图的职业。

他母亲去世后，即1821年，雨果爱上了他未来的妻子阿黛尔·富歇（Adèle Fouchet）。为了使自己成为值得她选择的求婚候选人，他在二十岁时出版了第一本诗集《颂歌与杂诗》（*Odes and Other Poems*）。这对情侣于1822年结婚。此后，雨果与父亲和解，这对雨果的政治立场产生了深远的影响：他放弃了君主制，成为拿破仑·波拿巴的崇拜者，而他的父亲曾效力于拿破仑。

◁ **《悲惨世界》**（*Les Miserables*）
雨果这部最著名的作品讲述的是一个关于公正缺失、英雄主义与爱的故事。它将激动人心的故事和对法国动荡革命历史的叙述结合在了一起。

浪漫主义革命

19世纪20年代，雨果成为法国浪漫主义运动的领袖，在文学和政治方面表达了对自由的渴望。他于1827年创作的史诗巨作《克伦威尔》（*Cromwell*）的序言是法国浪漫主义的宣言，而他于1829年出版的诗集《东方集》（*Les Orientales*）则歌颂了希腊为摆脱土耳其统治而进行的民族解放斗争（同时也满足了当时的人们对想象中的东方异域风情的爱好）。同年，他出版了小说《死囚末日记》（*The Last Day of a Condemned Man*），对死刑提出强烈抗议。一年后，他在《欧那尼》中打破了法国戏剧古典主义传统的限制，将莎士比亚式的自由带上了法国舞台。19世纪30年代，雨果继续保持着惊人的文学创作。除了大获成功的哥特式小说《巴黎圣母院》（*The Hunchback of Notre-Dame*，1831）以外，《秋叶集》（*Autumn Leaves*，

> 背景知识
> **夏多布里昂（Chateaubriand）**
>
> 作为一个年轻的作家，雨果崇敬他杰出的前辈弗朗索瓦-勒内·德·夏多布里昂（1768— 1848），后者被认为是法国浪漫主义之父。雨果写诗颂扬他，宣称："我要么成为夏多布里昂，要么就一无所成。"和他的偶像一样，雨果开始把写作和政治生涯结合起来，但当雨果拥护革命时，夏多布里昂却拥护天主教的保皇主义。作为一名贵族，夏多布里昂在革命期间流亡国外，并写了一部捍卫天主教信仰的论著，即《基督教真谛》（*The Genius of Christianity*，1802）。夏多布里昂的《阿达拉》（*Atala*，1801）和《勒内》（*René*，1802）为法国散文带来了忧郁与华美的格调。他的自传《墓畔回忆录》（*Memoirs from Beyond the Grave*）被认为是其最优秀的作品。

夏多布里昂，安·路易·吉罗代·特里奥松（Anne-Louis Girodet de Roussy-Trioson）绘，约1808年

◁ **维克多·雨果，1879年**
莱昂·约瑟夫·博纳（Léon Joseph Bonnat）在该画中描绘的是年迈而颇有威严的雨果。如果雨果没能作为作家建立自己卓越的声名，那他可能会作为政治家和社会变革家而扬名。

> "到了20世纪，战争将消亡，贵族将消亡，教条也将消亡，但人依然存活。"
>
> 维克多 · 雨果

“未来，我们将迎来的是日出而不是日落，这是对人类的安慰。”

维克多 · 雨果，《威廉 · 莎士比亚》

1831）和《黄昏之歌》（*Songs of the Half-Light*，1835）等诗集使他如愿成为法国首屈一指的抒情诗人，而他写于1838年的诗剧《吕伊·布拉斯》则成为他最好的戏剧作品之一。

背景知识
政变与革命

1789年的法国大革命开启了法国的动荡世纪。拿破仑·波拿巴在1799年的军事政变中掌权，并于1804年称帝。十年后，君主政体复辟。1830年，七月革命将奥尔良家族的路易-菲利普（Louis-Philippe）推上了王位，但1848年的另一场革命创造了第二共和国。三年后，拿破仑·波拿巴的侄子路易-拿破仑（Louis-Napoleon）发动政变，建立了第二帝国。这个被雨果憎恨的政权一直持续到1870年，即法国在与普鲁士的战争中战败之时。1871年，第三共和国在镇压巴黎公社起义后成立并存活下来。

路易-拿破仑，弗朗兹·温德哈尔特绘，约1850年

个人生活的混乱

雨果的私生活充满活力与动荡。他和阿黛尔有四个孩子，但他们的婚姻并不幸福。阿黛尔爱上了批评家查尔斯-奥古斯汀·圣-伯夫（Charles-Augustin Sainte-Beuve），他比她丈夫更柔弱也更文雅；而此时雨果则放任自己奔放不羁的欲望。他与那位将毕生献给他的女演员朱丽叶·德鲁埃（Juliette Drouet）长期交往，同时还有其他几段暧昧关系，包括与莱奥妮·比阿尔（Léonie Biard）通奸，这导致她丈夫提起了刑事诉讼；雨果逃脱了牢狱之灾，比阿尔夫人却没有。1843年，他最爱的女儿莱奥波尔迪纳（Léopoldine）和她的丈夫在一次划船事故中溺水身亡，这又是一场悲剧。

政治活动

雨果在路易-菲利普的“资产阶级君主制”下寻求官方认可。1841年，他被选为法兰西学院院士，并被授予贵族爵位。然而，1848年的革命阻止了他进入权力体制。直到这时，雨果对政治的参与仍停留在理论层面，但随着君主制再次被推翻，第二共和国建立，他使自己成了为自由、“小人物”的权利发声的人，尽管他也拒绝混乱和无政府状态。1851年12月，当路易-拿破仑发动政变，将法兰西共和国变成第二帝国时，雨果是上街抗议者之一。作为失败的一方，他流亡海峡群岛，最初在泽西岛（Jersey），后来到了根西岛（Guernsey）。

流亡归来

流亡期间，雨果在诗集《惩罚集》（*The Empire in the Pillory*）中对路易-拿破仑的第二帝国进行了严厉的抨击，而《悲惨世界》中的批评则没有那么直接，他从19世纪40年代开始创作这部作品，于1862年完成。《悲惨世界》是一部六十五万字的长篇小说，其中充满作者题外话，它清楚地表明雨果与穷人们站在同一边，共同反抗金钱与权势。

▷ 高城别墅（Hauteville House）
位于根西岛圣彼得港（St Peter Port）的高城别墅是维克多·雨果被法国当局流放期间居住了十四年的家。他按自己的风格装饰这栋房子，在那里，他写出了许多著名的作品。

△ 莱奥波尔迪纳·雨果（Léopoldine Hugo），约1835年
雨果女儿的这幅画像由法国诗人兼艺术家奥古斯特·德·沙蒂永（Auguste de Châtillon）所绘。莱奥波尔迪纳的溺死始终纠缠着雨果的余生，他在挽歌诗中对此加以表达，如著名的《维勒基尔》（"At Villequier"，1847）。

在此期间，雨果迷上了招魂术和降神会。他对逝去女儿的执念萦绕在诗集《沉思集》（*Les Contemplations*）中，该作在1856年出版后广受好评。他对宗教和历史的独特见解在他的诗歌中发挥了越来越大的作用，其作品——如于1859年第一次出版的诗集《历代传说》（*The Legend of The Ages*）——呈现出史诗般的特质。然而，1866年，他以根西岛为背景创作的情节剧小说《海上劳工》则显露了力量的衰减。

1870年，普法战争的灾难过后，法兰西第二帝国灭亡，雨果及时从流放地回到巴黎，目睹了这座被德国围攻的城市的贫困。他试图在随之而来的重大事件——第三共和国的建立与巴黎公社起义——中发挥政治领导力，但这种努力在很大程度上是失败的。私人生活中的丧亲之痛也使他的生活黯然失色，他的妻子在1868年去世，两个儿子分别在1871年和1873年去世。但是他仍然有无限的精力，这在他的最后一部作品《九三年》（*Ninety-*

Three，1874）中、他不断俘获女性的过程中以及他从1876年起作为参议员的政治活动中都有所体现。1877年，雨果的热情而简单的诗集《做祖父的艺术》（*The Art of Being a Grandfather*）发表，深受欢迎。在这本书的助力下，雨果在晚年达到了某种意义上的巅峰，成为象征着法国爱国主义、共和主义和对人类进步怀有乐观崇拜之情的偶像人物。他的八十岁生日被宣布为国家节日加以庆贺。当他在1885年去世时，人们为他举行了盛大的国葬，并目送他的遗体被抬进先贤殿。

△《自由引导人民》
雨果的写作灵感来自伟大的浪漫主义画家尤金·德拉克洛瓦（Eugène Delacroix）的作品。雨果的代表作《悲惨世界》中的加夫罗切（Gavroche）被认为是受到了德拉克洛瓦这幅《自由领导人民》中挥舞手枪的男孩的影响。

重要作品年表

1822
雨果的第一部作品《东方集》吸引了路易十八的注意。

1830
《欧那尼》在首演时受到了热情的欢迎，宣布了法国浪漫主义的胜利。

1831
以中世纪巴黎为背景的情节剧小说《巴黎圣母院》巩固了雨果的声名。

1856
雨果在流亡期间，他关于记忆、爱和死亡的抒情诗集《沉思集》发表。

1862
《悲惨世界》出版，这是一部关于爱的史诗，也是对贫穷与剥削的谴责。

1883
雨果最后一卷充满人道主义精神的诗体史诗《历代传说》发表，此时距其第一卷的发表时间已过去二十四年。

汉斯 · 克里斯蒂安 · 安徒生

Hans Christian Andersen，1805—1875，丹麦人

安徒生的一生读起来就像他写的一个童话。他由一个穷小子变成了文学史上最广为人知的作家之一。然而，他的私人生活却饱受单恋之苦。

汉斯·克里斯蒂安·安徒生出生于丹麦菲英岛的欧登塞（Odense）。他的父亲在1816年去世，他的母亲是一个洗衣女工，靠给人打工勉力维持生计，为安徒生支付学费。安徒生与众不同的女高音童声引起了丹麦皇家剧院职员的关注，后来由于变声，他的舞台梦想破灭，但他结识了皇家剧院的主管之一乔纳森·科林（Jonas Collin）。科林从此成了安徒生的赞助人。在丹麦国王弗雷德里克六世（Frederick VI）的资助之下，安徒生被送到了哥本哈根西南部的一所著名的文法学校深造。尽管安徒生在那所学校里深感压抑，并不快乐，但这段经历为他于1828年进入哥本哈根大学学习铺平了道路。

◁ **童年视角**
这是安徒生在1860年的照片。他是儿童文学的真正创新者之一。他那些苦乐参半的故事反映了自己童年的坎坷。

一年后，他写出了第一部重要作品《1828年和1829年从霍尔门运河至阿迈厄岛东角步行记》（*A Journey on Foot from Holmens Canal to the East Point of Amager*）。在这部作品中，叙事者在哥本哈根的一条小路上漫游时，遇到了一系列奇异的生物和人。此书在丹麦大获成功。受到鼓励的安徒生继续写小说、诗歌和戏剧，毁誉参半。他热爱旅行，游览了斯堪的纳维亚半岛、南欧、小亚细亚和非洲，这些旅行都影响了他的创作。

在安徒生最著名的童话中，他在很大程度上借用了自己童年的经历。在这些故事中，他使用了在不同文化中流传了几个世纪的民间故事中的原型人物，并倾注了复杂且矛盾的情感。1837年，他发表了一个名为《童话故事》（*Fairy Tales*）的集子，其中包括《小美人鱼》（"The Little Mermaid"）、《皇帝的新衣》（"The Emperor's New Clothes"）和《拇指姑娘》（"Thumbelina"）等故事。尽管这些故事质量很高，通俗易懂，但它起初在安徒生的祖国丹麦几乎卖不出去。

未实现的愿望

安徒生终身未婚，但总是陷入对他人的迷恋。他对瑞典歌剧演唱家珍妮·林德（Jenny Lind）极其爱慕，这份感情通常被认为是促使他写出童话《夜莺》（"The Nightingale"）的原因。而她对他求爱的拒绝可能导致了他写出《冰雪皇后》（"The Snow Queen"）。安徒生也对男人表现出强烈的兴趣，他所倾心的男人包括魏玛公爵（the Grand Duke of Weimar）和著名的舞者哈罗德·沙夫（Harald Scharff）。不过，他在一封信中袒露，这些感情"必须保持在秘密状态"。

安徒生的故事被译成英语，发表在文学杂志《本特里杂志》（*Bentley's Miscellany*）上，这份杂志还刊载了查尔斯·狄更斯等文豪的作品。安徒生继续以连载的方式出版他的童话故事，其国际声誉与日俱增。他的故事至今仍然非常流行，影响了数代儿童作家。

△ **《白雪皇后》**
安徒生的童话催生了一个巨大的产业，从插图书籍到芭蕾舞剧和动画。迪士尼的票房冠军《冰雪奇缘》（2013）便是受到安徒生的《白雪皇后》启发而创作的。

相关背景
与狄更斯的友谊

安徒生与英国著名小说家查尔斯·狄更斯相识于1847年，这是安徒生第一次拜访英国，十年后，他又来过。他们两人都在《本特里杂志》上发表作品，狄更斯还短暂地担任过这个杂志的编辑。但是在1857年，安徒生因在狄更斯肯特郡盖茨山庄的家中待得太久而变得不受欢迎。他把本应是两周的拜访延长到五周，凯特·狄更斯回忆说，她的父亲后来把安徒生形容为"瘦瘦烦"（a bony bore）。安徒生察觉到了狄更斯的不满，感到悔恨，并试图修复他与狄更斯的友情。但是狄更斯写了一封冷淡的信，两人的友谊就此终结。

查尔斯·狄更斯与女儿们在盖茨山庄的家中

▷ **小美人鱼**
爱德华·艾瑞克森（Edvard Eriksen）以安徒生童话故事为主题，制作了青铜雕像"小美人鱼"，这一雕像自1913年起便成为哥本哈根的著名旅游景点。

▷ **埃德加·爱伦·坡**，1848年
爱伦·坡把自己的这幅画像献给了莎拉·海伦·惠特曼（Sarah Helen Whitman），她是一位寡居的诗人和散文家。这两位作家曾订了婚，但事实证明，他们暴风骤雨式的关系因过于激烈而难以维系。

埃德加·爱伦·坡

Edgar Allan Poe，1809—1849，美国人

爱伦·坡是侦探小说和哥特式恐怖悬疑小说的创造者，是文学史上的一位巨人。他那始终被酗酒、贫困、动荡和抑郁困扰着的一生，与他的死亡一样奇异。

“长期可怕的清醒，使我成了疯子。”

埃德加·爱伦·坡

作家、诗人、编辑兼评论家埃德加·爱伦·坡以其短篇小说、侦探惊悚小说和黑暗浪漫主义的创始人的身份而闻名。他的父母都是马萨诸塞州波士顿的穷演员。他的母亲在他两岁时去世，此后，他被弗吉尼亚州的爱伦家族收养（后来他在自己的名字中加上了“爱伦”）。1815年，这家人移居英国。他们在那里住了五年，在此期间，坡寄宿在伦敦的庄园学校，而这是一段悲惨的经历，他后来根据这段经历创作了小说《厄舍古屋的倒塌》（“The Fall of the House of Usher”）。

▽ **弗吉尼亚·伊莉萨·克莱姆**
爱伦·坡的新娘，也是他的表妹，在他们1835年结婚时，她只有他的一半年龄大。七年后，她的去世使爱伦·坡陷入了深深的抑郁之中。

1826年，坡到弗吉尼亚大学学习语言，但是很快他因赌博和酗酒而欠下巨额债务。及至年底，他花光了自己所有的钱，因此他放弃了学业，应募加入了美国陆军，并很快获得提拔，成为军士长。坡进入西点军校学习，但不久后就想离开；1831年1月，他精心策划，通过违反学校规则让自己被开除。坡受拜伦启发而作的《帖木儿及其他诗》（*Tamerlane and Other Poems*）是一部薄薄的浪漫主义诗集，于1827年出版时少有人关注。直到1833年，这位年轻的作家才取得一些成就，他凭借小说《瓶中手稿》（“MS. Found In a Bottle”）赢得了文学奖，小说讲的是一个发生在船上的恐怖故事。

接踵而至的成功

1834年，坡搬回弗吉尼亚，并在那里与表妹弗吉尼亚·克莱姆（Virginia Clemm）结婚。由于无法以写小说为生，他开始在多份期刊担任编辑和评论家。他最早的一批小说正是在这些期刊上发表的，包括《厄舍古屋的倒塌》（1839），其中，主人公朽败房屋的倒塌成为他坠入疯狂的镜像。其后的作品有《莫格街谋杀案》（“The Murders in the Rue Morgue”，1841）和《黑猫》（“The Black Cat”，1843），前者被认为是第一部真正的侦探小说，后者则是一个关于精神堕落的故事。1845年，《乌鸦》（“The Raven”）一诗的出版取得了突破性的进展，但它带来的只有名声，没有财富。

坡的小说以连载的形式发表，这恰好符合他的写作风格。连载小说的每一节通常都很短，他往往会早早地营造出一种强烈的氛围，以便将读者吸引到哥特式的恐怖悬疑故事之中。很多人认为，坡最大的技巧是营造氛围的能力，这种氛围通常表现为幽闭恐怖以及不断加剧的紧张感，这在《厄舍古屋的倒塌》和他最后那部多层次的作品《一杯白葡萄酒》（“The Cask of Amontillado”，1846）中都有出色的体现。

神秘的结局

爱伦·坡的生命在1849年10月走到了尽头，而就在去世前两天，他在波士顿的大街上被人发现，当时他正处于极度的悲痛之中，身上穿的并不是自己的衣服。他的死亡原因尚不清楚，但猜测甚多——从吸毒、酗酒到心脏病、梅毒以及被一只狂犬吸血蝙蝠感染。只有七个人参加了他的葬礼。可以肯定的是，坡在表现精神错乱的人内心深处黑暗的痛苦时，有其自身优势。他的作品时常暗示着一位徘徊在疯子和天才之间的作家所受的折磨。

◁ **坡的小别墅**
1846年，坡和他的妻子及岳母搬进了纽约福德姆村——现在是布朗克斯区的一部分——的一栋简朴的小屋。作者去世后，房子被保存下来，并被移到了附近的公园里。

相关背景
爱伦·坡的遗产

在仅仅十年的创作生涯中，爱伦·坡改变了文坛。从霍桑、狄更斯、麦尔维尔和史蒂文森，到威尔基·柯林斯（Wilkie Collins）和阿加莎·克里斯蒂，英国和美国的无数重要作家都受到奇异天才爱伦·坡的启发。他笔下的法国侦探C. 奥古斯特·杜宾（C. Auguste Dupin）是柯南·道尔笔下著名的超级侦探夏洛克·福尔摩斯（Sherlock Holmes）的先驱。

波德莱尔、兰波、马拉美等19世纪晚期法国著名作家，以及象征主义和超现实主义运动，都得益于坡的作品。他的作品也影响了流行文化：音乐、电视和电影（尤其是20世纪60年代成功改编的电影）。它不断地启发着科幻小说和幻想小说的流派。在过去的五十多年里，他的作品在文学理论家（包括结构主义者和后结构主义者）以及那些对文学和精神分析理论之间的关系感兴趣的人那里产生了特别的共鸣。

改编电影《乌鸦》（1935年版）中的贝拉·卢戈西（Bela Lugosi）

查尔斯·狄更斯

Charles Dickens，1812—1870，英国人

作为维多利亚时代的典型作家，狄更斯克服了种种困难，凭借连载小说取得了巨大的成就。他的作品以史诗般的篇幅、紧张的情节及其刻画的丰富人物形象而闻名。

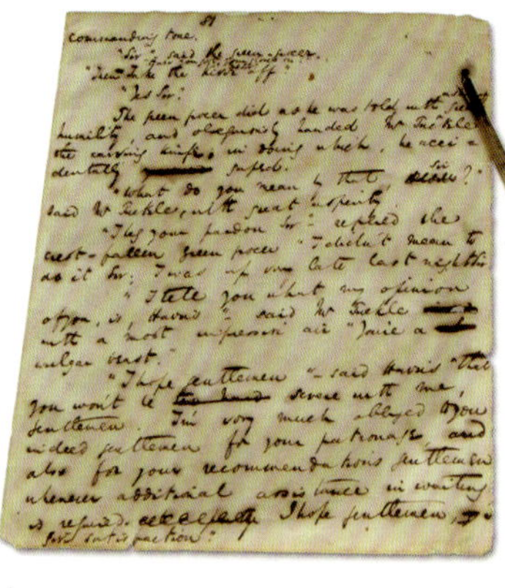

△ **书写工具**
狄更斯对文具非常挑剔，他经常在信中提到自己所使用的墨水和鹅毛笔的质量。这幅图片展示了《匹克威克外传》（*The Pickwick Papers*）的一部分手稿。

查尔斯·狄更斯拥有一段快乐而无拘无束的童年。查尔斯·约翰·赫芬姆（Charles John Huffam）是约翰·狄更斯和伊丽莎白·狄更斯（John and Elizabeth Dickens）八个孩子中的第二个，他出生在英国的朴次茅斯。他的父亲在海军财务处工作，三年后，他们全家曾短暂地搬迁到伦敦的费兹罗维亚，然后又搬到了肯特。

早期影响

在狄更斯的父亲还有工作收入时，家里有能力让狄更斯接受教育。他最开始是在一所妇女学校（这其实就是一个小学，之所以叫这个名字，是因为很多类似的学校是一些年老的女教师在家里办的），然后是查塔姆的威廉·贾尔斯中学（William Giles' s school）。年轻的狄更斯酷爱阅读，把他父亲书房里的托比亚斯·斯摩莱特（Tobias Smollet）和亨利·菲尔丁（Henry Fielding）的作品读了个遍。菲尔丁的章节式冒险小说中有很多或滑稽或悲剧的人物，例如，弃儿汤姆·琼斯。狄更斯被精心编排的情节和清晰的道德训诫所吸引。他也深受《一千零一夜》的影响，这本来自中东的故事集于18世纪被译成英文。他一遍遍地读其中的故事，重温那些描述爱情和冒险的场景，其中既有悲剧，又有喜剧。

像他笔下的很多人物一样，狄更斯年轻时经历了家庭巨变。由于欠下巨额债务，狄更斯的父亲于1824年被关进了萨瑟克（Southwark）的马夏尔西负债人监狱（the Marshalsea debtors' prison）。赫芬姆因为欠面包师的钱而被判刑，依照当时的惯例，全家人需要跟他一起进监狱，但年仅十二岁的查尔斯及其姐姐范妮被豁免了。查尔斯不得不去坎登镇跟他们家一位上了年纪的世交伊丽莎白·罗

背景知识
维多利亚时期的伦敦

狄更斯是维多利亚时代最为著名的作家，他的全部作品都是在维多利亚女王的统治时期（1837—1901）写的。那个年代的城市生活通常残酷而短暂，在19世纪40年代，将近四分之一的伦敦人患有斑疹伤寒，且人均预期寿命仅有二十七岁。如今“狄更斯式”一词被用来形容伦敦穷人所居住的那些烟雾弥漫而有害健康的街道。狄更斯“在许多个深夜里，曾沿着伦敦黑乎乎的街道走上十五或二十英里”，因此他能够近距离地观察伦敦社会。他的作品对贫民窟的生活状态、儿童所受的虐待和英国各阶层间贫富差距问题都有涉及。在他整个职业生涯中，他通过讲故事来推动社会变革，以唤醒能够进行慈善活动的富人们的良知。

《维多利亚时期伦敦的街道》，古斯塔夫·多雷绘，1872年

在我这部自传中，主人公究竟是不是我……看下去就知道了。

查尔斯·狄更斯，《大卫·科波菲尔》（*David Copperfield*）

▷ **查尔斯·狄更斯**，1859年
威廉·鲍威尔·弗里思（William Powell Firth）的这幅画展现了名声最鼎盛时的狄更斯，他坐在布卢姆斯伯里（Bloomsbury）家中的书房内，面前的桌子上是《双城记》（*A Tale of Two Cities*）的其中一部分。

文学风格
人物刻画

狄更斯终生热爱戏剧，他的很多小说也被改编成剧作和电影。戏剧为他小说中的人物塑造和对话提供了灵感。他给人物取的名字非常特别，以至于这些名字变成了口头英文的一部分。例如，出自《圣诞颂歌》的“斯克鲁奇”（Scrooge）成为吝啬鬼的代名词，而出自《马丁·翟述伟》（*Martin Chuzzlewit*）的“佩克斯列夫”（Pecksniff）成为伪君子的代名词。狄更斯赋予他笔下的人物深度和复杂性。无论是《雾都孤儿》中扒手道奇那鼻音很重的伦敦土腔，还是《远大前程》（*Great Expectations*）中的好心铁匠乔·葛吉瑞拖长了的肯特郡口音，狄更斯对方言的运用炉火纯青，不但揭示了人物的出身之地，也使虚构人物的形象塑造更加丰满、可信。

海伦娜·博纳姆·卡特（Helena Bonham Carter）在《远大前程》中饰演的郝薇香小姐

伊兰斯（Elizabeth Roylance）生活，罗伊兰斯正是《董贝父子》（*Dombey and Son*，1846—1848）中皮普钦太太的原型。之后，狄更斯节衣缩食，住在阿奇博德·拉塞尔（Archibald Russell）家的小阁楼里。拉塞尔是一位胖乎乎的和蔼老人，他是《老古玩店》（*The Old Curiosity Shop*，1840—1841）中加兰先生（Mr Garland）的原型。范妮和查尔斯被允许去探访马夏尔西监狱，这段经历被狄更斯写进了后期小说《小杜丽》（*Little Dorrit*，1855—1857）中。

贫困与救赎

由于无人依靠，狄更斯不得不中断学业。为了支付房租，他去了鞋厂工作，工厂先是在查令十字街，后来搬到了钱多斯街（Chandos Street），在那里，路过的行人都能看到橱窗里的工人在干活。这段悲惨的经历对狄更斯影响很大，为他后来关注社会议题埋下了种子。后来，他在最富有自传色彩的小说《大卫·科波菲尔》中触及了很多他深有感触的问题，包括囚犯的可怕境遇、穷人和无家可归者的悲惨状况以及伦敦妓女的困境。

幸运的是，狄更斯的父亲继承了一笔价值四百五十英镑的遗产，从而还清了债务。全家人回到了原来的家，但令狄更斯极为苦恼的是，他的母亲并没有立刻让他回家。他写道：“后来我从未忘记，以后也不会忘记，也绝对不能忘记的是，我的母亲非常急于送我回去（工作）。”

◁《奥利弗·退斯特历险记》（又译作《雾都孤儿》）
1846年，狄更斯发表了一卷本的《奥利弗·退斯特历险记》。这本小说探寻了主人公贫穷的童年和奴隶似的学徒工作。它的插图由乔治·克鲁克香克（George Cruikshank）在钢板上绘制的二十四幅插图组成。

职业生涯

随着家里经济条件的改善，狄更斯得以继续学业。他在惠灵顿学院学习了三年，直到1827年。之后他离开那里，在格雷律师学院（Gray’s Inn）的律师事务所当一名初级书记员，正是在这里，他掌握了有关法律系统的知识——这个系统无耻地惩罚穷人而保护富人。他在不止三部小说中对其残酷性进行了鞭挞和讽刺，如《尼古拉斯·尼克贝》（*Nicholas Nickleby*，1839）、《董贝父子》（1848）和《荒凉山庄》（*Bleak House*，1853）。

对法律感到失望之后，狄更斯开始寻找新的人生方向。他在朋友和同事中以善于模仿而闻名，也曾在一些小剧院演出，所以他开始考虑以戏剧为业。然而，他推迟了与专业的演员经纪人约的一次试演，继续写作。从他的短篇小说《杨树小径上的晚餐》（“A Dinner at Poplar Walk”）在《每月杂志》（*Monthly Magazine*）上发表之后，他的作家生涯便开始了。

维多利亚时期的社会变革，尤其是识字率的显著提高，以及印刷行业发展的机械化，都使人们对报纸和杂志的需求日益增长，因此，人们也需要更好的作家。狄更斯在他的叔叔威廉·巴洛（William Barrow）的帮助下，在《议会镜报》（*The Mirror of Parliament*）找了份工作，帮忙记录议会上的辩论。与此同时，他开始为《晨间纪事报》（*The Morning Chronicle*）撰写有关选举方面的报道。

新工作让狄更斯充满活力，也深受鼓舞。他开始写作一系列自己的小故事、对人事的观察和人物速写，这些在不同的期刊上以《博兹札记》（“Sketches by Boz”）为题出版（“博兹”是狄更斯的绰号）。1836年，他开始与伦敦知名的出版商查普曼与霍尔（Chapman and Hall）合作，创作一系列插图故事。但在原定的插图画家去世之后，狄更斯建议这些故事应该更强调文字，而不是画面。这一合作产生的连载作品是《匹克威克外传》，1836年3月初次发表时卖出了五百份，而第二年

▷ **匹克威克周边商品**
《匹克威克外传》取得了商业上的成功，并诞生了一系列衍生产品，包括匹克威克雪茄、山姆·韦勒（Sam Weller）和书中其他人物的瓷制雕像等。

的最后一次连载卖出了四万份。

社会交际

狄更斯的记者身份使他认识了伦敦很多有影响力的人。《纪事报》（*Chronicle*）的主编乔治・霍加斯对他赞赏有加。狄更斯很高兴能拜访霍加斯在富勒姆的住宅，也正是在这里，他遇到了未来的妻子——凯瑟琳・霍加斯（Catherine Hogarth），以及她的姐妹们。随着财富与地位的日益增长，他加入了小说家威廉・哈里森・安斯沃斯（William Harrison Ainsworth）在家中定期举办的单身汉聚会，这一团体的其他成员包括本杰明・迪斯雷利（Benjamin Disraeli）和约翰・马克罗内（John Macrone），后者成为狄更斯的首个出版商。

1836年11月，狄更斯担任《本特里杂志》（*Bentley's Miscellany*）的编辑，也正是在这本月刊上，他用两年的时间连载了自己的《雾都孤儿》。每一期的连载都配有乔治・克鲁克香克（George Cruikshank）的插画，他是与狄更斯终生合作的几个富有才华的艺术家之一。

国外探险

狄更斯成了一个高产的作家，每年出版一部小说。他在商业上的成功得益于他那生意人般的敏锐，他把自己作品的版权从出版商约翰・马克罗内和理查德・本特里（Richard Bentley）那里收归到自己手中。然而，尽管事业蒸蒸日上，他的个人生活却不尽如人意。狄更斯

△ **布卢姆斯伯里的家**
1836年对狄更斯来说颇不寻常，他与凯瑟琳・霍加斯结婚，并搬进了他们的新家，它坐落在伦敦布卢姆斯伯里道蒂街（Doughty Street）的48号。两人的长子查理（Charley）正是在这里出生，他们共育有十个孩子。

> “**公务员**总会受到嘲笑；那是因为他**高升的地位**，而不是他本人的错误。”

查尔斯 · 狄更斯，《尼古拉斯 · 尼克贝》

“这真是怪事：一个人在伦敦无论是死是活，都极少获得注意，无论是好的、坏的，还是冷漠的。”

查尔斯 · 狄更斯，《博兹札记》

△ 家庭版
狄更斯的作品变得特别流行，它们被制作成低价的多卷本“家庭版”，以便让所有读者都买得起。

开始对自己的妻子凯瑟琳感到不满意，抱怨她的无趣与平庸。他开始频频在公开场合对年轻女性调情，并尽可能逃离家庭，外出为自己的作品举行朗读会或去探险。

狄更斯进行了一系列国外旅行，包括美国和加拿大之旅。他此行的部分任务是推动版权法的改革，因为他自己的作品正面临严重的盗版问题，但美国之行也让他亲眼看到了奴隶制和贫穷所带来的不公。这一切都使他关于社会公平以及社会改革之必要性的观念更加明确。回到英国后，他参观了菲尔德大道贫民免费学校（Field Lane Ragged School），这是一所为那些挨饿且不识字的街头孩子提供教育的机构。这些经历都使狄更斯下决心在写作中探索贫穷与不公问题。他的下一部小说《圣诞颂歌》（*A Chrismas Carol*）完成了这一工作，并大获成功。该作品于1843年12月首次出版，五天之内售罄。

随着狄更斯步入中年，他作品的基调变得更加严肃。1853年，他创作了《荒凉山庄》（*Bleak House*），一部讽刺荒唐不公的司法制度的作品。随后一年里，他创作了《艰难时世》（*Hard Times*），在其中痛斥了无情的功利主义哲学，该观念认为，一种行为的道德价值必须根据其实用性来衡量，而正是这种实用性导致了全国各地工人们的悲惨状况。1859年，他发表了自己最灰暗的一部小说《双城记》（1859），它是一部以法国大革命时期的伦敦和巴黎为背景的历史小说。

△ 埃伦（奈丽）· 特南
特南在1857年成为狄更斯的情妇，一些历史学家认为两人至少育有一个孩子。

晚期作品

1856年，狄更斯实现了一个长久以来的愿望，他买下了盖茨山庄，一座位于肯特郡的乡间大别墅。这是他从童年时代起就梦寐以求的地方。与此同时，他向自己的朋友（也是他后来的传记作者）约翰 · 福斯特（John Forster）吐露，自己与妻子凯瑟琳的关系已经难以维持，而他对女演员埃伦 · 特南（Ellen Ternan）的迷恋让他的婚姻进一步恶化。狄更斯首次遇见特南是观看她在干草市场剧院（The Haymarket Theatre）的演出。后来，

人物简介
哈布罗特 · 奈特 · 布朗（Hablot Knight Browne）

狄更斯曾在自己的作品中与多位插画家合作。事实上，他只有两部主要作品——《艰难时世》和《远大前程》——是没有插图的。狄更斯选择了才华横溢的雕刻师和水彩画家哈布罗特 · 奈特 · 布朗[昵称“菲兹”（Phiz），与狄更斯的“博兹”（Boz）相对应]，来为《匹克威克外传》绘制插图。两人之间的密切合作持续了二十三年。布朗一共为狄更斯的书贡献了七百多幅画，并不断调整画作的风格来适应狄更斯作品的文风和观点的变化。这堪称出版史上最富有成效的合作之一。

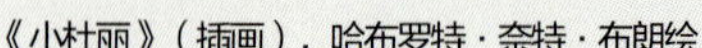
《小杜丽》（插画），哈布罗特 · 奈特 · 布朗绘

△《狄更斯的梦》，1875年
罗伯特·威廉·巴斯（Robert William Buss）的这幅未完成的画作展现的是作家狄更斯在盖茨山庄的书房中休息的场景，狄更斯被来自他小说中的众多人物环绕着。巴斯是狄更斯的忠实仰慕者，尽管他没有争取到为《匹克威克外传》画插图的机会。

狄更斯在排练好友威尔基·柯林斯（Wilkie Collins）所写的剧本《冰海深处》（*The Frozen Deep*）时，招募特南以及她的母亲与姐姐加入了演员阵容。尽管两人有二十七岁的年龄差，狄更斯和特南还是发展成了恋人。1858年，狄更斯与凯瑟琳正式分手。狄更斯和特南一直生活在一起，直到他去世。他使用化名与她组建家庭，并一起在法国生活，尽管他第二次去美国巡演时不愿带上特南，因为狄更斯担心这样公开私情会引起负面影响。

在生命的最后十年里，狄更斯创作了《远大前程》、《我们共同的朋友》（*Our Mutual Friend*）和《艾德温·德鲁德之谜》（*The Mystery of Edwin Drood*），后者在他去世时仍未完成。1865年，狄更斯和特南及她母亲乘坐港口联运火车去福克斯通时，火车发生事故，造成十人死亡。狄更斯的健康状况也因此恶化，他有两个多星期都处于失声状态。到了1868年，他开始时常陷入眩晕，甚至麻痹。那一年，他中风了，后于1869年在普雷斯顿举行的一场朗读会上昏倒。

1870年6月8日，狄更斯在盖茨山庄死于又一次中风。根据遗嘱，他将巨额遗产留给了他的家人和密友约翰·福斯特，甚至连每位仆人都得到了近二十英镑的遗产。他生前要求家人将他葬在罗彻斯特大教堂，但是公众坚持认为，应该将“本国最著名的作家”葬在威斯敏斯特教堂的诗人角。当时共有包括家人和朋友在内的十二个人参加了他的私人葬礼。

重要作品年表

1836—1837
狄更斯的第一部长篇小说《匹克威克外传》以连载的方式发表。

1837—1839
《雾都孤儿》在《本特里杂志》上每月以连载的形式发表。

1849—1850
狄更斯最具自传色彩的作品《大卫·科波菲尔》出版。

1852—1853
狄更斯的第九部小说《荒凉山庄》被包括G. K. 切斯特顿在内的多位批评家认为是他最优秀的作品之一。

1860—1861
狄更斯的《远大前程》出版，这部作品探索了富人和穷人之间的社会矛盾。

1870
狄更斯去世，留下了未完成之作《艾德温·德鲁德之谜》。从此，这部小说的结局一直困扰着读者。

夏洛特 · 勃朗特与艾米莉 · 勃朗特

Charlotte and Emily Brontë
夏洛特（1816—1855），艾米莉（1818—1848），英国人

夏洛特 · 勃朗特和艾米莉 · 勃朗特用她们富有激情的、聚焦于女性内心世界的小说革新了英国文学。姐妹俩短暂的一生都被艰难的生活和疾病所困扰。

勃朗特一家于1820年迁居至英国西约克郡霍沃思（Haworth）风景如画的奔宁（Pennine）小镇。帕特里克·勃朗特（Patrick Brontë）牧师来自爱尔兰，而他已故的妻子玛利亚·布伦威尔（Maria Branwell）则有康沃尔人的血统。帕特里克为了寻求更好的职业发展，离开了故乡。1806年，他从剑桥圣约翰学院的神学院毕业。在那里，他修改了自己爱尔兰姓氏的拼法，将“勃朗蒂”（Brunty）改成了“勃朗特”（Brontë），后者来自希腊语中的“雷电”一词。

帕特里克与玛利亚在约克郡相遇，玛利亚的姨妈在这里管理一所新的卫理公会（Methodist）培训学校，玛利亚前来帮忙。帕特里克此时是什罗普郡的助理牧师，他应邀来这所学校担任外部评审员。他与玛利亚一见钟情，很快便结婚了，然后搬到哈茨黑德，而他们的长女玛利亚就是在那里出生的。其他孩子，即伊丽莎白、夏洛特、布兰威尔（Branwell，两人唯一的儿子）、艾米莉和安妮则出生在桑顿（Thornton），之后全家人搬到了霍沃思的牧师宅邸。

◁ 勃朗特姐妹，约1834年
这幅勃朗特姐妹的肖像画由她们的弟弟布兰威尔绘制，最左边是安妮，艾米莉在中间，右边是夏洛特。布兰威尔原本将自己也画了进去（正中央），但后来又将其抹去了。

背景知识
文学世界

霍沃思牧师宅邸的图书馆藏书丰富，这意味着勃朗特一家能读到很多重要作品：不仅仅是宗教典籍，还包括班扬（Bunyan）、拜伦、荷马、司各特和维吉尔的作品。然而，住在北英格兰的乡村，则意味着两姐妹远离了伦敦文学界。

艾米莉在《呼啸山庄》（*Wuthering Heights*）出版后不久就去世了（她没有透露自己的真实身份），夏洛特在世时已经有了一定名气，并认识了很多作家，包括萨克雷（Thackeray）。但是在见到狄更斯之后，她表示自己不喜欢他，并拒绝与他同时出席公开场合。

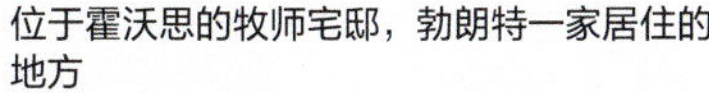

位于霍沃思的牧师宅邸，勃朗特一家居住的地方

悲剧降临

1821年，勃朗特一家在霍沃思的生活遭遇了不幸，孩子们的母亲玛利亚死于卵巢癌或子宫癌，留下六个年龄均不满八岁的孩子。后来，两姐妹经常将这一童年创伤化为作品中失去母亲或成为孤儿的女性角色。她们的姨妈伊丽莎白·布兰威尔（Elizabeth Branwell）搬进牧师宅邸，帮助姐夫持家并照顾孩子们。1824年，年纪较大的四个女孩被送到兰开夏郡的科恩桥寄宿学校，寄予希望将来能成为家庭教师。尽管经济拮据，父亲仍然希望她们受到良好的教育。但是寄宿学校的这段经历并不愉快，正如夏洛特在

△ 帕特里克 · 勃朗特牧师
这位来自英国最著名文学家庭的父亲比他的妻子和孩子活得都久。这张肖像照拍摄于1860年，一年后，他去世了，享年八十四岁。

“我们完全**依赖彼此**，依赖**书本和学习**，并以此作为人生的**乐趣**和**事业**。”

夏洛特 · 勃朗特

△ **科恩桥寄宿学校**
这幅19世纪的木版画展示了这所位于汤斯顿的学校。它作为《简·爱》中洛伍德学校（Lowood School）的原型而声名大噪。

▽ **袖珍书**
这些精致的“小书”是勃朗特姐弟制作的。图中还展示了他们写作时用的羽毛笔。小书以手工缝制而成，上面写满了小小的文字。

《简·爱》（*Jane Eyre*）中对洛伍德学校的描绘一样。包括糟糕的食品卫生在内的种种恶劣条件造成了严重的后果，玛利亚和伊丽莎白感染了肺结核，被送回了家，两人分别于1825年5月和6月离世。

从此以后，夏洛特、艾米莉、布兰威尔和安妮一起在霍沃思接受教育。他们的父亲很开明，也很善良，总是给他们买他们想要的玩具和书。他在牧师宅邸建了一个藏书丰富的图书馆，而他们出身富裕家庭的姨妈因为有一笔可观的个人财产，因此她帮家里订阅了杂志。夏洛特后来回忆道，偷偷读杂志给她带来了巨大的快乐。

幻想游戏

在夏洛特和布兰威尔的主导下，孩子们精心创造了一些富有想象力的王国，包括格拉斯镇（Glass Town）、安格利亚（Angria）和贡达尔（Gondal）。这三个王国启发他们创作了一系列文章和诗歌，并发表在他们自创的袖珍杂志《布兰威尔的布莱克伍德杂志》[*Branwell's Blackwood Magazine*，后来夏洛特把它更名为《年轻人的杂志》（*The Young Men's Magazine*）]上。夏洛特主笔了九期杂志中的六期，并给自己取了“树船长”（Captain Tree）的笔名，但她也在自己的作品上留下了“天才的C. B.”这样的签名。这些杂志的开本很小（尺寸为35毫米×61毫米），就好像它们是由（也是为了）布兰威尔的十二个玩具士兵制作的，这些士兵玩具是父亲送给他们的礼物。

艾米莉更热衷于为幻想岛贡达尔创作小说和诗歌，这个岛屿是她与妹妹安妮一起创造出来的。然而，艾米莉的诗歌仅有很少一部分被保存下来。

勃朗特家的孩子们经常在霍沃思牧师宅邸后面的荒野玩耍。那里蛮荒而崎岖的风景在艾米莉的小说《呼啸山庄》中有所展现。这部作品已经成为英国小说的经典之作。书中充满不少哥特式的元素（超自然现象、不祥的背景和征兆），讲述了一个关于欲望、激情和复仇的惊心动魄的故事。呼啸山庄，这座位于荒野上的、被阴暗笼罩着的房子，是一个充满了幽闭恐惧与暴虐的地方，也是小说中主人公遭受心理折磨的象征。

◁《诗集》第一版
《诗集》(1846)是勃朗特姐妹们出版的第一本书，也是她们合作的唯一一部作品。里面的诗歌有十九首出自艾米莉，二十一首出自夏洛特，二十一首出自安妮。

早期事业

霍沃思牧师宅邸中高度活跃的创作氛围被帕特里克·勃朗特打破了，他认为女儿们得赚钱谋生。所以从1831年到1832年，夏洛特在米菲尔德(Mirfield)的鹿头学校(Roe Head School)接受成为家庭教师的培训。1835年，她回到鹿头学校教书。1836年，艾米莉也来到这所学校，成为夏洛特的学生，但艾米莉非常想家，于是安妮代替了艾米莉的位置。

1833年，十七岁的夏洛特用笔名韦尔斯利(Wellesley)创作了她的第一部中篇小说《绿矮人》(*The Green Dwarf*)。在鹿头学校教书时，她继续创作诗歌。那时，写作是她的慰藉——她在学校时感到沮丧和孤独，并形容她的学生是“笨蛋、傻瓜”。三年后，夏洛特辗转于约克郡的多个家庭做私人家庭教师。她写给艾米莉的信中流露出更多的痛苦和愤怒：“私人教师没有存在感，甚至不被认为是一个有生命力且理性的存在，仿佛她存在的唯一目的就是完成那些乏味的任务。”

二十岁时，夏洛特获得了一份教师工作，但她再无法忍受这个每天要工作十七个小时的岗位。她回到霍沃思的家中，操持家务，直到1842年，姨妈布伦威尔提供了一笔钱，让艾米莉和夏洛特向布鲁塞尔的康斯坦丁·埃热(Constantin Héger)先生学习法语和德语，以便她们最终能在霍沃思创办一所自己的寄宿学校。艾米莉和夏洛特都是勤奋的学生，尽管艾米莉不适应比利时的生活，觉得格格不入。然而，她们在布鲁塞尔的学习因姨妈的去世而突然中断，之后她们回到了英国。

尽管如此，夏洛特还是在布鲁塞尔建立了一些联系，所以第二年她又回到了那里教书。她的书信表明她爱上了康斯坦丁·埃热，但这很可能是一段无果的单恋。尽管这段关系没有结果，却启发夏洛特写出了小说《教师》(*The Professor*)(写于1847年，发表于作者死后的1857年)。另外，这段经历也是她最后一部小说《维莱特》(*Villette*，1853)的素材来源。

隐秘的热情

三姐妹于1844年在霍沃思重聚。然而，她们想要创办一所学校的梦想却未能实现，因此艾米莉转而开始偷偷地写诗，她将自己写的两本诗歌小心翼翼地藏了起来，以免被姐妹们发现。令艾米莉失望的是，夏洛特发现了这些笔记本，并坚持认为它们应该发表。与此同时，

人物简介

安妮 · 勃朗特

安妮是勃朗特三姐妹中年纪最小、最不出名的，但有些人却认为她的才华被忽视了。安妮出生于1820年，她一生中的大部分时间都是在霍沃思度过的。除诗歌(见第96页)外，她还写了两部小说，其中《阿格尼斯·格雷》(*Agnes Grey*，1847)是她根据自己在一个富有家庭当家庭教师的痛苦经历而创作的。以笔名阿克顿·贝尔(Acton Bell)发表的《威尔德菲尔庄园的房客》(*The Tenant of Wildfell Hall*，1848)是她较著名的作品，讲述了一位女性以极大的勇气离开虐待她的丈夫，获得个人独立的故事。安妮·勃朗特于1849年死于肺结核，年仅二十九岁。

▽ 霍沃思附近的托普威森斯(Top Withens)
很多人认为这座坐落于狂风频袭的约克荒原上的废弃房屋，是艾米莉的《呼啸山庄》中恩萧一家(the Earnshaws)房子的原型。

> “就是这位女作家，她的书以神秘的力量吸引了整个伦敦讨论、阅读和猜测……”

安妮 · 伊莎贝拉 · 萨克雷 · 里奇(Anne Isabelle Thackeray Ritchie)对夏洛特 · 勃朗特的评价

最小的妹妹安妮也承认自己在写诗，三姐妹最终商定把她们的诗歌结集成书出版。

她们汇编了一本薄薄的诗集，通过艾洛特和琼斯出版社（Aylott & Jones）自费出版，使用的笔名分别是柯勒·贝尔（Currer Bell）、埃利斯·贝尔（Ellis Bell）和阿克顿·贝尔（Acton Bell）。夏洛特后来解释说，她们决定以笔名出版是因为她们“隐约觉得人们容易对女作家产生偏见”。在接下来的几年里，这些诗歌赢得了不少赞赏，尤其是艾米莉的诗。1941年，也就是在艾米莉去世近一百年后，她的诗歌全集出版（包含近两百首诗），以纪念她的文学成就。然而，这本诗集在1846年出版时仅售出两册。三姐妹对处女作惨淡销量的反应无从考证，但可以确定的是，艾米莉从写诗转向了写小说。不过，既然她们发现了自己对创作的热爱，寻找一个出版商就变得至关重要。

△ 霍沃思村
西约克郡的霍沃思村后面那阴风阵阵、崎岖嶙峋的荒原，在勃朗特姐妹的生活和作品中留下了永远的烙印。

走向出版

1846年4月6日，夏洛特给出

△ 艾米莉的艺术和几何工具箱
勃朗特家的所有孩子都学习绘画，女孩们主要练习水彩风景画和植物素描，布兰威尔学习画肖像画。

“《呼啸山庄》是在一个荒蛮的作坊里，用简陋的工具和普通的材料凿成的。”

夏洛特·勃朗特

重要作品年表

- 1846　《诗集》由安妮、夏洛特和艾米莉汇编和集资出版，三人均使用男性化名。
- 1847　夏洛特以笔名柯勒·贝尔出版小说《简·爱》，一经出版就大获成功。
- 1847　《呼啸山庄》是艾米莉的第一部也是唯一一部小说，在《简·爱》出版几个月后出版。
- 1849　夏洛特在布兰威尔、艾米莉和安妮先后去世的多重打击下出版了《谢利》。
- 1853　夏洛特的《维莱特》被认为是她最成熟的作品，再次探讨了她早期作品中关于女性性别的主题。
- 1857　《教师》在夏洛特死后出版，是夏洛特根据自己在布鲁塞尔的经历而创作的。

Facsimile of the Title-page of the First Edition

WUTHERING HEIGHTS

A NOVEL,

BY

ELLIS BELL,

IN THREE VOLUMES.

VOL. I.

LONDON:

THOMAS CAUTLEY NEWBY, PUBLISHER,
72, MORTIMER St., CAVENDISH Sq.

1847.

△《呼啸山庄》
艾米莉·勃朗特唯一一部小说的署名是埃利斯·贝尔，最初以三卷本形式发表。这里展示的是第一版（1847）第一卷的扉页。

版商艾洛特和琼斯写信说："柯勒、埃利斯和阿克顿·贝尔正准备出版一部由三个不同且没有关联的故事构成的小说。"这三个故事分别是夏洛特的《教师》、艾米莉的《呼啸山庄》和安妮的《阿格尼斯·格雷》。但是出版商托马斯·纽比（Thomas Newby）最终同意出版后两部小说。尽管《教师》被好几个出版商拒绝，却得到了史密斯与埃尔德出版公司（Smith, Elder & Co.）的鼓励，他们表示希望看到柯勒·贝尔篇幅更长一些的作品。1847年8月，夏洛特把《简·爱：一部自传》（*Jane Eyre: An Autobiography*）寄给了他们，六周后，它被出版。这部精心构思的成长小说，讲述了女主人公从少年到成人的成长过程，探讨了身份、性别、种族和阶层等议题。

这几位匿名作家在文坛引起了轩然大波。《呼啸山庄》中那些有关残酷和原始感情的粗粝描述让读者们感到震惊、愤怒，但也收获了同样多的赞赏。《简·爱》也一样，给读者留下了深刻印象。乔治·艾略特（George Eliot）的搭档乔治·亨利·刘易斯（George Henry Lewes）在给《弗雷泽杂志》（*Fraser's Magazine*）的评论中说《简·爱》中的"人物刻画异常娴熟"，但风格却很"古怪"。他猜作者很有可能是位女性，这让夏洛特很失望。因为她担心这一猜测会让读者们分心，并引起不必要的麻烦。

黑暗的岁月

艾米莉再没有机会写第二部小说，因为他们的家庭生活深受疾病的困扰。父亲患有白内障，弟弟浪费了自己的才华，酗酒且吸食鸦片酊，后于1848年9月去世。艾米莉患上了肺病，在同年12月去世，年仅三十岁。她是如此瘦小，死时用的棺材仅有四十厘米宽。最小的妹妹也在1849年5月随艾米莉而去。

夏洛特的第二部小说《谢利》（*Shirley*）就诞生于丧亲之痛中。她从1848年开始动笔，这部小说讲述了一个关于技术变革和社会的失序与艰辛的悲惨故事，并没有《简·爱》那么有张力。不过，写作再一次成为夏洛特的慰藉。在哀悼亲人期间，夏洛特写出了《维莱特》，描绘了发生在一所法语学院的冒险和浪漫故事。它在四年后出版，收获了众多好评，尽管人们认为露西这一角色很不女性化。在《维莱特》（夏洛特的最后一部小说）出版前，夏洛特最终同意嫁给父亲的助理牧师阿瑟·贝尔·尼科尔斯（Arthur Bell Nichols）。她犹豫了许久，最后在作家伊丽莎白·盖斯凯尔（Elizabeth Gaskell，第一个为写夏洛特传记的人）的鼓励下于1854年成婚。然而，可悲的是，夏洛特在怀上他们的第一个孩子时去世，时年三十八岁。

背景知识

书写性别

19世纪小说中的女性角色通常只关注她们的外貌是否美丽，并把她们描绘得要么温柔可人，要么魅惑叛逆。勃朗特姐妹的作品颠覆了这种令人生厌的刻板印象，如《简·爱》和《呼啸山庄》都聚焦于女主人公复杂的内心世界：凯茜（Cathy Earnshaw）野性而忧郁，简·爱坚忍而机智，伯莎·梅森（Bertha Mason）则是一个被诅咒的失败的反叛者。19世纪的评论家伊丽莎白·伊斯特雷克（Elizabeth Eastlake）认为，简·爱是"顽固不化、不受驯服的精神的化身"。

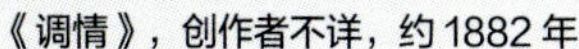
《调情》，创作者不详，约1882年

名录

威廉·布莱克

William Blake，1757—1827，英国人

诗人、艺术家兼神秘主义者布莱克是伦敦一个商店主的儿子。他声称，自己在十岁时看到了第一次幻象，即树上的天使们。在接受艺术训练之后，他成为一名出色且极具创新精神的版画家。从《纯真之歌》起，布莱克出版的诗集都采用了自己的插图。他的很多著名的诗歌都出自《经验之歌》，包括《老虎》《病玫瑰》和《伦敦》。在体量上远超这些短诗的是他的长篇预言诗，如《瑟尔之书》和《天堂与地狱的婚姻》，在这些作品中，他通过一种复杂的个人神话阐释了他的社会和宗教观点。他的很多诗歌都抨击了当代社会的腐败，以及对物质欲望的失意。他最有名的诗歌《耶路撒冷》是对他根植于宗教信仰之上的社会理想的生动表达。

代表作：《纯真之歌》（1789）；《天堂与地狱的婚姻》（1790—1793）；《经验之歌》（1794）；《弥尔顿》（1804—1808）。

弗里德里希·席勒

Friedrich Schiller，1759—1805，德国人

作为德国最重要的浪漫主义剧作家之一，席勒在写他的第一部剧作《强盗》时，正在接受军医培训。《强盗》是一部充满暴力色彩的情节剧，也是当时德国浪漫主义时期"狂飙突进运动"中的极端反叛情绪的缩影，首演时引起了巨大的轰动，受到大众的赞扬和当局的谴责。

后来，席勒与歌德相结识，参与了魏玛古典主义运动，并发展出一种复杂的美学理论和对人类自由更精妙的看法。作为一名剧作家兼历史学家，席勒写了一系列基于史实的历史题材诗剧，探讨了压迫、不公正和反抗等主题。他的诗歌既包括振奋人心的《欢乐颂》（后来被贝多芬谱成了乐曲），也包括活泼的歌谣《伊比库斯之鹤》（"Cranes of Ibycus"，1797）。席勒四十六岁时死于肺结核。

代表作：《强盗》（1781）；《唐·卡洛斯》（*Don Carlos*，1787）；《华伦斯坦三部曲》（*The Wallenstein Trilogy*，1796—1799）；《威廉·退尔》（1804）。

△斯塔尔夫人，弗朗索瓦·热拉尔（François Gérard）仿作，约1849年

德·斯塔尔夫人

Madame de Staël，1766—1817，法国人

小说家、知识分子德·斯塔尔夫人被认为是法国浪漫主义的奠基人之一。她原名为安娜·路易斯·杰曼·内克尔（Anne Louise Germaine Necker），是一位瑞士银行家的女儿。她父亲后来成为法国国王路易十六的财政大臣。孩提时代，她就在母亲的巴黎沙龙里认识了启蒙运动中的著名人物。尽管她由父母包办嫁给了瑞典驻法国大使德－斯塔尔－奥斯丹公爵（Baron de Staël-Holstein），但她仍然过着独立的生活。1789年的法国大革命以及随后拿破仑·波拿巴的掌权致使她流亡海外多年。18世纪的前十年里，她在瑞士科佩举行的沙龙里是反对拿破仑政权的中坚力量。她的小说《黛尔菲娜》和《柯丽娜》描绘了在父权社会中，坚强的女性角色夹在爱情和责任之间的冲突与情感。她发表于1800年的文章《论文学》审视了社会环境的变迁对写作的影响，具有开创性意义。

代表作：《黛尔菲娜》（1802）；《柯丽娜或意大利》（1807）；《十年流亡记》（*Ten Years' Exile*，1821）。

塞缪尔·泰勒·柯勒律治

Samuel Taylor Coleridge，1772—1834，英国人

作为浪漫主义运动的领军人物，柯勒律治早年十分激进，一度试图在美国建立一个公社。自1797年起，他与华兹华斯合作创作了对话体诗歌《午夜霜》（"Frost at Midnight"）、《这椴树凉亭——我的牢房》（"This Lime-Tree Bower My Prison"），以及著名的《古舟子咏》。《古舟子咏》以梦幻般生动的民谣风格讲述了一个关于罪恶与救赎的故事。它与华兹华斯的《抒情歌谣集》同时出版。

产生于这一鼎盛时期的另一首诗是充满异域风情的《忽必烈汗》（据称是源自一个被打断的梦），该诗直到1816年才出版。多年来，柯勒律治一直处于焦虑与抑郁之中，他的健康状况很差，而且鸦片成瘾。在一段不幸且摇摇欲坠的婚姻中，他为另一个女人所困扰，所有的苦闷都流露在其动人的颂歌《失意吟》中。柯勒律治晚年醉心于哲学思索，探求创造性想象的本质。

代表作：《古舟子咏》（1798）；《失意吟》（1802）；《忽必烈汗》（1816）；《文学传记》（*Biographia Literaria*, 1817）。

司汤达

Stendhal，1783—1842，法国人

马利－亨利·贝尔（Marie-Henri Beyle）以笔名"司汤达"写作，是一位用启蒙运动的理性主义来分析浪漫主义时期情感的小说家。他是

△ 司汤达，奥诺富·约翰·瑟德马克（Olof Johan Södermark）绘，1840年

一位地方律师的儿子，曾在拿破仑的意大利驻军地服役，这一经历使他体验到了旅行的乐趣。他的作家生涯始于1815年拿破仑倒台后。

司汤达是个情场老手，他根据自己的经历创作了对浪漫爱情的临床分析理论之作《论爱情》（*On Love*，1822）。他最著名的小说《红与黑》和《帕尔马修道院》，讲述了充满活力的主人公们为了爱情或野心而挑战社会秩序的故事。这些小说充满了活力，且一气呵成，尤其是《帕尔马修道院》，据说是在七周之内写成的。自传体小说《亨利·吕勃拉传》在作者死后出版，里面充斥着鞭辟入里的心理洞察。

代表作：《阿尔芒斯》（1827）；《红与黑》（1830）；《帕尔马修道院》（1839）；《亨利·吕勃拉传》（1895）。

亚历山达罗·曼佐尼

Alessandro Manzoni，1785—1873，意大利人

曼佐尼主要因其巨著《约婚夫妇》（*The Betrothed*）而为世人铭记，这部小说对意大利民族认同感的形成做出了巨大贡献。曼佐尼出生于米兰一个受人尊敬的家庭，最开始以创作诗歌和剧本为生。他的诗体剧作《卡马诺拉公爵》曾被歌德赞赏。他以拿破仑之死为主题的诗歌《五月五日》成为意大利语歌曲中最有名的一首。

《约婚夫妇》讲述了一个发生在17世纪的爱情故事，当时米兰是西班牙统治之下一个瘟疫肆虐的城市。这部小说的激进之处在于，它选择农民作为男女主人公，展示了意大利北部人民在奥地利人的统治下的艰辛生活。此后，曼佐尼再也没有创作出任何有重要意义的创造性作品，他在米兰郊外的房子里度过了余生。

代表作：《卡马诺拉公爵》（1820）；《五月五日》（1821）；《约婚夫妇》（1825—1827）。

珀西·比希·雪莱

Percy Bysshe Shelley，1792—1822，英国人

雪莱是英国浪漫主义诗人中最为叛逆的一个，他因自称无神论者而被大学开除，并与十六岁的女学生哈丽特·威斯布鲁克（Harriet Westbrook）私奔。这段关系很快就破裂了，哈丽特自杀。雪莱后来与情人玛丽·戈德温（Mary Godwin，创作了小说《弗兰肯斯坦》）结婚。从1818年起，他生活在意大利，在那里，他创作了自己最著名的一系列诗作。三十岁时，他死于一场海难，尸体火化后被葬在了维亚莱乔海滩。

雪莱的诗歌技巧娴熟，他的作品表达了一种被个人忧郁调和后的理想主义人生观，如《无政府主义面具》（1819）是对英国政府和社会的公然抨击。另一些作品，如《奥西曼迭斯》（"Ozymandias"），则表达了对一切权力的蔑视。在雪莱的散文《为诗辩护》（"A Defence of Poetry"）中，他认为诗歌是政治和道德变革的代理人，这一观点在他的抒情诗《西风颂》中得到了最好的体现。

代表作：《奥西曼迭斯》（1818）；《解放了的普罗米修斯》（*Prometheus Unbound*，1820）；《西风颂》（1820）；《阿多尼斯》（"Adonais"，1821）。

约翰·济慈

John Keats，1795—1821，英国人

济慈是一位典型的浪漫主义诗人。他是伦敦一位马厩管理员的儿子。他放弃了医学事业，专注于诗歌创作，但他的第一部诗集基本上没有得到关注，而长诗《恩底弥翁》受到了严厉批评。然而，他从未对自己的天分失去信心，在接下来的六年里，他创作了多首颂诗、十四行诗、中世纪罗曼司和无韵诗等；还写了很多封信，并在其中阐释了他对诗学的看法，他认为诗歌要基于"内心情感的神圣性和想象的真实性"。身患肺结核的济慈前往罗马寻求治疗方法，但在那里去世，年仅二十六岁。

代表作：《诗集》（1817）；《恩底弥翁》（1818）；《拉弥亚、伊莎贝拉、圣阿格尼丝之夜和其他诗歌》（*Lamia, Isabella, The Eve of St Agnes and other Poems*，1820）。

海因里希·海涅

Heinrich Heine，1797—1856，德国人

海涅通过投身政治以及幽默风趣的讽刺和日常语言将浪漫主义带入了现实生活之中。他出生在德国一个犹太家庭，起初学习法律，却发现反犹主义阻碍了自己的职业发展。他早期的诗歌都收录在《歌集》中。这些情诗略带哀怨，其中有多首后来被谱成了乐曲。

1831年，海涅移居巴黎，在这种自我流放中，他能够在政治新闻报道和讽刺诗中抨击德国的独裁主义和自命不凡，最著名的史诗是《德国：一个冬天的童话》（"Germany: A Winter's Tale"）。他后期的诗歌创作被疾病和死亡所困扰。他在世时，作品在德国被禁；而他去世八十年后，这些作品在纳粹统治时期再次被禁。

代表作：《歌集》（1827）；《德国：一个冬天的童话》（1844）；《罗曼采罗》（*Romanzero*，1851）。

大仲马

Alexandre Dumas，1802—1870，法国人

大仲马的历史小说是他那个时代的畅销书，对通俗文化做出了持

久的贡献。大仲马是一位将军之子，他的第一部剧作《亨利三世与其宫廷》使他在文坛崭露头角。1829年，这部戏剧上演时，巴黎人对浪漫主义戏剧的狂热之情日益高涨。在他的第一部小说《保尔船长》（*Captain Paul*）于1838年以连载的形式发表之前，他写了多部受欢迎的戏剧。

为了满足公众对惊险刺激的冒险故事的需求，大仲马建立了一条虚构故事的生产线，奥古斯特·马科等助手为他提供想法和文本，但以大仲马的名字发表。他一生共写了超过十万页的作品。他笔下的人物都成了传奇人物，如火枪手达达尼昂、基督山伯爵和铁面人。大仲马积累了巨额财富，但他在女人和享乐上的挥霍无度使其负债累累。由于被债权人追赶，他在海外生活了很多年，但从未停止过创作。他后来的作品包括一本关于宠物的书和一本一千页的菜谱。

代表作：《三个火枪手》（1844）；《基督山伯爵》（1845—1846）；《王后的项链》（*The Queen's Necklace*，1849）；《黑郁金香》（1850）。

△ 大仲马，埃蒂安·卡列特（Etienne Carjat）绘，约1862年

纳撒尼尔·霍桑

Nathaniel Hawthorne，1804—1864，美国人

霍桑是著名的哥特小说《红字》（*The Scarlet Letter*）的作者。他出生于马萨诸塞州的萨勒姆，他的父亲是一位法官，参与了此地臭名昭著的女巫审判。他的第一部短篇小说集《重讲一遍的故事》（*Twice-Told Stories*）几乎没产生什么影响，但《红字》一出版就成了畅销书。作者把这部小说称为“罗曼司”，因为它放弃了写实主义，追求一种道德上的真实。该小说借用因通奸罪而被社会唾弃的海斯特·白兰（Hester Prynne）的故事来抨击清教徒关于罪恶、伪善和性压抑的传统。

霍桑后来的小说《带有七个尖角阁的房子》（*The House of the Seven Gables*）探讨的是同样的主题，但加入了更多的超现实主义元素；《福谷传奇》（*The Blithedale Romance*）是一部基调较为轻快的小说，反映了霍桑对超验主义的批判。1853年，霍桑被任命为美国领事，在欧洲度过了七年。七年间，他几乎没有创作任何作品。他死时留下了三部未完成的小说。

代表作：《重讲一遍的故事》（1837）；《红字》（1850）；《带有七个尖角阁的房子》（1851）；《福谷传奇》（1852）。

乔治·桑

George Sand，1804—1876，法国人

乔治·桑是一位女性小说家，她挑战了那个时代对女性实现人生价值的种种禁锢。乔治·桑原名奥罗尔·杜邦（Aurore Dupin），由祖母在巴黎南部诺昂的一座庄园里抚养长大。后来，她继承了这处房产。1831年，她逃离了一段不幸的婚姻，在巴黎过着一种波希米亚式的生活，并以乔治·桑为笔名成了一名成功的小说家和记者。她无视传统，身穿男装，且总是高调公开恋情，其中最有名的一段恋情是与钢琴家弗雷德里克·肖邦（Frédéric Chopin）。

她所有的作品都是以现实主义为背景的浪漫主义小说，其中有很多描绘了女性从精神上反抗令人窒息的生活。它们也反映了作者对社会不公正的看法——乔治·桑在1848年的法国革命中发挥了重要作用——和对乡村的热爱。晚年时，她与孙子们在诺昂过着隐居的乡村生活，当时同时代的很多伟大作家都来拜访过她。

代表作：《安蒂亚娜》（*Indiana*，1832）；《康素爱萝》（*Consuelo*，1842—1843）；《魔沼》（*La Mare au Diable*，1846）；《小法岱特》（*La Petite Fadette*，1849）。

伊丽莎白·巴雷特·勃朗宁

Elizabeth Barrett Browning，1806—1861，英国人

维多利亚时代的女诗人伊丽莎白·巴雷特·勃朗宁比她同是诗人的丈夫罗伯特·勃朗宁（Robert Browning）更有名。她出身于莫尔

顿－巴雷特家族，这个家族依靠西印度的奴隶贸易积累了大量财富。成年后的她对这一贸易进行了猛烈抨击。她的诗歌天赋很早就显露了出来，十四岁时就写出了史诗《马拉松战役》。

巴雷特常年卧病在床，依赖于鸦片酊维持生命。她深居简出，过着一种维多利亚式的、受人尊敬的生活，她凭借《被束缚的普罗米修斯》（1833）和《撒拉弗》等诗歌声名渐起。她于1844年发表的《诗集》受到了大众和批评家的一致赞扬，她也因此成为桂冠诗人的重要候选人。

1845年，巴雷特不顾父亲的反对，秘密地嫁给了罗伯特·勃朗宁。后来，这对夫妇移居到意大利的佛罗伦萨。她对丈夫的爱在《葡语十四行诗集》（*Sonnets from the Portuguese*）中展露无遗，其中那首《43号》（*Number 43*）的首句非常著名——"我是怎样地爱你？请让我一一细数。"她晚年的最高成就是自传体"诗歌小说"《奥罗拉·李》（*Aurora Leigh*）。

代表作：《撒拉弗及其他诗歌》（1838）；《诗集》（1844）；《葡语十四行诗集》（1850）；《奥罗拉·李》（1856）。

尼古拉·果戈理

Nikolai Gogol，1809—1852，俄国人

果戈理是讽刺小说和刻画怪诞人物的大师，他用小说和戏剧描绘了沙皇统治下俄国社会的荒诞。他是乌克兰一位地主的儿子，来到圣彼得堡意欲成为一位诗人。他靠从事各种小机构的行政工作来糊口，这段经历使他对政府机构如何运行有了深刻的了解。在亚历山大·普希金的鼓励下，他最终成为一位全职作家。

果戈理荒诞不经的讽刺风格在他那精彩的喜剧《钦差大臣》和超现实的短篇小说《鼻子》中都有所体现。由于害怕受到政府迫害，他在接下来的十二年里一直在国外生活，主要是罗马。在那里，他创作出杰作《死魂灵》，对俄国中产阶级和地主的贪婪腐败进行了无情的嘲讽。这部小说和短篇小说《外套》使果戈理跻身俄国一流小说家之列。

晚年，果戈理陷入了宗教狂热，未能实现他宏伟的文学目标。

代表作：《鼻子》（1836）；《钦差大臣》（1836）；《死魂灵》（1842）；《外套》（1842）。

阿尔弗雷德·丁尼生爵士

Alfred, Lord Tennyson，1809—1892，英国人

作为维多利亚时代任职时间最长的"桂冠诗人"，丁尼生的诗歌有着非凡的音乐性和精湛的技巧。丁尼生出生于林肯郡，是一位教区牧师的儿子。他在19世纪30年代出版了自己的第一部诗集，但反响并不好，尽管这部诗集中包括后世选集中最爱收录的《玛丽安娜》和《女郎夏洛特》。他的突破是1842年出版的那部诗集，其中包括《洛克斯利大厅》《尤利西斯》和《溅吧，溅吧，溅吧》。随后他发表了《悼念集》，这首忧郁的沉思之作是为悼念他的诗人朋友阿瑟·哈勒姆而写的，后者因脑出血而英年早逝。

1850年，丁尼生成为英国桂冠诗人。他此后的作品包括声援克里米亚半岛战争的爱国主义诗歌《轻骑兵的冲锋》，以及复杂而充满激情的情诗《莫德》。由十二首诗组成的、关于亚瑟王的《国王叙事诗》（*Idylls of the King*）深受维多利亚时代大众的喜爱，但却不太符合现代读者的口味。丁尼生于1883年被授予贵族爵位。

代表作：《诗集》（1842）；《悼念集》（1850）；《莫德：一首独白》（1855）；《国王叙事诗》（1859—1885）。

伊丽莎白·盖斯凯尔

Elizabeth Gaskell，1810—1865，英国人

小说家伊丽莎白·盖斯凯尔对工业革命带来的社会变革有着敏锐的洞察。她本名伊丽莎白·史蒂文森（Elizabeth Stevenson），在柴郡的一个乡村小镇由姑妈抚养长大。这个小镇就是她笔下"克兰福德"的原型。她与一位"上帝一位论"派牧师结成了美满的婚姻，两人定居在因工业革命而快速发展起来的曼彻斯特，在那里，盖斯凯尔致力于帮助穷人的慈善工作。

幼子在襁褓中夭折，这促使盖斯凯尔用写小说来分散注意力。《玛丽·巴顿》（*Mary Barton*）以同情的笔触描写了曼彻斯特工人阶级的贫穷生活，深受维多利亚时代大众的喜爱。小镇小说《克兰福德》（*Cranford*）进一步提升了她的声誉。但是描写堕落女子的《露丝》（*Ruth*，1853）和展现工人阶级与雇主冲突的《北方与南方》（*North and South*）却带来了争议。盖斯凯尔后期的小说《妻子与女儿》（*Wives and Daughters*）被一些评论家认为是她最好的作品之一。她还为自己的好友夏洛特·勃朗特写了一本著名的传记。

代表作：《玛丽·巴顿：曼彻斯特生活故事》（1848）；《克兰福德》（1851—1853）；《北方与南方》（1854—1855）；《妻子与女儿：一个日常故事》（1864—1866）。

△ 阿尔弗雷德·丁尼生爵士，约1865年

19世纪下半叶

第三章

乔治 · 艾略特

George Eliot，1819—1880，英国人

作为畅销书作家和维多利亚女王最爱的作家之一，艾略特获得了巨大的财富和声望，但她非常规的个人生活却使她无法被英国当局完全接受。

△《丹尼尔·德龙达》(*Daniel Deronda*，1876)
艾略特的作品以一种当时不为人知的“说教式的现实主义”(didactic realism)风格探索了英国社会中人们心理的复杂性。她最后一部小说《丹尼尔·德龙达》描绘了上流社会的压抑，并直面了英国社会中犹太人的地位这一争议性话题。

乔治·艾略特在人生的不同阶段给自己起了不同的名字。为了自己的文学事业，她起了个男性笔名，并同意出版社隐去她的本名。曾有假冒者试图冒领她的作者身份，这迫使她公开了真实身份，但乔治·艾略特这个笔名被保留了下来。

乔治·艾略特，本名玛丽·安·伊万斯，出生于英国沃里克郡纽尼顿。孩提时代，她被父亲送去一所寄宿学校读书（这在当时通常是男孩的特权）。她嗜书如命，在阿伯里庄园——她父亲是这里的土地经纪人——的图书馆里挖掘“宝藏”。然而，她的学生时代在十六岁时宣告结束，母亲的去世意味着她不得不回家操持家务。

五年后，她随父亲搬到了考文垂附近的一所房子里。在那里，她结识了富有的慈善家查尔斯·布雷及其妻子卡拉，他们鼓励艾略特去写作，使她拥有了父亲所反对的思想自由。

父亲去世后，继承了遗产的艾略特获得了自由。在搬去伦敦前，她在瑞士生活了一段时间，决心投身记者行业。她通过布雷夫妇结识了政治出版商约翰·查普曼，并住进了他伦敦的家。查普曼聘请她担任《威斯敏斯特评论报》的助理编辑，在维多利亚时代，这一职位很少能提供给女性。

◁ **乔治·艾略特**
父亲去世后，艾略特在瑞士画家弗朗索瓦·达尔伯特·杜拉德位于日内瓦的家中生活了一段时间。1849年，画家为当时三十岁的艾略特绘制了这幅画像。

伦敦的生活和爱人

在伦敦，艾略特被一个又一个男人迷昏了头，但在1851年，她终于找到了真爱乔治·亨利·刘易斯。刘易斯已有妻室，因此两人的关系异常复杂。由于无法与妻子阿涅斯离婚（他的私生子已经使用他的姓氏），他决定与艾略特婚外同居。这一时期，艾略特称自己为伊万斯·刘易斯。

艾略特早就下定决心投身小说创作，但直到在刘易斯身上觅得幸福，她才开始以乔治·艾略特之名开启这一事业。使用男性笔名的部分原因在于，她想和那些在她看来写低级的“女帽式小说”[1]的“愚蠢女小说家”区别开来，这也使她的作品更具权威性。她欣赏当时欧洲小说的现实主义风格，并决定写类似的作品。她的《教区生活场景》(*Scenes of Clerical Life*)于1857年以连载的形式发表，第一部长篇小说《亚当·比德》(*Adam Bede*)于1859年问世。接下来，她又写了五部小说，其中包括《米德尔马契》(*Middlemarch*)——被评为维多利亚时代最杰出的文学作品之一——以及众多的诗集、散文和论文。

虽然艾略特在1878年痛失刘易斯，并停止了小说创作，但她后来与比自己小二十岁的丈夫结了婚，并更名为玛丽·安·克罗斯。这段关系维系的时间很短，1880年，乔治·艾略特因肾病死在了她位于切尔西的豪宅里。她被葬在了海格特公墓刘易斯的旁边。

1　乔治·艾略特在1856年为《威斯敏斯特评论报》写了一篇名为《女小说家们的愚蠢小说》的文章，对当时女性小说家创作的一些取悦于女性读者、充满浪漫幻想而脱离现实，同时人物形象和情节都极为类型化的小说提出批评，她将这类小说称为“mind-and-millinery species”，即“女帽式小说”。

相关背景
星期日激进派（Sunday Radicals）

与作家、哲学家兼科学家乔治·亨利·刘易斯的结识，让艾略特有机会接触到伦敦的文学和学术精英。这对情侣是作家圈的主要成员，其中还有威廉·萨克雷和约翰·斯图尔特·密尔。在“修道院”——艾略特和刘易斯的家——某个星期日下午举办的一场聚会上，这些思想家发起了一场文学运动，旨在革新哲学、心理学和社会学方面的理论。

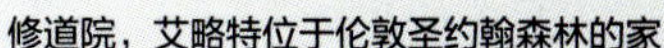
修道院，艾略特位于伦敦圣约翰森林的家

赫尔曼·麦尔维尔

Herman Melville，1819—1891，美国人

麦尔维尔是一位技艺高超的故事讲述者和现实主义大师，他的伟大之处体现在那部复杂而奇特的杰作《白鲸》中丰富的象征意义和主题深度上。

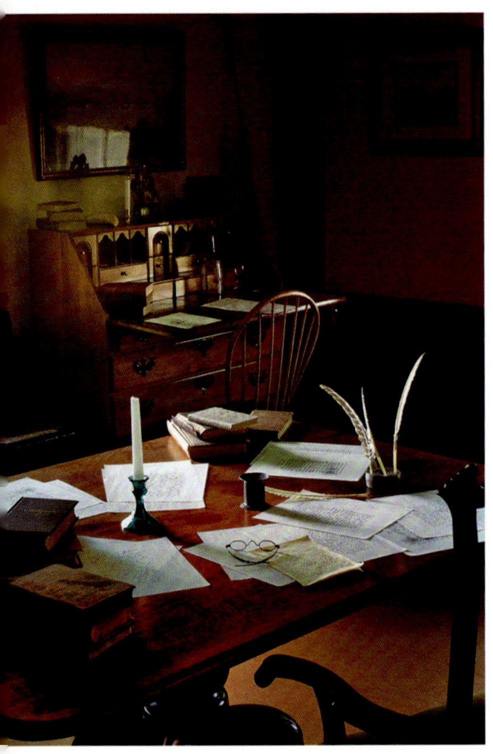

◁ 在“箭头农场”（Arrowhead）的家
麦尔维尔在他位于马萨诸塞州皮茨菲尔德（Pittsfield）“箭头农场”家中的这张书桌前写出了《白鲸》。这栋建于18世纪80年代的房子曾出现在他的数篇小说中，他在这里住了十三年。

赫尔曼·麦尔维尔是纽约一个曾经显赫一时的家族的八个子女之一。他们家族的运势在这个男孩少年时开始衰退，而他也被剥夺了继承家族财富后所能享受的舒适条件。麦尔维尔换了一份又一份工作，在学习测量学之前，他做过职员和老师，并希望能找一份稳定的工作。当这一切都未能实现时，他转而去海上谋生，最初是在商船“圣劳伦斯号”（St Lawrence）上做客舱侍者。

海上经历

在捕鲸船上作为一名船员工作了数年之后，麦尔维尔于1844年带着南太平洋上那些充满异国情调的关于冒险、叛乱甚至食人的故事回到了波士顿，而这也是他第一部小说《泰比》（*Typee*，1846）和之后的作品《奥穆》（*Omoo*，1847）的素材来源。这些充满浪漫色彩、耸人听闻的小说大受欢迎，这使作者在1847年得以与伊丽莎白·肖（Elizabeth Shaw）结婚。两年后，这对夫妇有了他们的第一个孩子（共生育了四个孩子）。

麦尔维尔接下来的作品《玛迪》（*Mardi*，1849）就没有那么成功了。他的读者们期待的是另一场冒险，因此对这部放弃了现实主义和浪漫情节而转向哲学与寓言的小说感到大失所望。然而，它的出版标志着麦尔维尔文学抱负的转变，他在写给好友纳撒尼尔·霍桑的信中说：“我最受感动最想写的东西……不会获得回报。但是，我不能用另一种方式写作。”

> **“对危险的熟悉会使勇敢的人多了些勇敢，少了些鲁莽。”**
>
> 赫尔曼·麦尔维尔，《白鲸》

麦尔维尔将他的海上经历，以及从如饥似渴地阅读中汲取的知识倾注到了他下一部作品《白鲸》（*Moby-Dick*）中。他根据“埃塞克斯号”（Essex）被一条鲸鱼击沉的真实故事和那个有缺陷的非凡英雄——报复心强、狂热的亚哈船长，为这部小说设定了一个强有力的情节。但是在麦尔维尔对海上生活的生动描述中，却夹杂着对阶级和地位、善与恶、疯狂、责任、堕落、友谊及死亡的探讨，它们被丰富的象征、多样的风格和文学手法——包括散文、诗歌、目录、舞台指导、独白和旁白等——紧密地联系在了一起。正如麦尔维尔所预言，《白鲸》从很多方面来看都是“一部拙劣的作品”，也是一次商业上的失败。

迟到的认可

麦尔维尔后来的小说未能吸引到读者，而他靠公开演讲谋生的尝试也无疾而终，所以在1866年，他接受了纽约市海关检查员的职位。他转向诗歌创作，出版了两本诗集，但都没有引起太多的关注。然而，海妖塞壬的歌声依然萦绕不去，在他于1891年去世之前，麦尔维尔又创作了一个航海故事。他去世后，该作品以《水手比利·巴德》（*Billy Budd, Sailor*，1924）之名出版。直到那时，他的声望才逐渐上升，而《白鲸》最终被公认为美国文学史上的一部杰作。

背景知识
文学影响

麦尔维尔受到了弥尔顿、蒲柏、拉伯雷和莎士比亚等人的作品，以及《圣经》的影响。他在自己的那本《李尔王》的页边空白处写了句“好极了！”这说明了他对莎士比亚作品的喜爱。莎士比亚的影响在《白鲸》中的独白和舞台提示，以及他从莎翁戏剧中摘录的引文上体现得尤为明显。麦尔维尔还将书中的主人公——残暴的亚哈船长——塑造成了一个莎士比亚式的悲剧英雄。

电影《白鲸》（1956）的海报，由格雷戈里·派克（Gregory Peck）饰亚哈

▷《晚年的麦尔维尔》
这幅肖像展示的是六十六岁时的麦尔维尔，也就是他因心脏病发作而去世的六年前。当时他的写作事业正处于低谷期，而他的代表作《白鲸》在其去世后广受好评。

沃尔特 · 惠特曼

Walt Whitman，1819—1892，美国人

在《草叶集》（*Leaves of Grass*）中，沃尔特 · 惠特曼创造了一部探索多重主题的史诗，如爱与战争、奴役与民主。他用自由诗传达的不是伟大英雄的声音，而是一个普通美国人的心声。

沃尔特·惠特曼，本名瓦尔特（Walter），但大家称他为沃尔特（Walt），以区分他和他父亲。沃尔特于1819年出生在长岛西山，在家中九个孩子中排行老二。瓦尔特希望能通过建房子来改善家里的经济状况，他建好房子后会在里面住一阵子，然后再把它们卖掉，以赚取利润，但是事情进展得并没有那么顺利。沃尔特十一岁时辍学，通过打工来贴补家用。

△ **惠特曼的出生地**
惠特曼出生在长岛上这间简陋的农舍里，并在那里度过了他人生的前四年，之后全家搬到布鲁克林，以寻求生财的机会。

编辑培训

年轻的惠特曼从当地的报纸《长岛爱国者》（*The Long Island Patriot*）开始了自己的报业生涯，后来去布鲁克林做了一名印刷工，在那里，他对文学产生了兴趣，并发表了他的第一批诗歌作品。经济状况的窘迫使他离开纽约，回到家乡长岛成为一名教师——他厌恶这份工作。1838年，他创办了自己的周刊《长岛人》（*The Long-Islander*），独立承担了编辑、印刷和发行等大部分工作。

他卖掉这份刊物后，去了纽约，在1846年成为《布鲁克林之鹰》（*Brooklyn Eagle*）的编辑之前，他在不同的新闻岗位工作过。他以其犀利而小众的观点著称。最终，他因支持纽约民主党内部反对奴隶制的那一派而被解雇，因为该报纸的所有者属于支持奴隶制的那一派。

◁ **惠特曼，约1890年**
惠特曼在世时在自己的国家并没有多少追随者，如今他被认为是美国19世纪最伟大的诗人之一。他对自由、自然、身体和灵魂的赞颂一直在激励着人们。

早期作品

19世纪50年代对惠特曼来说是关键的十年，其间，他发表了一些散文、一部连载的小说《杰克·恩格尔的生活历险记》（*The Life and Adventures of Jack Engle*）、一本名叫《男性健康与训练指南》（*Manly Health and Training*）的奇特的自助指南，以及一些诗歌。

1855年7月，惠特曼出版了《草叶集》，一部由十二首诗组成的诗集，他终其一生都在反复修改和增补这部诗集。第一版是他自费印刷的，这本薄薄的小册子对当代读者来说可能非同寻常：作者的名字没有出现在扉页上，而且里面的诗也没有标题。它们现在都被公认为经典之作，其中包括《我歌唱那带电的肉体》（“I Sing the Body Electric”）、《我自己的歌》（“Song of Myself”）和《睡觉的人们》（“The Sleepers”）。[1]《草叶集》是革命性的，它那长长的、不押韵的自由体诗句与人们读过的大部分诗歌都不同。很多人认为它毫无诗意，而且对感官愉悦的

背景知识

草叶的象征意义

对惠特曼来说，草是一个拥有多重含义的象征。由于草无处不在，所以它代表着普遍性，是自然、新生、永恒和生命周期的象征。在他的史诗《草叶集》中，一组情诗被命名为《菖蒲》（*Calamus*），这是一种草的名字，又名白菖蒲。卡拉莫斯（Kalamos）是希腊神话中的一个青年，他爱上了另一个青年，却被淹死在了一条河里，后来作为一根芦苇被赋予了新的生命。因此，对很多读者来说，“菖蒲”组诗代表了惠特曼诗歌中所赞颂的男人之间的爱情。

菖蒲

“我是生在这里的父母生下的，父母的父母也是在这里出生的，他们的父母也一样。”

沃尔特 · 惠特曼，《我自己的歌》

1　文中惠特曼的诗歌名及正文的译文均来自赵萝蕤的译本。

“这是我说的话，也是你说的话，我充当了你的舌头。”

沃尔特·惠特曼，《我自己的歌》

描写很淫秽。但这本书在其他人那里受到了高度赞扬，如那个时代最杰出的美国作家之一拉尔夫·沃尔多·爱默生（Ralph Waldo Emerson）。他写信给惠特曼说：“祝贺你，开创了一项伟大的事业。”

背景知识

超验主义

惠特曼通常被认为是超验主义的信徒。超验主义是19世纪初的一场运动，强调人类和自然的善良品质，以及诸如“直觉”和“自立更生”等“美国”价值观的重要性。超验主义者们不太看重社会和宗教的传统价值，更看重个人的洞察力。这一运动的代表人物有拉尔夫·沃尔多·爱默生和亨利·戴维·梭罗。惠特曼用《草叶集》回应了爱默生的一篇文章，爱默生在他的那篇文章中呼吁新诗人写新世纪美国及其独特的特点。

美国散文家拉尔夫·沃尔多·爱默生，约1870年

战争诗歌

美国内战开始时，惠特曼作为民主党人和废奴主义者支持北方的联邦政府。他的弟弟乔治在战场上受了伤，于是他到战火肆虐的华盛顿去找乔治。惠特曼被他在临时战地医院目睹的可怕景象所震撼，于是选择留在城里帮忙照顾伤员，以当书记员来养活自己。这些经历激发惠特曼创作了一系列战争主题的诗歌，并于1865年以《鼓声》（*Drum-Taps*）之名出版。这些诗歌展现了他对战争冲突的反应，从最开始天真无知的兴奋到产生怀疑，以及之后对战争受害者的同情。

战后，惠特曼写了一系列悼念亚伯拉罕·林肯（Abraham Lincoln）的诗歌，包括惠特曼在世时最受欢迎的那首《啊，船长！我的船长！》（“O Captain！ My Captain！”），以及动人的《最近紫丁香在前院开放的时候》（“When Lilacs in the Dooryard Bloom’d”）。

不断发展的史诗

惠特曼一直在对《草叶集》进行修改，重新排序，添加新诗，并将之前发表在《鼓声》中的诗歌也收录了进去。后来又出版了多个版本，因此这本最初只有十二首诗的诗集，最终收录了三百八十三首诗。

以这种方式扩展这本书使惠特曼有机会探索各种主题：教育、民主、奴隶制、社会变革、工作、爱情、美国风光和战争——简而言之，就是美国本身。由于涉及主题广泛，这本书被称为美国史诗。但它是一部前所未有的史诗，没有高贵的英雄，聚焦于一位普通的美国公民——惠特曼自己，他的经历、价值观和思想代表了这个国家的全体公民。

△ **惠特曼和道尔**
在华盛顿，惠特曼与电车售票员彼得·道尔（Peter Doyle）建立了亲密的友情，两人也可能是恋人关系。

《草叶集》的革命性不仅仅在于其主题范围之广，更在于它的风格。惠特曼的很多长句都有一种非常自由的节奏，在长度和韵律上各不相同，与传统诗歌的常规模式迥然不同。然而，诗人还有一个非常传统的灵感来源——《圣经》，他经常采用《圣经》中的句法和韵律。和《圣经》一样，《草叶集》以多个目录和列表为特征，经常使用重复的单词。惠特曼特别喜欢一种叫作“首语重复法”（anaphora）的修辞手法，即每句话都用同一个短语开头，如《来自不停摆动着的摇篮那里》（“Out of the Cradle Endlessly Rocking”）一诗中，反复出现的“来自……”和“每天……”这一手法使他的诗歌朗朗上口，振奋人心。

性与审查

《草叶集》中对爱情与性的描写引起了很大争议。例如，惠特曼大胆地描写卖淫行为，而在那个时

重要作品年表

1842 惠特曼发表《富兰克林·伊文思》（*Franklin Evans*），讲述了一个年轻人在纽约逐渐沉迷于酒精的故事。

1855 《草叶集》的初版仅售出八百本。

1860 第三版《草叶集》因对爱情和男性之间情感的描写而引发关注。

1865 惠特曼在内战中照顾伤员的经历激发他创作了《鼓声》。

1871 在《民主展望》（*Democratic Vistas*）中，惠特曼对战后政治和美国兴起的物质主义进行了评论。

1892 身患肺病和肾病的惠特曼完成了对最后一版《草叶集》的修订工作。

代，这一话题在上流社会是不能公开谈论的。人们还发现，这位诗人关于男性之间关系的描写存在问题。惠特曼用很大一部分篇幅来详细描写男性之间的情谊，一些读者怀疑那些不加掩饰的内容指的是同性恋情。诗人的个人生活也充满了争议，他与好几个男人建立了亲密的友谊，但尚不清楚他们之间是否存在性爱关系。当被问及他作品中的这一问题时，惠特曼回答说，他对人们将这些描写与同性恋联系起来感到震惊，但并不是所有读者都接受他的否认。出版商也对此表示怀疑，因此惠特曼原本想要在1866年出版的那版《草叶集》，直到次年才找到一个愿意出版的出版商。

最终修订

19世纪70年代初，惠特曼从各种杂事中挤出时间写作，他在华盛顿的司法部部长办公室工作时，还要照顾患有关节炎的年迈的母亲。然而，1873年，诗人自己也中风了，他不得不搬去弟弟乔治位于新泽西州坎登的家中。当年晚些时候，他们的母亲去世了，惠特曼继续与乔治生活在一起，继续修改他的著作《草叶集》，并创作了一些新作品，如《战争备忘录》(*Memoranda During the War*)和《典型的日子》(*Specimen Days*)。从1884年起，惠特曼在他位于坎登的房子里度过了人生的最后几年，另外，他在新泽西州南部的月桂泉(Laurel Springs)还有一处避暑别墅。在那里，他与前邻居、管家玛丽·奥克斯·戴维斯(Mary Oakes Davis)生活在一起，并找到了内心的平静。他忙于对《草叶集》进行最后的修订，这一版本如今被称为“临终版”(Deathbed Edition)。1892年，惠特曼因胸膜炎和肺结核而去世，他在死前完成了《草叶集》最后一版的修订。

▷《草叶集》初版
第一版《草叶集》的扉页上没有出现作者惠特曼的名字，取而代之的是诗人的一幅精心设计过且颇具代表性的画像。

▽《记录战争》
这幅由奥勒·彼得·汉森·巴林(Ole Peter Hansen Balling)绘制的历史题材的油画，描绘了尤利西斯·格兰特(Ulysses Grant)将军率领北方联邦军战胜南部联盟的场景。尽管惠特曼做过记者，但他并没有以报社记者的身份对南北战争进行过报道。相反，他用自己的诗歌记录下战争中的自负、残酷和悲剧，这些作品后来被收录在《鼓声》中。

夏尔·波德莱尔

Charles Baudelaire，1821—1867，法国人

波德莱尔是 19 世纪法国最杰出的诗人之一。尽管他最著名的作品《恶之花》（*Les Fleurs du mal*）在当时引起了公愤，但现在已被视为一部杰作，在浪漫主义和象征主义之间架起了一座桥梁。

△ **毛里求斯路易港**
在印度群岛逗留期间，波德莱尔遇到了一名妓女，她为赎妹妹的奴隶身份而工作。这名妓女是他的散文诗《美丽的多罗泰》（"La Belle Dorothée"）的灵感来源。

波德莱尔很多最具争议性的诗作都源自他充满麻烦的成长经历。他出生在巴黎，是年迈的父亲和年轻的母亲的独生子。他父亲弗朗索瓦（Francois）是一位有教养的公务员，在他六岁时就去世了。

波德莱尔很爱他母亲，而母亲于1828年迅速再婚，她的新丈夫雅克·奥匹克（Jacques Aupick）中校事业卓著，最终成为法国驻西班牙和土耳其的大使，但他几乎没有时间陪伴他的继子。这个孩子被送进了一所接一所的寄宿学校，并被指定将来从事法律职业。夏尔对与母亲分离这件事深恶痛绝，经常抱怨自己的孤独和与世隔绝。

家庭纠纷

波德莱尔很快就产生了叛逆倾向，尽管他在学业上表现优异，还是被里昂的学校开除了。后来，他按照父母的意愿在巴黎成为一名法律专业的学生，但很快就陷入了波希米亚式的生活状态。他酗酒、嫖妓——这使他感染了影响他余生的梅毒——开始以惊人的速度挥霍钱财。

1841年，奥匹克将波德莱尔送去印度进行为期一年的旅行，希望他能有所觉悟，但这一尝试失败了。仅仅几个月之后，波德莱尔就在印度洋的毛里求斯岛上弃船，返回了巴黎。

诗人在毛里求斯和留尼旺岛的短暂停留激发了他的一些诗歌中充满异国情调的海上意象，但这段经历对改变他的行为完全无济于事。返程途中，他和让娜·杜瓦尔有过一段情史——他十分清楚这段关系永远不会得到他父母的认可——而且他开始吸食大麻和鸦片。1843年，他在皮莫丹酒店（Hôtel Pimodan）租了一套公寓，而声名狼藉的"大麻会馆"（Club des Hachichins）就在那里举行会面。后来，波德莱尔在

> **"恶之花……披着凶险而冷峻的美：由狂怒和忍耐构成。"**
>
> 夏尔·波德莱尔

背景知识
让娜·杜瓦尔（Jeanne Duval）

让娜·杜瓦尔在很长一段时间里都是波德莱尔的情人，她激发了他创作《恶之花》的灵感。她出生在海地，抵达法国后成为一名演员和舞蹈家。这对情侣相识于1842年，并有一段持续近二十年的如暴风雨般的恋情，其间，有过分离与和解。杜瓦尔是混血儿——波德莱尔将她称为自己的"黑色维纳斯"——他的诗中多次提及她的异国情调和危险的美。她成为他情色想象的焦点，在他的作品中，他赞美她"乌黑的大腿"，她的"黑眼睛就像她灵魂的烟囱"，以及她那飘逸的黑发。

《让娜·杜瓦尔》，夏尔·波德莱尔绘

▷ **波德莱尔，约1866年**
这幅由艾蒂安·卡雅特（Etienne Carjat）拍摄的彩色照片展示的是生命即将走向终点的诗人。尽管波德莱尔声称摄影是"每一个准画家的避难所，每一个因天赋不足或太懒而无法完成学业的画家的避难所"，他还是摆好了姿势。

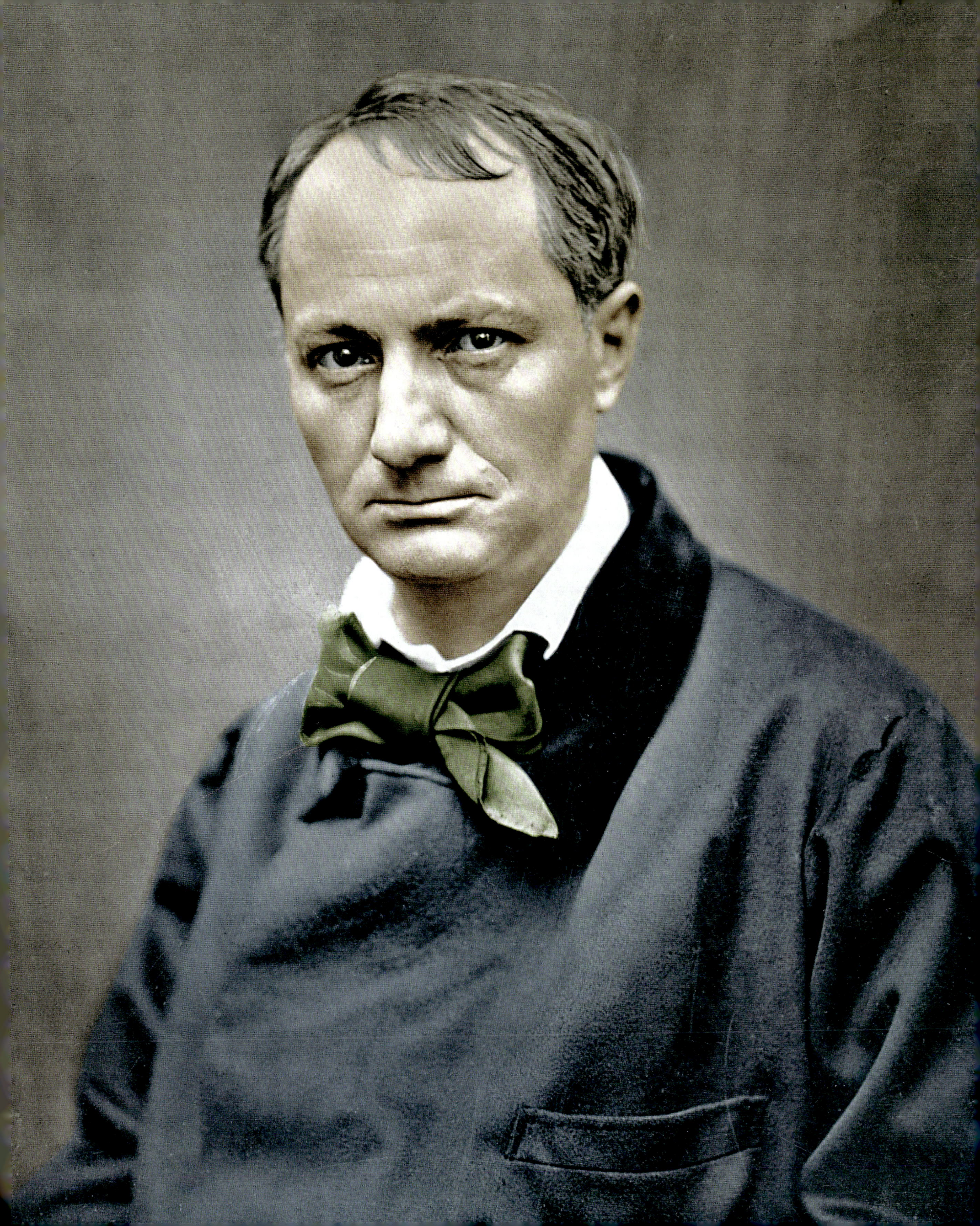

△ **皮莫丹酒店，巴黎**
“大麻会馆”在圣路易岛的这所房子里聚会，波德莱尔的公寓就在这里。“大麻会馆”的成员包括大仲马、尤金·德拉克洛瓦（Eugène Delacroix）和雅克－约瑟夫·莫罗（Jacques-Joseph Moreau）医生：他们在19世纪40年代定期聚会。

他的作品《论酒与大麻》（*On Wine and Hashish*，1851）和《人造天堂》（*Artificial Paradises*，1860）中讲述了这段经历。他还宣布，他对从事法律工作了无兴趣，将打算追求文学事业。

他的家人采取了激烈的行动。二十一岁时，波德莱尔从他父亲那里继承了一笔数目可观的遗产，但这笔遗产很快就缩减了，所以在1884年，奥匹克将这笔钱委托给了他人保管，只给波德莱尔一笔由律师管理的小额津贴。这改变了他的生活方式。在波德莱尔后来的职业生涯中，他一直生活在贫困的边缘，在一定程度上疏远了家人。除钱的问题外，他对自己的事情被交由陌生人处理这一事实感到震惊。1857年，奥匹克去世后，他与母亲的关系才有所改善。

不道德的作品

财务上的限制至少刺激了波德莱尔立即采取行动。他无法靠写诗谋生，因此开始做艺术批评家。1845年，他关于沙龙——巴黎的官方艺术展——的评论文章使他在这个领域建立了名声，但他并未将自己的兴趣局限在绘画这一领域。他还撰写了大量关于音乐的评论文章，成为第一批支持理查德·瓦格纳（Richard Wagner）作品的评论家之一，并对埃德加·爱伦·坡的作品产生了浓厚的兴趣。波德莱尔对这位经历了类似的财务问题和家庭纷争的美国作家倍感亲切。1852年，他发表了一篇关于爱伦·坡的传记研究报告，随后从1856年起开始翻译爱伦·坡的小说。

△《**残骸**》（*Les Epaves*），**1866年**
波德莱尔的作品《残骸》扉页上的插图是费利西恩·罗普斯（Félicien Rops）的版画。骷髅象征着善恶之树；在它上面，波德莱尔的肖像被一个虚构的怪物带走了。这是诗人创作的最后一部作品。

这一阶段，波德莱尔已经完成了他的第一部作品——中篇小说《芳法罗》（*La Fanfarlo*），并建立了他作为诗人的声誉。他最初的诗歌天赋令人震惊。他宣布他的第一部诗集名为《女同性恋者》（*Les Lesbiennes*），尽管后来他有了更好的想法。即便如此，当《恶之花》第一版于1857年出版时，公众的普遍反应还是震惊。这本书被当局没收，而波德莱尔和他的出版商被控猥亵和不道德。在这次事件中，两方都被处以罚款，且其中有六首诗因涉及性描写被删除。这桩丑闻对这位诗人没有造成任何伤害，相反，使他一举成名，并带动了这本书的销量。由于波德莱尔经常会用数年时间来修改他的诗歌，因此《恶之

重要作品年表

1847
《芳法罗》出版，这部半自传体中篇小说探讨了诗人和女演员芳法罗之间的失败恋情。

1860
《恶之花》震惊了当局，导致诗人受到指控。它的增补版本于1861年出版。

1863
《现代生活的画家》（*The Painter of Modern Life*）出版，这是波德莱尔的艺术研究中最著名的作品。其中包括他对美的分析。

1869
《巴黎的忧郁》（*Le Spleen de Paris*）出版，收录了五十首短诗。作品旨在赞颂现代城市生活的美好。

“现代性是短暂的、转瞬即逝的，且充满了偶然性。”

夏尔 · 波德莱尔，《现代生活的画家》

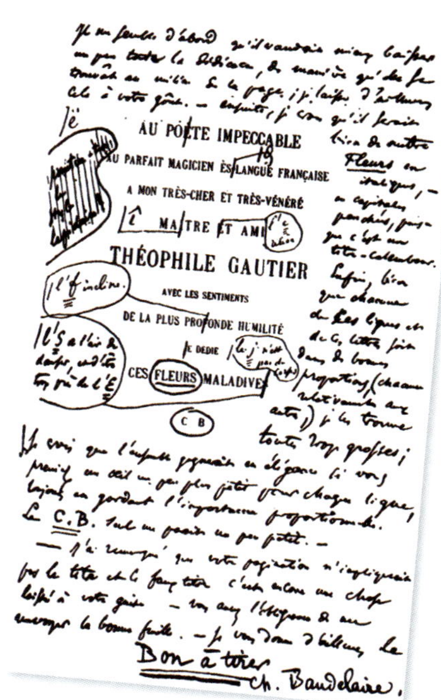
AU POËTE IMPECCABLE
AU PARFAIT MAGICIEN ÈS LANGUE FRANÇAISE
A MON TRÈS-CHER ET TRÈS-VÉNÉRÉ
MAÎTRE ET AMI
THÉOPHILE GAUTIER
AVEC LES SENTIMENTS
DE LA PLUS PROFONDE HUMILITÉ
JE DÉDIE
CES FLEURS MALADIVES
C B

Bon à tirer
Ch. Baudelaire.

△《恶之花》
这份由波德莱尔修改的校样是《恶之花》的献词页，献给他的同道诗人、挚友泰奥菲尔 · 戈蒂耶（Théophile Gautier）。

花》中的诗歌创作历时了很长时间。其中一些可以追溯到19世纪40年代，而增补版于1861年出版。这部诗集以其格调、内容和意象而闻名。波德莱尔不是从自然中，而是从“恶”（庸俗卑污的日常生活）中寻找“花”——他认为的美。这种美可以从现代城市生活的尘垢或肉体激情后的汗液中找到。同样，它也可以从幻想、无聊或沮丧的时刻中提炼出来。

感官之诗

波德莱尔被誉为第一批真正的现代诗人之一。这源于他作品中高度个性化且充满自白式语调，有时读起来就像日记。他没有试图隐藏可耻的想法或感受。因此，在他的《给一位太快活的女郎》中，诗人用短短几行诗将心爱之人的脸庞比作美丽的景色，将她的笑声比作一阵嬉戏的微风，表达了他想在夜晚潜入她的卧室，惩罚她完美的肉体并注入他的毒液的欲念。

波德莱尔的想象力极其丰富，而且能引起共鸣。他在诗歌《应和》（“Correspondances”）中解释了这一现象背后的理论，这首诗大致基于哲学家伊曼纽尔 · 斯威登堡（Emanuel Swedenborg）的理念。他在诗中写道，大自然包含“象征的森林 / 森林用熟识的目光将他注视 / 如同悠长的回声”。对波德莱尔而言，“芳香、颜色和声音在互相应和”。他关于联觉的直接体验，如令人陶醉的香水可能会使人联想到头发的质地、亮丽的色彩或美妙的歌声，赋予了他的诗作一种感官上的力量，而由此产生的富有想象力的联想则启发了象征主义。年青一代的诗人（兰波、马拉美和魏尔伦）将波德莱尔视为天才。

母亲的愿望

《恶之花》的第二版出版后，波德莱尔越来越专注于散文诗。他晚年被疾病和金钱问题所困扰。1864年，他在比利时开启了一场灾难性的巡回演讲，在那里，他中风了。波德莱尔再也没能康复，并于1867年8月死在了母亲的怀里。她后悔他没有按照奥匹克的计划生活。她坦言，他本不应该在文学界留下名声，“那样我们三个人都会快乐些”。

背景知识

艺术、艺术批评和诗歌

早在波德莱尔成为诗人之前，他就已经以一名极具洞察力的艺术批评家而获得声誉。自1845年起，他写了一些关于沙龙——每年在巴黎举办的著名年度艺术展——的评论文章，还详细撰写了他最喜欢的艺术家们的研究报告。波德莱尔在这些艺术评论中所强调的道德观和美的观念很快就在他的诗歌中体现了出来。起初，他崇拜浪漫主义画家尤金 · 德拉克洛瓦（Eugène Delacroix），但他还是把最高的赞赏留给了康斯坦丁 · 盖斯和爱德华 · 马奈（后成为波德莱尔的好友），认为他们捕捉到了“现代城市生活中的英雄主义”。

《杜伊勒里宫花园的音乐会》，爱德华 · 马奈绘，1862年

古斯塔夫 · 福楼拜

Gustave Flaubert，1821—1880，法国人

福楼拜是现代小说最伟大的先驱之一，以严谨的完美主义风格著称，他的代表作《包法利夫人》（*Madame Bovary*）曾被认为是不道德的，令法国公众感到震惊。

◁ 克鲁瓦塞家中的书房
这幅1870年的作品展示的是福楼拜克鲁瓦塞家中的书房。正是在这里，作家苦心——大部分是在夜间——寻找那个“最贴切的字眼”（*mot juste*，这个词据说是他杜撰的）。

古斯塔夫·福楼拜出生于法国鲁昂，父亲阿希尔－克莱奥法斯（Achille-Cléophas）是一位著名的外科医生和医院院长。优渥的家境对他的职业生涯来说意义重大，因为这给了他经济上的保障，让他可以花费大量的时间来打磨和完善自己的写作风格。

福楼拜就读于鲁昂的一所寄宿学校。虽然这所学校实行的是严格的军事化管理，但它在历史和文学方面为福楼拜打下了良好的基础。在那里，他为校报撰稿，并创作了多部小说，主要是历史题材的。

◁ 古斯塔夫·福楼拜
福楼拜是一个低调且以愤世嫉俗著称的人。他不接受采访，也禁止报纸刊登他的肖像。这幅画像展示了作家标志性的下垂的小胡子。

十九岁时，福楼拜被送到巴黎学习法律——这是一门他毫无兴趣的科目。当他因身患癫痫病而有了放弃学业的理由时，并没有感到沮丧。他毕生都忍受着癫痫病的不定期发作。

克鲁瓦塞的家

放弃学业后，福楼拜回到鲁昂，并在那里度过了余生。然而，1846年发生了双重悲剧：他的父亲去世，随即妹妹卡洛琳在分娩中死去。福楼拜继承了一大笔遗产，他和母亲以及年幼的外甥女搬到了鲁昂郊区克鲁瓦塞的新家。他的大部分作品都是在那栋可以俯瞰整个塞纳河的避暑别墅中完成的。同年，他遇到了作家路易丝·柯莱（Louise Colet，见右图），她成了他的情妇。

浪漫主义与现实主义

直至此时，福楼拜还没有发表任何值得关注的作品，但他对自己的创作方向有着坚定的想法。他厌恶资产阶级的价值观，反对当时的浪漫主义风潮。他追求以精准、朴素、客观的散文描述日常生活，这种风格最终使他成为现实主义文学的先驱之一。尽管如此，福楼拜作品中的一些主题还是清晰地显露出浪漫主义的特征。例如，他在以古代迦太基为背景的小说《萨郎宝》（*Salammbô*）中对异国情调的偏爱，以及在《希罗底》中对莎乐美这一《圣经》故事的阐述。福楼拜也痴迷于幻觉，这在《圣安东尼的诱惑》（*The Temptation of St*

人物简介
路易丝 · 柯莱（1810—1876）

福楼拜在雕塑家詹姆斯·普拉迪尔（James Pradier）的工作室里遇到柯莱，福楼拜此行是委托这位雕塑家为他妹妹制作一尊半身像。柯莱比福楼拜年长十一岁，有过一段失败的婚姻。作为巴黎文学社的重要成员，柯莱是一位出版过作品的作家，曾数次获得法兰西学院颁发的奖项。她很快成为福楼拜的缪斯和情妇，也是“爱玛·包法利”这一形象的主要原型之一。这对恋人之间的信件披露了大量关于福楼拜的信息，以及他写《包法利夫人》时的想法及所运用的技巧。最终，他还是结束了这段恋情，而柯莱后来出于报复，写了一部关于他的复仇小说。

路易丝 · 柯莱

“我是**卑微而耐心的**采珠人，**潜入深海**，而浮出水面时却**两手空空**，脸色发青。”

古斯塔夫 · 福楼拜

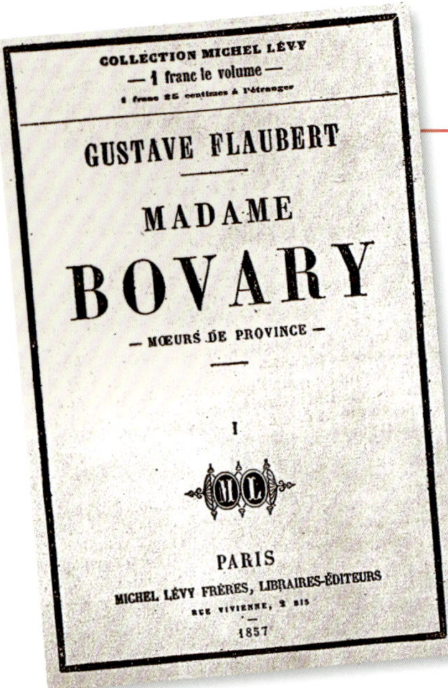
COLLECTION MICHEL LÉVY
— 1 franc le volume —
1 franc 25 centimes à l'étranger

GUSTAVE FLAUBERT

MADAME
BOVARY

— MŒURS DE PROVINCE —

I

PARIS
MICHEL LÉVY FRÈRES, LIBRAIRES-ÉDITEURS
RUE VIVIENNE, 2 BIS
1857

△《包法利夫人》初版
《包法利夫人》使福楼拜被认为是19世纪法国最杰出的以散文写作的文体家之一。"散文中一个好的句子，"他写道，"应当像诗歌中的一行好诗，不可轻易改变其中的字词。"

"完美处处都有相同的特征：细致、精确。"

古斯塔夫 · 福楼拜

Anthony）中体现得尤为明显，这部作品以非同寻常的、充满幻觉的叙述展现了困扰这位早期基督教圣徒的幻觉。1849年，福楼拜完成这本书的第一版，并用了四天的时间朗读给他最亲密的朋友路易·布耶（Louis Builhet）和马克西姆·杜·冈（Maxime Du Camp）听。福楼拜要求他们只能聆听，不许打断，但在福楼拜读完之后，他们都建议他把这部手稿烧掉。福楼拜没有听从他们的建议，相反，他用数年的时间对作品进行修改，并做了严谨的研究以追求精确。他对圣安东尼的兴趣很可能是他陪同马克西姆·杜·冈赴中东开展摄影之旅的动机——圣安东尼抵抗诱惑的场景就发生在埃及沙漠之中。同样，当福楼拜计划写《萨郎宝》时，他特地去参观了突尼斯附近的迦太基遗址。

《包法利夫人》

从1851年起，福楼拜开始写《包法利夫人》，他创作的灵感源自现实生活中的一个悲剧：有报道称，一对夫妇的生活被通奸、负债和自杀所摧毁。这部小说也给了福楼拜充分的机会去宣泄他对资产阶级的愤怒——他们这代人来得太晚了，没能看到法国的旧政权被推翻。在他那个时代，他目睹了富有的资产

▽《鲁昂港》，1878年
托雷洛·安奇洛蒂（Torello Ancillotti）的这幅画描绘的是福楼拜的家乡鲁昂的景色。大教堂门口的莎乐美雕像启发福楼拜创作了《希罗底》。

◁ 歌剧《希罗底》
福楼拜的小说《希罗底》由儒勒·马斯内（Jules Massenet）改编为歌剧。这部在巴黎上演并由艾玛·卡尔维（Emma Calve）主演的作品登上了《戏剧》（*Le Théâtre*）杂志的封面。

阶级的崛起，以及狭隘的物质主义和人们对名望的渴望。在《包法利夫人》中，他描绘了一个代表这个阶级的女性的堕落，她被浪漫主义蒙蔽，并毁于她虚假的价值观。

福楼拜花了五年的时间才完成这部小说。他接受了朋友们对《圣安东尼的诱惑》的批评，决定删去作品中多余的浪漫主义成分。他采用一种被称为“自由间接风格”的技巧，保持了人物和文本的疏离（“无处不在，又无处可见”）。他开始间接地表达自己对笔下人物的印象，而不是通过说教、判断或评论。他凝缩语句，避免使用华丽的短语和夸张的隐喻。他将每一句话都当作诗一样来斟酌，然后在书房里大声朗读，去掉重复的音节和任何松弛或不必要的短语。这一过程必定是缓慢而煎熬的：批评家瓦尔特·佩特（Walter Pater）将福楼拜形容为“文学风格的殉道者”，亨利·詹姆斯（Henry James）则评论“他从福楼拜的职业生涯中感受到的只有艰难”。福楼拜会用数小时时间来寻找“最贴切的字眼”。在他的信中，他抱怨花了整整一下午时间却只做了两处修改，或者抱怨“删除一句用了好几天的时间才写出的句子”时的痛苦。

批评界的反响

《包法利夫人》于1857年出版，很快就在权威人士那里遇到了麻烦。按照当时的标准，书中对爱玛通奸的描写过于生动形象，因此福楼拜被指控败坏社会道德。幸运的是，他被判无罪，而关于这本书的“丑闻”也给他带来了名声和公众的认可。

由于他严谨的写作方式，福楼拜的文学作品数量相对较少，而且他经常因批评界对他作品的冷淡反应感到沮丧。评论家们对《萨郎宝》中详尽的历史细节感到厌倦；《情感教育》（*Sentimental Education*）描写了一个年轻人对年长的已婚妇女的爱情故事，被认为是一种倒退——尽管作者本人将它视为自己的杰作；《圣安东尼的诱惑》的最终版（发表于1874年）几乎完全被忽视了。他的剧作《候选人》（*The Candidate*）只演了四天就被叫停了。只有1877年出版的《三故事》（*Three Tales*）获得了广泛的赞誉，但此时福楼拜正被疾病题和财务问题困扰，这使他的胜利黯然失色。

福楼拜的声誉在他逝世后稳步上升，尤其是他与路易丝·柯莱之间充满火花的通信公开之后。《萨郎宝》和《希罗底》都被改编成了歌剧，亨利·詹姆斯、弗兰茨·卡夫卡、居伊·德·莫泊桑和让－保罗·萨特等作家都认可了他的影响。他现在被奉为顶级的文体大师，也是现代小说的奠基人之一。

人物简介

马克西姆·杜·冈（1822—1894）

杜·冈是福楼拜最亲密的朋友之一，也是他最喜欢的旅伴。他们最雄心勃勃的探险是1849年至1851年的为期二十一个月的中东之旅。杜·冈获得了拍摄这些历史遗迹的官方赞助，研究成果最终结集成书出版，即《埃及、努比亚、巴勒斯坦和叙利亚》（*Egypt, Nubia, Palestine, and Syria*，1852）。这本书立即成了畅销书，并为杜·冈赢得了法国荣誉军团勋章。这两位年轻人将他们的经历写在了信件和日记里，其中包括与当地妇女的性爱冒险、他们作为间谍被逮捕，以及一次令人毛骨悚然的尼罗河之旅。

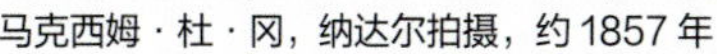
马克西姆·杜·冈，纳达尔拍摄，约1857年

重要作品年表

1857
福楼拜的《包法利夫人》出版并引起了轰动，特别是在他因违反公共道德而被送上法庭后。

1862
在进行了艰苦而广泛的研究之后，福楼拜出版了他以古代迦太基为背景的历史小说《萨郎宝》。

1869
《情感教育》出版。故事发生在1848年法国革命的动乱之中，这场起义使奥尔良王朝的君主政体走向了终结。

1874
《圣安东尼的诱惑》出版。这个故事基于一个公元3世纪隐居在埃及沙漠中的圣徒看到的幻象。

1877
《三故事》中三个迥然不同的故事使这本书成为福楼拜最受欢迎的作品之一，受到了批评家和公众的好评。

费奥多尔·陀思妥耶夫斯基

Fyodor Dostoyevsky，1821—1881，俄国人

陀思妥耶夫斯基在他极具心理学和哲学深度的作品中探索了人类思想的深处，审视了一个急遽现代化的国家背景之下的宗教和道德问题。

△ **米哈伊尔·陀思妥耶夫斯基**
陀思妥耶夫斯基的父亲米哈伊尔，是一个纪律严明且脾气暴躁的人。他在家中营造的紧张、恐怖的氛围使他儿子经常在混乱不安的状态下进行写作。

▷ **陀思妥耶夫斯基，1872年**
瓦西里·佩洛夫（Vasily Perov）绘制的这幅肖像画描绘的是健康每况愈下的作家。此时，陀思妥耶夫斯基一边忍受着呼吸急促之苦，一边前往德国埃姆斯的温泉小镇寻求治疗方法。

陀思妥耶夫斯基经历了假处决、流放到西伯利亚、癫痫和赌博成瘾，所有这些都在他生命中留下了不可磨灭的印记，并反映在他作品中对身陷困境之人的同情、宗教信仰以及将苦难视为一种救赎力量的描绘中。

费奥多尔·米哈伊洛维奇·陀思妥耶夫斯基于1821年11月11日出生在莫斯科，是八个孩子中的第二个。他父亲是专门为穷人治病的马林斯基医院的一名医生，母亲来自一个商人家庭。他早年的生活比较艰难：父母都是虔诚的教徒，父亲严格而严厉，而他们的大家庭蜗居在医院里的一所狭窄的房子里。

教育和早年的工作

陀思妥耶夫斯基一直在家接受教育，直到1833年，他被送到莫斯科的一所寄宿学校。1837年，他母亲因肺结核而去世，同年，他被送到了圣彼得堡的军事工程学院。他对科学缺乏兴趣，却热爱文学，尤其是哥特小说和浪漫主义小说，包括沃尔特·司各特爵士、安·拉德克里夫、弗里德里希·席勒、尼古拉·果戈理和亚历山大·普希金的作品。1839年，他的父亲去世，而此时陀思妥耶夫斯基的癫痫第一次发作。

1843年，陀思妥耶夫斯基通过考试，在圣彼得堡找了份工程师助理的工作。一开始，他靠翻译文学作品来贴补家用，但仅仅一年之后，他就辞去了职务，投身于全职写作。他的第一部小说《穷人》（*Poor Folk*），讲述的是圣彼得堡贫民窟的一个穷职员和一个年轻的女裁缝的爱情故事，该小说发表于1846年，备受好评。极具影响力的批评家维萨里昂·别林斯基（Vissarion Belinsky）将它誉为俄国第一部“社会小说”。然而，陀思妥耶夫斯基的下一部作品《双重人格》（*The Double*）却遭到冷遇。他短暂的文学生涯似乎也结束了。尽管他后来写了更多的短篇小说，但都没能获得成功。

煽动罪与入狱

陀思妥耶夫斯基反对农奴（抵债劳工）制，并开始接触一个名为“彼得拉舍夫斯基派”的激进的社会改革者团体。1849年，沙皇尼古拉斯一世（见下图）将这些“阴谋者”逮捕并判处死刑。当他们列队面对行刑队时，一个带着停止行刑消息的骑兵跑了过来。整个计划实际上是一场可怕的游戏，目的是恐吓和惩罚这些人。它成功了：这一事件在陀思妥耶夫斯基心中留下了深刻的阴影，在他之后的作品中，他笔

背景知识
俄国政治

对俄国而言，19世纪中期是一个动荡的年代。沙皇亚历山大一世试图使这个庞大、贫穷、落后的俄国变得现代化和自由化的努力，在他弟弟尼古拉一世继位后受挫。尼古拉斯是一个独裁者，通过腐败、专制的官僚机构来统治国家。1848年，席卷欧洲的革命影响波及俄国，而亚历山大二世于1855年成为沙皇时，俄国已经做好了改革的准备。1861年，亚历山大二世废除农奴制，解放了两千三百多万农奴，削弱了俄国贵族地主的势力。

《亚历山大二世公布农奴解放宣言》，古斯塔夫·迪滕博格尔·冯·迪滕贝格（Gustav Dittenberger Von Dittenberg）绘，约1861年

> **“宁可忧愁不乐，知晓最糟的情况，也比在愚人的天堂里快乐。”**
>
> 费奥多尔·陀思妥耶夫斯基，《白痴》（*The Idiot*）

人物简介

亚历山大·普希金

陀思妥耶夫斯基是俄罗斯伟大的民族诗人亚历山大·普希金（1799—1837）的狂热崇拜者，而普希金也是一位小说家和剧作家。他的作品将口语化语言提升为一种富有学识性的形式，其诗体小说《叶甫盖尼·奥涅金》（*Eugene Onegin*）中的主人公成为典型的俄罗斯主人公。普希金为19世纪的俄罗斯现实主义小说奠定了基础：1880年，陀思妥耶夫斯基在莫斯科普希金纪念碑的落成典礼上发表了热情洋溢的演讲，他说："普希金从俄国人的性格和精神力量中聆听到一种信念；有信念，就有了希望，也就有了俄国人的伟大希望。"

普希金，奥列斯特·阿达莫维奇·吉普林斯基（Orest Adamovich Kiprensky）绘，1827年

下的几个角色都有面对死亡的经历。

监禁和自由

陀思妥耶夫斯基因参与共谋在西伯利亚劳改营待了四年。为了在精神和情感上走出困境，他皈依了俄罗斯东正教。正是在监狱里，他对普通人有了新的了解，这影响了他后来的作品。尽管1854年他被释放，但他还是不得不继续留在西伯利亚，并在军队里服役了四年。1857年，他与一个名叫玛丽亚·德米特里耶夫娜·伊萨耶娃（Maria Dmitriyevna Isayeva）的寡妇结婚。两年后，他获准返回圣彼得堡。

陀思妥耶夫斯基重新投身于文学创作，并在他和兄长米哈伊尔（Mikahail，与其父同名）共同创办的期刊上发表小说和散文，如《时间》（*Vremya*）和《时代》（*Epokha*）。在这些散文和《地下室手记》（*Notes from the Underground*，1864）中，他批评了俄国知识分子中的激进人士，改变了他入狱前的信仰。他出狱后的作品所表达的价值观较为保守。他拒绝社会主义，其思想围绕着个人自由和责任的必要性等主题展开，这些主题在他后来的作品中有所体现。

在1862年和1863年，陀思妥耶夫斯基游历了整个西欧——他非常欣赏西欧的文化，但他对西欧的物质主义则持批判态度。大约在这个时候，他开始沉迷赌博，损失惨重，并与作家波琳娜·苏斯洛娃（Polina Suslova）发展了一段备受煎熬的恋情，后者是一个"病态、自私的女人"，要求他与其妻子离婚（但波琳娜在1864年玛丽亚去世之

△《先纳亚广场》，1841年

圣彼得堡在陀思妥耶夫斯基的作品中至关重要。在这里，艺术家费迪南德·佩罗（Ferdinand Perrot）描绘了《罪与罚》（*Crime and Punishment*）的主人公拉斯柯尔尼科夫最初萌生犯罪想法的肮脏地点。

▷ 假处决

一位无名画家记录下了1849年圣彼得堡的塞米诺夫广场上执行的对"彼得拉舍夫斯基派"团体的假处决。

“接受苦难并通过它获得救赎，这正是你必须做的。”

费奥多尔·陀思妥耶夫斯基，《罪与罚》

后拒绝嫁给他）。兄长米哈伊尔的去世使他的经济状况雪上加霜，因为陀思妥耶夫斯基不得不供养整个家庭。

心理现实主义

1866年，陀思妥耶夫斯基的杰作《罪与罚》在《俄国导报》（*The Russian Messenger*）上连载，它讲述了拉斯柯尔尼科夫出于哲学上的原因杀人，却无法克服自己良心折磨的故事。小说侧重于心理现实主义和精神上的戏剧性冲突（往往以牺牲情节为代价），不同于早期的浪漫主义小说，因为在浪漫主义小说中，美德通常会得到回报，而不道德的行为则会受到惩罚。

同年，陀思妥耶夫斯基出版了《赌徒》（*The Gambler*），这是一部关于欧内斯特·海明威所说的“赌博的疯狂”的短篇小说。在年轻的速记员安娜·格里戈里耶夫娜·斯尼奇娜（Anna Grigoryevna Snitkina）的帮助下，这本书在出版商的最后期限前完成。他和安娜于次年结婚，之后这对夫妇开启了一场环游欧洲的长途旅行，在此期间，陀思妥耶夫斯基继续豪赌。尽管有所损失，但这段婚姻很幸福，他们生了四个孩子，其中只有两个活到了成年。在他的小说《白痴》（1868—1869）中，陀思妥耶夫斯基试图“描绘一个完美的人”——一个在这个视他为白痴的世界里的如基督一般的人物。这本书对主人公米什金公爵和其他人物进行了复杂的心理描写，并探讨了怀疑、恐惧和濒临死亡等主题（陀思妥耶夫斯基的女儿在他写这本书时离开了人世）。

荣誉与艰辛

1871年，一家人回到俄国，陀思妥耶夫斯基在那里出版了《群魔》（*Demons*），这部作品是一个政治寓言，作者在其中探讨了无神论和宗教信仰、苦难和救赎。1873年，他开始写《作家日记》（*A Writer's Diary*），这是一本由社会政治评论、小品、散文和文学评论构成的实验性月刊。1876年，这本月刊风靡一时，甚至连沙皇亚历山大二世也请陀思妥耶夫斯基赠送他一本。

在他生命的最后几年里，陀思妥耶夫斯基获得了许多荣誉，成为许多有声望的学院和委员会的成员。然而，他事业上的成功是与他个人生活的艰难处境并行的。他的癫痫发作愈加频繁，而在1878年5月，小儿子阿廖沙因癫痫而死，这给他造成了深刻影响。尽管悲痛万分，陀思妥耶夫斯基仍继续写作，并在1879年到1880年出版了他最后一部最长的，或许也是最伟大的小说。《卡拉马佐夫兄弟》（*The Brothers Karamazov*）以一次弑父行动为核心，讲述了关于信仰、理性和怀疑的道德斗争，并探讨了自由意志和道德责任的问题。与他的其他伟大作品一样，这部小说对许多作家和哲学家都产生了深远的影响，包括亚历山大·索尔仁尼琴、安东·契诃夫、西格蒙德·弗洛伊德、路德维希·维特根斯坦、弗朗茨·卡夫卡、阿尔贝·加缪，以及存在主义者让-保罗·萨特。就在《卡拉马佐夫兄弟》出版一年后，陀思妥耶夫斯基死于肺出血。

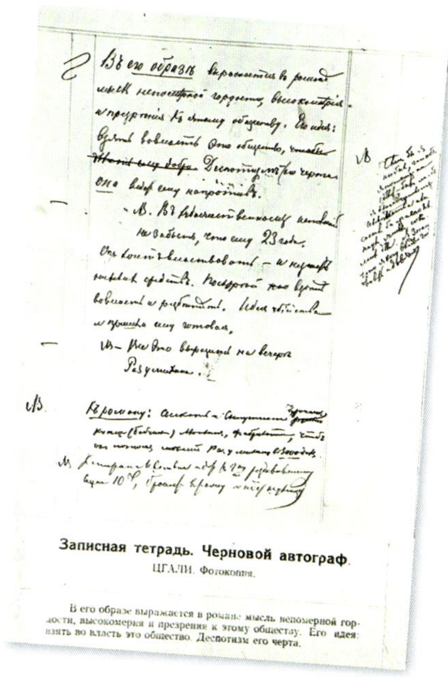

△《罪与罚》
从对陀思妥耶夫斯基手稿的分析中可以看出，他将《罪与罚》由第一人称叙事改成了第三人称叙事。

▽ 陀思妥耶夫斯基的书房
陀思妥耶夫斯基位于圣彼得堡的公寓，他在这里度过了最后的岁月，并创作了《卡拉马佐夫兄弟》，现在这里是一座博物馆。

重要作品年表

1846
《穷人》是陀思妥耶夫斯基的第一部小说，以书信体的形式探讨了社会主题。

1862
《死屋手记》（*The House of the Dead*）开启了俄国监狱劳改营题材小说的传统。

1864
《地下室手记》出版，它后来被认为是第一部存在主义小说。

1867
在《罪与罚》中，陀思妥耶夫斯基思考了高尚的目的是否能赋予残忍的手段以合理性。

1869
在《白痴》中，陀思妥耶夫斯基塑造了主人公米什金公爵这一形象，他的癫痫病影响了他的性格。

1872
《群魔》出版，被认为是对那个时代特有的政治和道德虚无主义的一种反抗。

1880
《卡拉马佐夫兄弟》出版，直到今天，它仍是世界上最受推崇的小说之一。

▷ **坐在书桌前的易卜生，1906年**
易卜生生于挪威，死于挪威——这张照片拍摄于他去世那年——但他逃离了祖国对艺术的限制，在意大利和德国生活和写作了二十七年。然而，他的大部分戏剧都以挪威为背景。

亨利克·易卜生

Henrik Ibsen，1828—1906，挪威人

易卜生的剧作融合了现实主义的背景和对话与象征主义及心理洞察，展露了当代社会的种种弊端，揭示人物的内心世界。

“我觉得我们都是鬼，曼德斯先生。”

亨利克 · 易卜生，《群鬼》

△《群鬼》，1881年
与易卜生的许多作品一样，《群鬼》是对社会道德观念的抨击，它涉及一些极具争议性的主题：死亡、乱伦、性病和安乐死。“群鬼”指的不是幽灵，而是易卜生笔下人物所陷入的具有腐蚀性的、反复的行为模式。

亨利克・易卜生生于1828年3月20日，早年生活在挪威南部的希恩。十五岁时，他离开家，在瑞典格里姆斯塔的一家药店做学徒。在那里，他与一个女仆有了一个私生子，并以“布林约尔夫・比雅姆”（Brynjolf Bjarme）为笔名出版了他的第一部戏剧《凯蒂琳》（*Catiline*，1850）。这部戏剧并没有成功，随后他搬到克里斯蒂安尼亚［Christiana，今挪威首都奥斯陆（Oslo）］——年轻的易卜生本希望去那里读大学——而他在此创作的诗剧也失败了。

幸运的是，他的戏剧天赋被著名的小提琴家、与文化事业相关的企业家奥雷・布尔（Ole Bull）发现了，奥雷・布尔将二十三岁的易卜生任命为卑尔根市一家新剧场的导演和内部剧作家。在此任职的六年，以及之后在克里斯蒂安尼亚的挪威剧院（the Norwegian Theatre）工作的五年间，易卜生按照合约为审美观念较为保守的公众和媒体创作了大量历史剧。在这段漫长且不愉快的学徒生涯中，他的工作至少为他提供了发展实用舞台技巧的机会，并使他接触到欧洲戏剧令人兴奋的新发展。

1864年，挪威剧院破产。在朋友们的帮助下，外加国家提供的一笔小额资助，易卜生离开挪威前往意大利。现在他可以随心所欲地写作了，他的作品有了巨大的提升。他创作了两部伟大的诗剧：《布朗德》（*Brand*，1866）和《培尔・金特》（*Peer Gynt*，1867），前者聚焦于一位牧师的一生，探讨了宗教狂热与冷酷的理想主义，后者则通过挪威民间传说来揭示一个命中注定的存在主义追求。这两部作品为易卜生在海内外赢得了声誉。

问题剧

移居德国的同时，易卜生的创作方向也发生了重要变化。他的创作由历史题材和诗歌转向了描写当代生活的戏剧与散文。随后，他创作了一系列以辛辣的社会现实为特征的戏剧，其中，作者关注道德、经济和社会问题。这些戏剧探讨了当时社会和体制的力量对个人自由的限制。例如，《玩偶之家》（*A Doll's House*，1879）和《群鬼》（*Ghosts*，1881）等戏剧，由于它们对婚姻制度的尖锐批评，以及对女性从属地位和不平等待遇的坦诚的描写，首次演出时就引起了争议。易卜生后来的作品更加密切地关注个人心理的复杂性，尤其是在人际关系中发挥作用的无意识心理以及各种隐匿的紧张关系。他越来越多地在作品中使用复杂且有层次的象征主义手法，例如，在《玩偶之家》中，圣诞树最初代表着快乐和家庭幸福，但当它被剥去外在的装饰时，就变成了失去纯真的悲惨象征。

在易卜生以这一风格创作的六部戏剧中，最著名的是《海达・高布勒》（*Hedda Gabler*，1890）和《建筑大师》（*The Master Builder*，1892），它们一经发表就被翻译成了多种语言，在欧洲出现了多个版本。1891年，隐居多年的易卜生以民族英雄的身份回到挪威，准备接受人们对他的热烈欢迎。《当我们死人醒来时》（*When We Dead Awaken*，1899）是他的最后一部剧作。

1900年，易卜生因中风而丧失了活动能力。六年后，他去世了，人们为他举行了公开的葬礼。

文学风格
现实主义的洞察力

易卜生通过对现实主义对话的运用改变了现代戏剧。他认为自己笔下的角色应该尽可能忠实地再现人类的对话：演员通常很少说话，且要同时使用口语和书面语的表达习惯，如面部表情、犹豫和中断等。易卜生的天才之处在于，他能在交流中传达出一种存在于表象之下的、不言而喻的“现实”。易卜生的对话通过其风格的细微差别和象征手法，通常具有双重含义，从而展现人物的内心世界。

巴斯皇家剧院上演的《玩偶之家》的剧照，英国

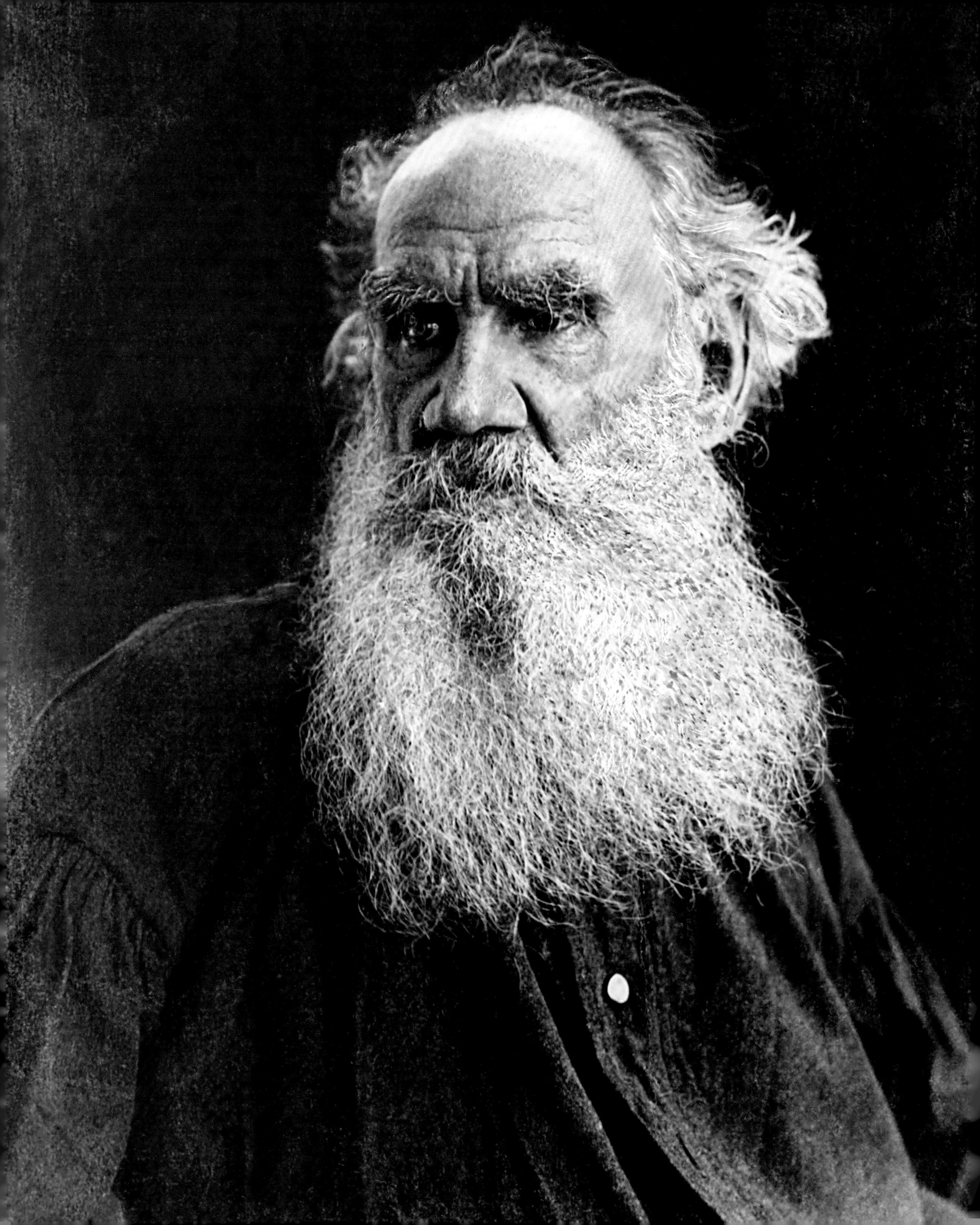

列夫 · 托尔斯泰

Leo Tolstoy，1828—1910，俄国人

托尔斯泰在他八十二年的人生中，从罪人变成了圣人，从军人变成了社会改革家。他的作品达到了文学创新和文体风格化的新高度，探索了哲学的复杂性与深度。

列夫·尼古拉耶维奇·托尔斯泰（Lev Nikolayevich Tolstoy）于1828年8月28日出生在俄国一个贵族世家位于亚斯纳亚·波利亚纳（Yasnaya Polyana）的乡间别墅里。他出生时，家里的财富已经有所缩减，但他的生活仍然很舒适。托尔斯泰在爱的氛围中长大，身边有和蔼可亲的父亲托尔斯泰伯爵、兄弟姐妹，以及母亲逝世后帮忙照顾他们的“塔季扬娜姑姑”。他的童年是在乡间散步、夏天在池塘里洗澡、冬天去滑雪，以及听家中盲人讲故事（盲人讲故事在当时的俄国是一种常见的职业）的愉快时光中度过的。

1836年，他们移居莫斯科之后，一切都变了。没过两年，托尔斯泰伯爵去世，家庭四分五裂：两个哥哥随他们的监护人艾琳姨妈住在莫斯科，而列夫及其妹妹玛丽亚（Mariya）和另一个哥哥德米特里（Dmitry）则回到了亚斯纳亚·波利亚纳。

◁ 托尔斯泰
托尔斯泰退伍后彻底改变了外貌。他蓄起了标志性的长胡子，把自己的行头从伯爵的贵族服饰换成了朴素的农民着装。

放荡的学者

1841年，艾琳姨妈过世，托尔斯泰和哥哥搬到了俄罗斯西南部喀山的新监护人家里。三年后，他进入当地大学，学习土耳其－阿拉伯文学。但是托尔斯泰做不了学者。他在第二年就辍学了，并开启了酗酒、赌博和通奸的放荡生活。他回到亚斯纳亚·波利亚纳，但终日无所事事，很快又恢复了坏习惯，寻欢作乐，欠下巨额赌债。

军役生活

兄长尼古拉提供了一条脱离这种自我毁灭的生活方式的途径，他说服托尔斯泰和他一起加入俄国军队。托尔斯泰成了一名初级军官，他发现这种简单的军队生活很适合自己。更重要的是，高加索地区乡村和山区的美景和人民坚韧不拔的精神给了他灵感，他开始创作自传体小说《童年》（*Childhood*，1852）的第一部。托尔斯泰在克里米亚战争中积极战斗，而他在塞瓦

◁ 亚斯纳亚·波利亚纳
1847年，托尔斯泰继承了父亲的遗产。十年后，他回到这里。正是在这座房子里，他写出了《战争与和平》和《安娜·卡列尼娜》（*Anna Karenina*）。

△ 战士兼作家
托尔斯泰的这张照片展示了他在克里米亚战争（Crimean War）期间身穿军官制服的样子。他对战争中人的心理的理解源于他的亲身经历。

文学风格
内心独白

托尔斯泰开创了在叙事中使用内心独白的先河。正如在《战争与和平》和《安娜·卡列尼娜》中那样，作者描述了人物的思想和情感的流动，这与此前作者对动机和情感的总结截然不同。这些内心独白使托尔斯泰笔下人物的心理凸显出来，使读者更贴近他笔下人物的经历。

安娜·卡列尼娜，阿列克塞·米哈伊洛维奇·克莱索夫（Aleksei Mikhailovich Kolesov）绘，1885年

> “**抓住幸福**的时机，去**爱**和**被爱**吧！这是世间**唯一的真实**，其他一切都是**荒唐**的！”

托尔斯泰，《战争与和平》（*War and Peace*）

△《塞瓦斯托波尔围城战》(局部),1854—1855
这幅全景图是弗朗茨·阿列克谢耶维奇·鲁波特(Franz Alexeyevich Roubaud)在1901年至1904年绘制的。托尔斯泰在克里米亚战争中的经历使他获得了深刻的感悟,他在《战争与和平》中将它明确表达了出来:历史由许多日常的小行动创造,而不是个别领袖的英雄事迹创造。

斯托波尔围城战中的经历为他尝试意识流写作《塞瓦斯托波尔纪事》(*Sevastopol Sketches*,1855)提供了素材。此书的大部分内容将会在他之后的杰作《战争与和平》中被重新诠释。在《战争与和平》这部巨著中,他试图通过探索众多不同人物——约五百八十人——自1805年起八年间的经历,以展现历史的全貌,其中有些角色是根据他的家庭成员塑造的,而另一些,包括拿破仑和沙皇亚历山大,则基于真实的历史人物。

婚姻、工作与精神生活

托尔斯泰从战场归来后,发现自己在圣彼得堡文学界很受欢迎,但他仍然在清醒和放荡之间无望地摇摆,挣扎着用对未来的现实计划来平衡自己的激情。

他想过一种简单的生活,想教授他庄园里的农民,但这些努力都失败了,他又一次开始赌博。后来,他出版了《哥萨克》(*The Cossacks*,1863),这只是为了偿还与出版商打台球时欠下的一千卢布的债务。1857年,他宣称自己是无政府主义者,前往巴黎,但由于债务缠身,被迫再次回到俄国。1862年,托尔斯泰与朋友的妹妹索菲娅("索尼娅")·安德烈耶夫娜·贝尔斯(Sofia "Sonya" Andreyevna Behrs)结婚之后,开始安定下来。他们的婚姻关系很紧张——索尼娅对他不能适应体面的贵族生活感到绝望——但他的创作却是"高产"的。他们育有十三个孩子,而索尼娅料理家务的出色能力也使托尔斯泰能从中解脱出来,专注于写作。1863—1869年,他发表了六卷本的《战争与和平》。1873年,他开始写《安娜·卡列尼娜》,其中,列文和凯蒂的浪漫爱情故事反映了他追求索尼娅时的一些情景。尽管这些书都取得了成功,但在1878年,托尔斯泰却产生了自杀的念头,陷入了精神危机——他在《忏悔录》(*A Confession*)中对此进行了探索——

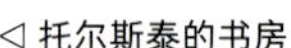

◁ **托尔斯泰的书房**
作家位于亚斯纳亚·波利亚纳的房子作为博物馆被保存了下来。这里有托尔斯泰的两万多本藏书,从希腊哲学家到蒙田、狄更斯和梭罗的作品。

重要作品年表

1852
《童年》出版，这是托尔斯泰“自传体三部曲”的第一部，其他两部分别是《少年》（*Boyhood*）和《青年》（*Youth*）。

1863—1869
巨作《战争与和平》描绘了战争对几个贵族家庭的影响，并触及对人生意义的探索。

1879
托尔斯泰的《忏悔录》被东正教查禁，直到1906年才允许在俄国出版。

1898
《什么是艺术？》（*What Is Art?*）认为美不是界定艺术的组成部分；相反，托尔斯泰声称，艺术是可以传达出某种感觉的任何东西。

1899
《复活》（*Resurrection*）是托尔斯泰的最后一部小说，它对伪善、不公正和腐败进行了严厉抨击，极具争议性。

这促使他重新审视自己的生活，尤其是对财富和物质财产的依赖，改变了自己的人生观。为了寻找生命的意义，他转向了东正教，但他无法接受其教义，而是发展出了自己的理念——基督教无政府主义，即反对有组织的宗教和国家，甚至基督的神性，支持基于《新约全书》教义的哲学。

托尔斯泰在他的虚构作品和非虚构作品中开始抨击教会和政府，这引起了秘密警察的注意，他也因此被逐出了东正教会。在《天国在你们心中》（*The Kingdom of God is Within You*，1894）中，他阐述了自己的和平主义不抵抗原则，他相信道德问题的答案可以在一个人的内心寻得，这使他赢得了许多狂热的追随者。然而，他决意要放弃自己的财产，这使他与家人产生了矛盾。

托尔斯泰继续过着极端禁欲的生活，戒掉了肉、烟和酒，宣扬贞操。他对早年生活的激进否定使他与妻子更疏远了，也使托尔斯泰的许多门徒不再登门造访。

最后的日子

到1910年，托尔斯泰无法再忍受与家人之间的矛盾。八十二岁时，他宣布放弃自己的财产。1910年10月10日，他给索尼娅留了一封信，对自己的离开会给她带来痛苦感到抱歉，并说他要“离开世俗的生活，在平静和孤独中度过生命最后的时日”。他搭乘一列向南行驶的火车，希望能抵达他的追随者们在黑海边建立的那个公社。然而，他感染了肺炎，被迫在阿斯塔波沃下车。他被带到站长的家里，很快就被记者包围了。索尼娅曾试图溺死自己，但没有成功，当时她赶到现场，但直到托尔斯泰说出最后一句话“真理——我挚爱着……”并昏迷过去后，她才被允许进入他的房间。他于11月20日拂晓前不久去世。成千上万的农民参加了他的葬礼，他被安葬在亚斯纳亚·波利亚纳，这里也是他和哥哥尼古拉小时候最喜欢玩耍的地方。

▷ **留声机**
1908年，美国发明家托马斯·爱迪生送给托尔斯泰一部早期的留声机。托尔斯泰在蜡筒上录了几段自己的声音，而现存下来的录音涵盖了广泛的主题，从法律、艺术到他的非暴力哲学。

背景知识
圣雄甘地（Mahatma Gandhi）

托尔斯泰拒绝教会的信条和教义，支持“登山宝训”中基督教的生活理论，即爱你的敌人，且“不要反抗坏人”。托尔斯泰关于非暴力的力量以及正当性的理念对与他有书信往来的圣雄甘地产生了深刻的影响。托尔斯泰的著作为甘地坚定而非暴力地抵抗恶的哲学奠定了基础，他把这种哲学称为“非暴力不合作”（Satyagraha）。

甘地，1941年

> **“幸福的家庭都是相似的，不幸的家庭却各有各的不幸。”**

列夫 · 托尔斯泰，《安娜 · 卡列尼娜》

▷ **获得国际性认可**
马查多·德·阿西斯写了两百多篇短篇小说和九部长篇小说。直到近年来，西方读者才开始欣赏他多样化的作品——或许是因为翻译他精巧、微妙的作品是件颇有难度的事——人们经常将他与弗兰茨·卡夫卡和塞缪尔·贝克特做比较。

马查多·德·阿西斯

Machado de Assis，1839—1908，巴西人

马查多·德·阿西斯被公认为巴西有史以来最伟大的小说家之一，他出身卑微，却在巴西文坛上占据了主导地位。他的创新性小说以讽刺的风格表达了悲观的世界观。

若阿金·马利亚·马查多·德·阿西斯（Joaquim Maria Machado de Assis）出生于1839年。他的父亲是个穷油漆工，是一个被解放的奴隶所生的黑人儿子；他母亲是名葡萄牙洗衣工。作为一个混血儿，在按种族划分等级的社会中，年轻的马查多出身卑微。另外，他还患有癫痫。他母亲在他十岁时就去世了，后来，父亲再婚，马查多的继母则安排这个孩子在她做女佣的学校学习。

从逆境中崛起

尽管出身贫寒，但马查多的过人天赋和文学抱负在早年就已显露无遗。十五岁时，他在报纸上发表了自己的第一首诗。另外，他找了份印刷和校对的工作，加入了编辑弗朗西斯科·德·保拉·布里托（Francisco de Paula Brito）的圈子，这使他接触到巴西政治界和文化界的多位名人。事实证明，马查多是位高产的作家，论文、散文、诗歌、戏剧和小说均不在话下。

1867年，他的才华引起了官方的注意，由此在政府机构中获得了一个肥差，这使他得以娶到一个地位显赫的女人，过上舒适的生活。他们的婚姻是幸福的，尽管没有孩子。从那时起，马查多一直过着平静、安稳的生活，从未离开家乡巴西里约热内卢超过一百英里。

最初的声音

当马查多开始他的写作生涯时，浪漫主义运动对巴西文学的影响变得日益显著。他的早期小说，包括《海伦娜》（*Helena*，1876）和《跳桑巴舞的少女加西亚》（*Iaiá Garcia*，1878），都反映了这一文学潮流；它们倾吐情感，其中，个体与狭隘的社会相对立。这些小说无疑是成功的，但它们没有真正地反映出作者的气质。

相反，通过阅读18世纪英国作家劳伦斯·斯特恩（Laurence Sterne）的作品，马查多找到了自己的声音。劳伦斯·斯特恩利用离题的插叙来制造喜剧效果，马查多也采用了类似的手法，但只以此作为他超然的、讽刺性的悲观主义之载体。

马查多采用这种风格创作的第一部作品是《布拉斯·库巴斯的死后回忆》（*The Posthumous Memoirs of Bras Cubas*，1881）。这部小说以一名死者为第一人称叙事者，为毫无价值的特权阶级生活描绘了一幅讽刺画。这本书颠覆了传统的叙事方式，全书被分成多个短小的章节，这些章节又往往会分化成幻想或另类的哲学思考。尽管叙事者保持着一种看破红尘、高高在上的口吻，但其中仍贯穿着一股令人不安的苦涩潜流。

随后出版的小说包括无情地讽刺人文主义哲学的《金卡斯·博尔巴》（*Quincas Borba*，1891），以及讲述关于爱情与背叛的悲剧小说《堂·卡斯摩罗》（*Dom Casmurro*，1899），然而，语气是如此随意和离题，以至于故事真正的恐怖之处被削弱了。

马查多晚年被尊为文化英雄，成为巴西文学院的创始人和院长。除了九部长篇小说以外，他还写了几百篇短篇小说，都深受好评。1908年，也就是他深爱的妻子去世四年后，他也离开了人世。

相关背景

巴西帝国

马查多·德·阿西斯生于巴西第二帝国（1840—1889）初期，在唐·佩德罗二世（Dom Pedro Ⅱ）的统治下，巴西开始了现代化的发展进程。它日益提升的国际地位吸引了欧洲的移民，这有助于艺术、戏剧和文学的滋长。马查多的作品标志着巴西文学创作新时代的到来，取代了诸如理想化南美印第安人简单生活的“印第安主义”小说（Indianista novel）等浪漫主义流派。马查多支持巴西的君主政体，即使1889年军事政变中建立的巴西第一个共和国将皇帝推翻之后，他仍然忠于皇帝。他将唐·佩德罗二世描述成一个谦逊而正直的人——“他把王位变成了一把简朴的椅子”。

唐 · 佩德罗二世

▽ 里约热内卢
马查多出生在里约热内卢贫穷的郊区，即使在他活跃于城中的圈子之后，他对这个城市里的资产阶级仍然保持着局外人的视角。这座炎热、潮湿、熙熙攘攘的城市，充满了罪孽，这也是他大部分作品的创作背景。

> “严格说来，我不是一个死去的作家，而是一个成了作家的死人。”
>
> 马查多 · 德 · 阿西斯，《布拉斯 · 库巴斯的死后回忆》

艾米莉 · 狄金森

Emily Dickinson，1830—1886，美国人

美国新英格兰诗人狄金森写了大约一千八百首诗，其中大部分直到她死后才发表。她在当时被视为怪人，现在则被认为是美国最伟大的诗人之一。

艾米莉·狄金森1830年出生于马萨诸塞州阿默斯特大学城的一个显赫家庭。她的祖先是在17世纪30年代清教徒移民至新英格兰的大迁徙中来到这里的，而她祖父是参与创建阿默斯特学院的重要人物。狄金森出生时，阿默斯特学院已经是美国规模最大的学院之一。

她和妹妹拉维尼娅（Lavinia）一同就读于阿默斯特学院，在那里，她是一名出色的学生。虔诚的清教主义是阿默斯特学院的规矩，艾米莉也经常去教堂，直到大约1852年，她突然停止了这一活动，并写了一首诗："有些人去教堂守安息日/我则在家里。"

狄金森在曼荷莲山女子神学院（Mount Holyoke Female Seminary）学习科学，当宗教复兴运动席卷马萨诸塞州时，她拒绝"被拯救"，并在诗中表达了自己的质疑："'信仰'是一项伟大的发明/当绅士们能够看到时——/但显微镜是谨慎的/在紧急情况下。"一年后，她离开神学院，返回家中；除在1855年曾到访费城和华盛顿外，她再也没有离开过阿默斯特或"我父亲的家"。传记作家们从理论上分析了她做出这一决定的原因，多涉及疾病或思乡之情，或者将其解读为在女性对自己的生活几乎没有发言权的那个时代中掌控自己命运的一种方式。随着时间的推移，狄金森变得孤僻起来，遁入了自己的内心世界，但仍然通过大量的通信来维持与朋友的友谊并与之论辩。

南北战争时期的诗歌

1860年至1865年是狄金森的创作黄金期。此时正值美国南北战争时期，在这场战争中，她的友人托马斯·温特沃斯·希金森（Thomas Wentworth Higginson）——著名的文学评论家和废奴主义者——领导了联邦军的第一个黑人军团，也是在这场战争中，她失去了挚爱。虽然战场远在他乡，但战争却影响了她的诗作，如提到流血事件的《它的名字是"秋天"》（"The name – of it – is 'Autumn'"）[1]，以及《我分到的那份是失败——今天——》（"My Portion is Defeat- today-"）。

狄金森的写作是私人性的，她会把诗整理后捆在一起。她给朋友们寄了一些，但大多数未被公开。狄金森可能考虑过出版它们，1862年，她向托马斯·希金森寻求建议，问道："你是不是太忙了，没法回答我的诗是否还有生命？"他们的通信持续了二十三年，但她的诗直到她去世后才获得广泛关众，那时她妹妹拉维尼娅发现了约四十捆诗歌。经过大量修改的第一部诗集于1890年出版，但直到1955年，她的信件和诗歌才以原初的面貌呈现出现。

1 诗题中加了引号的"秋天"（autumn）与"安提太姆"战争谐音，这首诗表面上描写的是秋天的景色，所运用的却多是战争中的意象。

文学风格

断裂的诗句

狄金森的诗在她那个时代被认为是反传统的。她的标点很特别，她使用破折号，而不是逗号或句号，并在句子中大写多个单词。她的诗歌也没有标题，今天我们通常用诗的第一行来称呼它们。她生前只发表了大约七首诗，而且都经过大量修改。

诗歌《二——是不朽的两次》（"Two-Were Immortal Twice"）的手稿

◁ **狄金森故居**
狄金森一生中的大部分时间都是在阿默斯特的这所房子里度过的，她很少离开这里。当她的笔友托马斯·希金森建议他们在波士顿见面时，她回答说："我不会穿过我父亲的土地到任何一座房子或城镇去。"

▷ **艾米莉·狄金森，约1847年**
这幅肖像展示了狄金森年轻时的样子。后来，她远离社会，且基本穿白色的衣服，一直待在自己的房间里，直到五十六岁去世。

马克·吐温

Mark Twain，1835—1910，美国人

作为美国文学史上最早以本真姿态发声的作家之一，作家兼幽默大师马克·吐温提供了一面镜子，反映了他飞速发展的祖国的诸多面貌。

萨缪尔·兰亨·克莱门（Samuel Langhorne Clemens）生于1835年11月30日，是毗邻密西西比河的密苏里州汉尼拔一个贫困家庭的七个孩子中的第六个，他后来以马克·吐温为笔名写作。他记录了美国历史上不同寻常的时期，而他早年在蓄奴州的生活对他后来的小说有着重要影响。

河上生活

父亲去世后，十二岁的克莱门去做了排字工，偶尔也为报纸撰稿，后来又到纽约和费城工作。九年后，二十一岁的他回到家乡，成为密西西比河上的一名见习汽船领航员。指挥在圣路易斯和新奥尔良之间的这条大河上运行的汽船是一个受人尊敬的工作，马克·吐温沉浸在岸边原始且生机勃勃的生活之中。然而，1861年的内战结束了内河贸易。年轻的克莱门在内华达州“淘金热”和“采银热”的诱惑下，乘驿站马车向西旅行，其间，他遇到了印第安人部落、野蛮的拓荒者和不计其数的挫折，这些后来成为他《淘金岁月》（*Roughing It*，1872）等著作的素材。

回到弗吉尼亚市和旧金山的报社工作后，他采用了马克·吐温这个笔名，这是一个汽船工人指称安全水域的术语，即两英寻深。1865年的短篇小说《卡拉韦拉斯县驰名的跳蛙》（“The Celebrated Jumping Frog of Calaveras County”）使他取得了第一次成功。马克·吐温在脱胎换骨为一名旅行作家和演说家之后，乘坐轮船“贵格城号”（Quaker City）游历了欧洲和圣地。他在与天真的美国人一起旅行的滑稽故事《傻子国外旅行记》（*The Innocents Abroad*，1869）中指出，读者“永远不知道自己能成为一个多么完美的笨蛋，直到他出国”。在旅途中，他通过照片爱上了旅伴的妹妹奥利维亚·兰登（Olivia Langdon）。1870年，他娶了她，并搬到了康涅狄格州的哈特福德。

晚年生活

马克·吐温最负盛名的作品创作于他在哈特福德期间。《汤姆索亚历险记》（*The Adventures of Tom Sawyer*，1876）中的故事就发生在一个根据他童年的家乡汉尼拔而虚构的小镇上。1882年，马克·吐温回到密西西比河地区，创作了《密西西比河上的生活》（*Life on the Mississippi*，1883），这是一部关于他汽船领航员生涯的回忆录，但他发现周围的环境已变得无从辨认。一年后，他创作了《哈克贝利·费恩历险记》（*Adventures of Huckleberry Finn*）。这个故事背景设定在四十年前，在南方的奴隶制和西部的土地掠夺中，哈克和一名逃跑的奴隶乘木筏顺流而下，这是“一个男孩自己”的故事，其核心思想十分激进：对种族主义的严厉讽刺。

文学风格
不可靠的叙述者

马克·吐温是第一位来自非东海岸的重要美国作家。他的小说是用方言写的，根植于地域性，形成了众声喧哗的景象，与文学主流背道而驰。到了20世纪60年代，哈克·费恩对故事的讲述被冠以“不可靠的叙述”一称，这是一种颠覆读者对现实主义文本期望的叙述方式。木筏上那个未受过教育、没有经验的男孩，以天真的思考揭示了发生在表面之上的事情，但也让黑暗从中渗透出来。

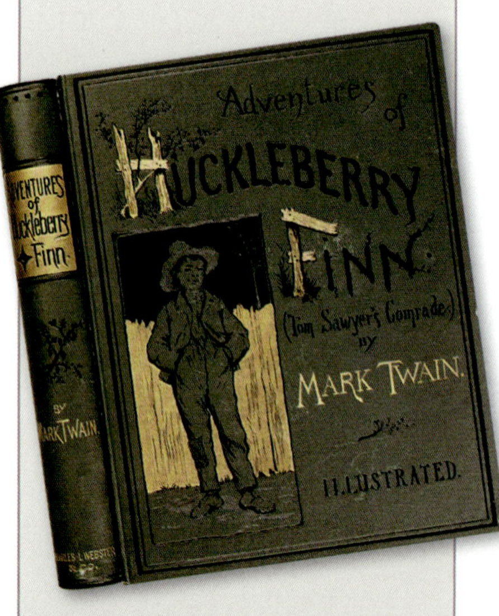

《哈克贝利·费恩历险记》的早期美国版本，1884年

◁ **汽船领航员的职业生涯**
这张鸟瞰图展示了马克·吐温的家乡密苏里州汉尼拔1869年的图景。他的作品很大程度上取材于他在密西西比河上当汽船领航员的经历，以及他在那里遇到的怪人。

▷ **马克·吐温在哈特福德**
这张照片展示的是马克·吐温晚年在康涅狄格州哈特福德的家中。他一生共写了二十八本书和许多短篇小说、信件及滑稽短剧。他被耶鲁大学和牛津大学授予荣誉博士学位。

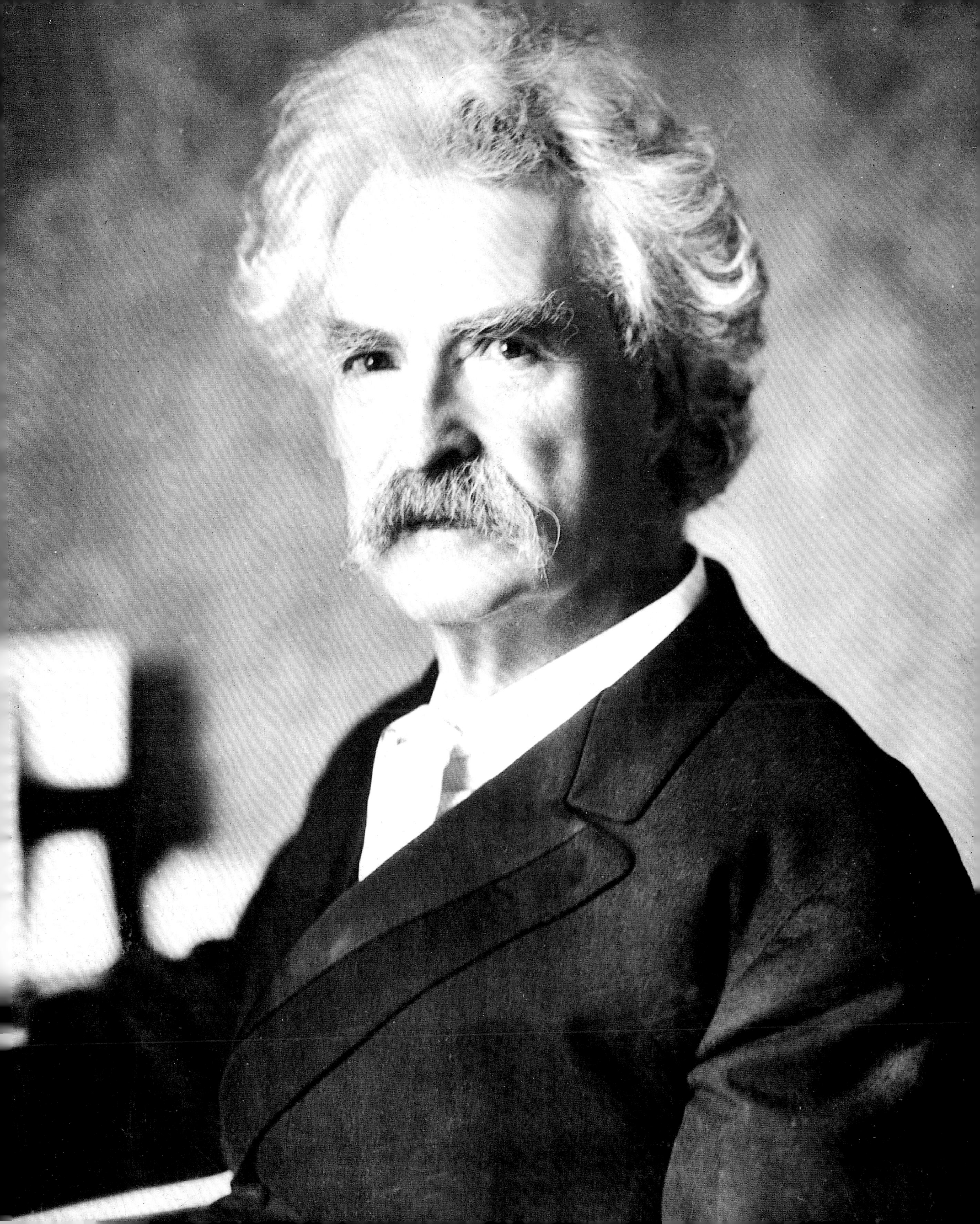

托马斯 · 哈代

Thomas Hardy，1840—1928，英国人

哈代是19世纪英国最受欢迎的小说家和诗人之一，他来自乡村，出身卑微，后来以一系列影响力广泛的浪漫故事在家乡成为不朽的传奇人物。

△ 位于多塞特郡的家
哈代出生在伯克汉普顿高地的这处村舍里，他在此一直生活到三十四岁。正是在这里，他写出了《远离尘嚣》（*Far from the Madding Crowd*）一书。

哈代的家庭背景对他后来小说中探索的主题有着重要的影响。他出生在曾祖父建于上伯克汉普顿（Higher Bockhampton）——英格兰南部多塞特郡多切斯特郊外的一个小村庄——的一处村舍中。他的父亲是一名出色的砖瓦匠，但这个家族有它自己的秘密。哈代的母亲怀孕后，他们的父母不得不匆忙结婚，而他祖母是一个富有的农民的女儿，在嫁给一个仆人后被剥夺了继承权。由于这个仆人是个有暴力倾向的酒徒，祖母经受了一段可怕的婚姻，在贫困中死去。哈代没有在他的创作中直接揭示这些事件，但诸如跨阶级的婚姻、私生子的耻辱以及财务的突然逆转等问题在他的作品占有重要地位。

哈代是个体弱多病的男孩，出生时就差点儿夭折，但他显现出了早熟的天赋。"几乎在会走路之前"，他就学会了阅读，在学校里也是一名出众的学生。他梦想着去一所知名大学读书，就像他的小说《无名的裘德》（*Jude the Obscure*）中的主人公那样，但他的社会地位阻碍了梦想的实现。相反，他成为当地建筑师约翰·希克斯（John Hicks）的学徒。在那里，他遇到了贺拉斯·穆勒（Horace Moule），一个才华横溢然但性情古怪的学者，他对年轻的哈代产生了深远的影响。穆勒扮演着导师的角色，指导哈代的学习，也是最早鼓励他进行诗歌创作的人。两人保持着深厚的友谊，直到1873年穆勒悲剧性地自杀。

存储经验

哈代是一个敏感且易受影响的人，这使他很容易受到批评的伤害，但也提升了他对他人痛苦的共情，而且他会把自己时而浮现的创伤记忆储存起来，以备日后使用。例如，十六岁那年，他目睹了玛莎·布朗（Martha Brown）被绞死的过程，她被判谋杀了自己风流成性的丈夫。这是多切斯特最后一次公开处决一名妇女，这一可怕的景象一直萦绕在哈代余生的脑海中。它无疑影响了《德伯家的苔丝》（*Tess of the d'Urbervilles*）一书中的情节以及悲剧性的女主人公的性格。1862年，哈代移居伦敦继续他的事业，并加入了阿瑟·布洛姆菲尔德（Arthur Blomfield）的建筑事务所。他为伦敦所倾倒，沉醉于这里的剧院和美术馆所带来的文化享受。在他当时的建筑作品中，有一件珍品被保存了

> **"……社会上的重大悲剧，在自然界中可能只是平常事件。"**
>
> 托马斯 · 哈代

背景知识
威塞克斯（Wessex）

哈代着迷于故乡的历史和传统，并用他的知识为小说创造了独特的背景——半虚构、半真实。他把这个地区叫作"威塞克斯"，这是繁盛于一千年前的古老的西撒克逊王国的名字。哈代的威塞克斯以他的故乡多塞特为中心，但扩展到邻近的威尔特郡、伯克郡、汉普郡、萨默塞特郡和德文郡的部分地区。他发明的许多地名现实生活中都有对应的名字：卡斯特桥（Casterbridge）对应着多切斯特（Dorchester），威瑟伯里（Weatherbury）对应着普德顿（Puddletown），克里敏斯特（Christminster）则是牛津（Oxford）。通过创造威塞克斯，哈代巧妙地为他的写作创造了一个"品牌"，并使威塞克斯成为文学朝圣者的圣地。

英国盎格鲁－撒克逊王国地图

▷ 托马斯·哈代，1923年
英国肖像画家雷金纳德·格伦维尔（Reginald Grenville）住在哈代家——位于多切斯特的马克斯门（Max Gate）——时，为他画了几幅肖像。

下来。那便是“哈代的树”，即圣潘克拉斯附近的圆形墓碑，是他为了给米德兰铁路（Midland Railway）的新路段让路而清理墓地时设计的。

哈代通过建筑工作结识了他的第一任妻子。他在康沃尔为圣朱利奥教堂估算修缮成本时，认识了爱玛·吉福德（Emma Gifford）。她的父亲是名律师，社会地位比哈代的家庭要高很多，但他是个酒鬼，而且破产了。尽管如此，哈代还是竭力隐瞒自己的出身，并在好几年都注意确保两家人不会见到面。他们于1874年举行的婚礼，只有爱玛的哥哥和哈代女房东的女儿参加。这正是哈代在其小说中极为精彩地刻画出的各类紧张的社会关系中的一种。

人物简介

爱玛·吉福特（1840—1912）

1870年3月，哈代在计划翻修一座教堂时遇到了爱玛·吉福特。她是牧师的妻妹，也是一位有抱负的作家。哈代被爱玛的活力和冒险精神所吸引，两人于1874年结婚。他们在斯特敏斯特纽顿（Sturminster Newton）幸福地生活了几年。然而，随着哈代事业的发展，这对夫妇渐渐疏远了，爱玛越发感到痛苦。尽管如此，哈代对她的爱仍然强烈，爱玛去世后，他写了一系列动人的情诗来纪念她。

爱玛·吉福特

早期创作

此时，哈代已经全身心投入写作事业。《计出无奈》（*Desperate Remedies*）于1871年问世，尽管他不得不出资七十五英镑来出版它。接着是《绿林荫下》（*Under the Greenwood Tree*，1872），这是一本简短而迷人的小说，主要取材于他对童年时那些在斯丁福特的教堂里演奏的音乐家们（包括他父亲）的回忆。他接下来的作品《一双蓝眼睛》（*A Pair of Blue Eyes*，1873），塑造了一个以爱玛·吉福特为原型的女主角。然而，为哈代带来声名与认可的是他的第四部作品《远离尘嚣》。

《远离尘嚣》于1874年1月至12月在著名的《康希尔杂志》（*Cornhill Magazine*）上连载，后以两卷本的形式出版。在维多利亚时代，连载是作家达到某种成就的标志。这让他们既可以拥有可观的收入，又可以获得广泛的受众（杂志比书籍便宜得多）。然而，这确实限制了小说的风格与结构：情节必须均匀地分布在每期的连载内容上；每一期的长度都是预先确定的，而且必须在规定期限内完成；内容还必须适宜家庭阅读。为了满足这些限制条件，哈代做出了越来越多的努力（尽管从连载到最终结集成书出版期间，还可以做一些调整）。

乡村的现实

《远离尘嚣》是描绘乡村生活的先驱，描绘哈代的故乡多塞特郡的风景与传统之美的同时，它也反映了在这片土地上生活的艰难现实。例如，牧羊人盖博瑞尔·奥克（Gabriel Oak）多么容易受到摧残和羞辱，以及范妮·罗宾（Fanny Robin）多么轻易地在贫济院里死去。这本书为哈代的短篇小说集《威塞克斯故事集》（*Wessex Tales*，1888）提供了蓝本，在书中，哈代继续以一种现实的、非多愁善感的方式来描绘乡村。

哈代还记录了乡村发生的重大变化。铁路的发展使农民们有机会前往更远的地方寻找工作，但《谷物法》[1]的废除导致了英国农业的衰

1 《谷物法》（*Corn Laws*），出台于1815年，对外国进口谷物进行限制，以“保护”本国农业；由于限制进口导致种种问题，尤其是损害了资产阶级的利益，该法案在数次修订之后于1846年废除。——译者注

重要作品年表

1874
哈代最好的威塞克斯系列小说之一《远离尘嚣》出版，它的名字源自托马斯·格雷（Thomas Gray）的《墓园挽歌》（*Country Churchyard*）。

1878
《还乡》（*The Return of the Native*）出版。这是一个关于激情觉醒的故事，其中弥漫着爱敦荒原（Egdon Heath）的阴郁氛围。

1886
《卡斯特桥市长》（*The Mayor of Casterbridge*）出版，副标题是《一个有性格的人的故事》（*The Story of a Man of Character*），这是关于一个身份卑微的割草工人一生沉浮的悲剧故事。

1891
哈代创作了《德伯家的苔丝》，这是一个关于诱奸、背叛和谋杀的令人心碎的故事。

1895
《无名的裘德》是哈代的最后一部小说，它是一个关于“精神与肉体之间的……殊死之战”的无望而有争议的寓言。

退。随着农民的生计被廉价的进口产品所挤压，农业生产越来越依赖于机器，致使失业率上升。例如，在《苔丝》中，女主人公的人生走入低谷，反映在她从一个令人愉快的奶牛场换到一个残酷、“饥饿”的农场，在那里，工人们被迫从事艰苦的体力劳动，苔丝则挣扎着应对那台“可怕的”脱粒机。

哈代的乡间故里为他令人陶醉且错综复杂的戏剧提供了丰富的背景，其中包括诱奸、遗弃、破裂的婚姻和被遗弃的孩子。这些故事越来越悲观，往往带有一种压倒一切的宿命论。在他最后两部作品（《德伯家的苔丝》和《无名的裘德》）中，主人公们似乎都因为试图提升自己的地位和改善生活而受到惩罚。

在《无名的裘德》之后，哈代放弃了小说创作。这部作品曾公然批评宗教组织和婚姻制度而受到猛烈抨击，被一位评论家称为“淫秽的裘德”[1]。哈代将他的余生都献给了诗歌。他的许多诗都围绕着年龄和时间的流逝展开，他也写了一些关于战争和爱玛的诗歌（尽管他在爱玛去世两年后就再婚了）。逝世后，他被安葬在威斯敏斯特大教堂的诗人角，而其心脏则被埋葬在多塞特郡。

1 原文为“Jude the Obscene”，改写自书名《无名的裘德》（*Jude the Obscure*）。

△ **哈代的乡村**
多塞特郡北部布兰福德镇（Blandford）附近的布莱克莫尔山谷出现在了《德伯家的苔丝》中，哈代称它为“小奶牛场山谷”。

◁ **《远离尘嚣》**
哈代的这部小说讲述了农民芭丝谢芭·伊芙丁（Bathsheba Everdene）的生活和爱情。尽管表面上有一个幸福的结局，但它却是一部令人不安的黑暗小说。

▽ **马克斯门里的书房**
1885年，哈代位于多切斯特的豪宅“马克斯门”是他自己设计的，他在那里一直住到去世前。《德伯家的苔丝》和《无名的裘德》就是在这里创作的。

> “我**再**说一遍，**小说**是一种**印象**，不是一种**论点**。”

托马斯·哈代，《德伯家的苔丝·序》

爱弥尔 · 左拉

Emile Zola，1840—1902，法国人

左拉是19世纪末法国最重要的小说家之一，他以愤世嫉俗的“自然主义者”的身份对社会各阶层的生活和性进行描写，扩展了小说的范围。

爱弥尔·左拉于1840年出生在巴黎，父亲是意大利工程师，母亲是法国人。最初，他们家很富裕，于1843年搬到了法国南部普罗旺斯地区的艾克斯。然而，四年后，他父亲的去世使家庭陷入贫困之中，但仍要维系体面的行为举止。1858年，左拉回到巴黎，靠做文书工作勉强维持生计。在那里，他遇到了工人阶级女性亚历山德林·梅利（Alexandrine Meley），后来与她结婚。左拉在巴黎下层社会的生活经历后来被巧妙地运用到小说之中。

19世纪60年代，左拉在出版商阿歇特的销售部门工作时，开始向记者和小说家转行。他和儿时的朋友、画家保罗·塞尚（Paul Cézanne，见右图）经常出入于后来被称为“印象派”的艺术家圈子。他的第一部重要小说是轰动一时的情节剧《黛莱丝·拉甘》（*Thérèse Raquin*），出版于1867年，讲述了一个关于欲望、谋杀和罪恶的耸人听闻的故事。第二年，他计划写一系列小说来挑战巴尔扎克的《人间喜剧》。这些作品按照自然主义的科学原则写成，展现了遗传与环境如何塑造了一个家庭——卢贡－马卡尔家族（the Rougon-Macquarts）成员的生活。这一计划的实施耗费了左拉二十多年的时间。

◁ 左拉，1868年
左拉是印象派艺术的拥护者，并于1867年写了一篇言辞犀利的文章来为画家爱德华·马奈辩护，以反击保守派批评家。作为回报，马奈为左拉画了这幅画像。

自然主义

卢贡－马卡尔家族系列的二十部小说中的第一部《卢贡家的发迹》（*The Fortune of The Rougons*）发表于1871年，但奠定左拉声誉的是第七部——《小酒馆》（*L'Assommoir*，1877）。这部小说使用了大量的巴黎俚语，生动地描绘了被贫困和酗酒摧毁的工人阶级的生活。随后左拉创作了一系列有争议性的成功作品：讲述了一个妓女的故事的《娜娜》（*Nana*，1880），以法国东北部矿区为背景的《萌芽》（*Germinal*，1885），以及描绘第二帝国终结时席卷法国的战争和革命的《崩溃》（*The Debacle*，1892）。尽管左拉自傲于其自然主义的科学性，但在写作之前他也做了研究，这些作品都是笔触恢宏、如史诗般的幻想性戏剧，且充满了象征意义。

法兰西第三共和国允许言论自由，利用这一条件，左拉写了一些此前被列为禁忌的话题，如他的乡村小说《大地》（*The Earth*，1887）中提到的手淫。他在私生活中也摒弃了传统道德，与自1888年起开始交往的年轻的情妇珍妮·罗泽（Jeanne Rozerot）保持着联系，两人还育有两个孩子。

1898年，左拉被卷入法国最大的政治丑闻——“德雷福斯事件”（见第175页），当时他谴责了法国当局的反犹太主义和对正义的背弃。他在政治上成为“左”派的英雄，右派的仇敌，并因诽谤罪被起诉，因此去了英国。回到法国后，他于1902年死于烟囱堵塞引起的一氧化碳中毒。

△《小酒馆》的海报
左拉的小说在欧洲和美国被改编成了戏剧，而在美国，小说中对酗酒和贫困的冷酷描写被禁酒运动所吸纳。

人物简介

保罗 · 塞尚

左拉和塞尚在普罗旺斯的埃克斯就读于同一所学校，正是左拉鼓励了他的这个朋友离开埃克斯去巴黎。这位小说家在他1873年的作品《巴黎之腹》（*The Belly of Paris*）中，以塞尚为原型，塑造了艺术家克劳德·朗迪耶（Claude Lantier）。两人保持着长久的友谊，直到1886年左拉创作出小说《杰作》（*The Masterpiece*，法文原名*L'Oeuvre*），书中，画家朗迪耶因追求艺术理想而自杀。塞尚将左拉送给自己的那本《杰作》还给了他，之后两人再也没说过话。

《自画像》，保罗 · 塞尚绘，1879年

> “我想要**描绘**……伴随着**新世界诞生**的**致命的痉挛**。”
>
> 爱弥尔 · 左拉

亨利 · 詹姆斯

Henry James，1843—1916，美国人

詹姆斯在晚年被尊为“大师”，他写长篇小说，也写中篇小说和短篇小说。他对于戏剧性心理活动的紧张而细致的描写，将小说艺术提升到微妙而复杂的高度。

亨利·詹姆斯出生于纽约一个富有且智力超群的家庭，他自小就开始读法语和英语小说，十几岁时随家人去欧洲旅行了五年。在决定追求小说家的事业之后，他自然而然地选择了以美国和欧洲社会之间的文化和风俗冲突为主题。

讽刺美国人的无知和欧洲人的腐败是他早期小说的焦点，如《欧洲人》（*The Europeans*，1878）。这些小说都写于詹姆斯因其中篇小说《黛西·米勒》（*Daisy Miller*，1879）和《一位女士的画像》（*The Portrait of a Lady*，1880—1881）中塑造的大胆、现代的“美国女孩”而成名之前。之后，他一直住在英国和法国。

詹姆斯生活中的亲密关系是隐晦的。1870年，他深爱的表妹明妮·坦普尔（Minny Temple）的早逝一直萦绕在他的小说中，而她正是《鸽翼》（*The Wings of the Dove*，1902）中那位在劫难逃的米莉·瑟尔（Milly Theale）的原型。

隐蔽的欲望

詹姆斯经常将禁忌话题藏于他的小说之中。《波士顿人》（*The Bostonians*，1886）中的女同性恋、《螺丝在拧紧》（*The Turn of the Screw*，1898）中的恋童癖，以及《金碗》（*The Golden Bowl*，1904）中的乱伦，所有这些都掩盖在一种精心设计的风格之下。任何事都可以被写入其中，只要以含糊不清的方式来表达即可。《梅西知道什么》（*What Masie Knew*，1899）描绘的是，透过一个所谓“天真的”孩子的坦诚的眼睛，揭露成年人的风流韵事与权力斗争。《使节》（*The Ambassadors*，1903）讲述了一个美国清教徒到访巴黎的悲惨故事，他的道德良知使他永远无法充分地享受生活——有可能是詹姆斯自己的故事。

在晚年，詹姆斯采用了更多间接的情节来探索人类思维的复杂性。他通过笔下人物的眼睛，用他们微妙的自我欺骗和自我逃避来折射事件的全貌。

詹姆斯后来的作品都是口述完成的，因为手写对他来说越来越艰难了。1904年以后，他没有创作任何重要的作品。1915年，他加入英国国籍，于次年在伦敦切尔西去世。

◁ **亨利·詹姆斯，1913年**
詹姆斯结识了当时的许多文化名流，包括作家古斯塔夫·福楼拜、阿尔弗雷德·丁尼生爵士、爱弥尔·左拉和画家约翰·辛格·萨金特（John Singer Sargent），后者也是美国侨民。萨金特绘制这幅肖像画是为庆祝这位作家的七十岁生日。

◁ **拉伊的兰慕别墅**（Lamb House）
多年来，亨利·詹姆斯被迫成为一位社会名流，与伦敦的精英们混在一起。然而，从1897年开始，他隐退到英格兰南海岸的兰慕别墅，过着离群索居的生活。

人物简介

威廉 · 詹姆斯（William James）

威廉·詹姆斯（1842—1910）是亨利·詹姆斯的长兄，也是一位重要的哲学家，还是现代心理学的奠基人之一。他的著作包括《心理学原理》（*The Principle of Psychology*，1890）和《宗教体验之种种》（*The Varieties of Psychology*，1901—1902）。威廉去世前，被认为是两兄弟中更为出色、成功的那位。威廉·詹姆斯创造了“意识流”（steam of consciousness）这一术语，用来描述脑海中不间断流动的想法，这个概念对亨利·詹姆斯以及随后的现代主义小说产生了重要影响。

威廉 · 詹姆斯，哲学家、心理学家

> **“经验永不受限，也永远不会完整；它是一种无边无际的感觉，犹如巨大的蜘蛛网……”**

亨利 · 詹姆斯，《小说的艺术》（“The Art of Fiction”）

▷ 奥古斯特・斯特林堡，1892年
斯特林堡结识了他那个时代的许多艺术家，并与挪威画家爱德华・蒙克（Edvard Munch）建立了亲密的友谊。他们两人分享想法，如让偶然性进入艺术作品。蒙克为斯特林堡作画，同样，斯特林堡也根据蒙克的性格塑造了一些人物。

奥古斯特・斯特林堡

August Strindberg，1849—1912，瑞典人

斯特林堡以剧作家的身份而闻名，其作品对 19 世纪自然主义向 20 世纪现代主义的过渡有着重要影响，而他也被认为是瑞典现代文学之父。

> “世界、生活和人类只不过是一场幻觉，一道鬼影，一幅梦境。”
>
> 奥古斯特 · 斯特林堡，《一出梦的戏剧》

◁ 亲密剧场的海报
1907年，斯特林堡与人合建了这座剧场，他“设想了一个剧场，在那里，从剧本的语调、节奏、动机和动作之中呈现出的表演的和谐，就如同复调音乐作品一样”。

约翰·奥古斯特·斯特林堡出生于斯德哥尔摩。他的父亲是一位船舶代理人，母亲曾是女仆，在他小时候就去世了。在他的自传《女仆的儿子》(*The Son of a Servant*，1913) 中，他将自己的童年描述为“既不安定，也无安全感”。

他接受的教育也不尽如人意。他在乌普萨拉大学最初学习神学，之后转到医学，但他并未将精力投入学业，而是时常旷课去做一些短期工作——包括自由记者、剧院临时演员。最终，他没能毕业。

然而，在此期间，斯特林堡发现了他的写作天赋，甚至有两部戏剧在皇家剧院演出过。尽管取得了成功，他仍为自己早期剧作中生硬的韵文风格感到不安，于是开始着手写《奥洛夫老师》(*Master Olof*)，这是一部用白话散文写成的历史剧。令他沮丧的是，这部剧作被皇家剧院拒绝了，直到1881年才上演。梦想破灭后的斯特林堡转向了新闻行业，并在19世纪70年代以一个对斯德哥尔摩中产阶级的激愤的批判者的身份而获得声誉。他爱上了一位有抱负的女演员、女男爵西丽·冯·艾森 (Siri von Essen)，并在1877年与她结婚。但是，他们的生活因第一个孩子的夭折和1879年斯特林堡的破产而陷入困境。尽管如此，他继续写作，并在同年晚些时候出版了他的第一部小说《红房间》(*The Red Room*)，这是一部对瑞典社会之虚伪进行强烈讽刺的作品。在这一成功的激励下，他又创作了一些短篇小说、长篇小说和戏剧来抨击时政。

象征主义与超自然

19世纪80年代，斯特林堡旅居法国之后，受到了爱弥尔·左拉倡导的自然主义的影响。他在随后的剧作《父亲》(*The Father*，1887) 和《朱莉小姐》(*Miss Julie*，1888) ——后者由西丽主演——中实践了该理论。就像《朱莉小姐》中展现的关系 (一位贵族女子和贴身男的恋情) 注定要失败一样，斯特林堡自己的婚姻也在1891年走向了终点，这标志着他个人生活发生剧变的另一阶段：与奥地利记者、翻译家弗里达·乌尔 (Frida Uhl) 的短暂婚姻，以及一连串使他的创造力暂告中止的失败。他开始沉迷于宗教、炼金术和超自然之物，还参与了象征主义运动。

他将这次“地狱般的危机”写进了他的自传体小说《地狱》(*Inferno*) 中，并将他的新想法运用到了剧作中。戏剧《到大马士革去》(*To Damascus*) 由二十岁的哈丽叶特·鲍赛 (Harriet Bosse) 主演，而她后来成为斯特林堡的第三任妻子。世纪之交后，斯特林堡在为他建于斯德哥尔摩的“亲密剧场”(Intimate Theatre) 所写的《死亡之舞》(*The Dance of Death*，1900)、《一出梦的戏剧》(*A Dream Play*，1901—1902) 和《鬼魂奏鸣曲》(*The Ghost Sonata*，1908) 中，继续扩展象征主义写作的范围。

在“亲密剧场”破产之后，斯特林堡的健康每况愈下。1912年5月14日，他在家中逝世。

△《仙境》(*Wonderland*)，1894
斯特林堡是一位颇有成就的艺术家，遭遇写作障碍时，他将绘画作为一种疗愈方式，许多作品中都可以看到他内心的风暴。其他一些作品，如《仙境》，则散发着安宁静谧的气息。他精妙的视觉感受力在其剧作的戏剧性发展方向上也显而易见。

文学风格
超越自然主义

斯特林堡早期的重要作品皆为自然主义风格，记录了普通人的生活并突显当时的社会和政治形势。然而，他后来对超自然事物的痴迷使他对象征主义产生了兴趣，作品的重心也从现实和世俗转向了想象和精神，并通过具有象征意义的梦幻意象表达出来。他不再分析家庭生活中的心理学，而是聚焦于宇宙中的普遍现象和无意识，期望能从中发现表现主义和超现实主义的一些元素。

英国国家剧院上演的《一出梦的戏剧》剧照，伦敦，2005年

居伊·德·莫泊桑

Guy de Maupassant，1850—1893，法国人

莫泊桑以其对同时代人生活的现实主义式的坦率描写而闻名，他的文风简洁，节奏精准，是法国最伟大的短篇小说家之一。

居伊·德·莫泊桑出生于法国诺曼底迪耶普附近的一个富裕的中产阶级家庭，他的作品中经常出现这样的家庭。然而，父母离异时，他舒适的早年生活就中断了。此后，居伊和他弟弟埃尔韦随他们的母亲搬到了约七十公里外的埃特雷塔。

◁《漂亮朋友》，1895年
这部小说讲述的是杜洛伊（Duroy）的故事，他是一个为了在世纪末的巴黎获得社会优势而讨女人欢心的无赖。

从战争到巴黎生活

年轻的莫泊桑喜欢户外生活，母亲鼓励了他对文学的热爱。1869年，他在获得学士学位后，几乎立即就被征召入伍。他显然不适合战斗，普法战争期间（1870—1871），他在鲁昂做了书记员。尽管有报道称他英勇善战，但后来他告诉母亲，当普鲁士人靠近该镇时，他飞快地逃跑了，而且"跑得很快"。

莫泊桑的父亲将他从军队里赎回后，这位年轻人成了巴黎的一名公务员。尽管他母亲激发了他对文学的热情，但他父亲似乎把滥交的嗜好传给了他：这位崭露头角的作家经常耽溺于城市里无数的妓院，并多次在塞纳河上携妓游玩。在巴黎，他不仅获得了可怕的"桨手"之名，还发现自己染上了梅毒。诊断结果虽不罕见，但也一定是可怕的，莫泊桑没有被吓倒，开始认真写作，将他关于战争、外省资产阶级、城市工人和公务员等经历倾注到大量作品中，最终包括数百部短篇小说、六部长篇小说、三本游记、几部戏剧和诗歌。

1880年，他出版了自己最著名的小说之一《羊脂球》（*Boule de suif*），并很快获得了一批读者：他无所顾忌地谈及性问题，如家庭暴力、通奸、滥交和卖淫，确实吸引了他的读者。他的短篇小说集在两年内出版了十二版，而他的小说《漂亮朋友》（*Bel-Ami*）在四个月内加印了三十七次，令人震惊。

智力的衰退

随着财富的增长，这位作家购置了一套带附属建筑的大公寓，在那里，他可以低调地招待巴黎的交际花。然而，他并不喜欢成功所带来的名声，变得越来越孤立，经常独自乘坐他的"漂亮朋友号"游艇到阿尔及利亚和欧洲旅行。

随着时间的推移，梅毒导致的精神不稳定使莫泊桑又患上了被害妄想症。到了1892年，很明显，他紧随死于精神病院的哥哥的脚步。莫泊桑在割喉自残失败之后，被送到了帕西（Passy）的精神病院。1893年7月6日，他在那里去世，年仅四十三岁。

背景知识

古斯塔夫·福楼拜

福楼拜是莫泊桑一家人的老朋友，也充当着莫泊桑的导师和父亲的角色。每当福楼拜在巴黎时，两人都会在周日的午餐时间见面，福楼拜会评价莫泊桑的作品，教他散文风格，并把他介绍给其他作家，如左拉和屠格涅夫（Turgenev）。福楼拜曾承认，他像爱自己的儿子一样爱莫泊桑，而他们是否真的有亲戚关系这一问题引来了相当多的流言蜚语，尤其是在莫泊桑的母亲劳拉（Laure）在不经意间将福楼拜称为居伊的父亲之后。

古斯塔夫·福楼拜，约1870年

▽ 米洛美思城堡
居伊·德·莫泊桑来自一个富裕的资产阶级家庭，据他母亲说，他出生在米洛美思城堡——这一说法最近受到了质疑。

◁ 莫泊桑，1888年
奥古斯特·费恩–佩林（Auguste Feyen-Perrin）为居伊·德·莫泊桑所绘的这幅肖像，几乎没有揭示爱弥尔·左拉描述的这个"最幸福和最不幸福的男人"的复杂性格。

▷ **王尔德，1882年**
王尔德通过自己的外在展示了他对唯美主义的执着，在美国的巡回演讲中，他穿着华丽、浮夸的衣服，如天鹅绒夹克和及膝马裤。他写道："美是奇迹中的奇迹。只有肤浅的人才不以貌取人。"

奥斯卡·王尔德

Oscar Wilde，1854—1900，爱尔兰人

王尔德以他的警句、对唯美主义的执着及其私生活的丑闻而闻名，但他仍然是19世纪末最诙谐、最富想象力的作家之一。

“罪恶和美德是艺术家创造艺术的素材。”

奥斯卡 · 王尔德，《道林 · 格雷的画像》

奥斯卡·王尔德1854年10月16日出生于爱尔兰都柏林的一个备受尊敬且有教养的家庭。他的父亲是医生和爱尔兰民俗学家，母亲是著名的民族主义诗人。尽管这是个看似正派的家庭，但王尔德的父亲却有三个非婚生子女，还曾被指控强奸了一位之前的病人。这也难怪为什么潜在的丑闻与秘密生活会在他儿子的作品中占据如此重要的地位。

> **背景知识**
> **唯美主义（Aestheticism）**
>
> 王尔德是唯美主义运动的关键人物，这是一场提倡美学高于社会、政治或道德价值的运动。唯美主义者摒弃了维多利亚时代艺术与道德密不可分的保守传统，他们崇尚美，而其核心是“为艺术而艺术”的创作欲望。当时其他著名的美学家包括画家詹姆斯·阿伯特·麦克尼尔·惠斯勒（James Abbott McNeill Whistler）和但丁·加百利·罗塞蒂，他们的作品以感性和象征主义而闻名。
>
> 
>
> 《冥后》（*Proserpine*），但丁·加百利·罗塞蒂绘，1874年

相对而言，王尔德本人在二十岁之前几乎没有受到丑闻的影响，尽管他作为花花公子的名声越来越大，他诙谐的警句使他享誉全国——在19世纪80年代的漫画中，王尔德穿着长筒袜和马裤，手握一朵向日葵漫步街头。然而，他是一位严肃的学者，在牛津大学获得了古典文学的双学士学位，并获得了纽迪吉特奖（Newdigate Prize）。他随后的人生也没有显现出任何同性恋迹象。相反，有一段时间，王尔德似乎爱上了弗洛伦斯·巴尔贡博（Florence Balcombe），她后来成为爱尔兰作家布拉姆·斯托克（Bram Stoker）的妻子。

从牛津大学毕业后，王尔德搬到了伦敦，在那里，他以写诗、戏剧、散文和评论为生，过着简朴的生活。1882年，他在美国的巡回演讲使他赚取了足以在巴黎待上五个月的钱，但当他回到伦敦时，手头拮据，且年近三十。他娶了富有的女继承人康丝坦斯·劳埃德（Constance Lloyd）为妻，在成为《妇女世界》（*Woman's World*）的编辑之前，他曾为各类期刊撰稿。然而，那时王尔德已经被一个年轻的加拿大男子罗比·罗斯（Robbie Ross）所“引诱”，这场相逢让王尔德走上了自我堕落之路，但也激起了他的想象力。王尔德将他的经历写入了《道林·格雷的画像》（*The Picture of Dorian Gray*，1890）之中，这部小说因对男性情爱有伤风化的描写而受到谴责，但王尔德的文学声誉未受影响，他后来的剧作——包括《不可儿戏》（*The Importance of Being Earnest*，1895，又译作《认真的重要性》）——都很成功。

入狱与坠落

1892年，王尔德爱上了阿尔弗雷德·道格拉斯勋爵[Lord Alfred Douglas，别名“波西”（Bosie）]，并很快陷入波西和他父亲昆斯伯里第九侯爵（the Ninth Marquess of Queensberry）之间的纠葛之中。昆斯伯里在王尔德家中留下一张卡片，上面写着“致奥斯卡·王尔德：装腔作势的鸡奸犯w”。王尔德以诽谤罪起诉了他。这简直是一场灾难。昆斯伯里的律师用王尔德的作品作为判定同性恋的证据，致使王尔德因严重猥亵罪被捕。1895年5月，王尔德被判处两年劳役。他忍受着饥饿和痢疾之苦，第一个月被捆在“跑步机”上，每天要走六个小时[1]。在狱中的阅览室里，他给波西写了一封很长的道歉信，后来以《自深深处》（*De Profundis*）为题出版。1897年王尔德获释后，两人试图一起在法国生活，但他们的关系破裂了。那时，王尔德的妻子康丝坦斯带着儿子去了瑞士。王尔德被各种创伤所摧残，最终脑膜炎击垮了他，1900年11月30日，他在巴黎死去。

1　跑步机（treadmill），直译为“踩磨坊”，是一种通过人的踩踏来为磨坊提供动力的人力驱动装置，功能相当于改进的水车，主体部分是长长的滚筒，可容纳二十余人同时工作。19世纪初，该装置被引入英国监狱作为劳役刑具。

This Number Contains a Complete Novel,

THE PICTURE OF DORIAN GRAY.

BY OSCAR WILDE.

JULY, 1890.

LIPPINCOTT'S

MONTHLY MAGAZINE.

CONTENTS.

THE PICTURE OF DORIAN GRAY - - - Oscar Wilde - - - 1-100
A UNIT (Poem) - - - Elizabeth Stoddard - - - 101
THE CHEIROMANCY OF TO-DAY - - - Ed. Heron-Allen - - - 102
ECHOES (Poem) - - - Curtis Hall - - - 110
KEELY'S CONTRIBUTIONS TO SCIENCE - C. J. Bloomfield-Moore - - 111
ROUND-ROBIN TALKS, II. - - - J. M. Stoddart - - - 124
CONTEMPORARY BIOGRAPHY: SENATOR INGALLS - - -
WAIT BUT A DAY (Poem) - - - J. M. Stoddart - - - 141
A DEAD MAN'S DIARY, xii., xiii. - - - Rose Hawthorne Lathrop - 149
NIGHT (Sonnet) - - - - 150
THE INDISSOLUBILITY OF MARRIAGE { I.—Elizabeth R. Chapman - 153
William C. Newsam - 154
II.—George T. Bettany - 155
A PRIMROSE (Poem) - - - Emily Hickey - - 157
THE SICK SETTLER, I. - - - John Lawson - - 159

PRICE ONE SHILLING.

London: WARD, LOCK AND CO., Salisbury Square, E.C.
Philadelphia: J. B. LIPPINCOTT CO.
All rights reserved.]

△《道林 · 格雷的画像》
王尔德唯一一部小说于1890年发表在《利平科特月刊》（*Lippincott's Monthly Magazine*）上，为了避免猥亵的指控，他进行了大量修改。这是一部哥特小说，讲述了一个俊美的年轻人出卖自己的灵魂以换取永恒的青春，它的同性恋暗示引起了众怒。

▽ 阿尔弗雷德·道格拉斯勋爵，1902年
王尔德深爱的“波西”也是一位作家、诗人和译者。在王尔德入狱期间，道格拉斯请求维多利亚女王释放他的情人。

约瑟夫·康拉德

Joseph Conrad，1857—1924，波兰裔英国人

生于波兰的康拉德是一位用英语写作的重要小说家。他基于自己的航海经历，探索了殖民主义使人丧失人性的影响。

约瑟夫·特奥弗·康拉德·科泽尼奥夫斯基（Josef Teofor Konrad Korzeniowski），即后来为人所知的约瑟夫·康拉德，于1857年出生在现在乌克兰的别尔季切夫（Berdyczow）。他的父母属于波兰的地主阶层。自18世纪以来，波兰不再作为一个独立国家而存在，绝大多数波兰人生活在俄国的统治之下，这种情况使波兰贵族深感憎恶。

康拉德的父亲阿波罗·科泽尼奥夫斯基（Apollo Korzeniowski）是一位作家和理想主义的爱国者，1861年，他迁往华沙，试图组织反对俄国统治的抵抗运动。在被当局作为政治颠覆分子逮捕之后，阿波罗和他的家人被流放到俄罗斯北部沃洛格达寒冷而荒凉的沼泽区。恶劣的环境摧毁了康拉德母亲的健康，1865年，她在流放中去世。1867年，阿波罗获准返回波兰，但他已经彻底绝望。1869年，他在烧掉了所有手稿之后，死于莫斯科。

◁ **阿波罗·科泽尼奥夫斯基**
康拉德对英语的接触源自他父亲——莎士比亚作品的一位译者。作为一个狂热的爱国者，作为英雄，阿波罗在逝世后的1869年被安葬在了克拉科夫。

海上生活

无论人们对这个在如此悲惨境况下成为孤儿的波兰贵族的未来做出何种预估，都绝不会想到他会听从大海的召唤。但年轻的康拉德是一位狂热的读书人，书籍激发出了他对旅行和冒险的渴望。

他的舅父兼监护人泰迪斯·博布罗斯基（Thaddeus Bobrowski）试图引导他走向一条更为实际的生活道路，但一切都被证明是徒劳。十七岁时，康拉德决意成为一名海员。博布罗斯基没有理由反对这个年轻人离开波兰，因为作为一名政治颠覆分子的儿子，康拉德始终是俄国当局的关注重点，所以，他允许康拉德离开故土前往法国，并加入了商船队。

在马赛港落脚之后，康拉德过着一种无精打采的混乱生活。他被卷入枪支走私交易之中；他遭到枪击，没有人知道这究竟是因为决斗还是他试图自杀。此外，他经常为了钱去烦扰他的监护人。

1878年，在博布罗斯基不断要求他改过自新的压力下，康拉德移居英国，并加入商船队。他将要在接下来的十四年里当一名英国水手。他自幼学习法语，对英语一无所知。康拉德在发展自己航海事业的同时自学英语，从沿海航运到长途航行，后来职位慢慢有所提升。1886年，他取得了英国国籍。

影响重大的旅行

在这些航海岁月中，康拉德积累了最终为他后来的大部分小说提供灵感的经验。1881年，他驾驶一艘不适合航行的、装载着一舱煤的船从纽卡索尔驶向了曼谷，但这是一次灾难性的航行，结果是船沉没了，货物着了火。这段经历为他后来的短篇小说《青春》（*Youth*，1898）提供了素材，而1884年从孟买到伦敦的“水仙号”船的航行经历则成为小说《“水仙号”上的黑

文学风格

故事中的故事

康拉德发展了一种间接叙事技巧：由叙事者介绍的一个人物来讲述小说中的故事，而两人不一定持相同的观点。他最喜欢的叙事者是查尔斯·马洛船长（Captain Charles Marlow），后者在《吉姆爷》（*Lord Jim*）、《黑暗的心》（*Heart of Darkness*）等作品中扮演了核心角色。这种技巧达到的效果就是，文本与其描述的戏剧性和冒险场景之间保持着一种带有反讽意味的距离，也是对人类动机的本质奥秘的尊重。人们认为，马洛这一命名是为了致敬伊丽莎白时代的剧作家克里斯托弗·马洛，康拉德很可能是通过父亲的译作了解到这位剧作家的作品的。

1965年，被改编成电影的康拉德的《吉姆爷》的海报

▷ **大器晚成**
康拉德的写作生涯起步相对较晚，三十六岁时才认真开始创作。他选择用英语写作，而不是母语波兰语或自幼熟悉的法语。

> **“每个时代皆以幻想为食，以免人们过早地放弃生命而使人类走向终结。”**

约瑟夫·康拉德，《胜利》（*Victory*）

△《台风》(*Typhoon*)，1902 年
在康拉德的小说《台风》中，船长马克惠（McWhirr）驾驶着“南山号”汽轮进入了风暴眼，这是一个人类意志与大自然顽强抗争的故事。

水手》(*The Nigger of the Narcissus*，1897）——讲述了一艘遇难船上的一名垂死的黑人水手的故事，这是一个关于面对逆境时的友谊的寓言——的素材来源。

1887—1888 年，康拉德生活在东南亚。其间，他遇到了一些人。例如，言语简洁的船长约翰·麦克沃尔（John McWhirr），在中篇小说《台风》中其以英雄的形象永垂不朽；商人查尔斯·奥尔梅杰（Charles Olmeijer），他成为康拉德的第一部小说《阿尔迈耶的愚蠢》(*Almayer's Folly*，1895）中卡斯帕·阿尔梅耶（Kaspar Almayer）的原型。

背景知识
康拉德在刚果

1890 年，康拉德前往刚果时，那里实际上正处于比利时国王利奥波德二世（Leopold Ⅱ）无可争议的个人统治之下。利奥波德二世广泛宣传他崇高的人道主义目标。然而，事实上，刚果遭受了无情的经济剥削，其人民不得不忍受强迫劳动和野蛮的虐待。1904 年，康拉德在刚果期间遇到的一位英国领事写了一份报告，揭露了那里的可怖景象。利奥波德被迫开始改革，刚果于 1908 年正式成为比利时的殖民地。

对刚果劳工的虐待，包括截肢

在殖民地的探险

1888 年，康拉德被任命为船长，但他仍然不安分，不满足于现状。1889 年，出于对新经历的渴望，康拉德申请为刚果的比利时人服务。康拉德被任命为新船长——前任指挥官被谋杀。他先经由陆路行至金沙萨（Kinshasa），然后驾驶一艘劣质的轮船，沿刚果河逆流而上至博约马瀑布。他险些因痢疾和疟疾而丧命，但比这些遭遇更可怕的是，他目睹了人类道德的沦丧，欧洲殖民者进行着被康拉德形容为“这是有史以来玷污人类良知历史的最邪恶的掠夺行为”。整个经历在他著名的中篇小说《黑暗的心》中以令人难忘的描述被呈现出来。

康拉德回到英国后，他回归了航海生活，但他对自己的生活越来越不满意。1894 年，在他报名参加的一次航行突然被取消后，他忽然有了完成《阿尔迈耶的愚蠢》一书的灵感，那是他很多年前就开始写作的小说。随后它顺利出版，并与《荒岛余生》(*The Outcast of the Islands*，1896）一道，为康拉德成为一位重要作家奠定了基础。为了完成这一人生转变，1896 年，康拉德与一位比他小十六岁的工人阶级女性、打字员杰西·乔治（Jessie George）结婚。她温柔、安静的个性对康拉德不安分的性格来说是一种幸运的互补。他们育有两个孩子。

◁ 马赛，19 世纪 70 年代
年轻的康拉德在法国马赛过着冒险的生活。他被卷入了政治阴谋和向西班牙走私武器，这些事件后来被他写进了小说《黄金箭》(*The Arrow of Gold*，1919）中。

安定的生活

康拉德余生都致力于写作，主要生活在英国南部的乡村。他早期的作品主要基于他在海上和在欧洲殖民地的个人经历。它们反映了作者讽刺的宿命观和他对个人责任、荣誉准则的关注，这在小说《吉姆爷》中表现得尤为显著——探讨了一个人在一次可耻的玩忽职守之后

> **“他大叫了两声，那叫声如喘息一般：‘可怕！可怕啊！’”**
>
> 约瑟夫·康拉德，《黑暗的心》

为完成自我救赎所做的努力。康拉德对殖民主义以及欧洲人认为在其外部世界的所谓“文明使命”，都持嘲讽和怀疑的态度。对康拉德来说，欧洲人和他们统治的当地居民在道德上没有优劣之分。

后期的作品

康拉德的波兰背景使他对政治问题有着敏锐的感知力，这在他的作品中变得越来越显著。1904年，他出版了《诺斯特罗莫》（*Nostromo*），这部小说脱离了他的个人经历，描绘了全球资本主义进入一个腐败、暴力的南美国家时所造成的政治和道德冲突。在《特工》（*The Secret Agent*，1907）一书中，他把伦敦设定为这个黑暗故事的背景，故事围绕着无序的恐怖主义所带来的威胁与徒劳的抗争展开；而在《在西方的目光下》（*Under Western Eyes*，1911）中，他抨击了俄国潜在的革命者道德上的虚无主义。

1913年，康拉德凭借小说《机会》（*Chance*）获得了意想不到的成功，而在后期的主要作品《胜利》中，他重回东南亚诸岛，针对自己本质上极为灰暗的人生观发表了另一个强有力的声明。一些学者认为，这部小说也涉及作者自身的一个弱点——无法处理性关系。

康拉德已经成为英语世界中一位成就卓著的老人，他在拒绝爵士头衔后不久于1924年逝世。他的作品产生了持久的影响，被T. S. 艾略特和鲍勃·迪伦（Bob Dylan）等人引用。弗朗西斯·福特·科波拉（Francis Ford Coppola）的奥斯卡获奖影片《现代启示录》（*Apocalypse Now*，1980）就受到了《黑暗的心》的启发。

△《现代启示录》
导演弗朗西斯·福特·科波拉将康拉德的《黑暗的心》搬到了越南的丛林中，以严厉的批判性眼光审视了美国在越南战争中的军事行动，检视着人类灵魂深处的黑暗。

重要作品年表

1895 康拉德的第一部小说《阿尔迈耶的愚蠢》出版，讲述了一个荷兰商人在马来西亚婆罗洲的孤独与幻灭。

1899 《黑暗的心》首次在《布莱克伍德》（*Blackwood*）杂志上连载发表。

1900 《吉姆爷》讲述的是一个人因在海上弃船而蒙受耻辱的故事，展现了康拉德的间接叙事技巧。

1904 《诺斯特罗莫》聚焦于资本主义对政治和个人道德的腐蚀性影响。

1907 《特工》的故事设定在爱德华七世时期的伦敦，表明了作者对革命性政治的敌意。

1915 《胜利》是一部以印度尼西亚群岛为背景的黑暗悲观的心理剧。

鲁迪亚德·吉卜林

Rudyard Kipling，1865—1936，英国人

吉卜林是一位高产的诗人和小说家。他的作品题材广泛，风格广受欢迎，这为他带来了国际声誉。他是第一个获得诺贝尔文学奖的英国作家。

鲁迪亚德·吉卜林出生于印度孟买的一个艺术世家。他的父亲是当地一所艺术学校的雕塑教授，母亲是拉斐尔前派艺术家爱德华·伯恩-琼斯（Edward Burne-Jones）的弟妹。他的名字源于斯塔福德郡的鲁迪亚德湖（Rudyard Lake），这是他父母的定情之地。

吉卜林自幼生活在印度，六岁时被送到了英国。最初，他寄宿在南海城的一个家庭——他在《黑羊咩咩》（"Baa Baa Black Sheep"）中描述了这段悲惨的经历，后来他搬到德文郡的"西进！"（Westward Ho！）小镇。在那里，他对文学产生了兴趣，并成为校报的编辑。

印度传奇

1882年，吉卜林重返印度，在拉合尔（Lahore）的《民事与军事公报》（*Civil and Military Gazette*）当记者。这份报纸给了他相当大的自由空间。除了一般的报道与小道传闻，他还可以刊登自己的短篇小说与诗歌。这些作品涵盖了各种各样的主题，反映了吉卜林对印度生活各个方面永不满足的好奇心，后来被结集成书出版。《歌曲类纂》（*Departmental Ditties*，1886）讽刺了英国的官僚主义；《山中故事》（*Plain Tales from the Hills*，1888）的创作灵感来自印度西姆拉（Simla，即Shimla）山区避暑别墅里的上流社会；《三个士兵》则讲述的是他最喜欢的主题之一——英国士兵"汤米"的日常生活。

事实证明，这些书不仅在印度很受欢迎，而且风靡英美。1889年吉卜林抵达伦敦时，他已经为读者所熟知。1890年出版的《营房谣》（*Barrack-Room Ballads*）则巩固了他的名声。这些看似简单的诗句以一个普通士兵的日常口语写成，与当代音乐厅里歌曲的节奏相呼应。吉卜林采用传统的形式，如维多利亚时代的独白、街头歌曲和民谣，以最简单的方式传达强有力的情感信息。

吉卜林在写作中继续借用他在印度的经历，并于1901年创作了他最优秀的小说《基姆》（*Kim*）。然而，此时他的生活已出现转折。1892年，他与美国女人卡洛琳·巴莱斯蒂尔[（Caroline Balestier，昵称"卡丽"（Carrie）]结婚，并移居到佛蒙特州。他开始创作儿童故事，尤其是两卷本的《丛林之书》（*The Jungle Books*，1894、1895）。后来他们全家回到英国，定居在苏塞克斯郡，但仍时常去美国，直到1899年，他的女儿约瑟芬（Josephine）在那里去世。这激发了吉卜林创作出他最感人的故事《他们》，讲述了一位父亲对死去孩子的哀悼。

这不是他遭遇的唯一的家庭悲剧。1915年，他唯一的儿子在卢斯之战（the Battle of Loos）中被杀，而当初吉卜林显然利用了关系才使儿子能够参军。在此后的几年里，吉卜林对战争和殖民统治的拥护态度（有些人更愿意将其描述为沙文主义）一定程度上玷污了他的声誉，尽管他表达的是当时多数人所持的观点。从这个意义上说，他是他那个时代的完美代言人。

◁ **贝特曼庄园，苏塞克斯郡**
从1902年到1936年吉卜林去世，吉卜林和他的美国妻子及他们的孩子一直生活在苏塞克斯郡东面的贝特曼庄园。

文学形式
儿童读物

吉卜林的名声多年来起伏不定，但他的儿童读物一直都很受欢迎。这些故事最初是自己孩子的睡前故事，依靠赋予动物拟人化特质所带来的魅力。《原来如此的故事》（*Just So Stories*，之所以叫这个名字，是因为吉卜林的女儿坚持按照她喜欢的方式讲述这些故事）的第一版发表于1902年，重点关注各种动物特征的起源（如骆驼的驼峰是怎么来的，豹子的斑点是怎么形成的）。吉卜林本人绘制的版画插图尤其赏心悦目。讲述一个男孩是如何被狼群养大的《丛林之书》也颇受欢迎。此外，它们还启发了埃德加·赖斯·巴勒斯（Edgar Rice Burroughs）著名的"泰山"故事，并促使巴登-鲍威尔（Baden-Powell）成立了童子军中的"小狼组"（the Wolf Cub division）。

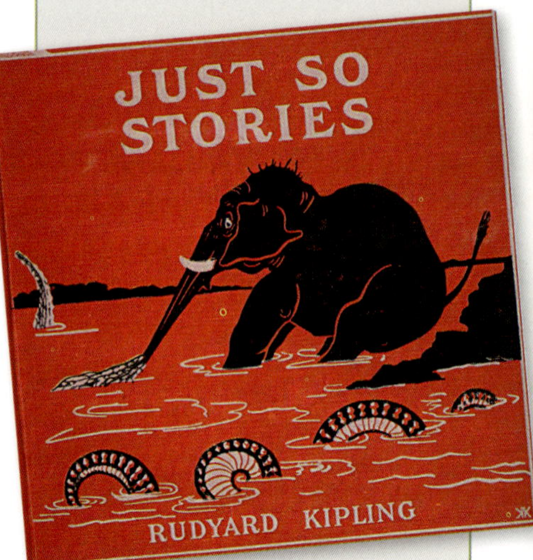

《原来如此的故事》英国初版的封面，1902年

▷ **鲁迪亚德·吉卜林，1899年**
从这幅由吉卜林的表亲菲利普·伯恩-琼斯（Philip Burne-Jones）创作的肖像画中可以看出，吉卜林正坐在书桌前沉思。这位画家最著名的作品《吸血鬼》激发了吉卜林同名诗作的创作灵感。

安东 · 契诃夫

Anton Chekhov，1860—1904，俄国人

契诃夫年轻时是一位高产的短篇小说家，创作了简洁明快、幽默风趣的故事，充满了新鲜的想法。后来，他转向戏剧，创作了细腻微妙而饱含情感的剧本，为戏剧带来革命性的变化。

△《闹钟》（*Alarm Clock*）
契诃夫为《闹钟》等讽刺周刊撰写了数百篇文章，主要是为了挣钱。后来他把这些早期作品贬得一文不值，称它们为“文学排泄物”。

契诃夫的文学生涯正值俄罗斯文学的黄金时代。当时的许多重要作家都出身贵族（托尔斯泰是伯爵，果戈理和屠格涅夫是贵族的后代），契诃夫却在赤贫的家庭长大。他出生于俄罗斯南部的港口城市塔甘罗格（Taganrog）的一个有着六个孩子的家庭。他祖父是农奴，父亲是杂货商。

毫无疑问，塔甘罗格是一个穷乡僻壤之地，但它有一座歌剧院、一座剧院和一所不错的学校，契诃夫就是在那里接受了教育。然而，十六岁时，他的世界被彻底颠覆了。父亲破产，带着家人飞去了莫斯科，却留下契诃夫独自在此谋生。这个男孩展现出他品性中的力量，而正是这种力量使他在后来取得了成功。他完成了学业，三年后去到莫斯科与家人团聚，并在那里的一所医学院学习。

学习之外，契诃夫开始为一些小型的周刊撰写幽默文章和短篇小说来帮忙养家糊口。这些期刊有着非常严格的字数限制，契诃夫很快就摸索出了一种与之相适应的简洁风格。他以印象主义的方式写作，在一个简短的描述或几行对话中捕捉人物的本质。他还学会了潜台词的艺术，用隐藏的含义来戏弄读者。

在接下来的几年里，契诃夫创作并发表了数百篇短篇小说和小短文。在这一过程中，他磨炼了写作技能，并成为家庭的主要经济支柱：他们一家由此得以搬离位于红灯区的条件艰苦的出租屋。

医生兼作家

1884年，契诃夫获得了行医资格，他擅长精神病学和诊断——他在写作中也利用了这种分析技能。在从事新职业的同时，他继续创作短篇小说，并毫不费力地将这两门学科结合了起来：他将医学称为“合法妻子”，文学称为“情人”。他的医学知识甚

◁ 安东 · 巴甫洛维奇 · 契诃夫，1898年
这幅由奥西普 · 布拉兹（Osip Braz）所绘的肖像画将契诃夫描绘成了一个忧郁的肺病患者。作家本人不喜欢这幅画，因此拒绝在印刷的副本上签名。

背景知识

俄国农奴制

农奴制是16世纪以来在俄国盛行的一种封建制度。到19世纪，俄国四千万农民中约有一半是农奴——实际上，他们是贵族地主、沙皇或宗教基金会的财产。1861年，沙皇亚历山大二世为了实现国家现代化，实施了废除农奴制的重大举措。这一改革影响深远，使土地乡绅走向衰落——他们的劳动力成本急剧上升——富裕的资产阶级逐渐崛起。这些变化在契诃夫的剧作中得到了体现，尤其是《樱桃园》，它从许多方面来看都是关于一个垂死阶级的挽歌。

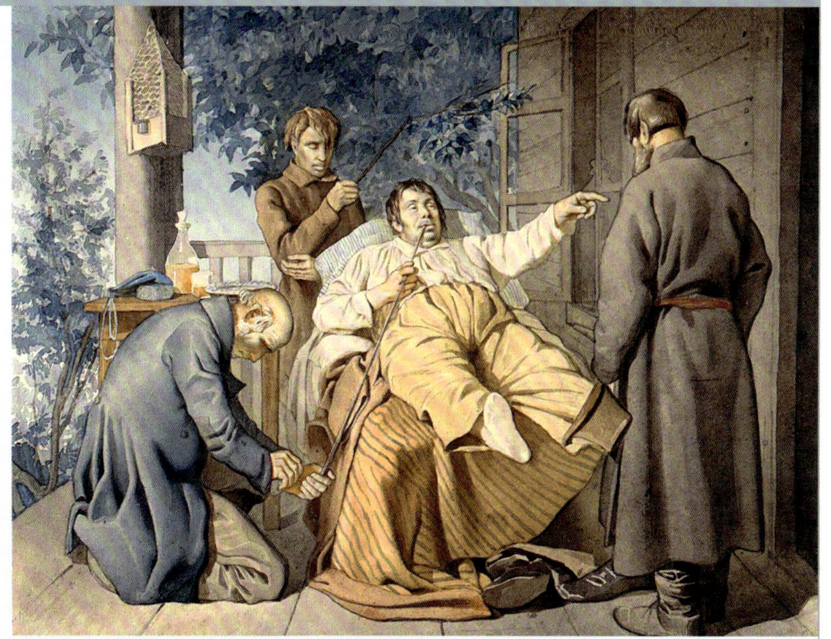

《地主与农奴》（*A Landlord and His Serfs*），康斯坦丁 · 亚历山德罗维奇 · 特鲁托夫斯基（Konstantin Alexandrovich Trutovsky）绘，1853年

> “最重要的是保持**关注**，勤于**观察**，发奋工作，将**每一件事**都**重写五次**，并使之**凝练**。”

安东 · 契诃夫，《写给哥哥亚历山大的一封信》

△ 契诃夫位于梅利霍沃的庄园里的书桌
契诃夫在他位于梅利霍沃的庄园里住了六年多，父母和担任管家的妹妹与他住在一起。这一时期，他的作品包括关于农民生活的故事。

▽ 莫斯科艺术剧院，1899年
图中，契诃夫正在向莫斯科艺术剧院的演员们朗读他的剧本《海鸥》。作家位于这群人的中央，手拿着书；左边是导演兼演员康斯坦丁·斯坦尼斯拉夫斯基（Konstantin Stanislavsky）；斯坦尼斯拉夫斯基身旁的女子是契诃夫未来的妻子奥尔加·克尼佩尔（Olga Knipper）。

至为他的一些故事提供了灵感，这些故事通常围绕某种疾病而展开。《第六病室》（“Ward No.6”）和《没有意思的故事》（“A Dreary Story”）是两个最著名也最凄凉的例子。

更深刻的故事

此时，契诃夫已经从为廉价、阅后即弃的周刊写作转向为给内容更为充实的月刊写作，后者的目标受众是更为成熟的读者群，他们支付更高的费用，更重要的是，为作者创作更复杂、更广阔的作品提供了空间。契诃夫写作事业发展中的一个关键人物是圣彼得堡的报业巨头阿列克谢·苏沃林（Aleksey Suvorin），他给的酬劳是莫斯科编辑的三倍，这使契诃夫过上了更舒适的生活，而且写作节奏也没有那么紧迫了。

在篇幅较长一些的故事中，契诃夫让他笔下人物更具心理深度，而且颠覆了传统意义上人们对这一文体的期待：情节没有巧妙地结束，恋人们没有幸福的结局。相反，人际关系因混乱和沟通不畅而变得一团糟。这种不确定的气氛后来在作者的剧作中再度出现。

契诃夫出版了两本故事集《杂色的故事》（*Motley Tales*，1886）和《在昏暗中》（*In the Twilight*，1887），皆广受好评，后者为他赢得了1888年著名的普希金文学奖。不幸的是，契诃夫的胜利喜悦被他私生活中的一些事件破坏了。他的兄弟尼古拉（Nikolay）在饱受肺结核残酷折磨数月之后去世了，同样患有肺结核病的契诃夫痛苦地意识到，自己的健康状况也在变得更糟糕了。

东方之旅

情绪低落时，契诃夫做出了他人生中最奇怪的决定之一：他开启了一段大约六千五百公里的穿越俄罗斯的旅程，去考察西伯利亚和日本之间的萨哈林岛（Sakhalin，“库页岛”）流亡地的情况。这次旅行很可能会让他丧命，但他安全而归，并写了一部关于这段经历的非同寻常的作品——《萨哈林岛》（*Sakhalin*，1893）。

日常生活的变化似乎促使契诃夫采取行动。1892年，他在莫斯科以南的梅利霍沃（Melikhovo）购买了一处小型庄园。他在那里的果园中建了一间小屋，在此写了一些最精彩的故事和《海鸥》(*The Seagull*)的第一稿。契诃夫在此之前进行过戏剧创作，但他的早期作品诸如《伊万诺夫》(*Ivanov*，1887)和《林妖》(*The Wood Demon*，1889)都失败了。他之所以仍在坚持，是因为剧场很可能是个可以获利的地方——编剧可以得到票房收入的百分之十。契诃夫知道，即使是在剧院里取得一个小小的成功，也比他写其他任何故事能带来更多的收入。

不过，《海鸥》最初并没有比他之前的尝试表现得更好。这部戏剧在1896年的首演是一场排练不足的惨败，而无法获得共情的观众则以嘲笑和嘘声来回应。契诃夫在剧终前离开了，发誓再也不写剧本了。更糟糕的是，他的健康状况每况愈下。在医生的命令下，他不得不从心爱的梅利霍沃搬到气候更温和的克里米亚的雅尔塔(Yalta)。

在他不在场的情况下，新成立的莫斯科艺术剧院(Moscow Art Theatre)重新排演了《海鸥》，由导演康斯坦丁·斯坦尼斯拉夫斯基(Konstantin Stanislavsky，见右图)扮演特里戈林(Trigorin)。这一次，该剧大获成功，而契诃夫作为剧作家的才能随即得到了认可。他转而与莫斯科艺术剧院合作，后者将他的四部杰作——《海鸥》、《万尼亚舅舅》(*Uncle Vanya*)、《三姐妹》(*Three Sisters*)和《樱桃园》——改编成了经典的舞台剧。他甚至还娶了剧场的女演员奥尔加·克尼佩尔为妻。

▷《万尼亚舅舅》演出单
契诃夫的这部戏剧改编自他早期的作品《林妖》，1899年，由莫斯科艺术剧院首次排演。

重要作品年表

1895
契诃夫在他梅利霍沃的家中创作了第一部重要剧作《海鸥》。该剧的首演无异于一场灾难。

1898
契诃夫将他早期的剧作《林妖》进行了删减，并重写了结局，最终创作出《万尼亚舅舅》。

1899
短篇小说《带小狗的女人》("The Lady with the Dog")出版，它讲述了两个身陷无爱婚姻的人之间的一段情事。

1901
莫斯科艺术剧院公司首次演出契诃夫的《三姐妹》。契诃夫为他未来的妻子奥尔加·克尼佩尔设计了玛莎(Masha)一角。

1904
契诃夫的最后一部戏剧《樱桃园》于1月首演，就在作者去世前几个月。这次演出被认为是一次巨大的成功。

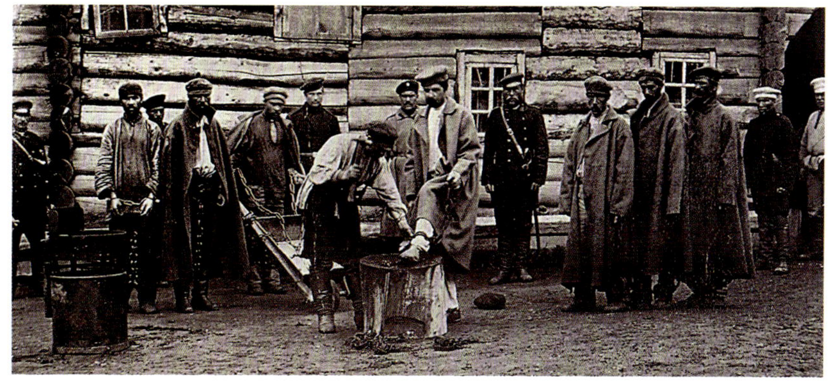

△ 萨哈林岛劳动营
在对萨哈林岛囚犯生活的描述中，契诃夫描绘了他们在恶劣条件下生存的细枝末节。这部作品仍然是一部富有洞察力且感人的调查性报告。

戏剧的革命

斯坦尼斯拉夫斯基擅长向公众展示契诃夫充满创新性的戏剧。在这些作品中，契诃夫摒弃了俄国戏剧中的所谓“戏剧性”，将重点放在情绪上，而不是动作上。他的戏剧不是围绕着明星演员展开，而是更多地关注全体的表演。契诃夫不在戏剧中设计高潮——他往往倾向于缓和场景中的紧张气氛，让戏剧逐渐进入反高潮的平淡之中。“我在强音中开始，”他为他的一部剧自豪地宣称，“在弱音中结束，违背了剧场里的所有规则。”一些批评家抱怨说，他的戏剧中没有事情发生。但比起戏剧性的动作，契诃夫更喜欢表现他笔下角色的内在生命。他们追忆过去，他们沉思着现在的失败，他们梦想着更美好的未来。

斯坦尼斯拉夫斯基和契诃夫的意见并不总是一致的，尤其是在《樱桃园》的排演问题上，发生了冲突。作者坚持认为这是一部喜剧，但在斯坦尼斯拉夫斯基的舞台上，它的幽默与悲情的融合更接近于悲剧。遗憾的是，这是契诃夫的最后一部戏剧。在该剧首演那年，契诃夫死于了肺结核。

人物简介
康斯坦丁 · 斯坦尼斯拉夫斯基

斯坦尼斯拉夫斯基以他著名的“方法”革新了现代表演技巧。这需要训练演员掌握“体验”的艺术，而不仅仅是简单地表现角色。这种方法提倡演员们研究角色的动机，以便传达他们的情感和心理状态，以及他们的潜意识行为。斯坦尼斯拉夫斯基本人也是一名演员，他将自己的想法付诸实践，成立了自己的戏剧公司——莫斯科艺术剧院。1898年，《海鸥》这部具有里程碑意义的作品取得了第一次真正的突破。这是一次巨大的成功，它将契诃夫文本中的所有微妙之处呈现了出来。

《斯坦尼斯拉夫斯基》，尼古拉 · 安德烈耶夫(Nikolai Andreev)绘，1921年

“尽可能多地写！写，写，写，直到把手指写断！”

安东 · 契诃夫，《给玛利亚 · 基谢廖娃的信》

▷ 泰戈尔，1925年
有着与众不同外貌的泰戈尔是真正的博学家，他是修养深厚的音乐家和艺术家、兼收并蓄的哲学家和充满激情的政治活动家。最重要的是，他提倡普世主义和文化自由。

拉宾德拉纳特·泰戈尔

Rabindranath Tagore，1861—1941，印度人

泰戈尔重塑了孟加拉语文学，将西方的抒情诗体和自然主义引入自己对印度人民、印度精神和自然的探索之中。他的和平主义和人道主义为他赢得了许多崇拜者。

“让你的生命在时间的边缘上翩翩起舞吧，就像露珠在叶尖上那样。”

泰戈尔，《园丁》

1941年8月7日，泰戈尔的遗体从加尔各答被运到恒河。在此过程中，人们从他的头上拔下头发，在遗体完全火化之前，人们就开始从中搜寻骨头和其他遗物。对一个被尊为印度诗魂的人来说，这是一个令人毛骨悚然的结局，但也证明了他卓著声誉的非凡影响力。

泰戈尔约在八十年前出生于加尔各答最富有的家庭之一。这家人处于孟加拉文化复兴的最前沿。泰戈尔八岁时写了他的第一首诗。十六岁时，他创作了一系列诗歌，而这些诗歌曾被认为是一位17世纪的印度诗人遗失的作品。

英语的影响

1878年，泰戈尔被送到英国上学，并在伦敦大学学院学习了一段时间的法律。在那里，他深化了对欧洲文学的了解，还欣赏了音乐厅里演奏的音乐和民歌，他后来将民歌的风格融入了其自成一派的两千首乐曲中，并将其称为“罗宾德罗音乐”（Rabindra Sangeet）。

泰戈尔回到印度，决心将欧洲文学和印度文化融合起来。1891年，他大约二十二岁，娶了一位比他小十二岁的女孩为妻，并搬到了东孟加拉（East Bengal）以便管理家产。在那里，他认识了当地的村民，并在西式短篇小说中对他们卑微的生活进行了令人心酸而又夹杂着温和、讽刺的描写。他还创办了一所学校，试图融合印度和西方的教育传统。

从东方到西方

1902年，泰戈尔的妻子和两个孩子去世，他将悲伤倾注到诗集《吉檀迦利》（*Gitanjali*，英译为 *Song Offerings*）之中，这部诗集于1910年在孟加拉出版。为了找一个英国出版商，泰戈尔将手稿带到了英国，但随即却将它遗落在了伦敦的地铁上。幸运的是，这部书稿被找到了，并于1912年以作者不够精确的、带有注释的译本出版。这部作品传达了与自然和谐相处的灵魂的安宁，在欧洲这片处于血腥战争边缘的大陆上引发了读者的共鸣。它为泰戈尔赢得了诺贝尔文学奖，并为他带来了国际声誉。神秘、充满异国情调的圣人泰戈尔，似乎体现了西方对东方的期望。1915年，他被授予爵位称号。然而，他拒绝了这一荣誉，以抗议1919年的阿姆利则大屠杀（Amritsar massacre），这一决定表明尽管他仰慕英国文化，但依然忠于印度。

从20世纪20年代起，泰戈尔开始关注印度的艰苦环境，他不仅反对种姓制度和贱民制度，还写了关于加尔各答贫困问题的文章。他参与了民族主义运动，与甘地是好友，但他首先是孟加拉人。1937年，泰戈尔陷入昏迷。虽然他恢复了健康，但这是生命消逝的端倪。四年后，他去世了。

文学形式
泰戈尔的歌曲

虽然泰戈尔以他的诗歌而闻名于世，但他还创作了小说、戏剧、短篇小说和数千首歌曲，他将自己的文学作品和音乐结合在了一起，而这些音乐受到古典宗教歌曲和传统民间形式的影响。泰戈尔创造了一种独特、创新的音乐典范，很快成为深入人心的流行文化，以至于他的歌曲成为孟加拉国和印度的国歌。

学生们根据泰戈尔的剧本表演舞剧

◁ 泰戈尔的故居（Jorasanko Thakur Bari）
这座位于加尔各答的大房子是泰戈尔家族的祖居。泰戈尔就是在这里出生、长大和去世的。现在它是一个博物馆，专门展示这个家族的成就。

名录

哈丽特·比彻·斯托

Harriet Beecher Stowe，1811—1896，美国人

哈丽特·比彻·斯托出生在康涅狄格州，是加尔文教派牧师里曼·比彻（Lyman Beecher）的女儿。二十一岁时，她随父亲来到俄亥俄州的辛辛那提，在那里，她嫁给了《圣经》学者卡尔文·埃利斯·斯托（Calvin Ellis Stowe）。夫妻两人在废奴运动中非常活跃，帮助逃亡的奴隶逃离南方。

这对夫妻曾在缅因州的不伦瑞克生活，在那里，哈丽特写出了《汤姆叔叔的小屋》（*Uncle Tom's Cabin*）。哈丽特精心构思这部小说，使其激发了白人读者的情感，在不到一年的时间内就卖出了三十万册。这本书被认为是支持废奴主义事业的观点转变的功臣，但它也因将非裔美国人描绘为被动的受害者而遭到严厉的批评。不过，她的第二部小说《德雷德》展现了黑人对奴隶制的反抗。后来，成为国际名人的斯托继续为女性权益奔走，并创作了有关新英格兰社会的小说。

代表作：《汤姆叔叔的小屋》（1851—1852）；《德雷德：阴沉的大沼泽地的故事》（*Dred: A Tale of the Great Dismal Swamp*，1856）；《牧师的求婚》（*The Minister's Wooing*，1859）；《旧镇人》（*Oldtown Folks*，1859）。

亨利·戴维·梭罗

Henry David Thoreau，1817—1862，美国人

散文家、小说家梭罗被认为是现代环保主义和无政府主义的先驱。出生于马萨诸塞州的康科德的梭罗，在邻居拉尔夫·沃尔多·爱默生（Ralph Waldo Emerson）的鼓励下开始写作。他在超验主义杂志《日晷》（*The Dial*）上发表作品。1845年，梭罗开始了为期两年的简朴生活实验，住在康科德附近的瓦尔登湖边的一个小木屋里。他最有名的作品《瓦尔登湖》（*Walden*）就是这段经历的写照，它以格言式的散文风格表达了梭罗对自然的热爱和激进的个人主义哲学。

为了抗议美国政府的政策，梭罗曾拒绝纳税，因而被短暂地监禁了。这段经历激发他写出那篇颇具影响力的散文《公民不服从》（"Civil Disobedience"）。在他去世后出版的一系列关于自然的笔记和日记提高了他的声誉，其作品的受欢迎程度也稳步上升。

代表作：《在康科德河与梅里马克河上一周》（*A Week on the Concord and Merrimack Rivers*，1849）；《公民不服从》（1849）；《瓦尔登湖》（1854）。

伊凡·屠格涅夫

Ivan Turgenev，1818—1883，俄国人

小说家、剧作家屠格涅夫出身于俄国地主阶层。为了反抗沙皇俄国的社会制度和他专横跋扈的母亲的残暴行径，他成为自由改革的倡导者。他的第一部短篇小说集《猎人笔记》（*A Sportsman's Sketches*，1852）因对农奴制进行了批判，导致他在家被软禁了一段时间。

屠格涅夫在小说《父与子》（*Fathers and Sons*，1862）中，塑造了一个令人印象深刻的年轻的虚无主义者巴扎罗夫（Bazarov），由此表达了自己对俄国社会无法变革的绝望。由于这部小说收到的反响感到失望，加之对法国歌手宝琳·维亚朵（Pauline Viardot）虽遭挫败但忠贞不渝的爱，他永远地离开了俄国，并在法国定居。屠格涅夫那些深刻而忧郁的心理小说，包括中篇小说《初恋》（*First Love*）和长篇小说《春潮》（*Torrents of Spring*），为他赢得了大量的读者。后来他死于巴黎。

代表作：《初恋》（1860）；《父与子》（1862）；《烟》（*Smoke*，1867）；《春潮》（1872）。

△ 特奥多尔·冯塔纳，卡尔·布莱特巴赫（Carl Breitbach）绘，1883年

特奥多尔·冯塔纳

Theodor Fontane，1819—1898，德国人

冯塔纳是德国19世纪最著名的现实主义小说家，但他直到五十八岁时才出版自己的第一部作品。他出生于勃兰登堡的新鲁平（Neuruppin），是一位药剂师的儿子；他继承了父亲的事业，直到后来决定逃到新闻行业。

冯塔纳作为一名驻外记者和战地记者（在伦敦生活了七年），发表了一系列游记和军事论著，但没有小说（除了一部被忽略的中篇小说）。直到1878年，《暴风雨前》（*Before the Storm*）出版。

这是一部故事背景设定在拿破仑时代的历史小说。随后，冯塔纳基于他对当代德国社会的观察，写了一系列小说，以一种冷酷而讽刺的语调展现了德国人对地位和体面的痴迷。他对女性的处境尤其关注，因为女性的愿望和志向经常使她们与社会传统发生冲突。冯塔纳职业生涯中的代表作《艾菲·布里斯特》（*Effi Briest*），讲述了一个平凡女性因早年的偷情事件被发现后而遭到毁灭的悲惨命运（据说原型是冯塔纳的外祖母）。

代表作：《暴风雨前》（1878）；《私通的女人》（*The Woman Taken in Adultery*，1882）；《燕妮·特赖贝尔夫人》（*Jenny Treibel*，1893）；《艾菲·布里

斯特》(1895)。

儒勒·凡尔纳

Jules Verne，1828—1905，法国人

儒勒·凡尔纳是他所谓“科学小说”(the novel of science)的发明者，也是一位多产的作家，对后世产生了持久的文化影响。他出生在南特(Nantes)，是一位律师的儿子。他在巴黎学习法律，做过股票经纪人，但从未怀疑过写作是他的真正职业。他写作生涯的突破是在1863年，当时出版商皮埃尔-儒勒·埃策尔(Pierre-Jules Hetzel)出版了他的小说《气球上的五个星期》(*Five Weeks in a Balloon*)。埃策尔成为凡尔纳所有作品的出版商，他把它们包装成“奇异旅行”系列。它们旨在以冒险故事的形式展示当下的地理和科学知识，从而将原本看似不相容的科学和幻想领域结合了起来。此举大获成功，该系列共出版了五十四部。

凡尔纳的小说都经过详尽的考证，他的“发明”，如宇宙火箭、潜水艇，都是建立在19世纪科技水平上的合理推测。这些作品的畅销有时意味着它们的文学价值被低估了，如今它们在评论界享有很高的声望。

代表作：《地心游记》(1864)；《从地球到月球》(*From the Earth to the Moon*，1865)；《海底两万里》(1870)；《八十天环游世界》(1873)。

克里斯蒂娜·罗塞蒂

Christina Rossetti，1830—1894，英国人

维多利亚时代的诗人克里斯蒂娜·罗塞蒂是一个寄居在伦敦的意大利政治流亡者的女儿。她的哥哥是才华横溢的拉斐尔前派画家兼诗人但丁·加百利·罗塞蒂。克里斯蒂娜年轻时十分活泼，但她的本性后来被长久的疾病和英国国教高派教会(Anglo-Catholic)的影响所抑制，该教派认为快乐是有罪的，人们应该弃绝。

1862年发表的《小妖精集市和其他诗歌》(*Goblin Market and Other Poems*)使克里斯蒂娜·罗塞蒂作为一位著名的诗人被认可。同名诗歌《小妖精集市》描写的是关于姐妹之爱和禁果的主题，是她最受赞誉的作品之一。她被求婚三次，但仍然保持独身。她那关于痛苦、失去和逆来顺受的抒情诗，风格明净清澈，表达了她对神圣之爱高于世俗之爱的信念。她的十四行诗组曲《无名的莫娜》(*Monna Innominata*，1881)充斥着《圣经》里的隐喻，是一首献给未实现愿望的赞美诗。罗塞蒂也经常写有争议的主题，如《堕落的女人》。她晚期的很多诗歌都具有祷告意义。

代表作：《小妖精集市和其他诗歌》(1862)；《王子出游和其他诗歌》(*The Prince's Progress and Other Poems*，1881)；《庆典和其他诗歌》(*A Pageant and Other Poems*，1881)；《诗集》(1893)。

刘易斯·卡罗尔

Lewis Carroll，1832—1898，英国人

查尔斯·路特维奇·道奇森(Charles Lutwidge Dodgson)以刘易斯·卡罗尔为笔名，创作了英语世界中一系列最富想象力的作品。牧师之子卡罗尔是一名出色的数学家，他写诗和小说仅仅是为了自娱。他一生中的大部分时间是在牛津大学基督堂学院(Christ Church College)授课。他最著名的作品《爱丽丝漫游奇境》(*Alice in Wonderland*)是为学院院长的女儿爱丽丝·利德尔(Alice Liddell)而写的。

1865年，由约翰·坦尼尔(Sir John Tenniel)绘制插图的《爱丽丝漫游奇境》出版后，立即大获成功。它的续集《爱丽丝镜中奇遇》(*Through the Looking Glass*)不如第一部那样受欢迎，或许是因为在这部作品中，道奇森对谜语和数学难题的思索太过于明显。这两部作品中都包含很多无厘头的诗句和对著名作品的反讽。还有些作品，如《猎鲨记》(*The Hunting of the Snark*)，故意以晦涩难懂的风格来表达。卡罗尔还是一位出色的摄影师，但他给儿童拍摄的照片致使人们对他的性取向产生了一些不确定的猜测。

代表作：《爱丽丝漫游奇境》(1865)；《爱丽丝镜中奇遇》(1871)；《猎鲨记》(1876)。

斯特凡·马拉美

Stéphane Mallarmé，1842—1898，法国人

象征主义诗人斯特凡·马拉美出生于巴黎一个中产阶级家庭，二十一岁结婚，当了三十年的中学老师。过着如此传统生活的他，却追求一种激进的艺术理念，坚信只有诗人才能拯救无用的世界，并认为“世界上存在的一切都将在书中终结”。

最初马拉美受到了波德莱尔和爱伦·坡的影响，发展出一种晦涩的、凝缩的、句法上十分复杂的诗歌风格，并利用晦涩的意象来表达

△ 斯特凡·马拉美，纳达尔(Nadar)拍摄，1896年

对缥缈难及的理想的失败追求。他为19世纪末的颓废主义思潮带来了活力，而他的“星期二沙龙”成为巴黎文坛的中心。马拉美的大多数著名的诗歌都写于19世纪60年代，尽管发表时间要更晚一些，其中包括《牧神的午后》（“The Afternoon of a Faun”），这首诗以梦幻般的独白描绘了一位牧神的感官经历。马拉美晚期创作力的爆发体现在著名的散文诗《骰子一掷不会消弭偶然》（“A Throw of the Dice Will Never Abolish Chance”）中，他使用排版和词汇并置，以探索形式和内容之间的关系。

代表作：《牧神的午后》（1876）；《诗集》（1887）；《希罗狄亚德》（“Hérodiade”，1896）；《骰子一掷不会消弭偶然》（1897）。

贝尼托·佩雷斯·加尔多斯

Benito Pérez Galdós，1843—1920，西班牙人

佩雷斯·加尔多斯是西班牙最负盛名的现实主义小说家。他出生在加那利群岛（Canary Islands），后来成为马德里的一名记者。1870年，第一部小说《金泉》（*The Fountain of Gold*）的成功开启了加尔多斯作为一位极其高产的小说家的职业生涯。从1873年到1912年，加尔多斯一共写了四十六部历史小说，统称《民族逸事》（*National Episodes*），对西班牙19世纪的历史进行了戏剧化的呈现。与此同时，他还在进行另一系列小说的创作，共二十二部，受巴尔扎克的《人间喜剧》的启发，该系列聚焦于当代西班牙生活，其中包括小说《两个女人的命运》（*Fortunata and Jacinta*），它通常被认为是加尔多斯最好的作品之一。

加尔多斯也为剧院撰写剧本，他反教权的戏剧《厄勒克特拉》（*Electra*，1901）引发了激烈的争议。他于1907年进入西班牙议会，但他的政治生涯十分短暂，可谓徒劳无功。

代表作：《金泉》（1870）；《两个女人的命运》（1886—1887）；《特丽丝塔娜》（*Tristana*，1892）；《纳扎林》（*Nazarin*，1895）。

保尔·魏尔伦

Paul Verlaine，1844—1896，法国人

魏尔伦的放荡生活和他的抒情诗一样有名。1866年，他发表了自己的第一部诗集《忧郁诗章》（*Poèmes Saturniens*），但他找到自己的真正声音是在忧伤而甜蜜的《华宴集》（*Fêtes Galantes*）和《无词浪漫曲》（*Romance sans paroles*）中。他使用短句（通常含有奇数的音节），为法语诗歌引入了一种富有诗意、音韵优美、哀婉悲怆的新形式。他诗歌中冷静的秩序感并未在他的生活中体现出来。

在与十六岁的马蒂尔德·蒙特（Mathilde Mauté）结婚后，魏尔伦离开了她和他们的新生儿，与麻烦不断的年轻诗人亚瑟·兰波（Arthur Rimbaud）生活在一起。1873年，两人之间暴风雨般的情感持续发酵，最终导致魏尔伦朝兰波的手腕开了一枪，为此他在狱中待了两年。后来的魏尔伦始终努力保持精神状态的稳定，这反映在他的诗集《明智》（*Sagesse*）中，但这一努力在他的情人卢西安·列蒂诺斯（Lucien Létinois）于1883年去世后失败了。魏尔伦染上了酒瘾，与此同时，他的声名却渐盛。

代表作：《华宴集》（1869）；《无词浪漫曲》（1873—1874）；《明智》（1880）；《今与昔》（*Jadis et naguère*，1884）。

亨利克·显克微支

Henryk Sienkiewicz，1846—1916，波兰人

亨利克·显克微支不仅是一位获奖的历史小说家，还是一位成就显著的记者和游记作家，出生在波兰东部卢布林省的一个衰落的地主家庭。他出生时，波兰已经是俄国的一个傀儡国家，于1867年被俄国正式吞并。显克微支从19世纪70年代起发表了他的第一部小说和短篇小说集。

他的一系列历史小说——由《火与剑》（*With Fire and Sword*）、《洪流》（*The Deluge*）及《星火燎原》（*Fire in the Steppe*）组成的“三部曲”——在波兰取得了巨大成功。这些以17世纪为背景的小说宣扬了波兰的爱国主义，但也避免过于冒犯俄国的审查制度。显克微支的史诗小说《你往何处去？》（*Quo Vadis*？）为他带来了国际声誉，背景设定在古罗马皇帝尼禄的时代，展现了基督教精神是如何战胜罗马社会的物质主义的。

1905年，显克微支获得诺贝尔文学奖，他利用自己的威望呼吁波兰争取更多的自治权，但他仍是一个反对激进叛乱的温和派人士。他在“一战”期间死于瑞士。

代表作：“三部曲”（*The Trilogy*，1884、1886、1888）；《你往何处去？》（1895）；《毫无准则》（*Without Dogma*，1891）；《十字军骑士》（*Teutonic Knights*，1900）。

若利斯-卡尔·于斯曼

Joris-Karl Huysmans，1848—1907，法国人

△ 亨利克·显克微支，卡齐米·波奇瓦斯基（Kazimierz Pochwalski）绘，1890年

于斯曼的作品定义了法国的颓废主义运动。他父亲是荷兰人，但他自己在巴黎出生和去世。于斯曼通过在行政部门的闲差来养活自己，最初在爱弥尔·左拉自然主义的影响下，开始了自己的文学生涯。自然主义贯穿于他早期的小说，如《瓦塔尔姐妹》（*The Vatard Sisters*）。他终身未婚，发表于1882年的小说《沉浮》（*Downstream*）就用风趣的笔触描写了巴黎一个单身汉沮丧无望的生活。发表于1884年的《逆流》（*Against Nature*）正式确立了于斯曼离经叛道的独特风格，主人公德塞森（Des Esseintes）是他创造的一个典型的颓废的世纪末唯美主义者。

于斯曼的文本充满了新词与古语，和他选用的主题一样新颖。在之后的小说中，如华丽而精彩的《彼方》（*The Damned*）中，他创造了杜尔塔（Durtal）这个犹如自己分身的人物，展示了一个对撒旦教有着乖张兴趣的人重新皈依天主教怀抱的精神历程。

代表作：《瓦塔尔姐妹》（1879）；《逆流》（1884）；《彼方》（1891）；《路上》（*En route*，1895）。

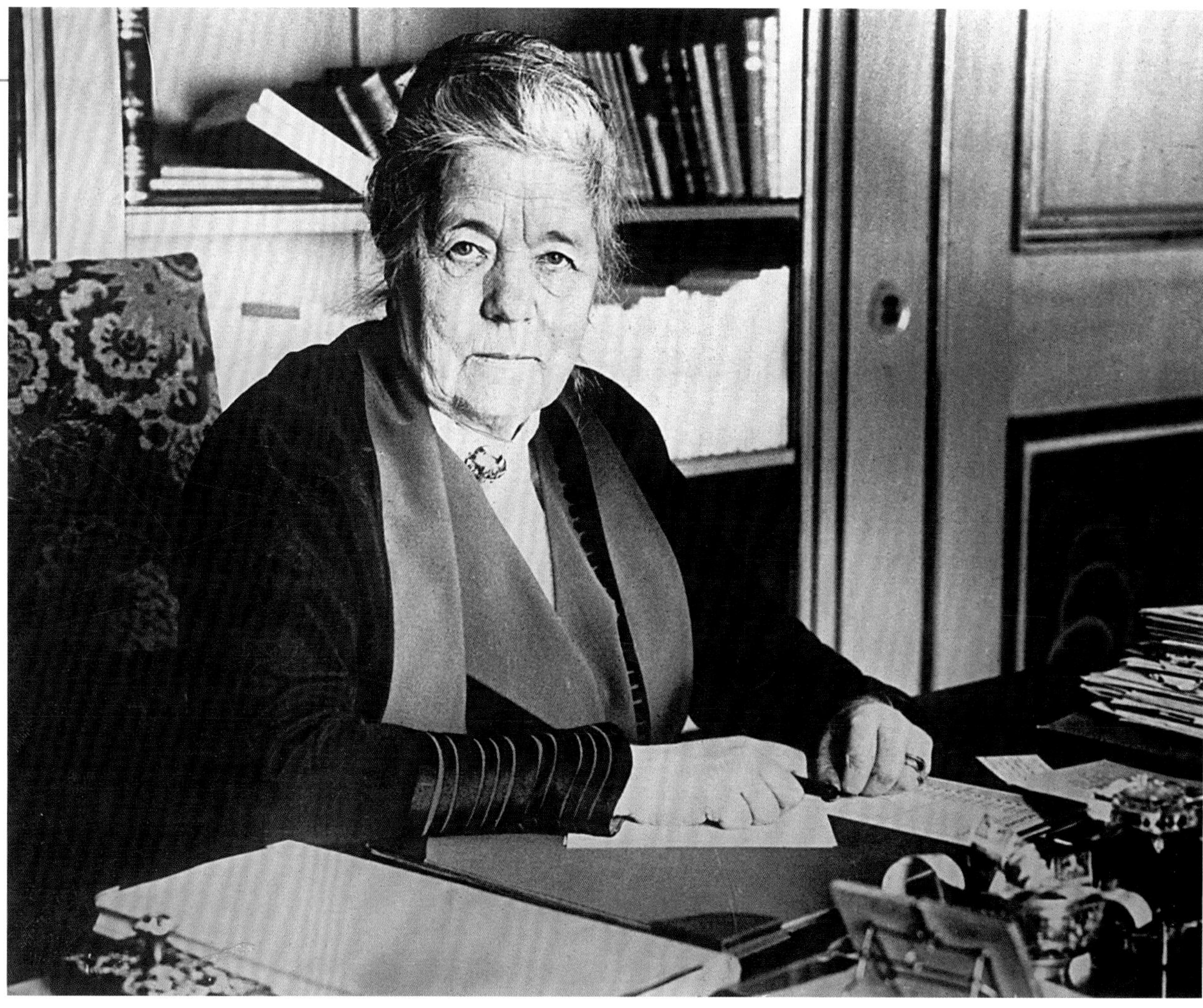

△ 塞尔玛·拉格洛芙，约1939年

罗伯特·路易斯·史蒂文森

Robert Louis Stevenson，1850—1894，苏格兰人

作为冒险小说作家，史蒂文森最为人知的作品大概就是心理悬疑小说《化身博士》。史蒂文森是他那显赫的灯塔设计师家族中的异类，他没有按照父亲的愿望成为一个土木工程师，而是成了作家。

史蒂文森酷爱旅行，他出版的第一部作品《骑驴漫游记》（1879）就是对他的旅行的记录。1880年，他与离异的美国人芬妮·范德格里夫特·奥斯彭（Fanny Vandegrift Osbourne）成婚，两人经常一起旅行。小说《金银岛》和《绑架》（*Kidnapped*）本是为孩子们写的，但却获得了成年读者的广泛喜爱，它们与《化身博士》一道，使史蒂文森闻名于世。他还发表了很多儿童诗，它们现已成为维多利亚时代的经典作品。史蒂文森的健康状况一直不太好，为了治疗肺病，他于1890年定居在萨摩亚群岛（Samoa），四十四岁时在那里去世。

代表作：《金银岛》（1883）；《化身博士》（1886）；《绑架》（1886）；《巴伦特雷的少爷》（*The Master of Ballantrae*，1889）。

亚瑟·兰波

Arthur Rimbaud，1854—1891，法国人

作为一个叛逆的少年，法国诗人兰波对从法国东部的家中逃跑。从十五岁起，他就开始写一些富有远见的、敏感而又放肆的、亵渎神明的诗，并宣称诗人需要“把所有感官全部打乱”才能成为一个真正的“洞见者”。1871年，他与诗人魏尔伦成为恋人。他们在伦敦时生活在一起，在此期间，兰波写出了他那晦涩难懂但却生动鲜明的散文诗《彩画集》（*Illuminations*）。但幻灭接踵而至，兰波与魏尔伦粗暴地分了手。在《地狱一季》（*A Season in Hell*）中，兰波承认他试图用文字炼金术来改变生活的努力失败了。二十一岁时，兰波不再写作。19世纪80年代，他的诗作获得了人们迟来的关注，但兰波仍然无动于衷。兰波余生都在四处流浪，包括在东非做军火商。他在马赛的一所医院病逝，时年三十七岁。

代表作：《醉舟》（"The Drunken Boat"，1871）；《地狱一季》（1873）；《彩画集》（1886）。

塞尔玛·拉格洛芙

Selma Lagerlöf，1858—1940，瑞典人

拉格洛芙是第一位获得诺贝尔文学奖的女性，她也是一位小说家和儿童文学作家。拉格洛芙在瑞典西部韦姆兰省（Värmland）长大，她经常听祖母讲童话故事和传说。当家族的财富减少后，他们不得不出售宅邸，那时拉格洛芙也成为一名教师。她的第一部小说《戈斯泰·贝林的故事》（*Gösta Berling's Saga*）将幻想与对瑞典乡村生活的观察结合在一起，在拉格洛芙用它投稿参加一次竞赛后出版。这部小说的成功使她能全身心地投入写作。她最受欢迎的作品是儿童读物《尼尔斯骑鹅历险记》（*The Wonderful Adventures of Nils*），讲述了一个调皮的小男孩变成一个小矮人，骑在一只野鹅的身上环游瑞典，并在途中学习生活之课的故事。

《戈斯泰·贝林的故事》（1891）；《耶路撒冷》（1901—1902）；《尼尔斯骑鹅历险记》（1906）；《将军的戒指》（*The Ring of the Löwenskölds*，1925）。

0 世纪
前叶

第四章

W. B. 叶芝

W. B. Yeats，1865—1939，爱尔兰人

叶芝以赞颂爱尔兰文化的抒情诗而闻名，此外，他还写剧本，发表神秘主义作品。用他自己的话来说，他变成了一个“对每一阵风都心怀爱恋的好色之徒”，为爱苦恼，畏惧衰老。

1865年，叶芝在都柏林出生后不久，一家人便搬去了爱尔兰西北部的斯莱戈郡，那里是他出身于商人家庭的母亲苏珊·玛丽·波列克斯芬（Susan Mary Pollexfen）的故乡。仅仅两年之后，他们又移居伦敦，叶芝的父亲约翰希望在那里建立他的肖像画家生涯。叶芝在城市里上学，但暑假和祖父母一起在斯莱戈度过，由此他与“心灵的国度”建立了一种紧密的联系。1880年，叶芝一家回到爱尔兰，叶芝上了高中，之后在都柏林进入艺术学院学习。

1885年，叶芝在《都柏林大学评论》（*Dublin University Review*）上发表诗歌，这使他在早期取得了一些成就。同年，他与备受尊敬的爱尔兰民族主义者约翰·奥利里（John O' Leary）会面，奥利里鼓励这位年轻的诗人将自己的浪漫精神融入爱尔兰历史、民间传说和风景之中。

1886年，叶芝举家搬回伦敦，他在大学时就开始对神秘学感兴趣，活跃于倡导通过秘术获得开悟的“金色曙光秘术修道会”（Hermetic order of the Golden Dawn）。他对神秘主义的痴迷延伸到他的戏剧和诗歌中，包括《第二次降临》（1919）和《驶向拜占庭》（1928），后者是一部关于精神之旅的寓言。

爱与被拒

在伦敦，叶芝与其他诗人共同创立了“诗人俱乐部”（Rhymers Club），并结识了茅德·冈（Maud Gonne）。茅德·冈是一位美丽动人、性格强硬的爱尔兰爱国者，叶芝深深地爱上了她。这段单恋在他的生活和创作中投下了漫长的阴影。1899年，茅德·冈拒绝了叶芝的求婚，嫁给了爱尔兰陆军少校约翰·麦克布莱德（Major John MacBride）。后来，麦克布莱德因参与民族主义者的反叛而被英国人处死，叶芝受到触动，创作了《复活节，1916》（“Easter”，1916），这是一首对少校之死充满复杂情感的诗歌。

叶芝花了数年时间才从对茅德·冈的痛苦爱恋中恢复过来，1917年，他娶了乔治亚娜·海德－莉斯（Georgiana Hyde-Lees）为妻。他们一同在爱尔兰生活，并育有两个孩子。他的妻子和他一样对神秘事物感兴趣，他们一起练习“自动写作”（automatic writing，在写作的过程中放弃有意识的思考），并用这种方法创造了四千多个单词。

叶芝还是一个爱国者，1922年，他成为爱尔兰自由州的参议员。第二年，他获得了诺贝尔文学奖，这项荣誉主要是表彰他的戏剧作品。不同寻常的是，他最令人印象深刻的作品大多是在获奖后完成的。他的诗集《塔》（*The Tower*，1928）和《蜿蜒的楼梯》（*The Winding Stair and Other Poems*，1933）是对生活和艺术以及存在之周而复始的深刻探讨。

六十九岁时，叶芝做了一个手术来增强他的“力比多”（libido，实际上，这是一个输精管切除术）。他宣称手术很成功，增强了他的创造力和性能力——他说，一种“骚动不安突然出现在了我的想象之中”。

文学风格
戏剧的影响

叶芝早期的诗歌受到诗人斯宾塞和雪莱的影响，但他后来转而参与爱尔兰的政治和戏剧创作。1899年，叶芝与其他人共同创办了爱尔兰文学剧院（Irish Literary theatre），并成为该剧院的常驻作家，这鼓励他进行更朴实的写作。叶芝崇尚诗歌的传统，主张诗人的信条，即诗人应当始终坚持在“节奏和韵律，形式与风格”上努力耕耘。

叶芝终其一生都在写作中追求能量和活力，与现代主义诗歌中更为疏远、干涩的基调相反，他崇尚强烈的情感。

叶芝的诗集《塔》第一版，1938 年

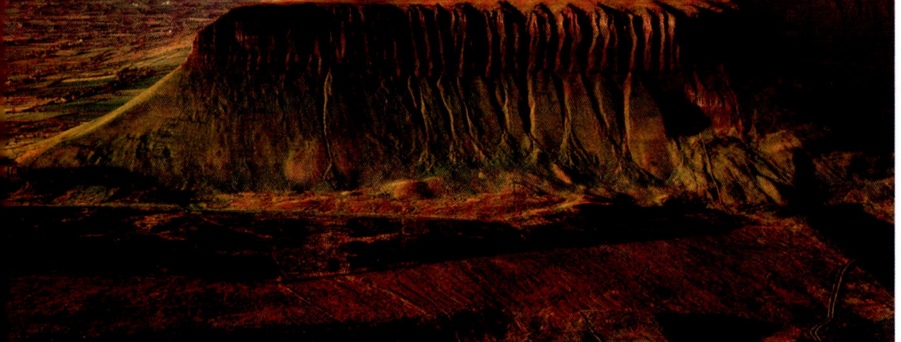

◁ **本布尔本山（Ben Bulben），斯莱戈郡**
叶芝对他的爱尔兰血统和家乡斯莱戈郡的热爱在他的许多诗歌中都有所体现，如《在本布尔本山下》（“Under Ben Bulben”，1933）。这首诗的最后三行后来成了他位于斯莱戈郡的坟墓上的墓志铭：“投出一道冷眼 / 向生，向死 / 骑士，策马向前！”

▷ **《W. B. 叶芝》，约翰·叶芝（John Yeats）绘，1900年**
叶芝的这幅画像是他父亲约翰画的，约翰是一位很有成就的肖像画家，不过缺乏商业头脑。后来叶芝的兄弟姐妹杰克（Jack）、伊丽莎白（Elizabeth）和苏珊·玛丽（Susan Mary）也成了艺术家。

▷ **皮兰德娄，1935年**
皮兰德娄的革命性剧作改变了戏剧的语言，使他成为国际名人。这张照片是为美国时尚和文化杂志《名利场》拍摄的。

路易吉·皮兰德娄

Luigi Pirandello，1867—1936，意大利人

1934年，皮兰德娄以他那被称为“悲剧性的闹剧”、惊人的剧作获得诺贝尔文学奖。他是一位高产的作家，创作了五十多部戏剧、小说和短篇小说。

背景知识

意大利的法西斯主义

皮兰德娄曾声称："我是法西斯，因为我是意大利人。"这说明了他与墨索里尼政府的复杂关系。一方面，他在独裁者的庇护下茁壮成长，并公开支持独裁者的许多政策；另一方面，他的作品表明他是一个自由主义者，反对一切形式的权威，他晚期的作品《高山巨人》（*The Giants of the Mountain*）被视为对于法西斯主义敌视文化的批判。

法西斯海报上的墨索里尼

"**生活**中充满了**怪异的荒谬**，然而，令人奇怪的是，它们甚至不需要**显得合理可信**，因为它们本来就是真实的。"

路易吉·皮兰德娄，《六个寻找剧作者的剧中人》

路易吉·皮兰德娄出生于西西里岛上的吉尔真蒂（Girgenti，阿格里真托）附近，他的父亲在那里经营一家硫黄开采和贸易公司。这个男孩最初被寄予厚望加入家族企业，因此被送到一所技术学校学习，但他对商业几乎毫无兴趣，1880年，皮兰德娄全家搬到西西里岛首府巴勒莫后，他转而学习人文学科。在进入巴勒莫大学之前，他与父亲共事了一段时间，两人的关系变得越来越紧张。1887年，他去罗马学习，然后于1891年在波恩获得了语言学博士学位。此时的皮兰德娄已经出版了诗集，1893年定居罗马后，他完成了第一部小说《玛尔塔·阿贾拉》（*Marta Ajala*），这部小说在当时畅销的罗马报纸上连载，随后，他又出版了一系列意大利现实主义风格（verismo）的中篇小说。

1894年，他依照家人的建议与安东尼叶塔·波多蕾诺（Antonietta Portulano）结婚，她是他父亲的生意伙伴的女儿。19世纪末，这对夫妇已有三个孩子。皮兰德娄已经确立了他作为作家的声誉，做过教师，并与人共同创办了文学周刊《爱丽儿》（*Ariel*）。这个家庭的舒适生活在1903年被打破了，一场洪水冲毁了皮兰德娄家的硫黄矿井，也冲走了他们的运气。安东尼叶塔经历了严重的精神崩溃，且再也没能从中恢复过来，1919年，由于日益严重的暴力倾向，她被送进了精神病院。

绝望的皮兰德娄全身心投入到工作之中，在此之后的一段时间里，他写了许多自己职业生涯中最重要的随笔、小说和中篇小说，包括半自传体心理分析小说《已故的帕斯卡尔》（*The Late Mattia Pascal*），这本书为他赢得了国际声誉。

怪诞剧

皮兰德娄作品中最负盛名的是他的戏剧，这些悲喜剧作品在1918年至1935年以《赤裸的面具》（*Naked Masks*）之名出版，探讨了生活中诸多矛盾的荒诞与讽刺。他的首个伟大的成功之作是《像以前一样，比以前更好》（*As Before, Better than Before*，1920）。1921年，在紧张的五周时间里，他完成了两部杰作，即《亨利四世》（*Henry* Ⅳ）和《六个寻找剧作者的剧中人》（*Six Characters in Search of an Author*），后者使用了一种新颖的"戏中戏"结构，其中角色反抗作者，导致戏剧被分解成悲剧和喜剧片段。

皮兰德娄曾有一段时间支持意大利的法西斯分子，墨索里尼任命他为罗马艺术学院（the Teatro d'Arte di Roma）院长，并在20世纪20年代中期随团巡演。然而，由于对墨索里尼的庸俗品位和政策感到震惊，皮兰德娄在1927年撕毁了他的法西斯党党证。1928年，由于经济问题，罗马艺术学院被迫关闭。此后，皮兰德娄的大部分时间都在旅行，直到1936年12月10日，他在罗马博西奥的家中去世。

△ **西西里岛的硫黄矿井**
皮兰德娄的一生由其西西里岛的出身所塑造——这个岛上的重大事件与闲言碎语为他的大部分创作提供了素材。其家族矿业生意的破产加速了他妻子的精神崩溃，他的许多作品中都显而易见地展现了幻想和疯狂的主题。

▷ **后设剧场**（Meta-Theatre）
这一场景出自皮兰德娄《六个寻找剧作者的剧中人》的一个法国演出版本。这部前卫的戏剧于1921年在罗马的瓦莱剧场（Teatro Valle）首次上演，在那里，池座的观众高喊着："疯人院！"

夏目漱石

Natsume Sōseki，1867—1916，日本人

夏目漱石是现代日本的第一位伟大作家。他一生历经了日本由传统社会向工业化社会的转型，其作品反映了这一剧变所带来的影响。

夏目金之助（Natsume Kinnosuke，1889年，他为自己取了笔名“漱石”）明治初期出生于江户（后更名为东京）。尽管当时的日本正处于一个欣欣向荣的发展阶段，但漱石一家却在新制度下遭遇了经济重创，因此漱石被送到了一个寄养家庭。

在学校，漱石对中国古典文学产生了兴趣，但随着日本的逐渐西化，他最终选择在东京帝国大学学习英国文学，且毕业后在多所学校任教。他职业生涯的转折点是在1900年，那时他被日本政府选中，成为第一批获得奖学金去英国学习的留学生之一。

漱石在伦敦大学学院读书，同时私下里跟随一位研究莎士比亚的知名学者上课。然而，不久后，漱石将这两项都放弃了，因为在英国的生活让他感到陌生和沮丧。在英国的两年时间里，漱石的大部分时间是在自己那间坐落于伦敦南部克拉彭（Clapham）的房间里度过的。

时代变迁

因为身心状况不佳，漱石提前了返回日本的计划。1903年，他开始在东京帝国大学教书，此时的日本正经历着日渐兴盛的民族主义和现代化变革。漱石开始探索如何在文学中展现这样剧烈的社会变革，以及如何吸收而不是照搬西方观念，同时又能保持与日本传统的连续性。

他开始写一些实验性的短篇小说和传统的俳句。文学杂志《杜鹃》（*Hototogisu*）发表了他的小说《我是猫》（*I Am a Cat*）。这部小说以猫作为叙事者，以局外人的眼光审视现代社会中人类的怪诞世界。漱石继续创作这类作品，并在1905年把它们结集成书出版。他越来越沉迷于写作，发表了好几部长篇小说和短篇小说，最终在1907年彻底放弃了他的教职。那时他正好完成了他的英国文学论文——《文学理论》。

随后，《朝日新闻》与漱石签订了一份长期合同，邀请他在报纸上连载小说，后来它们被集结成书出版。漱石的早期作品充满了幽默色彩，但后来他专注于探索人类的心理和一些更为宏大的主题，如孤绝、身份和自我主义。他的三部曲——《三四郎》（*Sanshiro*，1908）、《其后》（*Then*，1909）和《门》（*The Gate*，1910）——奠定了他作为一个严肃作家的声望。

于1915年发表的小说《路边草》（*Grass on the Wayside*），比夏目漱石以往的任何一部作品都更具自传色彩，他在其中坦诚地描绘了他对现代社会希望的幻灭。他的健康状况向来不好，并且持续恶化，最终于1916年去世，留下了未完成的作品《明暗》（*Light and Darkness*）。

▽ **猫的房子**
1903—1905年，漱石在东京租了这栋建筑，这栋房子约建于1887年，是当时很常见的联排别墅。在这里，他写出了自己的杰作《我是猫》。

背景知识

明治时期（1868—1912）

1867年，十四岁的睦仁皇子登基成为日本天皇，并取年号“明治”，这标志着幕府将军统治时代的终结，政权重归王室。然而，实权仍旧不属于天皇本人，而是掌握在推翻了幕府统治的政客手中。他们继而通过明治天皇进行统治。日本的各个机构开始按照发达的西方国家的方式进行重组，封建主义让位于快速的现代化。工业革命则意味着日本将有能力参与全球性的竞争，这也不可避免地吸纳了西方文学的诸多方面并加以融合。

日本明治天皇

▷ **夏目漱石**
漱石的这张肖像照摄于1912年，四年后，他去世了。漱石终其一生都在积极尝试和探索他从英国文学中学到的各种风格与技巧。

马塞尔 · 普鲁斯特

Marcel Proust，1871—1922，法国人

普鲁斯特以一部七卷本的杰作《追忆似水年华》（*In Search of Time Past*）而闻名于世。这部小说对回忆、艺术、爱情与失去等主题进行了深刻的思索，并对势利和性的虚伪进行了讽刺性的描绘。

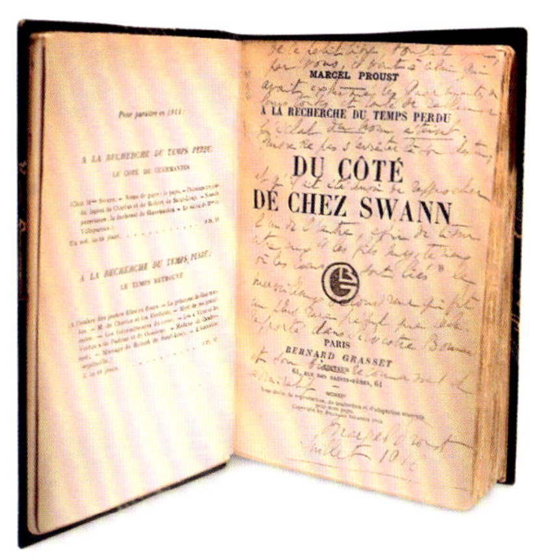

△ 罕见版本
这本极为罕见的《去斯万家那边》（*Swann's Way*）的初版，由格拉塞出版社（Grasset）于1916年出版，上面有作者的亲笔签名与题词。

马塞尔·普鲁斯特于1871年7月10日出生在巴黎郊区的奥特伊，他的家庭为了躲避这年春天发生的震动巴黎的巴黎公社起义而来到这里。普鲁斯特的父亲是一位著名的药学教授，他母亲来自一个显赫的犹太家庭。普鲁斯特的作品中呈现出的分析性、诊断性特质来自他父亲，但在成长过程中对他产生决定性影响的还是他母亲那温暖的人文主义思想，以及她对艺术与文学价值的无条件的尊重。

九岁时，普鲁斯特险些死于哮喘发作。他余生都被疾病困扰，身体非常虚弱。除去服了一年的兵役和旅行外，他从没离开过巴黎的家。他的弟弟继承父业，成为一位知名的外科医生，而马塞尔则纵情于作为社交名流、业余爱好者及业余文学家的轻浮生活。当时巴黎的环境非常吸引人，到处都是咖啡店和妓院，印象派艺术和俄罗斯芭蕾舞团正处于兴盛期，这一切都塑造了普鲁斯特精致优雅的美学感知力。他的才华和品位为其在上流社会赢得了一席之地，但除了几篇散文和翻译外，四十二岁之前，他没有发表过任何作品。由于有父母的支持，所以他不必为了钱去工作。

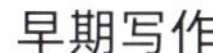

早期写作

事实证明，普鲁斯特生活中的那份轻浮与闲散其实是一种错觉。我们现在知道，早在19世纪90年代，他就以非常严肃的态度写作了。直到他去世三十年后，人们才发现小说《尚·桑德伊》（*Jean Santeuil*）和未完成的批评作品《驳圣伯夫》（*Contre Sainte-Beuve*）的手稿，这表明普鲁斯特酝酿他的杰作至少有十三年之久，直到1909年前后，这

◁ 普鲁斯特的巴黎
图卢兹－洛特雷克（Toulouse-Lautrec）的画作《红磨坊》（*At the Moulin Rouge*，1894—1895）展现了普鲁斯特所生活的巴黎。在第三共和国时期，巴黎作为一个充满快乐、高级时尚和现代主义文化的城市而繁荣起来。

◁ 年轻时的普鲁斯特，1892年
这幅肖像画由法国艺术家杰克斯－埃米尔·布朗什（Jacques-Émile Blanche）绘制，展现了普鲁斯特年轻时的样子。普鲁斯特的写作深受蒙田、福楼拜、托尔斯泰和陀思妥耶夫斯基的影响。他通过阅读托马斯·卡莱尔（Thomas Carlyle）和约翰·拉斯金（John Ruskin）的作品，对艺术家在社会中的地位形成了自己的见解。

> **“爱就是让心灵变得敏感的时间和空间。”**
>
> 马塞尔 · 普鲁斯特，《女囚》（*The Prisoner*）

背景知识
德雷福斯事件

1894年，法国籍犹太军官阿尔弗雷德·德雷福斯（Alfred Dreyfus）被误判叛国罪。这一事件一方面点燃了整个法国社会的反犹主义，另一方面也激起了人们反对教权主义的呼声，最终导致第三共和国解体。由于母亲是犹太人，普鲁斯特积极参与了抗议，力图为德雷福斯平反。他在《追忆似水年华》中讽刺了巴黎社会的反犹主义，同时也对某些支持德雷福斯的观点进行批评。德雷福斯于1899年被赦免并被释放。

法属圭亚那“魔鬼岛”（Devil's Island）[1]上的阿尔弗雷德·德雷福斯

1 法属圭亚那海岸外的一座岛屿，该岛自1852年起被用作政治犯的流放之地。——编者注

△ **塞莱斯特·阿尔巴雷**
阿尔巴雷在普鲁斯特创作《追忆似水年华》的九年里一直是他的用人、厨师和秘书。她根据普鲁斯特古怪的作息时间调整自己的生活节奏，包括每天下午四点起床，彻夜工作。

部小说的各种素材才被整合在一起，主要结构才最终形成。那时，普鲁斯特的双亲已去世，他的健康状况也不断恶化。他像隐士一样住在巴黎的一栋墙上贴满软木栅栏的公寓里，并将自己生命中的最后十年倾注在了一部伟大作品的创作中，而这部作品可以证明他存在的意义。

毕生之作

1913年，当普鲁斯特将《追忆似水年华》的第一卷《去斯万家那边》寄给出版商时，他们并不在意。该作之所以能出版，是因为作者答应支付全部费用。尽管普鲁斯特在巴黎继续写这本书，但第一次世界大战的爆发中断了后续的出版。第二卷《在少女花影下》（*In the Shadow of Young Girls in Flower*）出版于1919年，获得了著名的龚古尔文学奖。成名后的普鲁斯特以更大的热情投入余下几卷的写作之中，但在1922年11月18日，持续恶化的病情击垮了他。最后几卷在他死后发表，由于还没来得及修订，最终以未臻完美的形式出版。

△ **玛德琳小点心**
在《去斯万家那边》中，叙事者尝了一小块玛德琳。如图所示，这是一种小蛋糕。他喝着茶，突然间，与莱奥妮姑妈在贡布雷一起度过的那些童年时光从遗忘中被唤起，“无知觉的回忆”生动地出现在他眼前。

《追忆似水年华》被认为是一部富有创造性的自传，是作者对自己一生的虚构再现。小说的第一人称叙事者不是作者，但与作者非常相似。书中的每一个事件、地点和人物都可以从现实生活中追溯到部分源头。例如，书中的仆人弗朗索瓦斯（Françoise），是最复杂的一个人物，人们认为他显然与在最后几年照顾作者的塞莱斯特·阿尔巴雷（Céleste Albaret）有关；书中的贡布雷（Combray），也就是叙事者拥有很多童年回忆的乡村，实际上是法国北部的小镇伊利耶（Illiers）；巴尔贝克（Balbec），叙事者去海边度假的地方，实际上是诺曼底地区一处时尚的度假村卡堡（Cabourg）；诸如此类。

作者或叙事者

小说中的叙事者和普鲁斯特本人主要有两点不同。首先，叙事者不是犹太人。犹太人的身份被普鲁斯特投射到另一个人物——迷

◁ **伊利耶-贡布雷**
普鲁斯特在小镇伊利耶与他的姑父和姑妈一道度过了他的童年时光。他那伟大的小说使这栋房子和这个镇子（在小说中化名为“贡布雷”）从此永垂青史。1971年，伊利耶镇的居民决定把镇子更名为伊利耶-贡布雷，以此纪念普鲁斯特。

“如果**白日做梦**是危险的，那么治愈它的办法并不是少做点梦，而是**做更多的梦，无时无刻不在做梦**。”

马塞尔·普鲁斯特，《去斯万家那边》

重要作品年表

1913
《追忆似水年华》的第一卷《去斯万家那边》描写了很多童年的场景，以及一个关于嫉妒与激情的独立故事。

1919
第二卷《在少女花影下》探索了爱情、友谊和青春的虚幻等主题。

1920—1921
在《盖尔芒特家那边》（*The Guermantes*）中，富人的无聊生活与主人公外婆的去世形成了鲜明对比。

1921—1922
《索多玛与蛾摩拉》中，普鲁斯特探索了同性恋主题。

1923
《女囚》讲述了叙事者试图占有难以捉摸的阿尔贝蒂娜，这一卷讲述了爱情的徒劳。

1925
《逃亡者》（*The Fugitive*）详尽探索了失去，以及他人的不可捉摸。

1927
最后一卷《重现的时光》以第一次世界大战为背景，强调了回忆与写作用以抗衡衰老和死亡的补偿性力量。

人又文雅的查尔斯·斯万（Charles Swann）——身上。斯万是仅有的采用第三人称叙事的小说《恋爱中的斯万》中的主人公。其次，叙事者不是同性恋，但普鲁斯特一生的挚爱是他的司机兼秘书阿尔弗雷德·阿戈斯提奈利（Alfred Agostinelli）。两人于1907年在卡堡相识。普鲁斯特对阿戈斯提奈利的单恋，在1914年以悲剧告终，当时阿戈斯提奈利正在接受成为飞行员的培训，在地中海上空因飞机失事身亡。此后，这位司机以阿尔贝蒂娜（Albertine）这一女性形象出现在普鲁斯特的小说中。

同性恋是第四卷《索多玛和蛾摩拉》（*Sodom and Gomorrah*）中最重要的主题，也贯穿了全书。在第一卷中，叙事者小时候就曾在贡布雷偷窥到一对女同性恋的亲密行为，而在第七卷《重现的时光》（*Time Regained*）中，出现了一场关于巴黎男性妓院的场景描写。夏吕斯男爵（Baron de Charius），一位残暴而傲慢的非公开同性恋者，总爱骂人，十分粗鲁，他是普鲁斯特创造的最好的角色之一。

回忆与经历

严格来说，这部小说没有传统意义上的情节。相反，叙事者用他那丰富而富有隐喻性的语言精心编织了一系列反复出现的主题和人物。《追忆似水年华》开篇讲述了一个重要事件，一个孩子非常担心自己的母亲在临睡前不会来到自己身边，而最后由于母亲出现，这种宛如死亡般的分离酷刑得以缓解。这是典型的普鲁斯特风格，为一件小事赋予深刻的含义，且带有温柔的魅力和悲怆之情。

人们往往关注于普鲁斯特召回早年经历和探索记忆的想象力，却忽视了普鲁斯特也运用大量富含喜剧色彩的篇幅来描绘势利的巴黎社会。普鲁斯特是位热忱的观察者，而且十分风趣，小说中的社会元素围绕着由维尔迪兰一家（the Verdurins）和盖尔芒特一家（the Guermantes）组成的小圈子而展开。维尔迪兰一家是装腔作势的中产阶层，放荡不羁，趋炎附势；而盖尔芒特一家属于贵族，风趣优雅，但由于固守着一套狭隘的价值观而精神贫瘠。除了对社会生活场景的描写之外，小说的后半部分集中描写了叙事者对阿尔贝蒂娜饱含嫉妒之情的爱。对普鲁斯特来说，性爱是虚无的，因为陷入恋爱的感情投射在一个并不存在的人身上，这个人仅仅是欲望的化身。因而，陷入恋爱的人和被爱的人之间并不存在真正的关系。唯一真实的愉悦在于它消除因所爱之人的缺席所造成的焦虑。这种对爱情的悲观看法小说以一长段分析文字表达了，很多读者认为这段文字是令人遗憾的冗余之一。

◁ **海边回忆**
这幅1908年的明信片上展示了诺曼底的度假胜地卡堡的海滩和华丽的酒店。这里是普鲁斯特从1907年到1914年每年夏天都来度假的地方，也是小说中巴尔贝克的原型。

追寻目标

最后一卷回归了“无知觉的回忆”这一主题，以此来抗衡时间所具有的毁灭性力量。但是普鲁斯特清楚地认识到，能够战胜时间的，与其说是回忆，不如说是艺术创作的力量。小说中有很多片段唤起了阅读、听音乐或欣赏绘画的过往经历，并试图梳理出为何这些经历拥有超验性的力量。

最后，《追忆似水年华》是关于作者或叙事者如何通过写作《追忆似水年华》来追寻过去的时间，以此实现他救赎生命之虚无的精神目的。

文学风格

普鲁斯特式长句

普鲁斯特以使用长而晦涩的句子而闻名。最长的一句话出现在第四卷《索多玛和蛾摩拉》中，全句由八百四十七个单词组成，令人震惊。尽管复杂难解，但普鲁斯特那充满自由浮动联想的长句，总是完美地符合语法规范且十分清晰。它对读者的专注力提出了严格的要求，但也使作者能够使用不间歇的隐喻来传递他的看法，他认为世界上的不同事物都从本质上相互联结。普鲁斯特以这种精妙的文风来展现他对人物的细致观察。

记录普鲁斯特的这一伟大作品的最后一卷的手写练习册

▷ **薇拉·凯瑟，约1926年**
拍摄这张照片时，凯瑟正处于她一生中创作的巅峰时期。尽管她以写边陲地区的小说而闻名，但她一生中的大部分时间都与伴侣生活在纽约。她的伴侣是杂志编辑伊迪斯·路易斯（Edith Lewis）。在成为著名的小说家之前，凯瑟是美国最有名的女性记者之一。

薇拉·凯瑟

Willa Cather，1873—1947，美国人

凯瑟的小说有一种自省而克制的风格，充满怀旧气息，它们取材于她青少年时期在美国中西部大平原上的移民耕作生活。

“关于人类的故事只有两三种，它们激烈地重复着，就好像这一切之前从未发生过一样。”

薇拉·凯瑟，《啊，拓荒者！》

凯瑟以她一贯的固执性格，坚称自己生于1876年，比她实际的出生日期晚了三年。父母给她取的名字是“薇乐拉”（Wilella），她对此深恶痛绝，坚称自己叫“薇利”（Willie），或者更加男孩子气的“威廉”（William），最后她管自己叫“薇拉”（Willa）。在她出生后不久，全家就搬到了弗吉尼亚州的温切斯特，住进了她祖父建的房子——“柳荫里”（Willow Shade）。

从弗吉尼亚到内布拉斯加

1883年，凯瑟一家搬到内布拉斯加州，在美国大平原边境处的雷德克劳德（Red Cloud）小镇安定了下来。尽管离开了熟悉的环境，且在大平原上耕种的大多是来自德国和斯堪的纳维亚半岛的移民，但凯瑟很快就适应了新生活，并与很多移民家庭成了朋友。从十一岁起，她去雷德克劳德中学上学，毕业后进入内布拉斯加大学学习英文。这对一个乡下女孩来说是很不寻常的。在内布拉斯加大学，她开始为地方报纸撰写短篇小说和评论，随后有了铁面无情的剧评家的名声。她的谈吐和穿衣风格都很像男人，因而挑战了那个时代的性别角色。更为出格的是，她选择成为一名职业新闻记者，而这一岗位向来由男性主导。1895年大学毕业后，她搬到了匹兹堡，成为《家庭月刊》（*Home Monthly*）杂志的编辑，之后她又成为《匹兹堡每日导报》（*Pittsburgh Leader*）的戏剧和音乐评论员。

在凯瑟1899年访问纽约时，她结识了同样来自匹兹堡的伊莎贝尔·麦克朗（Isabelle McClung），从此两人建立了亲密的友谊。麦克朗鼓励凯瑟写小说，并在自己家里为凯瑟提供了一间书房。

记者与小说家

1902年，凯瑟和麦克朗同游欧洲，归来后，凯瑟发表了诗集《四月黎明》（*April Twilights*，1903）和短篇小说集《怪物的花园》（*The Troll Garden*，1903）。此时的凯瑟仍然不愿意放弃记者生涯，她于1906年搬到纽约，并为《麦克卢尔杂志》（*McClure's Magazine*）工作，几年后成为该杂志的执行主编。这也标志着她个人生活的新开始，1908年，她与伊迪斯·路易斯（Edith Lewis）搬进了同一套公寓，两人成为终身伴侣。

由于对《麦克卢尔杂志》的发展方向感到失望，凯瑟于1912年辞职，并出版了自己的第一部小说《亚历山大之桥》（*Alexander's Bridge*），从此成为一名全职作家。凯瑟从自己在美国大平原上的童年经历中取材，写了好几部小说，包括《啊，拓荒者！》（*O Pioneers!*）和《我的安东尼娅》（*My Antonia*）。但直到出版商阿尔弗雷德·克诺夫（Alfred Knopf）开始代理她的作品，她才在大众读者那里获得成功。她关于“一战”的小说《我们中的一个》（*One of ours*）为其赢得了1923年的普利策奖。

凯瑟和路易斯一直住在格林威治村，两人经常去加拿大新不伦瑞克省的鲸湾避暑。随着凯瑟声名的日益提升，她变得越来越深居简出。整个20世纪30年代，各种各样的疾病阻碍着她的创作。父母和挚友麦克朗的去世，以及与严重的肾病的持久斗争使她深受影响。她的最后一部小说《萨菲拉和奴隶女孩》（*Sapphira and the Slave Girl*）写于1940年。之后她的健康状况一直恶化，最终在1947年死于一次中风。她被葬于新罕布尔什州的杰弗里，那里也是她经常去拜访麦克朗的地方。

◁ 凯瑟在雷德克劳德的家

凯瑟从群山环绕的弗吉尼亚州搬到了开阔的内布拉斯加平原，而后者对她的写作产生了深刻的影响。她的七部小说都取材于她在内布拉斯加的童年经历。

文学风格

书写平原

批评家们有时会批评凯瑟的作品过于怀旧，但实际上，她的很多主题在那个时代是相当激进的。与文学传统背道而驰，她经常描绘坚强的青年女性和女性移民劳动者，并在小说中穿插一些隐晦的性隐喻。她的小说反映了她对内布拉斯加平原的热爱，平原在她的作品中几乎是一个浪漫的角色。例如，在《我的安东尼娅》中，吉姆是这样描绘广阔的平原风景的：“总而言之，那溶解在一个完整而伟大的东西里面的，就是幸福。”

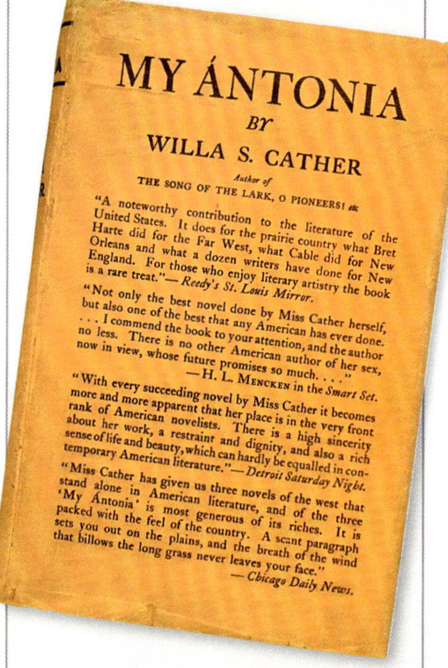

MY ÁNTONIA

BY

WILLA S. CATHER

Author of

THE SONG OF THE LARK, O PIONEERS! etc

“A noteworthy contribution to the literature of the United States. It does for the prairie country what Bret Harte did for the Far West, what Cable did for New Orleans and what a dozen writers have done for New England. For those who enjoy literary artistry the book is a rare treat.”— *Reedy's St. Louis Mirror.*

“Not only the best novel done by Miss Cather herself, but also one of the best that any American has ever done. . . . I commend the book to your attention, and the author no less. There is no other American author of her sex, now in view, whose future promises so much. . . .” —H. L. Mencken in the *Smart Set.*

“With every succeeding novel by Miss Cather it becomes more and more apparent that her place is in the very front rank of American novelists. There is a high sincerity about her work, a restraint and dignity, and also a rich sense of life and beauty, which can hardly be equalled in contemporary American literature.”— *Detroit Saturday Night.*

“Miss Cather has given us three novels of the west that stand alone in American literature, and of the three ‘My Ántonia’ is most generous of its riches. It is packed with the feel of the country. A scant paragraph sets you out on the plains, and the breath of the wind that billows the long grass never leaves your face.” — *Chicago Daily News.*

薇拉·凯瑟的《我的安东尼娅》，1918年

托马斯 · 曼

Thomas Mann，1875—1955，德国人

作为 20 世纪初最卓越的德国作家，托马斯 · 曼既是一位传统主义者，又是一位创新者，他对现代欧洲文化和社会的堕落进行了猛烈抨击。

保罗·托马斯·曼（Paul Thomas Mann）于1875年出生在德国的吕贝克，他父亲是一家历史悠久的贸易公司的负责人，也是市政府的一名要员。托马斯和他哥哥亨利希都拒绝接受家族产业，反而更想追求文学事业。

父亲去世后，曼和有一半巴西血统的母亲搬到了慕尼黑生活，19世纪80年代，他创作了一系列广受欢迎的短篇小说。之后在1901年，他的长篇小说《布登勃洛克一家》（*Buddenbrooks*）问世。这部作品基于作者自身的成长经历，讲述了一个大家族四代人的传奇故事。它展现了有序的资产阶级价值观与对艺术和感官享受的迷恋之间的冲突，而后者最终导致了家族的衰落。《布登勃洛克一家》与中篇小说《特里斯坦》（*Tristan*，1903）和《托尼奥·克罗格》（*Tonio Kröger*，1903）一道，使曼成为文学界的一位重要人物。

◁ 托马斯 · 曼，1934年
这是为《名利场》杂志拍摄的照片。曼收获了巨大的职业成就和财富，但是他的个人生活被悲剧所笼罩：他的两个儿子和两个姐妹都自杀了。

艺术的政治

为追求体面和地位，曼娶了凯蒂娅·普林斯海姆（Katia Pringsheim）为妻，一个有着复杂家世的慕尼黑女人。这对夫妇生了六个孩子，曼很享受这种传统家长的角色，但是他的性取向却将他引向了年轻男子和男孩。他著名的中篇小说《魂断威尼斯》（*Death in Venice*，1912）讲述了一个垂死的作家对一位俊美的波兰男青年的痴迷，这部作品既是对艺术和生命的沉思，又是对衰落文明的象征性表现，当然还是曼对自己性倾向的隐晦自白。

"一战"期间，他公开了自己作为德意志文化和君主制拥护者的身份。他的保守立场在《一个不关心政治者的观察》（"Reflflections of a Nonpolitical Man"）一文中有所体现。战争影响了他的长篇小说《魔山》（*The Magic Mountain*，1923）的诞生。这部复杂的作品将故事背景设定在瑞士阿尔卑斯山区的一家疗养院，用疾病来隐喻现代文明的毁灭状态。

1929年，托马斯·曼被授予诺贝尔文学奖后，成为当时德国在世作家中最著名的一位。然而，政治事件使他越来越频繁地面临所谓"身为德国人的困扰"，他甚至在1930年的中篇小说《马里奥和魔术师》（*Mario and the Magician*）中明确表达了自己对纳粹党的敌意。1933年，希特勒掌权，曼开始流亡，最终于1934年移居美国。

这一时期，他远离大众，创作了以《圣经》故事为主题的四部曲《约瑟和他的兄弟们》（*Joseph and His Brothers*，1943）。他的下一部长篇小说《浮士德博士》（*Doctor Faustus*，1947）讲述了一位作曲家不惜以毁灭自我为代价来追求才华的故事，这是关于纳粹德国时期的一则寓言，也表达了曼一生对艺术的矛盾心理——他将其看作人类的最高成就，但也是衰落的根源。

曼最终定居瑞士，于1955年在那里逝世，并留下未完成的作品《大骗子克鲁尔的自白》（*The Confessions of Felix Krull*），这是一部讲述骗子的喜剧，传达了所有艺术都是骗人把戏的理念。

◁《魂断威尼斯》
曼的这部中篇小说被卢基诺·维斯康蒂（Luchino Visconti）改编成了电影。主人公古斯塔夫·冯·阿申巴赫（Gustav von Aschenbach，这是曼对自我的隐晦表达）由英国男演员德克·博加德（Dirk Bogarde）扮演。

人物简介

亨利希 · 曼

托马斯·曼的哥哥亨利希·曼也是位作家。然而，托马斯在政治上是保守主义者，而亨利希却是激进的社会主义者。他广为人知的长篇小说《垃圾教授》（*Professor Unrat*，1905）——著名电影《蓝天使》（*The Blue Angel*）的原著——和《臣仆》（*Man of Straw*，*1918*）都对德国中产阶级社会的权威主义和虚伪的性行为进行了抨击。作为一位作家，亨利希远没有弟弟成功，1950年，贫穷的亨利希在加利福尼亚去世。

亨利希 · 曼

▽《布登勃洛克一家》初版
《布登勃洛克一家》出版时，托马斯·曼年仅二十六岁，这本书基于中产阶级的出生与葬礼、结婚与离婚及家庭传闻，与曼朴实的智慧交织在一起。

▷ 书写现代中国
鲁迅的这张照片于1930年拍摄于上海。他得到盛赞不仅仅因为他是小说家，还因为作为评论家和讽刺作家的他同样成绩斐然。鲁迅翻译了大量的西方著作，是中国现代文学界第一大家。

鲁迅

Lu Xun，1881—1936，中国人

作为中国最伟大的作家之一，鲁迅创作了中国现代文学史上第一篇白话短篇小说。他的作品兼具讽刺与悲悯情怀，反映了现代中国的复杂变迁。

“希望是本无所谓有，无所谓无的。这正如地上的路；其实地上本没有路，走的人多了，也便成了路。”

鲁迅，《故乡》

20世纪初，新一代艺术家和知识分子开始挑战封建时代的传统与习俗。其中最重要的代表人物是作家周树人，更广为人知的是他的笔名鲁迅。

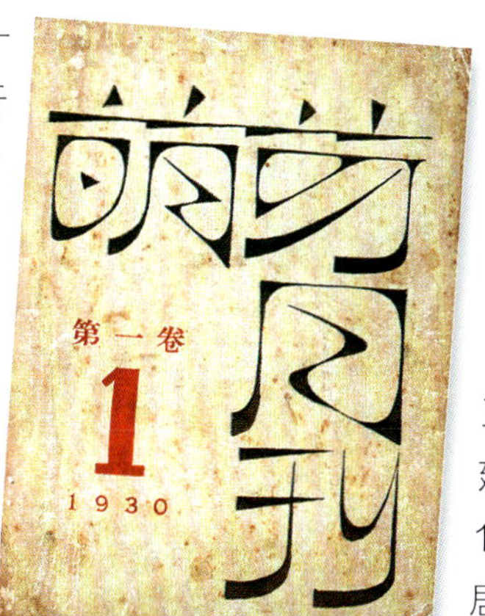

◁《萌芽》，1930年
鲁迅是这本杂志的编辑，它宣传了左翼作家和马克思主义文学理论。

1881年9月，鲁迅出生于浙江省一个富有的文人之家。但在1893年，他的祖父因牵涉科举考试案，导致整个家族被同侪排挤，这也让鲁迅亲身感受到了当时使中国走向衰落的封建制度的残酷和腐败。

留学日本

1902年，鲁迅离家前往日本学医，在那里，他遇到了其他有志于改变祖国的思想家。他放弃了成为一名医生的抱负，转向通过传播新的、能引起社会共鸣的文学和艺术作品来拯救中国人民的“灵魂”。正是这个想法激发了他在1911年至1912年（其间，中国最后一个封建王朝灭亡，中华民国建立）的创作。作家于1909年回到祖国并定居北京，他开始在此教书，并继续为他的写作寻找社会意义。

白话文

鲁迅通过新一代的文学杂志找到了自己的读者群，他凭借《狂人日记》取得了第一次成功，该作品讲述了一个狂人认为自己是这个“人吃人的社会”中的唯一清醒者的故事，对传统儒家价值观进行了猛烈抨击。这是第一部以白话文而不是文言文写成的西式风格的短篇小说。另外，它还是革命性的，因为它是为普通读者而不是受过教育的精英群体而写的。之后的短篇小说同样充满讽刺意味和悲观主义色彩：《阿Q正传》讽刺了中国人的宿命论和自卑倾向；在《孔乙己》中，一群酒徒沉醉于对当地一个穷困潦倒的“读书人”的侮辱之中。

政治哲学

鲁迅离开北京后，与自己的学生、爱人许广平迁居上海，他们在1929年有了一个儿子。20世纪30年代，鲁迅放弃了小说创作，改写杂文并以此作为一种政治抗议的方式。他开始相信共产主义能够解决中国的社会与政治问题，他对马克思主义著作的翻译也为推动这一事业做出了巨大贡献。然而，他从未加入共产党，而是以“同路人”的方式对他所面对的政治势力加以批判。鲁迅于1936年在上海逝世。

背景知识
西方的影响

一个相对自由的环境——新文化运动——为鲁迅和其他作家在20世纪初到20世纪20年代试图重塑中国文化提供了背景。他们用当地的白话文取代了传统的书面语——文言文，并借鉴了西方的文学形式。例如，尼古拉·果戈理的短篇小说《狂人日记》（*Diary of a Madman*）就激发了鲁迅的同名小说的创作灵感。这些作家也受到了爱尔兰民族主义运动和文艺复兴的影响。萧伯纳备受推崇，尽管鲁迅在见过他后冷冷地评论道“第二天的新闻显然要比萧的话更引人注目”。

尼古拉·果戈理

◁ 故乡
鲁迅绍兴的家是以中国传统的风格建造的，入口上方的匾象征着翰林院庶吉士的身份——一个有着知名声望的头衔。鲁迅在这里长大，这里的房屋和花园为他日后的创作提供了诸多细节。

詹姆斯 · 乔伊斯

James Joyce，1882—1941，爱尔兰人

乔伊斯是其所在时代最具影响力的小说家之一。他倡导用“意识流”这种写作手法来传达角色的思想，并发展了适应不同主题的多种写作技法。

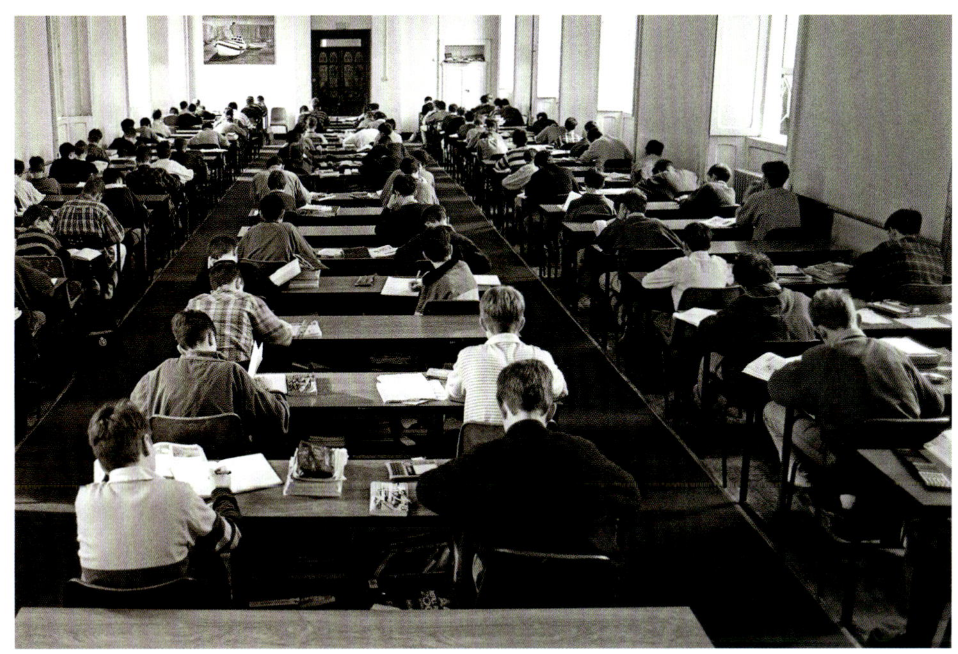

◁ **耶稣会学校**
六岁起，乔伊斯就在耶稣会学校接受教育，其中包括爱尔兰中学伍德学院。他此时的求学经历被记录在他的第一部长篇小说《一个青年艺术家的画像》中。

詹姆斯·乔伊斯于1882年出生在都柏林的西拉思加尔。他的家庭虽属于中产阶级，却因酗酒的父亲不善理财而深陷贫穷。乔伊斯从小在耶稣会学校接受教育，这段经历是导致他与天主教信仰之间产生矛盾的关键。之后，他进入了爱尔兰国立大学都柏林大学学院（当时是耶稣会管理的机构）。他阅读面很广且擅长学习语言；到1901年，为了给剧作家亨利克·易卜生写赞美信，他自学了挪威语。因厌恶他在爱尔兰所看到的偏执与狭隘，乔伊斯于次年搬去了巴黎，并开始学医。1903年，母亲去世，他回到了都柏林；1904年，他结识了年轻的饭店服务员诺拉·巴纳克尔（Nora Barnacle），两人一道返回了欧洲大陆。

这对爱侣定居在的里雅斯特，在那里，他们生育了两个孩子，分别是乔治和露西亚。乔伊斯一边教英语，一边写出了那些日后让他功成名就的作品，最开始写的是短篇小说集《都柏林人》和自传体小说《一个青年艺术家的画像》（*Portrait of the Artist as a Young Man*）。《都柏林人》中的故事展现了人物从童年到成年不同年龄段的生活，作品所展现出的直白和现实主义令出版商心生恐惧，担心作品会招致诽谤控诉，以致这部于1905年完成的作品，直到1914年才问世。乔伊斯发现自传体小说《一个青年艺术家的画像》也很难出版，只得在1914年至1915年在杂志《唯我主义者》（*The Egoist*）上以连载的形式发表。这部小说以对主人公斯蒂芬·迪达勒斯（Stephen Dedalus）的生动描写著称，特别是描绘一次布道导致斯蒂芬陷入对宗教质疑的场景。这部小说的革新性还在于，主人公不断成长，叙述风格也随之发展变化——它以“儿语”开始，却以复杂的散文结束。

◁ **詹姆斯·乔伊斯，1935年**
作家的这幅肖像由法国画家雅克·埃米尔·布兰奇（Jacques Emile Blanche）绘于巴黎。乔伊斯的头部偏向一侧，因为他对自己左眼眼镜的厚镜片很在意。

“历史是一个我正试图从中醒来的噩梦。”

詹姆斯 · 乔伊斯，《尤利西斯》

人物简介
哈里特 · 肖 · 韦弗

哈里特·肖·韦弗（1876—1961）出生于英国柴郡；父亲是医生，母亲是有着丰厚家产的女继承人。年轻的她成为一位社会主义者，并热衷于为女性争取选举权，为此她帮助女性主义杂志《自由女性》（*The Freewoman*）走出了经营困境。之后，在埃兹拉·庞德的建议下，她将这本杂志重新命名为《唯我主义者》。在韦弗及其密友朵拉·马斯登（Dora Marsden）的联合编辑下，《唯我主义者》上刊载了众多现代主义作家的作品，包括T. S. 艾略特、威廉·卡洛斯·威廉姆斯和詹姆斯·乔伊斯。尽管这本杂志于1919年年末宣告停刊，韦弗还是持续给乔伊斯提供经济支援，并在其死后担任文学代理人。

THE EGOIST
AN INDIVIDUALIST REVIEW
Formerly the NEW FREEWOMAN
No. 14.—Vol. 1.
WEDNESDAY, JULY 15th, 1914.
CONTENTS.

《唯我主义者》杂志的报头，1914年7月

“我要为**都柏林画一幅**如此完整的**画卷**，万一哪一天它从地球上突然**消失**了，人们可以根据我的**书重新建造**出一个都柏林来。”

詹姆斯 · 乔伊斯

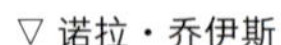

▽ **诺拉 · 乔伊斯**

1904年，詹姆斯·乔伊斯在都柏林遇到了自己的缪斯、未来的妻子诺拉。他们第一次约会是在6月14日，这一天被乔伊斯选作《尤利西斯》情节展开的日子。如今，这一天成了“布卢姆日”，该说法源自小说中的主人公利奥波德·布卢姆。

迁居巴黎

1915年，乔伊斯和诺拉搬到苏黎世，并在战争岁月里享受着这座城市的国际化氛围。这一时期，他们一直与贫困做斗争，尽管乔伊斯从《唯我主义者》的创始人哈里特·肖·韦弗（Harriet Shaw Weaver）——匿名捐赠——那里得到了一些资助。乔伊斯还曾收到过W. B. 叶芝（都柏林来的老朋友）和埃兹拉·庞德的资助，两人都非常欣赏他的作品，在他们的支持下，乔伊斯在1915年得到英国皇家文学基金会（Royal Literary Fund）的奖金。

“一战”后，这对夫妇迁回的里雅斯特，但在1920年又去了巴黎，他们决定在那里定居。此时，乔伊斯已经在为他自战争初期就开始创作的巨著《尤利西斯》做收尾工作。这部长篇小说描绘了三个主人公生命中的一天，他们分别是年轻的斯蒂芬·迪达勒斯（《一个青年艺术家的画像》的主人公）、广告推销员利奥波德·布卢姆和布卢姆的妻子马丽恩。

这部开创性的小说运用了大量的文学技巧——戏仿、内心独白和散文，以及从明显的现实主义到幻想主义——而全书十八章的结构则效仿了荷马的《奥德赛》。它以乔伊斯的家乡都柏林为原型，作家精确地刻画了这座城市，尽管他写作时已流亡异国。乔伊斯在《尤利西斯》中使用的直白语句——特别是对性和身体机能的描绘——又一次引起了麻烦。作品的部分内容在1918年至1920年以连载的形式发表，但该作的编辑后因有伤风化被定罪，这

▷ **乔伊斯的都柏林**

乔伊斯实验性的、充满隐喻的巨作《尤利西斯》描绘了利奥波德·布卢姆在短短一天中的各种约会和偶遇，并将都柏林这座城市视为人生的缩影。

◁ 巴黎的会面

乔伊斯与他的出版人西尔维娅·比奇在巴黎的一间办公室会面。作家戴着一只眼罩好以便让自己视力减弱的左眼得到休息，不少历史学家推测这是由梅毒引起的。

意味着英国和美国的出版商都不愿意出版《尤利西斯》。最终，这部作品于1922年由西尔维娅·比奇（Sylvia Beach）首次出版，她在巴黎经营着莎士比亚书店，那里是庞德、乔伊斯、海明威等外国作者经常聚会的地方。除了因创新性与力量而被T. S. 艾略特这样的评论家所赞扬外，《尤利西斯》直到1934年前才在美国有官方版本，英国版本则出版于1936年。

实验性写作

尽管乔伊斯被同代人视为伟大作家，但他在20世纪20年代到30年代收获的商业成就微乎其微。他为健康状况和家庭问题所困扰，创作受到了导致其视力恶化的青光眼的影响，20年代，为了解决视力问题，他一共做了九次手术。此外，他女儿露西亚在30年代中期被诊断出患有精神分裂症，在疯人院里度过了余生。尽管女儿的病情的确切情况还存在争议，但她的病痛、与母亲诺拉频繁的争吵以及无法治愈的现实都深深影响了作家本人。

晚年的创作

抛开这些困难，乔伊斯将二三十年代的大部分时间都放在了最后一部大部头上，即小说《芬尼根的守灵夜》（*Finnegans Wake*）。和他早期的一些作品一样，这部作品最初以连载的形式发表（以《创作中》为名）在实验性文学杂志《过渡》（*Transition*）上。《过渡》的创始人玛利亚·乔拉斯和尤金·乔拉斯（Maria and Eugene Jolas）成了乔伊斯的朋友和支持者，但他们的杂志的大部分读者都读不懂乔伊斯的新作，即使有包括塞缪尔·贝克特在内的一群朋友发表一系列评论来为其做注解，这部作品仍在世界各地受挫。

《芬尼根的守灵夜》最终于1939年以足本出版，其中有大量的双关语、自造词和外来语（至少有四十种不同的语言）。这是一部如梦一般的小说，描绘了意识的流动——就像《尤利西斯》中对待清醒的生活一样对待睡眠。它很难被接受，大部分读者仍然会被它打败，除了阅读一些交替出现的优美而滑稽的段落。

《芬尼根的守灵夜》是乔伊斯最后的著作。1941年1月，他因溃疡穿孔接受手术，手术后不久就去世了。由于爱尔兰当局拒绝了诺拉将乔伊斯的遗骸带回都柏林，他最终被葬在苏黎世。

文学风格

意识流

《尤利西斯》中最著名的技法就是意识流。这使角色无法说出的想法、观感和记忆得以呈现出来，仿佛这些都能被读者聆听到，而不需要讲述者的介入与评论。此外，这些想法经常由一系列不合文法，有时甚至不合逻辑的语句表达出来，乔伊斯提到1903年第一次来巴黎时，拜读了法国作家埃杜阿·杜雅尔丹（Edouard Dujardin）的一本小说，之后开创了这种技法。

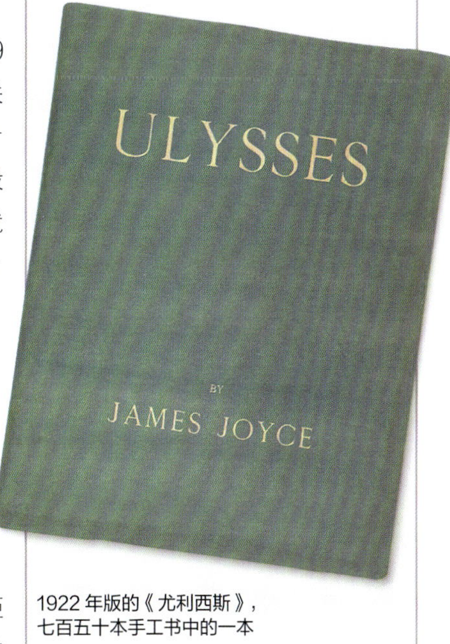

1922年版的《尤利西斯》，七百五十本手工书中的一本

重要作品年表

1907
乔伊斯出版了包含三十六首诗的诗集《室内乐》（*Chamber Music*）。这本书反响甚好，但销量不佳。

1907—1915
乔伊斯将曾放弃的自传《史蒂芬英雄》（*Stephen Hero*）改写成了《一个青年艺术家的画像》。

1914
在乔伊斯的《都柏林人》中，一片衰败且停滞不前的城市成了十五个故事的背景。

1918
《流亡者》（*Exiles*）是乔伊斯出版的唯一剧作，讲述了一位流亡作家的归来及其之后的人际关系。

1922
根据荷马的《奥德赛》创作的现代主义巨作《尤利西斯》，在乔伊斯四十岁生日那天出版。

1927
由乔伊斯二十多年来创作的十三首诗而结集成书出版，即《梨与桃》（*Pomes Penyeach*）。

1939
乔伊斯出版了《芬尼根的守灵夜》，一部专注于复活命题且需要投入大量智力的作品。

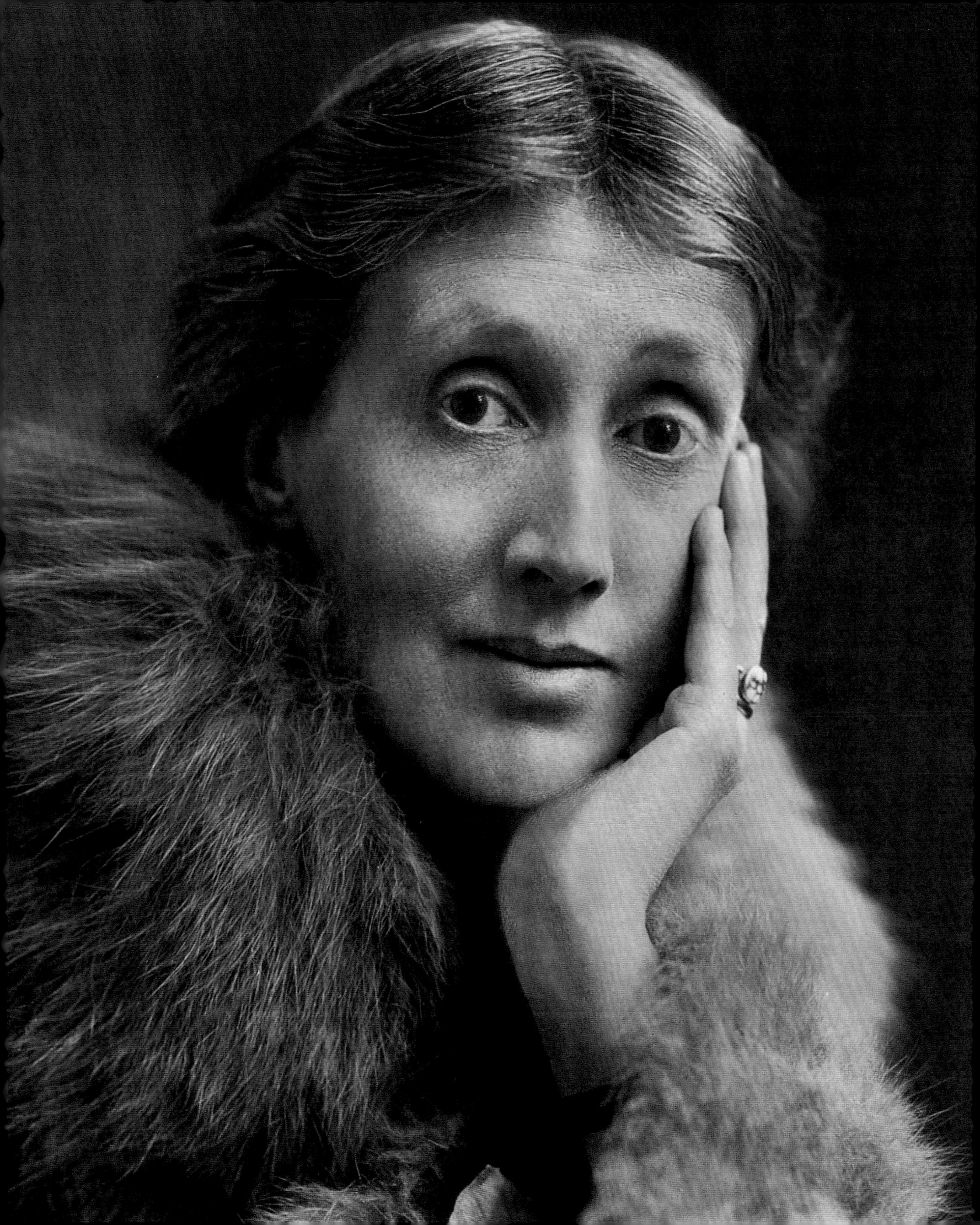

弗吉尼亚·伍尔夫

Virginia Woolf，1882—1941，英国人

作为小说家、散文家和女性主义者，伍尔夫是现代主义运动的核心，以革新性的方式改变了虚构写作，并为女性在文学史上开辟了一片天地。

艾德琳·弗吉尼亚·斯蒂芬（Adeline Virginia Stephen，后冠夫姓伍尔夫）出生于伦敦上层中产阶级的特权世界。父亲莱斯利·斯蒂芬爵士（Sir Leslie Stephen）是杰出的哲学家、作家和历史学家，母亲裘丽亚·杰克逊（Julia Jackson）曾是拉斐尔前派画家们的缪斯。由于父母之前都结过一次婚，所以弗吉尼亚有四个只有一半血缘关系的兄弟姐妹：乔治·达克沃斯（George Duckworth）、斯蒂娜·达克沃斯（Stella Duckworth）、杰拉德·达克沃斯（Gerald Duckworth）和劳拉·斯蒂芬（Laura Stephen），而她、文尼莎（Venessa）、索比（Thoby）和安德里（Adrian）则是第二段婚姻的结晶。

家庭成员之间的联系将这个庞大而繁忙的家庭置于维多利亚时代文学和学术界的核心。男孩与女孩被区别对待。男孩们被送去私立中小学和大学学习，而弗吉尼亚这样一个极其聪明的女孩却只能在家接受教育，尽管她可以尽情享受父亲的大书房。

童年回忆

弗吉尼亚十三岁时，母亲去世了，这引起了她多次精神崩溃中最早的一次。童年转瞬即逝的幸福和对时光流逝的感伤都在她三十二年后的《到灯塔去》（*To the Lighthouse*）中有所记录。在这部小说中，她把童年假日从康沃尔转移到了苏格兰，并以艺术化的形式完整地呈现了自己的父母（以拉姆齐夫妇的身份）。拉姆齐先生是迂腐、自负和专横的，而感性且慷慨的拉姆齐夫人是这本书前半部分的家庭核心，后半部分则有一种深深的缺憾。

伍尔夫的日记暗示她和文尼莎在母亲去世后的几年间，都曾被同母异父的哥哥性骚扰过，她脆弱的精神状态被同母异父的姐姐斯蒂娜的悲剧性死亡进一步摧残。弗吉尼亚在学习中找到了安慰，1897—1901年，她在伦敦国王学院女子学院学习古希腊语、拉丁语、德语和历史。

1904年父亲的死和1906年最爱的哥哥索比的死导致了弗吉尼亚的又一次崩溃，并给她的人生带来了剧变。弗吉尼亚一直将自己当作一位作家，并开始定期为《泰晤士报

文学风格
意识流

“没有什么事仅仅是单纯的一件事”，在《到灯塔去》中，拉姆齐夫人以意识流的叙述方式，尝试捕捉经验的多重性。伍尔夫讲述了一个家庭度假的故事，用稍纵即逝的印象加以叠加，然后打破书中的线性结构，暗示了时间的飞逝。这些技法是对现实主义小说中单一视角的直接回应，这种单一视角在她看来是男性化的。伍尔夫支离破碎、断断续续、异彩纷呈的风格，本质上是女性对由心灵建构的不断变化的现实的探索。“这是胡言乱语吗？这是才华所在吗？”她这样问道。

伍尔夫的《到灯塔去》，由霍加斯出版社（The Hogarth Press）出版

◁ **康沃尔郡的夏天**
伍尔夫童年的夏天都是在康沃尔郡圣·伊文斯的泰伦屋（Talland House）度过的。远处的戈德雷维灯塔，就算穿越海湾也难以抵达，这启发她创作了小说《到灯塔去》。

◁ **女性主义的遗产**
这是弗吉尼亚·伍尔夫于1927年拍摄的照片，此时她刚出版第四部小说《达洛卫夫人》后不久，这本书给她带来了名声与好评。她的创作在“二战”后变得不那么受欢迎，但在20世纪70年代的女性主义运动中再次得到了支持。

> “为什么**人生**如此**悲惨**，就像**深渊边**的一条小道……我想知道我怎样才能**走到尽头**。”
>
> 弗吉尼亚·伍尔夫，《一个作家的日记》

△ 霍加斯出版社
伍尔夫夫妇的霍加斯出版社出版的书通常是手工缝制和装订的。图中为《岁月》（*The Years*，1937）的初版封面，由伍尔夫的姐姐文尼莎·贝尔操刀设计。

"一个女人如果要想**写小说**，一定要有**钱**，还要有一间只属于**自己的房间**……"

弗吉尼亚·伍尔夫，《一间只属于自己的房间》

文学副刊》供稿。她和其他姐妹搬到了伦敦的布卢姆斯伯里，这片位于戈登广场的房屋变成了文艺群体的据点，吸引了哲学家、历史学家、艺术家和作家们（见下方框内的文字）。美国讽刺作家多萝西·帕克（Dorothy Parker）将这个团体形容为"画在圆圈里，住在正方形里，爱在三角形里"（painted in circles, lived in squares and loved in triangles），这为他们复杂且非常规的感情生活提供了一条线索。

恐惧和迷惘

布卢姆斯伯里团体创始人之一里顿·斯特拉奇（Lytton Strachey）向弗吉尼亚求婚被拒，因为她正被身兼出版人与公务员的伦纳德·伍尔夫追求。弗吉尼亚称呼伦纳德为"身无分文的犹太人"，这稍稍带有一点那个时代典型的种族主义偏见，而不是被他个人所吸引。尽管如此，他们还是在1912年结婚了。不久后，她写道："作为一个妻子而被需要，这是多么大的快乐。"然而，她也曾和一位女性友人吐露："我发现高潮极度夸张。"根据伦纳德·伍尔夫自己的描述，两人的新婚之夜简直是场灾难。据传言，出于对妻子神经衰弱的担忧，他在整个婚姻期间都是禁欲的，而出于同样的原因，弗吉尼亚被建议不要生孩子。

伍尔夫的首部长篇小说《远航》（*The Voyage Out*，1915）酝酿着对性的隐隐恐惧。这部呕心沥血之作引发了另一次崩溃和出版前的一次自杀尝试。她的医生强烈要求她多做体力运动，而不是脑力劳动，因为他们认为正是后者引发了她的疾病发作。然而，伍尔夫的丈夫仍鼓励她写作：1917年，他在两人位于伦敦里士满的家中成立了一家出版社，即霍加斯出版社，并开始出版伍尔夫的作品。

性的探索

伍尔夫的密友维塔·萨克维尔－韦斯特（Vita Sackville-West）是一位贵族小说家和园林设计师，同样敦促她写作，而在布卢姆斯伯里文化圈淫乱的氛围里，两人发展成了恋人。多年后，伍尔夫最自由、最富想象力的作品《奥兰多》——讲述了一位雌雄同体诗人——正是对昔日恋人的一次公开致敬。萨克维尔－韦斯特的儿子奈杰尔·尼克尔森（Nigel Nicholson）将该作品形容为"文学中最长且最迷人的情书"。

探索爱与婚姻的小说《夜与日》（*Night and Day*）于1919年出版，这一年，伍尔夫夫妇买下了东苏塞克斯郡罗德梅尔的僧舍别墅（Monk' s

▽ 父与女，约1900年
年轻的弗吉尼亚·伍尔夫与父亲——评论家、学者莱斯利·斯蒂芬爵士——的合影，父亲十分支持她的学术追求和对户外的热爱。

人物简介
布卢姆斯伯里文化圈

弗吉尼亚·伍尔夫的写作是布卢姆斯伯里文化圈的一项核心事业，这个圈子里的成员包括作家贾尔斯·里顿·斯特拉奇（Giles Lytton Strachey）、经济学家约翰·梅纳德·凯恩斯（John Maynard Keynes）、艺术家罗杰·弗莱（Roger Fry）、邓肯·格兰特（Duncan Grant）、克莱夫·贝尔和文尼莎·贝尔。他们对女性主义、和平主义和性的看法与维多利亚时代的价值观背道而驰，而他们对文学、经济学和艺术的影响非常深远。他们是后印象派艺术家高更、马蒂斯和凡·高的拥护者。霍加斯出版社不仅出版伍尔夫的小说，还出版了很多重要的著作，包括T. S. 艾略特的《荒原》、E. M. 福斯特的小说，以及精神分析学家西格蒙德·弗洛伊德开创性的作品。

文尼莎·贝尔，罗杰·弗莱绘，1916年

▷ 作家在僧舍别墅的门房

弗吉尼亚·伍尔夫在僧舍别墅花园门房的书桌上写作。她每天都来门房工作，有时甚至在这里睡觉。据平日里前来门房拜访的人说，这里经常堆满书和纸张。

House）。这座建于17世纪的小屋，与伍尔夫的姐姐文尼莎和姐夫克莱夫·贝尔（Clive Bell）同在东苏塞克斯郡（查尔斯顿）的房子一道，成了布卢姆斯伯里团体的乡村休闲之地。

《夜与日》发表三年之后，紧接着的是实验性小说《雅各的房间》（*Jacob's Room*），其中，伍尔夫几乎完全是从雅各生命中各类女性的视角勾勒出了这个主人公的形象。T. S. 艾略特断言，伍尔夫已经将自己从传统小说和作家天分的折中方案中解放了出来。

女性主义宣言

伍尔夫的二十篇日记揭示了她对写作强烈的感情投入——从霍加斯出版社订购五十本她的某本书，那会强有力地鼓舞她的精神——以及对其他作家和学者的观点的痴迷。与E. M. 福斯特在剑桥的一次会面促成了她日记中的一段评论："我一直觉得福斯特很敏感，总是躲着我，似乎不想与我太亲近。而我是个女人，一个聪明的女人，一个新潮的女性。"

伍尔夫的阅读面非常广泛，她读大量的古典名著、古希腊语原著，以及传统作家和诗人的作品，如狄更斯、勃朗特三姐妹、拜伦和弥尔顿。她热衷于将这些文本与实验派作家的文本进行比较，例如，温德姆·路易斯（Wyndham Lewis）和埃兹拉·庞德这类参与"新的震撼"（shock of the new）运动的作家。她第一次读詹姆斯·乔伊斯的革新性小说《尤利西斯》时，认为这本书"很做作"，且"没有语言的素养"，直到《尤利西斯》在评论界大受好评，她才改变了自己的看法。

伍尔夫在20世纪20年代中后期创作的小说是她最具代表性的作品，其中有调动多重感官的实验性作品《达洛卫夫人》和《到灯塔去》，之后是女性主义论争之作《一间只属于自己的房间》，这本书探索了女性在男性占绝对权威的社会中所面临的困境。

在1931年一场针对有抱负的职业女性的讲座中，伍尔夫呼吁终结"屋里的天使"（angel in the house），即家庭中那些喜欢奉承男性的工作的迷人而无私的灵魂。她说，"我用尽自己所有的力气去杀死她"，而留下来的是一个在卧室里拿着墨水瓶的年轻女性，这样一来，她"只能做自己了"。

第二次世界大战造成的破坏带给了布卢姆斯伯里的伙伴们。伍尔夫避居乡下写作，但她的狂躁症自始至终是个威胁，当她回到伦敦并发现布卢姆斯伯里已变成废墟时，病情更加严重了。1941年，五十九岁的她写下遗书后，在衣服口袋里装满石头，然后走进罗德梅尔附近的乌斯河中结束了自己的生命，留给当今读者大量的日记、信件、散文和九部至今仍令人具震撼的"现代主义"小说。

△ 维塔·萨克维尔-韦斯特，约1925年

伍尔夫与比她年轻的维塔·萨克维尔-韦斯特的长达十年的恋人关系始于1922年。萨克维尔-韦斯特是伍尔夫的缪斯和情人，也是她创作于1928年的小说《奥兰多》中主人公的原型。

重要作品年表

1915

《远航》反映了伍尔夫从压抑的家庭生活到受布卢姆斯伯里文化圈的学术激励的过程。

1925

《达洛卫夫人》以意识流的方式描述了一个贵妇人一天的生活，同时引出了其他人物的生活。

1927

《到灯塔去》是伍尔夫尝试对往昔、时间和永恒之特性的理解。

1928

《奥兰多》是英国文学史上的一部讽刺闹剧，基于幻想中的作家们的会面。它被认为是女性主义的经典之作。

1929

《一间只属于自己的房间》出版，其中，伍尔夫主张在父权文学传统中为女性作家提供文学和个人空间。

弗兰茨·卡夫卡

Franz Kafka，1883—1924，原奥匈帝国人

卡夫卡英年早逝，留下了很多未完成的作品。他那些令人难以忘怀的有关异化的故事——有时包含奇异的元素——使他成为 20 世纪文坛最引人注目的作家之一。

△《变形记》，1915 年
卡夫卡早在1912年就完成了这部名作，但是直到1915年它才首次出版。与出版商的反复交涉——这是卡夫卡惯常的做法——推迟了该作品的问世。

弗兰茨·卡夫卡出生于布拉格的一个犹太中产家庭，布拉格当时是波希米亚的首都，隶属于奥匈帝国。卡夫卡一家说德语，条件优渥；卡夫卡的父亲赫尔曼经营着一家销售女装和杂货的商店，而他的母亲则在一家企业上班。赫尔曼性格强势——大嗓门、自信而专横——他的儿子感到很难与他相处。弗兰茨有三个姐妹和两个兄弟，但兄弟们很早就夭折了，因此弗兰茨成了家里的长子。

教育与就业

卡夫卡在小学和布拉格久负盛名的文理中学学习时，接受的都是德语教学，但他也会说捷克语，还学过拉丁语和希腊语。他以优异的成绩毕业并进入布拉格的大学学习法律。在那里，他认识了一些作家，其中就包括与他保持着长久友谊的马克斯·布洛德（Max Brod，见右下框）。在这个圈子里，卡夫卡以活泼、有趣的伙伴形象而闻名——这些特征让他的很多读者相当吃惊，因为他的小说往往聚焦于抗争与异化。

1906 年，卡夫卡获得法学博士学位，进入布拉格的一家保险公司工作，即忠利保险公司（Assicurazioni Generali）。他不喜欢那里长时间的工作，一年之后便去了另一家公司，也就是工伤事故保险公司，他在那里帮助孤立无援的工人向大企业索求赔偿。在这样的环境下，卡夫卡目睹了法律与官僚势力是如何限制个人自由的，这些成了他之后创作的主题。他不久后被提拔，负责撰写公司的年报，更重要的是，他的工作时长缩短了，这使他有了更多的时间去写作——尽管如此，因为还和父母一起住，他依然被期望能在自家商店里搭把手。

书信与爱情

1912 年，卡夫卡认识了菲丽丝·鲍尔（Felice Bauer），她是马克斯·布洛德的远方亲戚，在柏林工

人物简介
马克斯·布洛德

作家马克斯·布洛德（1884—1968）自1902年与弗兰茨·卡夫卡相识后，就成了他一生的挚友。他们有很多共同点：都是来自布拉格的说德语的犹太人；都学习法律，但志在文学。布洛德出版了一系列融合了幻想、爱和神秘主义的小说，最有名的是《第谷·布拉赫的救赎》（*The Redemption of Tycho Brahe*，1916）。他作为卡夫卡的文学遗产执行人而为人熟知——是他让这位作家的作品为大众所知。1939年，在纳粹封锁边境线前，布洛德带着装满卡夫卡手稿的行李箱从捷克斯洛伐克逃往了巴勒斯坦。

马克斯·布洛德，约 1937 年

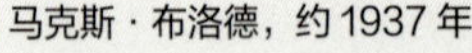

“我的指导原则是：对犯罪无须加以怀疑。”

弗兰茨·卡夫卡，《在流放地》

▷ 弗兰茨·卡夫卡，约1910年
相貌英俊但极度缺乏安全感的卡夫卡，终其一生都在承受着抑郁和焦虑的困扰。他还患有其他疾病，从偏头痛、失眠到便秘和疖子。他的痛苦在其文学作品中有着全面的展现。

重要作品年表

1908
短篇散文集《观察》(*Contemplation*)是卡夫卡最早出版的作品。它发表在慕尼黑的文学杂志《亥伯龙神》(*Hyperion*)上。

1915
《变形记》，一部接近中篇小说长度的短篇小说，是卡夫卡出版的第一部重要作品。

1925
《审判》是卡夫卡最著名的长篇小说，在他死后才出版。这部小说讲述了约瑟夫·K与官僚系统抗争的故事。

1926
《城堡》在1922年被卡夫卡放弃了，直到作家去世两年后才出版。

1927
《失踪者》是卡夫卡未完成的作品，最终也出版了。它讲述了卡夫卡的亲戚移民美国的详细经历。

▽ 犹太区
卡夫卡生长于布拉格的犹太区，他是这座城市里的德语犹太知识分子群体中的杰出代表。尽管他的父母仅在口头上忠于犹太传统，但是卡夫卡本人越来越认同自己作为犹太人的文化身份，同时，在马克斯·布洛德的影响下，他被犹太复国主义所吸引。

作。这对情侣日渐亲近，但由于两人身处异地，只能采取频繁的通信进行交流。卡夫卡从1912年到1917年很有规律地（经常是每天）给她写信，这些信后以《卡夫卡情书：致菲丽丝》之名于1967年出版。他对细节的高度关注和执着的性格（如果未婚妻的信迟迟不来，他就会担忧）透露了其内心深深的焦虑。这对情侣订过两次婚，但是作家的自我压抑（一些传记作家指出，他也许受到对同性的性幻想的折磨）和疾病导致两人最终没能修成正果。

高产时期

这一时期，卡夫卡创作并出版了一系列令他日后成名的短篇小说。《判决》（"The Judgement"）是他在1912年的一个晚上写的，并被献给了菲丽丝；而他最著名的短篇小说《变形记》诞生于1915年，它讲述了一个男人早上醒来发现自己变成虫子的故事，反映了卡夫卡将现实与幻想结合起来的典型做法。将奇怪的事以清晰、简洁且符合事实的文风描写出来，这种方式令人难忘，也成了作者的典型风格。

随后他又发表了诸多作品，其中一些被收录在了《乡村医生》（*A Country Doctor*）一书，但到1919年这本书出版时，卡夫卡已经患上了肺结核，需要定期停工休病假。

同年，卡夫卡收到了记者兼作家密伦娜·耶申斯卡（Milena Jesenská）的一封信，后者想将他的小说《司炉》（*The Stoker*）从德语翻译成捷克语。这对男女经常给对方写信，彼此的热情持续增长，但卡夫卡最终中断了这段关系，因为密

△ 卡夫卡的感情经历
1917年，卡夫卡与未婚妻菲丽丝·鲍尔的合影。他在这段感情中奋力挣扎，对肉体心生厌恶。对他来说，亲密关系总是和负罪感联系在一起。

伦娜显然不会为了他离开自己的丈夫。这些信收录在《卡夫卡致密伦娜情书》一书中，于1952年出版。

病痛

通过卡夫卡的信件，我们可以清楚地知道，他把自己当作工作的殉道者："我对描绘梦一般的内心世界的嗜好，让其他一切都变得无关紧要了。"他在一篇日记的开篇描述了一种无疑是由他的病体带来的囚禁感所激化的情感。卡夫卡深知肺结核无法治愈，为了更专注于写作，他在1922年辞职，然后搬到柏林。他和情人多拉·戴芒特（Dora Diamant）——一名二十五岁的教师——曾短暂同居过，但是病情恶化后，他又搬回了布拉格。

文学遗产

1924年6月，卡夫卡在维也纳附近的一家疗养院里因肺结核病逝。临终前，他请求好友马克斯·布洛德烧掉他的手稿，并要求不再出版已发表的作品。然而，布洛德认为卡夫卡的作品太重要了，绝不能销毁，从20世纪20年代起，他开始出版好友的主要作品。三部小说（《审判》《城堡》和《失踪者》）和短篇小说集《万里长城建造时》（*The Great Wall of China*），树立了卡夫卡的名声。

《审判》讲述的是银行职员约瑟夫·K（Josef K）的故事，他被指控犯罪，但无论是主人公自己还是读者都不知道他到底做了什么。这部小说利用悬疑小说的典型手法（悬念和阴谋），讲述了K试图在扭曲的官僚主义下获得正义的故事。《城堡》的主人公——同样叫K——是个土地测量员，他来到一个小村子工作，并与顽固的官僚做斗争。未完成的小说《美国》（卡夫卡将其命名为《失踪者》）也探讨了同样的主题，尽管它的风格更加幽默。

▷《城堡》，1926年
这本小说是卡夫卡作品中最有人情味的一部，讲述了在一个看似无望的世界里对友谊和尊严的探索。

现实与幻想

这些书的共同主题——个体与未知且全能的权威之间的普遍斗争——使卡夫卡这个名字成了复杂的行政和政治体系，以及这些体系在人们心中产生的紧张焦虑情绪的代名词。

背景知识
奥匈帝国

卡夫卡一直是奥匈帝国公民，奥匈帝国维持到第一次世界大战结束，其版图涵盖中欧大部分地区和整个波希米亚，后者是捷克共和国的前身。卡夫卡混乱的感受很大程度上是复杂帝国的产物：在捷克人看来，他是说着德语的上层阶级；在占主流的天主教徒和新教徒看来，他是个犹太人，而对很多犹太人来说，他又不够犹太化。

奥匈帝国旗帜

官僚与混乱

对许多在第二次世界大战后阅读卡夫卡作品的读者来说，他的小说预言了当时的政权——不仅在捷克斯洛伐克，也在其他的中东欧国家——是如何限制民众自由，扼杀他们的个性，并粉碎他们的思想的。

卡夫卡在他的书中探索到的孤立模式反映的正是奥匈帝国官僚体制下的生活，特别是他每天在家乡布拉格所面对的混乱状况（见右上框）。他的作品也再现了陀思妥耶夫斯基等这类擅长描写心理的早期作家对类似主题的处理方式，并融入了20世纪初德国兴盛一时的、前卫的表现主义运动的元素。

尽管著作有限，但卡夫卡以朴素、直白的行文风格呈现神秘事件的能力，以及在短篇小说中对格言和寓言的运用，使他在20世纪文坛留下了不可磨灭的印记。

▽ 多拉·戴芒特
在德国米里茨境内的波罗的海沿岸度假时，卡夫卡结识了人生最后的伴侣多拉，一位出生在波兰的犹太人。卡夫卡死后，她曾在柏林从事演艺事业，但在纳粹掌权后，被迫逃亡英国。

“戴着镣铐往往比身处自由更安全。”

弗兰茨·卡夫卡，《审判》

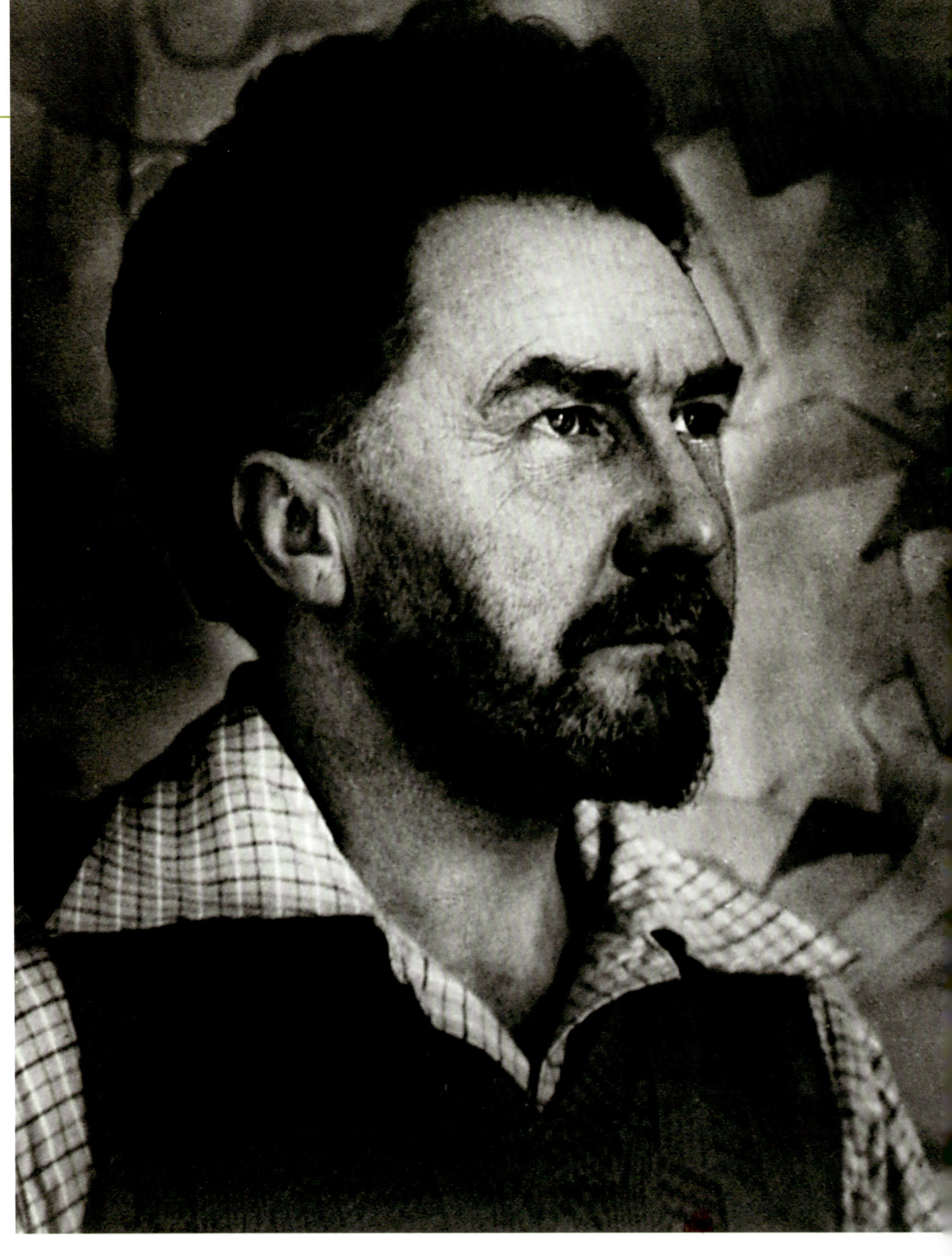

▷ **埃兹拉·庞德，约1930年**
拍摄这张照片时，庞德生活在意大利的拉帕洛。他身后是一幅典型（未完成）的旋涡派画作。旋涡派（Vorticism）是庞德曾参与的一场艺术运动。

埃兹拉·庞德

Ezra Pound，1885—1972，美国人

庞德成名于伦敦和巴黎，被视作革命性的现代主义诗人、翻译家和编辑。然而，作为亲法西斯分子，且参与过反犹太人运动的人，他的声誉为世人所诟病。

“伟大的文学作品只不过是承载着尽可能多意义的语言。”

埃兹拉·庞德，《阅读ABC》（*ABC of Reading*）

埃兹拉·鲁米斯·庞德（Ezra Loomis Pound）于1885年10月30日出生在美国爱达荷州的矿业小镇海利，父亲赫克托在镇上的联邦土地管理局工作。因母亲伊莎贝尔不满意小镇生活，所以一家人搬去了费城北部的温科特，小埃兹拉在那里换了多所学校，最终在1897年被送进了附近的切尔滕纳姆军事学院（Cheltenham Military Academy）。转学到当地一所公立高中后，他于1901年考入了宾夕法尼亚大学。

学术生涯

大学期间，庞德有了第一段正式恋情，对象是希尔达·杜利特尔（Hilda Doolittle），还结识了一生挚友、诗人威廉·卡洛斯·威廉姆斯。为了完成学业，庞德搬去了纽约。1905年，他从汉密尔顿学院毕业后，回到宾夕法尼亚大学，并获得了诗歌专业（游吟诗）的博士学位。但他变得越来越焦躁不安，不得不离开学校，好在这时他储备了相当多的欧洲文学知识，并且掌握了好几门语言。在印第安纳州克劳福兹维尔的瓦巴什长老会学院（Wabash Presbyterian College）经历了几个月灾难性的教学工作后，庞德的学术生涯最终宣告结束，因为他波希米亚式的生活方式很难被这所保守的学院接受。在自己房间留宿一个被暴风雪困住的乐团女孩，成了压死骆驼的最后一根稻草。虽然庞德坚称没有任何行为发生，但他还是在1908年2月被解雇了。

旅行欧洲

与希尔达解除婚约后，他出发前往威尼斯，并在那里自费出版了第一部诗集《灯火熄灭之时》（*A Lume Spento*）。身无分文的他带着该书稿的副本前往伦敦，在那里，他结识了书店主兼出版人埃尔金·马休斯（Elkin Matthews），后者同意帮他宣传作品，《灯火熄灭之时》很快让他进入了伦敦的文学圈。在庞德结识的这群人里，小说家奥利维亚·莎士比亚（Olivia Shakespeare）将他引荐给了包括W. B. 叶芝在内的其他作家。庞德与奥利维亚·莎士比亚的女儿、年轻的画家桃乐茜（Dorothy）恋爱了很久，最终两人在1914年结婚。

◁ 希尔达·杜利特尔
杜利特尔，笔名H. D.，是先锋文学流派意象派的成员之一。庞德对杜利特尔作为诗人和作家的发展有很大影响。

现代主义实验

在艺术界进行令人兴奋的革新时，庞德正热衷于在诗歌领域发展一种新的“现代”手法。他结交了由诗人兼哲学家T. E. 休姆（T. E. Hulme）开创的“意象学派”（school of images）——该流派的核心理念是将意象作为诗歌创作的原则——并从艺术界友人身上汲取了更多的灵感，如画家温德姆·路易斯（Wyndham Lewis）和雕塑家亨利·戈蒂耶－布尔泽斯卡（Henri Gaudier-Brzeska），这些艺术家开创了一种后立体主义几何风格，庞德称之为“旋涡派”。

希尔达·杜利特尔在1911年来到伦敦，促成了庞德诗歌创作方向的转变。尽管在庞德离开美国前，两人终止了短暂的婚约，但是庞德和杜利特尔依然关系紧密，并与诗人奥尔丁顿（Aldington，之后成为杜利特尔的丈夫）一同发起了被称为“意象主义”（Imagism）的诗歌运动，强调在简短的自由诗中进行清晰的表达。

庞德很快便厌倦了这个组织，认为它在现代性方面无法走远。他对东方诗歌燃起了兴趣，特别是在不使用多余文字的精练语言风格和对意象的卓越运用这两方面。从1913年起，庞德开始翻译中国诗歌，

文学风格

旋涡派与意象派

作为第一次世界大战前诞生的艺术运动，旋涡派力求捕捉20世纪的活力与速度，拒绝英伦文化的浅薄与自满。它将立体主义的元素与机器时代的美学结合起来，其核心倡导者包括温德姆·路易斯、雅各布·爱泼斯坦（Jacob Epstein）和亨利·戈蒂耶－布尔泽斯卡，庞德委托后者创作了下面这尊有棱角的几何体大理石半身像。庞德倡导的意象派文学运动，与旋涡派有很多相同观点，这些观点在《诗章》中得到了最明确的表达，该作利用碎片化的意象、理念、典故和引用的并置来达到冲击性的效果。

《埃兹拉·庞德的苦行僧头颅》，亨利·戈蒂耶－布尔泽斯卡雕刻，1914年

“好作家能保持语言的有效性。也就是说，保持准确，保持清晰。”

埃兹拉·庞德，《阅读ABC》

他意识到这正是他想在自己的诗歌里运用的手法：简洁、直接、充满活力。诗集《人格面具》（*Personae*，1909）和《反击》（*Ripostes*，1912）给他带来了一些商业成就，1915年前后，他开启了一个重要的新项目——创作一部充满挑战且相当复杂的史诗，即后来的《诗章》（*The Cantos*）。此外，他还担任《诗刊》杂志伦敦站的通讯记者，在那里，他借机宣传自己的作品以及包括杜利特尔、奥尔丁顿和叶芝在内的朋友们的作品，还宣传了詹姆斯·乔伊斯和T. S. 艾略特的早期作品。

战后的幻灭

随着第一次世界大战愈演愈烈，庞德感到越发沮丧和失望。战后，因为缺乏社会和政治上的方向，他极易被所见所闻激怒，这反映了他内心的迷惘。他把大量精力投入到经济学和政治学的研究中，并对英国社会进行严厉批判。长篇讽刺诗《休·赛尔温·莫伯利》（*Hugh Selwyn Mauberley*，1920）由两部分构成，是一位失落诗人的写照，而他与这个沉迷于物质主义、忽视艺术且只渴望“速成的怪相形象”（an image of its accelerated grimace）的无趣社会格格不入。

从巴黎到意大利

因为厌倦了伦敦，庞德和桃乐茜在1921年搬去了巴黎。他继续创作《诗章》，担任编辑，并为艾略特的《荒原》和好朋友欧内斯特·海明威的短篇小说撰写评论文章，因此收获了名声。在巴黎，他与小提琴家奥尔加·拉奇（Olga Rudge）发展了一段伴随其余生的婚外情。无论是庞德还是桃乐茜都对巴黎不感兴趣，于是他们在1924年搬去了意

▽ 意大利拉帕洛

拉帕洛的海滨度假区成了现代主义作家和艺术家的避难所。除了庞德，这里还吸引了W. B. 叶芝、巴希尔·邦廷（Basil Bunting）和路易·祖科夫斯基（Louis Zukofsky）等较年轻的诗人。

大利的拉帕洛，在那里，他终于可以安心创作了。

然而，在奥尔加怀了庞德的孩子并搬去意大利后，这份平静被打破了。曾对丈夫的不忠行为睁一只眼闭一只眼的桃乐茜，在知道了庞德的私生女玛丽出生后，决定与丈夫分居，但是她此时也怀孕了，1926年，这对夫妇在儿子奥马尔出生前于巴黎重归于好。尽管面临家庭的动荡，庞德还是坚持写作，并出版了《诗章》的第一卷和诗集《人格面具》，女儿玛丽由养母照看，而儿子奥马尔被送去伦敦，即桃乐茜的母亲奥利维亚的住处。

◁ 奥尔加·拉奇

“二战”后的多年里，奥尔加·拉奇致力于为庞德辩护，使他免于被美国政府控告。

政治与逮捕

庞德夫妇搬去意大利后不久，贝尼托·墨索里尼（Benito Mussolini）和他的法西斯党开始掌权。庞德是这位“领袖”的狂热崇拜者（他称其为“老板”），20世纪30年代，他在政治领域变得越发活跃，甚至在1939年返回美国，劝说政府不要加入即将爆发的纷争。他还成了希特勒纳粹主义的支持者，第二次世界大战期间，他通过罗马广播电台向全世界传播自己的法西斯主义和反犹太主义的观点。1945年5月，当盟军攻入意大利时，庞德被美国政府以叛国罪逮捕，并被囚禁在比萨附近的战俘营。他被单独关押，条件非常简陋，但仍能保证写作，在此期间，他创作了《比萨诗章》。11月，他被送回美国接受审判，最终被判定为精神病患者，并被送入华盛顿的圣伊丽莎白医院。虽然他的病情很不稳定，但在这期间，他完成了其最好的作品《诗章》。

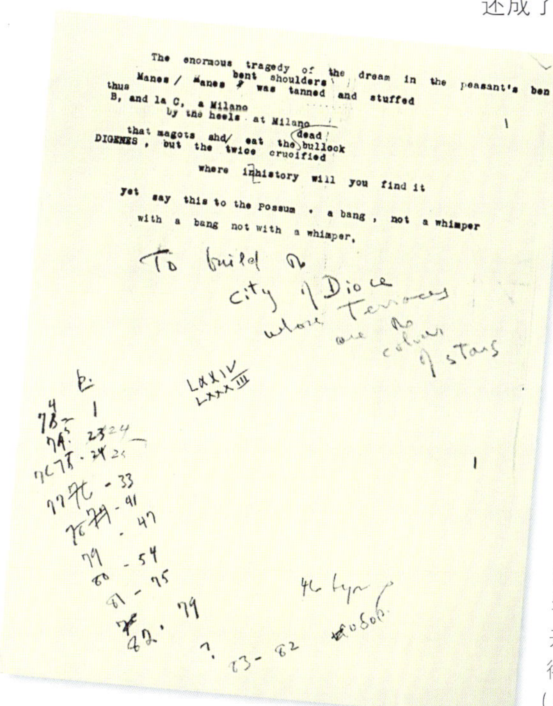

The enormous tragedy of the dream in the peasant's bent shoulders
Manes / Manes was tanned and stuffed
thus
B, and la C, a Milano
by the heels at Milano
that magots shd/ eat the dead bullock
DIGENES, but the twice crucified
where in history will you find it
yet say this to the Possum : a bang, not a whimper
with a bang not with a whimper,

To build the city of Dioce whose terraces are the colour of stars

LXXIV
LXXXIII

◁《比萨诗章》

这份草稿记载了庞德于1945年前后创作的《比萨诗章》的开篇几行诗。《比萨诗章》赢得了1948年的博林根诗歌奖（Bollingen Prize）。

令人不安的遗产

庞德的朋友和同时代作家一直为他的获释奔走游说，这一请求终于在1958年得以实现。庞德立马返回意大利——他显然毫无悔改之意，一抵达那不勒斯，他就摆出了法西斯的手势。他和桃乐茜、玛丽在蒂罗尔生活了一段时间，随后他返回拉帕洛，和奥尔加维持着一段不稳定的婚外恋关系，直到桃乐茜带着奥马尔回到伦敦。

整个60年代，庞德都很落魄，承受着抑郁和自我怀疑的折磨，不断恶化的健康状况让他在创作《草稿与片段》（*Drafts and Fragments: Cantos CX–CXVII*）之后无法再继续写作。因为公开发表过法西斯言论，他的声誉受损，而对其作为诗人该收获多大荣誉这一问题，评论界有（现在仍有）很大分歧。庞德晚年和奥尔加生活在威尼斯，八十七岁生日后的第二天，他便过世了。

背景知识

法西斯主义信仰

在庞德看来，第一次世界大战后，西方社会无论是在文化和经济方面，还是政治上都迷失了方向。他坚信，解决方案在于意大利的墨索里尼所支持的民族共同体原则（对抗中产阶级的联合体）。起初，庞德对德国法西斯主义的宣传持怀疑态度，但到了20世纪30年代，随着“领袖”的观点与希特勒的理论联系得更加紧密，他也紧随其后。这位作家开始把犹太“高利贷”看作实际的威胁，并为德国和意大利统治东欧、亚洲和非洲“下等人”的主张做辩护。之后，他公开宣布放弃自己的立场，承认“我犯过最大的错就是有关反犹太主义的愚蠢、没见识的偏见”。

阿道夫·希特勒与贝尼托·墨索里尼并肩而站

重要时刻

- **1908** 庞德的第一本诗集《灯火熄灭之时》，由他本人自费出版。
- **1915** 《中国》（*Cathay*）出版。它由欧内斯特·费诺罗萨（Ernest Fenollosa）从中国诗歌翻译成的自由体诗构成。
- **1920** 《休·赛尔温·莫伯利》标志着庞德写作事业的转变。他离开英国，去了欧洲大陆。
- **1925** 庞德的史诗《诗章》第一章《诗章16章草稿》（*A Draft of XVI Cantos*）出版。
- **1948** 庞德被美军关押在比萨附近时写的《诗章第74章—84章》出版，即《比萨诗章》。
- **1969** 《诗章》未完成的最后一部分出版，即《草稿与片段》。

D. H. 劳伦斯

D. H. Lawrence，1885—1930，英国人

劳伦斯的作品曾被指控为“淫秽”和“反军国主义”，并多次遭到审查人员的封查。他戏剧化的一生也被广泛认为是不道德的。

◁ **杰茜·钱伯斯**
杰茜既是劳伦斯的朋友，也是他的灵感来源，还是《儿子与情人》中米丽安的原型。后来她发表了一篇文章，描述了劳伦斯的童年和青年时代。

戴维·赫伯特·劳伦斯在短暂的一生里创作了十二部长篇小说、大量短篇小说，以及大约八百篇诗歌、戏剧和非虚构类文章。凭借着对自然界的深刻回忆，对社会变迁、家庭及性关系、欲望之复杂性的直白描摹，他经常被盛赞为英国现代文学界最优秀的作家之一。半自传体小说《儿子与情人》（*Sons and Lovers*，1913）描绘了他早年在穷困的伊斯特伍德矿区生活的生动画面，以及他父母亚瑟和莉迪亚的生活。

鼓励与逆境

因体弱在学校被欺负的劳伦斯和杰茜·钱伯斯（Jessie Chambers）成了朋友，这个女孩住在劳伦斯家附近的哈格斯农场。他视杰茜为知己、缪斯以及与自己有着同等智慧之人，与此同时，他在哈格斯农场和周遭环境里找到了“最初的写作动机”。1901年，他被哥哥的死所震惊，后被肺炎击倒，也是在这一年，他开始做实习教师，并开始创作第一部长篇小说《白孔雀》（*The White Peacock*）。

1906年，劳伦斯为了获得教师资格证，前往诺丁汉接受培训。当杰茜把他的一些诗作寄给《英国评论》（*English Review*）的编辑福特·马多克斯·休弗（Ford Madox Hueffer，后更名为福特·马多克斯·福特）时，事情出现了转机，休弗的鼓励激发了劳伦斯的志向。然而，劳伦斯的努力受挫了：身患肺炎、敬爱的母亲去世，以及一系列不当的关系让他放弃了教师职位并返回伊斯特伍德。

1912年，劳伦斯认识了弗丽达·威克利（Frieda Weekley），这位拥有三个孩子的女士是他之前教授的妻子。两人热烈地相爱，几个月后就私奔去欧洲。这段维系至劳伦斯去世前的关系，一直被疾病和穷困所困扰，但和弗丽达在一起的劳伦斯重新燃起了写作的欲望。他们到处旅游。在海外，劳伦斯出版了第一部散文集《意大利的黄昏》（*Twilight in Italy*，1916）；返回祖国时，英国正笼罩在战争的阴影之下，而弗丽达的德国国籍也引起了他人的猜疑。在康沃尔时，孤立无援的劳伦斯完成了禁书《虹》（*The Rainbow*，1915）的创作。此后，他仍带着挑衅态度，继续创作《恋爱中的女人》（*Women in Love*）。

1919年，劳伦斯夫妇离开英国，开启了一段十多年的流亡生活，而劳伦斯将这段旅行称为“野蛮人的朝圣之旅”（savage pilgrimage）。这种不安定的状态把他们带向遥远且广袤的土地，他们穿越欧洲大陆，去到锡兰、美洲及澳大利亚。除了三次短暂的归家之旅，劳伦斯一直处于流亡状态。尽管如此，他还是一直聚焦于祖国的等级制度和人民，这在他最后一部长篇小说《查泰莱夫人的情人》（*Lady Chatterley's Lover*）中得到了充分的体现。

> “有钱时毒死你，没钱时饿死你。”
>
> D. H. 劳伦斯，《查泰莱夫人的情人》

◁ **《查泰莱夫人的情人》**
这部作品聚焦于奥托琳·莫雷尔夫人（Lady Ottoline Morrell）与一位年轻师匠的婚外情，因性场景描写和语言而遭到严重删节。1960年，企鹅出版社出版了未删节版本。

文学风格
方言写作

劳伦斯的小说介绍了诺丁汉郡的一系列人物，口语化的语言和有节奏感的俗语为作者描绘郡里的矿业小镇和乡村生活注入了生气。劳伦斯对本地方言有着深刻的了解，并在创作中精确地使用了它们。他还用方言写诗，这让诗句中描绘的每日艰苦生活带有一些喜剧效果。例如，他的诗作《喝干了的酒杯》（"The Drained Cup"）如此开头："她以为她想摆脱我 / 看来是这样，他说道"（Tha thought tha wanted ter be rid o' me. /' Appen tha did, an' a'）。

诺丁汉一座煤矿的矿工走在下班回家的路上

▷ **D. H. 劳伦斯**
长久以来，尽管健康状况堪忧，劳伦斯依然是位多产的作家。他的作品有着浓浓的自传色彩，经常提及他早年在诺丁汉郡的生活。他四十五岁时在法国旺斯因肺结核并发症去世。

雷蒙德·钱德勒

Raymond Chandler，1888—1959，美国人

无论是在他生活的年代还是其他任意时代，钱德勒都是最好的犯罪小说作家。他最杰出的创造物就是坚忍的私家侦探菲利普·马洛（Philip Marlowe），这一角色是美国大萧条时期犬儒主义和悲观主义的缩影。

▷ **钱德勒和塔基，20世纪40年代**
这张照片展示的是钱德勒和他心爱的猫咪塔基，他将这只猫比作自己的“秘书”。他充满怜爱地想象塔基抬起头，仿佛在说：“老兄，你做的事儿就是浪费时间。”

雷蒙德·桑顿·钱德勒（Raymond Thornton Chandler）于1888年出生在芝加哥，父亲是一位爱酗酒的铁路工程师。父母离婚后，他随着出生在爱尔兰的母亲搬去了英国。他们在伦敦定居，之后钱德勒进入达利奇中学学习。他是名成绩优异的学生，毕业后通过了公务员考试，然后进入海军部工作，但不到一年就离开了。

在1912年返回美国前，因为不确定自己的发展方向，钱德勒在《每日快报》（*Daily Express*）做了一段时间的记者。第二年，他在洛杉矶定居下来，从事各种各样的工作，包括给网球拍穿线和采摘水果。随后，战争打破了平静，钱德勒加入加拿大远征军，赴法国作战。战后，他再次回到洛杉矶。

从商业到低俗

钱德勒在遇到珀尔·“茜茜”·帕西卡（Pearl “Cissy” Pascal）后，生活终于稳定了一些。他们是一对差异很大的恋人——帕西卡离过两次婚，比钱德勒大十八岁——但两人还是在1924年喜结连理。此时，钱德勒在一家石油集团工作，一路从记账员晋升为公司的副总裁。

一切都进展顺利，但是到了1930年，钱德勒的婚姻出现危机，事业也遭遇了大萧条的打击。他开始酗酒、追求女色，1932年，他被解雇。在这段黯淡的日子里，钱德勒阅读了大量的低俗杂志，“因为它们便宜到可以扔掉”。借助于自己做记者的经历，他开始创作低俗小说，1933年，他的第一个故事在《黑色面具》（*Black Mask*）上发表，颇受欢迎。四十五岁时，钱德勒成了职业作家。他的作品完美地融合了侦探小说的新风格。这是一种“冷峻”的风格——以简洁、直截了当的形式，映射了禁酒令和随之而来的有组织犯罪。这种在20世纪20年代由卡罗尔·约翰·戴利（Carroll John Daly）和达希尔·哈米特（Dashiell Hammett）倡导的写作风格，被钱德勒提升到了一个新高度。这类惊悚小说的主人公总是私人侦探，如卡罗尔·约翰·戴利笔下的瑞斯·威廉斯（Race Williams），达希尔·哈米特笔下的萨姆·斯佩德（Sam Spade），而钱德勒的菲利普·马洛让上述角色都黯然失色了。马洛是一个反英雄式人物，还是一个受伤的浪漫主义者，面对生活中的受害者时他可以很温柔，但在暴徒面前则强硬冷酷，毫不妥协。

◁ **《长眠不醒》**
亨弗莱·鲍嘉（Humphrey Bogart）在由霍华德·霍克斯（Howard Hawks）改编的电影《长眠不醒》（1946）中饰演菲利普·马洛。他是马洛那些充满愤世嫉俗俏皮话的精彩对白的绝佳传达者。要演绎一个见过这个世界最坏的一面，且不期望有任何好事发生的人，亨弗莱·鲍嘉可谓不二之选。

小说与剧本

钱德勒的第一部长篇小说《长眠不醒》（*The Big Sleep*）于1939年出版，由他发表在《黑色面具》上的两个故事拼凑而成。它立即获得成功，并很快被改编成了电影。不久后，钱德勒应邀担任编剧。他在这个领域里最大的成就是经典黑色电影《双重赔偿》（*Double Indemnity*），这部电影由他与比利·怀德（Billy Wilder）共同担任编剧。在钱德勒晚年死于酗酒之前，只写了七部小说，其中仅有一部没有被改编成电影，而其他作品都是必读书目。

背景知识
《黑色面具》

创立于1920年的《黑色面具》是当时重要的低俗小说杂志，它批量介绍了20世纪二三十年代涌现的一批作者。保罗·该隐（Paul Cain）、达希尔·哈米特，以及厄尔·斯坦利·加德纳（Erle Stanley Gardner）都曾在这里亮相。钱德勒曾是这本杂志的忠实读者，他认为“有些创作是……有力和诚实的”。他的一些故事发表在《黑色面具》上，包括他最早的作品之一《勒索者不开枪》（*Blackmailers Don't Shoot*）。这本杂志一直经营到1951年。

《黑色面具》，1936年1月

▷ T. S. 艾略特，约1959年
拍摄这张照片时，T. S. 艾略特已经成为历史上最受推崇的诗人之一，并被授予了大英帝国官佐勋章、诺贝尔文学奖、但丁金奖和歌德奖。

T. S. 艾略特

T. S. Eliot，1888—1965，美国人（后加入英国国籍）

艾略特的诗歌促进了现代主义运动的形成，并表明了一个时代的幻灭。但是这位作家的个人生活总是被不幸有时甚至是焦虑和抑郁笼罩。

“世界就是这样告终的，不是一声巨响，而是一声呜咽。”

T. S. 艾略特，《空心人》(*The Hollow Men*)

T. S. 艾略特出生于美国密苏里州的圣路易斯，按他的话说，他的个性由他在此地度过的童年所塑造，然而，长大后的他却成了一位定居在伦敦的作家、出版人和剧作家。艾略特拥有哈佛大学比较文学和哲学学位，通晓多种语言，他在其成熟的诗歌中推崇无序和分裂，用学术文献来平衡歌谣与讲话的节奏。

从美国到英国

托马斯·斯特尔那斯·艾略特（Thomas Stearns Eliot）这个名字来自他的外祖父，托马斯是亨利和他的诗人妻子夏洛特六个存活下来的孩子中最小的。艾略特很小时就表现出了爱读书的气质，传记作者将一部分原因归于先天性疝气，这种病痛使他没法做太多运动，只能专注于文学。艾略特十四岁时开始写诗，但花了很长时间才打磨出自己的风格：他那令人惊叹的处女作《普鲁弗洛克情歌》（“The Love Song of J. Alfred Prufrock”）直到十三年后才出版。

从哈佛大学和巴黎的索邦大学毕业后，艾略特于1914年第一次世界大战爆发时，接受了牛津大学莫顿学院的奖学金。他经常逃去伦敦，抱怨学术生活让人窒息：“我不喜欢像死人一样。”在伦敦，他认识了他一生的支持者，即美国的流亡同胞埃兹拉·庞德。两位作家有着广泛的合作，在写作和推广现代主义诗歌方面相互配合。

1915年，艾略特被介绍给剑桥的女家庭教师薇薇安·哈－伍德（Vivien Haigh-Wood），仅仅三个月后，两人就结婚了。他们的结合被争吵与危机困扰——薇薇安脆弱的身体和（据一些人说）精神状况更是加速了关系的恶化——两人最终于1933年离婚。然而，他们异常的夫妻关系无疑激发了艾略特的创造力，特别是《荒原》（*The Waste Land*，1922）的创作，是他从一次轻度的抑郁中恢复时开始的。这首诗的结构松散，围绕着圣杯的传说展开，并从古典文学和各种不同文化中寻找参照。它被故意写得晦涩而难懂，是现代主义的里程碑，也是20世纪影响最深远的文学作品之一。

出版上的成功

《荒原》出版时，艾略特创办了《标准》（*Criterion*），后来它成为重要的文学期刊。两年后，他辞去了银行的常规工作，出任费伯－格怀尔出版公司（Faber & Gwyer，后来的费伯－费伯出版公司）的董事。在那里，艾略特找到了自己的专长，在四十多年的时间里，他推荐并出版了W. H. 奥登（W.H. Auden）、埃兹拉·庞德和特德·休斯（Ted Hughes）等作家的著作，以及他本人的作品。令人印象深刻的是，他耽搁了乔伊斯《尤利西斯》的出版，还拒绝了奥威尔的讽喻小说《动物庄园》（*Animal Farm*）。

晚年时光

1927年，艾略特获得了英国国籍。他后来将自己的双重国籍身份形容为成功的关键：“如果我出生在英国，就不会是现在的我，如果我留在美国，也不会是现在的我。”他一生中有两个重要伴侣，最终他与比他年轻三十八岁的埃斯梅·瓦莱丽·弗莱彻（Esme Valerie Fletcher）结婚。八年后，他死于肺气肿，骨灰被撒在了故乡东科克（East Coker），一个曾在《四个四重奏》中出现的小村庄。

▽ **诗人和出版人**
1944年3月25日，T. S. 艾略特（最左）在伦敦参加费伯－费伯出版公司的董事会，讨论如何更好地部署战争时期的纸张配给。

背景知识
信仰与诗歌

艾略特生长在一个信奉一位论派（Unitarian）家庭，很快他就意识到这种信仰所包含的清教徒价值观能成为推动社会公益的力量。大学时，他广泛地接触了一系列从东方到西方的信仰体系，但他在1927年改信了英国国教的一个正统分支盎格鲁天主教（Anglo-Catholicism），这令他那个时代的许多现代主义者感到震惊，因为在后者看来任何宗教都是令人厌恶的。艾略特的信仰影响了他晚期诗歌创作的主题，特别是《四个四重奏》，这部诗集由四首互相关联的诗组成，耗时六年多才完成并出版，它聚焦于个人与时间、宇宙及神职人员的关系。

《四个四重奏》初版，1943年

▷ **简・里斯**，1921年
年轻的里斯的这张照片由伦敦摄影师珀尔・弗里曼（Pearl Freeman）拍摄，当时她正在进行写作实验。

简・里斯

Jean Rhys，1890—1979，多米尼克人

卖淫、酗酒、被驱逐和陷入绝望是里斯混乱的一生的关键词。同样的主题塑造了她的小说，这些作品谴责了边缘人和无家可归者所遭受的困境。

◁ 福特·马多克斯·福特
20世纪20年代，这位英国作家通过其创办的文学杂志对文学界产生了巨大影响。他与里斯的私情持续了一年半时间。

简·里斯在20世纪60年代中期凭借杰作《藻海无边》(*Wide Sargasso Sea*)闯入了众人的视线，这本书讲述了夏洛特·勃朗特的《简·爱》(1847)中被囚禁的“白克里奥尔人”伯莎·梅森(Bertha Mason)背后的故事。关于夏洛特·勃朗特这位文学前辈，里斯写道：“勃朗特一定是对西印度群岛有什么不满，而我对这点很气愤。不然，她为什么会把西印度群岛人设定成那样的疯子？”里斯个人经历的细节使她决定在作品中“维护这个疯女人”。

殖民史

埃拉·关德林·里斯·威廉姆斯(Ella Gwendolen Rees Williams)，也就是日后的简·里斯，1890年出生于多米尼加岛。她是克里奥尔女人和威尔士男人的女儿，也是一位殖民地地主的曾孙女。这样的殖民者背景，以及因肤色过于白皙而被母亲排斥的事实，使里斯一直把自己当作局外人——这一主题一直萦绕在她的小说创作和未完成的自传《请微笑》(*Smile Please*，1979)中。

1907年，熟读莎士比亚、狄更斯、弥尔顿和拜伦作品的十六岁的里斯被送到了英国和姑姑一起生活，然而，她拒绝以“年轻殖民者心怀感激的热忱”姿态来看待这个国家，这惹恼了姑姑。在多米尼加，这个女孩的浅肤色使她成了局外人，所以她“祈祷着变黑”。在英国，她的肤色又不够白，因而在剑桥上学时，她被称为“黑鬼”，还因口音被嘲笑。从那以后，她说话总是轻声细语。

1908年，里斯在伦敦的戏剧艺术学院上完两个学期的课，并短暂地担任歌舞团的女团员，之后她在伦敦和巴黎的生活陷入了混乱状态。怀着对家乡加勒比的思念，穷困、居无定所且情绪不稳定的她遭遇了一连串情感创伤，开始酗酒，还短暂卖过淫。在被其中一个情人，即作家、编辑福特·马多克斯·福特拒绝后，她开始认真写作，创作了许多表现极度痛苦的作品，包括《姿态》(*Postures*，1928)、《离开麦肯兹先生之后》(*After Leaving Mr Mackenzie*，1931)、《黑暗中的航行》(*Voyage in the Dark*，1934)和《早安，午夜》(*Good Morning, Midnight*，1939)。

挑战权威

里斯剥去语言的外衣，创作出朴实且清晰明了的散文，并以其制造出幽闭恐惧的紧张感和浓烈的情感能力著称。里斯的作品运用了丰富的现代主义和后现代主义技法，如多重视角、叙事的转变，以及意识流，作品中包含着性别关系、身份、压迫等关键问题。有位评论家曾说，里斯“拆解了……由当权者所掌控的语言”。她的著作自20世纪80年代起，一直处在女性主义和后殖民主义的最前线。尤其是《藻海无边》，它是后殖民主义时期写作的关键性作品，因其对一部伟大的英语文学作品做出的明智而复杂的回应(以及其他多种原因)，在世界各地的文学课堂上被频频讲授。

从默默无闻到成名

里斯结过三次婚，其中两任丈夫都因不光彩的金钱交易而入狱。她的儿子在出生三个星期后就夭折了。女儿则长期不在她身边。第二次世界大战期间和之后，里斯的生活一直处于混乱中，包括因醉酒而被捕、接受精神病评估和短暂的收监。她以隐居状态生活了超过二十年，以至于很多人以为她过世了。然而，她在1966年凭借《藻海无边》重新露面，这本书倾注了她二十年的时间，使她在第二年被授予W. H. 史密斯文学奖(W. H. Smith Literary Award)，但她表示这份认可“来得太晚了”。1979年，里斯在埃克塞特的一家疗养院因酗酒而去世，孑然一人。

◁ 多米尼加，罗索(Roseau)
里斯出生于西印度群岛中的多米尼加岛的首都，在这里，社会因种族而分化，直到1834年，多米尼加岛才废除奴隶制。

背景知识
另一个故事：阁楼上的疯女人

《藻海无边》讲述了伯莎·梅森不为人知的故事，在勃朗特的《简·爱》中，这个克里奥尔女人被丈夫罗切斯特先生关在了阁楼里。在里斯的叙述中，这位克里奥尔女继承人嫁给了贫穷的英国人罗切斯特，后者占有了她的所有财产，并将她从牙买加带来英国，在这里，她一步步陷入绝望，最终疯掉。

在勃朗特的作品中，伯莎的疯癫和她“未开化”的出生地有关，而根据里斯重新书写的版本，她的疯狂则由丈夫的背叛和对权力的滥用，以及在充满敌意的土地上产生的异化引起。这一版本为女性精神病和殖民差异化提供了另一种观点。然而，里斯对不同声音的使用让文本中任何显而易见的核心事实均显得混乱不清。碎片化的叙述体现了女性想要找到自己的话语权，并让自己割裂的世界重获意义的努力——这与勃朗特笔下的女主人公简·爱从混乱到稳定所经历的坚持不懈的进步相去甚远。

《藻海无边》初版

玛琳娜 · 茨维塔耶娃

Marina Tsvetaeva，1892—1941，俄国人

从沙皇统治到苏联政权的复杂历史，形成了茨维塔耶娃动荡人生的背景。她从自己私人化、歌词化的诗歌中寻求到了安慰。

◁《少女沙皇：一部童话诗》（*The Tsar-Maiden, A Poem Fairytail*，1922）
玛琳娜 • 茨维塔耶娃的诗句以节奏转变之迅速、句法的与众不同，以及对俄国民间歌谣的借鉴而闻名。

玛琳娜 • 茨维塔耶娃于1892年出生在莫斯科一个知识分子家庭。她的母亲玛利亚是一位失意的乐队钢琴师，还是一位艺术史教授的第二任妻子，所以玛琳娜和她同父异母的兄弟姐妹间的关系一直很紧张。这个家庭总在搬家，足迹遍布整个欧洲；玛琳娜曾在意大利、瑞士和德国上过学。

1908年，她在巴黎索邦大学学习文学史。1910年，她自费出版了第一部诗集《黄昏纪念册》（*Evening Album*）。

搬去克里米亚后，茨维塔耶娃加入了科克特贝尔黑海度假区的一个作家圈。在那里，她认识了谢尔盖 • 埃弗隆（Sergei Efron），并在1912年嫁给了这位诗人兼军事学院学员。他们生了两个女儿，分别是伊丽娜和阿莉娅，尽管这段婚姻很幸福，却还是无法阻止玛琳娜出轨，特别是在谢尔盖离家参战期间，她分别和诗人奥西普 • 曼德尔施塔姆（Osip Mandelstam）、索非亚 • 帕诺科（Sophia Parnok）发生了婚外情。

从莫斯科到巴黎

1917年，茨维塔耶娃和女儿们搬去莫斯科，想和谢尔盖会合，而事实是她发现自己在这个遭受饥荒的城市陷入了孤独且贫穷的境地。玛琳娜决定把女儿寄养在一家国立孤儿院，以保证她们的安全。然而，伊丽娜在1920年因饥饿而丧生，一年后，玛琳娜和阿莉娅与身在柏林的谢尔盖团聚。一家人最终在1925年定居巴黎，但生活依然艰辛。他们仍处在贫困中，儿子乔治在1925年出生，全家还要多喂养一张嘴。玛琳娜不知道的是，谢尔盖开始为苏联秘密警察工作，1937年，他还被法国警方指控谋杀了一位苏联叛变者。他逃到了苏联，与当年早些时候回国的阿莉娅会合。玛琳娜在1939年返回苏联，发现没法找到稳定的工作，更别提找出版商了。接着，谢尔盖和阿莉娅都因间谍罪而被捕，阿莉娅被遣送到劳改营，谢尔盖被处决。1941年德军入侵苏联时，玛琳娜被驱逐到叶拉布加（Yelabuga）。无家可归又无处谋生的她，最终在1941年8月31日上吊自杀。

人物简介

马克西米利安 · 沃洛申（Maximilian Voloshin）

诗人、评论家马克西米利安 • 沃洛申是茨维塔耶娃诗歌的早期支持者。被《黄昏纪念册》所震撼的沃洛申主动联系了茨维塔耶娃，并很快成了她的导师。他位于黑海科克特贝尔的用来写作和绘画的家，成了出于政治原因而逃亡的作家和艺术家的避难所；他的众多客人包括作家马克西姆 • 高尔基（Maxim Gorky）和尼古拉 • 古米廖夫（Nikolay Gumilyov）。沃洛申把茨维塔耶娃引向了亚历山大 • 勃洛克（Alexander Blok）和安娜 • 阿赫玛托娃（Anna Akhmatova）的象征主义诗歌，这些影响了茨维塔耶娃毕生的创作。

沃洛申在克里米亚科克特贝尔的雕像

“爱中主要是什么？了解和掩饰。了解所爱的人，并把你的爱掩饰起来。”

玛琳娜 · 茨维塔耶娃，《老皮缅处的宅子》（*The House at Old Pimen*）

▷ **玛琳娜 • 茨维塔耶娃**，1911年
诗人的这幅肖像由她的朋友、导师马克西米利安 • 沃洛申在其位于克里米亚科克特贝尔的大房子里完成。

F. 斯科特·菲茨杰拉德

F. Scott Fitzgerald，1896—1940，美国人

菲茨杰拉德因对爵士时代美国富人生活的刻画而闻名于世。他的作品有些带有自传色彩，生动地描绘了主人公的魅力和隐藏在深处的缺陷。

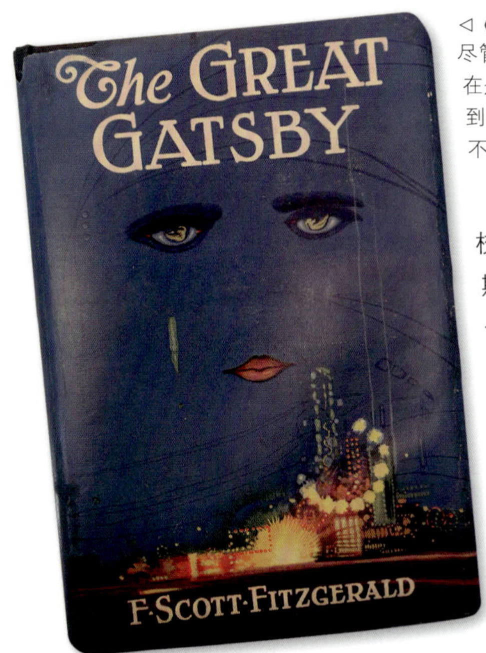

◁《了不起的盖茨比》初版
尽管菲茨杰莱德的《了不起的盖茨比》现在是美国小说巨著之一，但首次出版时收到的评价却褒贬不一，而且早期的销量并不令人满意。

弗朗西斯·斯科特·基·菲茨杰拉德（Francis Scott Key Fitzgerald）1896年出生于明尼苏达州圣保罗。他的家境优越，而母亲莫莉·麦克奎伦·菲茨杰拉德（Molly McQuillan Fitzgerald）来自一个做批发杂货生意而发家的爱尔兰家庭。他的名字弗朗西斯·斯科特·基，是以美国国歌《星条旗之歌》的词作者，也就是他父亲一方的亲戚来命名的。

菲茨杰拉德上过几所天主教学校，后来进入普林斯顿大学。大学期间，他成为知名的三角社（一个演出音乐喜剧的戏剧社团）的一员，还写了一部小说，但被纽约的出版商查尔斯·斯克里布纳父子出版公司（Charles Scrbner's Sons）拒绝了。他在普林斯顿的文学圈里熠熠生辉，还与其他年轻作家，如埃德蒙·威尔逊（Edmund Wilson）——后来的杰出文学评论家，建立了长久的友谊。菲茨杰拉德爱上了芝加哥名媛吉内瓦·金（Ginevra King），后者成为他小说中一些女性角色的原型，包括《了不起的盖茨比》里的黛西。

斯科特和泽尔达

菲茨杰拉德的文学活动和对金的单恋使他在学业上分了心，1917年，他为了参军，没完成学业便离开了普林斯顿。他想要参加第一次世界大战，但在被送到前线之前战争就结束了，而他一直驻扎在美国。这时，菲茨杰拉德认识了阿拉巴马法院法官的女儿泽尔达·塞尔（Zelda Sayre），两人定下了婚约。

菲茨杰拉德在广告业找了份工作，希望赚到足够的钱来娶泽尔达，但是她悔婚了，一部分原因在于菲茨杰拉德不够富有。他回到圣保罗，找了份修车篷的工作，并专心写一部基于普林斯顿时期创作的小说。

▷ F. 斯科特·菲茨杰拉德，1928年
这张照片拍摄于菲茨杰拉德名气最大的时候，在公众的眼中，他是个放荡不羁的花花公子。不过，除了因酗酒和寻欢作乐而闻名，菲茨杰拉德还是位一丝不苟的作家，会反复斟酌、修改自己的文字。

人物简介
麦克斯威尔·柏金斯（Maxwell Perkins）

身为编辑的麦克斯威尔·柏金斯（1884—1947）从1910年开始在查尔斯·斯克里布纳父子出版公司工作，直到去世。他刚进公司时，这里基本上只为已出过书的作者出版作品，但是柏金斯有种发掘新锐作家的天赋，他是第一个出版F. 斯科特·菲茨杰拉德、欧内斯特·海明威、托马斯·沃尔夫以及美国其他很多著名作家的作品的人。这一尝试在当时是全新的——出版商并不经常寻找有潜力的作家。柏金斯还擅长协助他的作者来完善作品、打磨细节、建立更好的叙事结构，以及删去不相关的素材。他对美国的写作和出版界有着深远的影响。

柏金斯在书桌前

> “于是我们奋力向前划，逆流而上的小舟，不停地倒退，进入过去。”

F. 斯科特·菲茨杰拉德，《了不起的盖茨比》

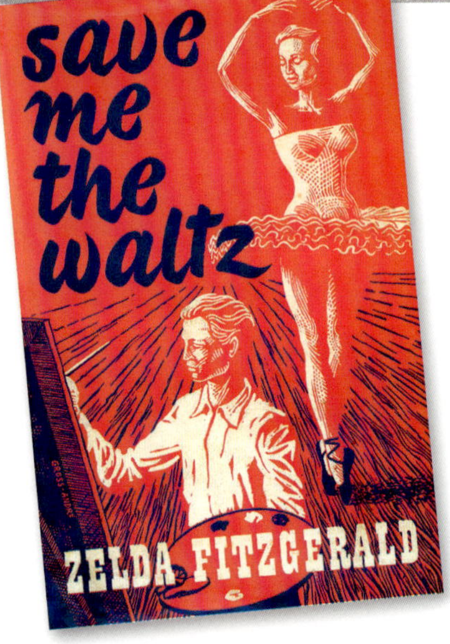

△ **《给我留下华尔兹》**（*Save Me the Waltz*）
在一次精神疾病恢复后，菲茨杰拉德的妻子泽尔达创作了她自己的小说，并于1932年以《给我留下华尔兹》的名字出版。泽尔达的这部半自传小说让菲茨杰拉德感到不安，不仅仅因为这是对他私生活的侵犯，还因为他认为泽尔达使用了他本人想用来创作的艺术素材。

△ **菲茨杰拉德夫妇在意大利**
拍摄这张照片时，F. 斯科特·菲茨杰拉德和妻子泽尔达、女儿斯科蒂正身处意大利。像许多"迷惘的一代"的美国作家一样，菲茨杰拉德游历四方并且常住在国外。

这部后来取名为《人间天堂》（*This Side of Paradise*）的作品在1920年出版，它讲述了一个年轻人在普林斯顿上学、参军，后因其他追求者更有钱而被心爱的女人抛弃的故事。极佳的销量标志着菲茨杰拉德文学事业的开始。他向泽尔达展示了靠写作也能赚大钱，于是两人很快就结婚了。

第二部小说《美与孽》（*The Beautiful and Damned*）在1922年问世，讲述了一对光鲜的年轻夫妇在等待继承一大笔遗产时沉湎于酗酒的故事。这本书没有上一本成功，但是由《人间天堂》带来的名声意味着菲茨杰拉德可以通过短篇小说获得高额稿费，其中很多篇发表在《星期六晚间邮报》（*The Saturday Evening Post*）和《科里尔周刊》（*Collier's Weekly*）上。

《美与孽》是菲茨杰拉德对自己的一种警示。他和泽尔达都过度饮酒，为了逃避美国的生活压力，他们搬去了法国，成为里维埃拉（Riviera）外籍移居人士的代表。定居法国后不久，菲茨杰拉德完成了他最著名的作品《了不起的盖茨比》。这部小说讲述了长岛上的一群有钱的邻居，并围绕着杰伊·盖茨比（Jay Gatsby）和他对美丽的黛西·布坎农（Daisy Buchanan）的爱而展开。这是对美国梦的质疑，财富、时尚和魅力都因酗酒、通奸和恐怖的死亡而黯然失色。《了不起的盖茨比》凭借其生动、时而抒情的描述，以及对旁白尼克·卡罗威（Nick Carraway）这个着迷而单纯的

重要作品年表

1920
《人间天堂》在麦克斯威尔·柏金斯的坚持下得以出版。这本书卖出了近五万册，让菲茨杰拉德声名大噪。

1922
《美与孽》出版，但菲茨杰拉德意识到，即使是这种极其成功的书带来的收入，都无法使他变得富有。

1922
菲茨杰拉德的短篇小说集《爵士时代的故事》收入了短篇小说《一颗像丽兹饭店那么大的钻石》，这是一则关于财富危机的寓言。

1925
《了不起的盖茨比》出版。后来它被认为是菲茨杰拉德的杰作。

1941
《末代大亨》（*The Last Tycoon*）是菲茨杰拉德最后一部未完成的小说。为了出版，作家的朋友埃德蒙·威尔逊为其做了修订。

“每当你想要**批评**别人时，你要**记住**，这个世界上所有的人，并不是个个都有过你**拥有的**那些**优越条件**。”

F. 斯科特 · 菲茨杰拉德，《了不起的盖茨比》

旁观者的巧妙使用，成为展现菲茨杰拉德成熟技法的典范之作。

酗酒和衰退

菲茨杰拉德的故事围绕着那些前途大好，但因软弱、腐败或酗酒而陷入悲痛的主人公；他自己的一生也走着相似的路。他日益沉迷于酒精，和泽尔达在法国的奢侈生活使两人一直囊中羞涩。菲茨杰拉德的编辑麦克斯威尔·柏金斯（Maxwell Perkins），以及他的经纪人哈罗德·奥伯（Harold Ober）定期借钱给他，当奥伯最终拒绝继续援助时，菲茨杰拉德与其断绝了往来。20世纪20年代末，泽尔达的精神状况明显恶化，1930年，她被诊断患有精神分裂症。压力、照顾泽尔达的需求，以及从医院收到的堆积如山的账单，让菲茨杰拉德日渐心力交瘁，这意味着他需要出版更多的作品来抵债。这对夫妇返回美国，泽尔达住进了马里兰州的医院，菲茨杰拉德则着手创作下一部长篇小说。但是写短篇小说来赚钱的迫切需求，意味着长篇小说的进度会放慢。讲述精神病专家爱上自己的一位病人的《夜色温柔》（*Tender is the Night*），最终在1934年问世。

好莱坞岁月

菲茨杰拉德早先创作过一些电影剧本，1937年，他和米高梅签订了一份剧本创作合同。此时，泽尔达的病情日渐恶化，她变得越发暴力，同时需要长期住院。于是菲茨杰拉德搬去了好莱坞，住在一套带工作室的平房里，创作了大量剧作，其中包括一部未制作的《乱世佳人》。他讨厌这份工作（电影制作人比利·怀德将他比作被雇来当水管工的雕塑家），但这给他提供了丰厚的收入。他开始和专栏作家席拉·葛兰姆（Sheilah Graham）交往，这给他带来了更多的满足感。然而，他依然酗酒，偶尔还有暴力行为。

与葛兰姆同居期间，菲茨杰拉德开始写最后一部长篇小说《末代大亨》。这个故事设定在好莱坞，主角门罗·斯塔尔（Monroe Stahr），即书名里的大亨，是基于电影制片人艾尔文·萨尔伯格（Irving Thalberg）的经历而改编的。他的写作似乎达到了新高度，但在1940年，年仅四十四岁的菲茨杰拉德因心脏病发作而去世，这部小说由此搁浅。

脆弱的梦

菲茨杰拉德的每部小说都刻画了美国梦的不同侧面，探索了这个梦不可避免的脆弱性，以及人们的生活是如何脱轨和留下的希望为何无法实现。他的大部分作品还带有自传色彩。菲茨杰拉德的一生曾蕴含着巨大的潜力：富裕的家庭背景，精英化的教育，和泽尔达的亲密关系，但他只取得了有限的成就。

菲茨杰拉德一直是个名人，有着花花公子的名声，但他现在被认为是美国伟大的小说家之一。他在美国度过的高低起伏、极为戏剧化的一生，他对这个国家20世纪二三十年代“迷惘的一代”的生动刻画，以及其角色长久的吸引力，确保了他的作品不断被出版。他的小说，特别是《了不起的盖茨比》，激发了无数的改编和电影创作。

△ 席拉·葛兰姆（Sheilah Graham），约1945年
菲茨杰拉德的情人席拉·葛兰姆生于英国，是一位有影响力的专栏作家，主要写好莱坞名流生活及爱情韵事。她在《痴情恨》（*Beloved Infidel*）一书中描述了与菲茨杰拉德的生活，之后该作被格里高利·派克（Gregory Peck）和黛博拉·蔻尔（Deborah Kerr）改编成了电影。

背景知识

黄金海岸（The Gold Coast）

1922年，当斯科特和泽尔达刚成为父母时，他们在长岛的大颈（Great Neck）租了栋房子。附近的长岛北海岸（所谓“黄金海岸”）是一处著名的超级富豪夏季度假地，如范德比尔特（Vanderbilts）、伍尔沃斯（Woolworths）和古根海姆这样的大家族。菲茨杰拉德夫妇参加了富豪们在大宅子里举办的奢靡聚会，正是在这种颓废而人才济济的氛围里，菲茨杰拉德创作《了不起的盖茨比》的灵感逐渐成形。在这本书中，新贵们住在虚构的西卵区（West Egg），而世家子弟则住在东卵区（East Egg）。

菲茨杰拉德在长岛大颈的住宅

威廉 · 福克纳

William Faulkner，1897—1962，美国人

诺贝尔文学奖得主福克纳将自己的大部分作品的背景设定在家乡密西西比。作为一位技法大胆、充满想象力的作家，他被誉为20世纪美国小说界的领军人物。

威廉·卡斯伯特·福克纳（William Cuthbert Faulkner）反对人们将他的作品与传记联系起来。他曾写道，希望自己的一生在文字上的记载只是“他写过书，然后他死了”。然而，他的小说仍深深根植于他所处的社会背景，且被他内心的魔鬼所占据：这些作品显然只能由一个来自美国南方腹地的白人写出。

▽ 大学教育
尽管福克纳压根没从高中毕业，他还是凭退伍士兵享有的特殊政策，在密西西比大学短暂学习了一段时间。

福克纳1897年出生于密西西比州新奥尔巴尼市，在牛津市附近长大，而他成年后的大部分时间也是在那里度过的。他将密西西比北部这片地区富有想象力地变成了虚构的约克纳帕塔法县，这个地方是他大部分小说的背景地。尽管牛津在20世纪初是密西西比大学的所在地，但是这里只有两千人。在乡村小镇上长大的福克纳虽然出身优越，但他与各个社会阶层都有接触。他从小就锻炼出了捕捉穷苦的白人和黑人讲话方式之间细微差别的能力，这是其创作中最强有力的元素之一。

南方历史

福克纳家族（the Faulkners，或按这个姓氏传统的写法“Falkner”）是当地的上层阶级。威廉·福克纳的曾祖父曾是美国独立战争时期南方联盟军的陆军中校，这位暴力英雄的传说在坊间广为流传。福克纳的父亲并不是家族传统的有力的继承者。他不靠家族的优渥背景，而

人物简介

舍伍德 · 安德森（Sherwood Anderson，1876—1941）

福克纳在20世纪20年代的文学导师舍伍德·安德森，来自俄亥俄州乡下的穷苦人家。他最开始是商人，但为了在芝加哥从事写作而放弃了工作和家庭。安德森在1919年出版短篇小说集《小城畸人》（*Winesburg, Ohio*）后声名鹊起，这本书现在仍被视作他最好的作品。他的长篇小说有《多种婚姻》（*Many Marriages*，1923）和《阴沉的笑声》（*Dark Laughter*，1925）。约翰·斯坦贝克（John Steinbeck）和欧内斯特·海明威等人都曾受安德森创作的影响。

舍伍德 · 安德森在芝加哥，1922年

◁ 福克纳，约1955年
作家这张手拿烟斗的照片是他凭借小说《寓言》（*A Fable*）获得普利策奖小说奖那年拍摄的。后来，他又凭借流浪汉小说《掠夺者》（*The Reivers*，1962）第二次获得普利策文学奖（在去世后）。

> “我总是一遍又一遍地讲同一个故事，一个关于我自己和这个世界的故事。”
>
> 威廉 · 福克纳

是独自努力赚钱，因此被渴望成为南方淑女的妻子所鄙视。

福克纳的作品贯彻着这一历史背景——一个意识到已无法延续其半神话般的过去，却固守着一套与现代环境格格不入的陈旧荣誉准则的社会。当然，福克纳也很清楚，南方白人对过去的看法存在一丝阴暗的偏见，他们从未正视过奴隶制这个巨大的罪行。他童年时期最依赖的人是他的黑人保姆卡莉·巴尔（Callie Barr），后者成为其小说《喧哗与骚动》（1929）中强壮而悲悯的迪尔西·吉布森（Dilsey Gibson）的原型。同时，他永远无法将黑人与白人看作完全平等的存在。

▷《圣殿》（*Sanctuary*），1940年版
福克纳写《圣殿》这部“粗制滥造”的犯罪故事，只是为了赚钱。出版商为了促进销量，设计了一个庸俗的封面。

战争年代

福克纳只接受了粗略的正规教育，无论是中小学，还是短暂的大学生涯，他都无法适应。然而，在青年时代，他开始大量地阅读现代文学，并写诗，按他自己的说法，即“进一步体验各种风流韵事”。

因为福克纳想证明自己是个有行动力的人，所以他经常能感受到来自同辈人的压力，但在1917年当美国介入第一次世界大战时，他却因不适合服役被美国军队拒绝，理由是他太矮了。福克纳对这份羞辱的回应是，以飞行员的身份志愿加入了英国军队。尽管他在加拿大接受了飞行员训练，但在战争结束前他都没有机会飞行——不过他还是给人们留下了他参过战，甚至在战斗中负了伤的假象。福克纳的第一部长篇小说《士兵的报酬》（*Soldier's Pay*，1926），就传达了这

▽ 棉花种植
福克纳的作品，包括《押沙龙，押沙龙！》（*Absalom, Absalom!*），为人们了解种植园文化和在田里劳作的黑人的高强度工作提供了视角。下面这张版画就展示了19世纪密西西比河沿岸的棉花种植园，这片区域福克纳非常熟悉。

样一种观点：主人公因战争过早地结束，自己未参与其中而感到痛苦。

创意的爆发

在战争结束后的那几年，福克纳曾想当个诗人。他的第一部作品是诗集《大理石牧神》(*The Marble Faun*，1924)，但他在诗歌创作上几乎没有天赋。20世纪20年代中期，他在新奥尔良生活了一段时间，在这座城市充满活力的波希米亚式艺术圈里游走时，他结识了资深小说家舍伍德·安德森(Sherwood Anderson)。在安德森的影响下，福克纳转而创作小说。《士兵的报酬》被纽约的一家出版社接受，之后是《蚊群》(*Mosquitoes*，1927)，一部关于新奥尔良知识分子的讽刺小说。然而，这两部作品都未掀起大的波澜。福克纳仍然在寻找自己的声音。

福克纳在20世纪20年代末和30年代初创作的小说迸发出了惊人的想象力，这种转变从何而来，如今仍不可知。然而，这确实是一段情感动荡的时期。回到密西西比的牛津后，福克纳迎娶了青年时代曾深爱但失去的女人，即如今已离婚的埃斯特尔·奥尔德姆(Estelle Oldham)，但他对这次团聚的感受并不是那么温暖和浪漫，而是充满了哀伤和暴力。福克纳的文学生涯看上去是失败的：第三部小说《尘中旗帜》(*Flags in the Dust*)首次将内容引向了他的家族史，并将背景设定在虚构的约克纳帕塔法县，但这部作品却在1927年被出版商拒绝(修订的版本之后以《沙多里斯》的名称在1929年出版)。

福克纳对这次退稿的回应是：写一部只为自己、不在乎潜在出版商或大众的小说。结果，《喧哗与骚动》诞生了，这是一部开篇由一个只有孩童智力的成年“白痴”，通过时间性的意识流展开叙述的小说，让读者望而却步。然而，福克纳已经发现了如何让小说中的叙述者讲述自己的内心，如何以适合他们的风格来表达他们的经历，这些经历有时很有趣，但大多令人痛苦。他还从自己的童年经历里挖掘情感素材。最终造就了一部巨著，尽管这本书多年来没有取得真正的成功。

◁ **威廉和埃斯特尔**
福克纳与妻子埃斯特尔在他们的家罗文橡树(Rowan Oak)前摆拍。埃斯特尔在第一段婚姻中生了两个孩子。这对夫妇的第一个孩子阿拉巴马于1931年刚出生后就夭折了，他们的第二个孩子吉尔则幸运地长大了。

下滑的经济状况

福克纳极度渴望金钱来维持高消费的生活方式，为此，他紧接着写了一部流行的硬派犯罪类型的商业小说。《圣殿》是一个有关强奸和绑架的残忍故事，表现了作者痛苦的厌女症。令人难忘的可怕恶人——流氓“金鱼眼”(Popeye)，以及震撼的性暴力场景，这本书在1931年出版后成了福克纳第一部成功之作。它甚至把评论界的目光聚集到《喧哗与骚动》上。然而，福

文学形式
两个故事，一部小说

福克纳的小说《野棕榈》(1939)——之后以书名《如果我忘了你，耶路撒冷》(*If I Forget Thee, Jerusalem*)出版——由两个明显无关联的故事《野棕榈》和《老人河》组成，这两个故事在交替的章节中讲述。《野棕榈》是一个虐心的爱情故事，以女主人公在堕胎中丧生结束。《老人河》讲述了一个犯人在被再次关押前，帮助一个孕妇逃离密西西比的大洪水，并顺利生产的故事。这两个故事各有五章，两者之间是平行的，特别是怀孕的主题，但是对于福克纳将两段叙事并置后是否实现了统一，评论界存在分歧。

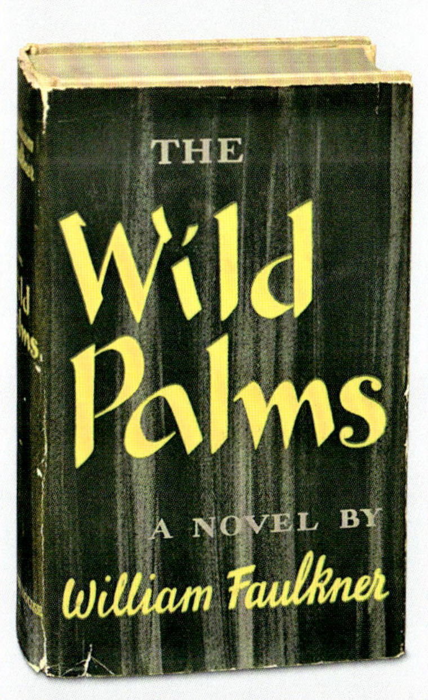

《野棕榈》初版，1939年

“如果我**不存在**，也会有人来**书写我**，海明威、陀思妥耶夫斯基，**我们所有人**……”

威廉 · 福克纳

△ **电影改编**

电影《坟墓的闯入者》（*Intruder in the Dust*，1949）的一张宣传海报，这部电影改编自福克纳的同名小说，并在作家的家乡密西西比州牛津市拍摄。原著讲述了一个黑人农民被起诉谋杀白人男子的故事，它强烈要求美国南方白人能正视并克服他们长久以来存在的种族歧视。

克纳的财政危机依然没有改善，因为他大部分的小说都只卖了几千册。

好莱坞岁月

1929年年底，福克纳在密西西比大学的发电厂上夜班时，用六个星期完成了小说《我弥留之际》（*As I Lay Dying*）。在《喧哗与骚动》的技术成就上，不同的叙述视角扩展到十五个，因此这部作品注定被公认为另一部文学经典。接下来的《八月之光》（*Light in August*）是这段充斥着想象力的岁月产出的最后一部作品。这是一本在道德方面异常复杂的小说，聚焦于放逐者和格格不入之人，表达了他对种族和紧密社群里偏见的态度。

尽管从未停止长篇小说和短篇小说的创作，福克纳还是从1932年起，在接下来的十年里，通过签约成为好莱坞的编剧来解决金钱问题。他的酗酒问题和不可靠很快流传开来，但是与导演霍华德·霍克斯的友情让他免受电影大亨们的怨气。福克纳在电影方面最大的贡献是为《逃亡》（*To Have and Have Not*，1944）撰写了部分剧本。

也是在好莱坞，福克纳与梅塔·多尔蒂（Meta Doherty）开始了一段轰轰烈烈的婚外情，这使他的生活和婚姻在许多年里都陷入混乱之中。这也促成了1939年《野棕榈》的发表，这个包含两个故事的长篇小说，其中的一个故事便是一段命中注定的婚外恋。

到这时，福克纳已经功成名就。1939年1月，他的照片登上了《时代》杂志的封面，他也终于说服了密西西比州牛津市的民众：福克纳家族的孩子并不是一个彻头彻尾的败家子。但是财富仍然与其无

背景知识
民权

在福克纳的一生中，密西西比的黑人经历着种族隔离和对他们基本权利的剥夺。20世纪50年代民权运动的兴起，挑战了南方白人的偏见及种种预设，使局面得到了改善。60年代初，位于福克纳家乡牛津市的、只允许白人就读的密西西比大学，尽管遭到了种族隔离主义者的强烈抵制，仍在联邦政府的支持下因推行种族融合而成为焦点。对黑人不懈追求权利平等而产生的崇敬之情，和南方白人历史与固守传统之间的矛盾，让福克纳一直备受折磨。

1962年10月，美国士兵在密西西比大学校园暴乱后押送一名种族隔离主义者

重要作品年表

1929 福克纳的第一部杰作《喧哗与骚动》出版，讲述了曾尊贵一时的康普生家族走向衰落的故事。

1930 《我弥留之际》讲述了艾迪·本德伦（Addie Bundren）之死，以及她混乱的家庭试图为其下葬时的遭遇。

1931 黑暗残忍的《圣殿》是第一部让福克纳声名远扬的小说。

1932 《八月之光》聚焦于一个对自己的种族认同产生怀疑而心生困扰的男人的命运。

1936 《押沙龙，押沙龙！》通过一系列不可靠的叙述视角，讲述了一位浪荡的种植园主的故事。

1939 《野棕榈》讲述了一名逃犯逃跑，以及他再次被捕的故事，其中还有一段痛苦而热烈的婚外恋描写。

1951 《修女安魂曲》一作在戏剧剧本和叙事散文之间来回切换，福克纳以此延续了他对形式的实验。

“艺术家是完全不重要的，只有他创造的东西才是重要的，因为已经没有什么新东西要被讲述了。”

威廉 · 福克纳

缘，福克纳创作的数量在不断减少，到1946年，他所有的作品都已绝版。而1948年，他在清晰却并不简单的故事内核的基础上，创作了小说《坟墓的闯入者》。这是一个讲述不同种族之间关系的故事，主人公认为南方黑人遭受的不公平待遇应由南方的白人来终止，他们应正视黑人们曾经历的“不公、愤怒、耻辱和羞耻”，而不是由北方人或联邦政府的干预来解决。作品传达出的强有力的信念帮助福克纳获得了第二年的诺贝尔文学奖。它也帮助福克纳赚到了钱，因为电影版权被售出了。

晚年创作

荣誉与成就加身的福克纳依然坚持写作，尽管其强大的创造力已经衰退，但他仍在追求形式上的创新。他的很多公开发言，如诺贝尔文学奖获奖演讲，都表达出了崇高的人道主义情怀，赞扬人类精神的决心，虽然这和他在20世纪二三十年代的小说中传达出的扭曲、复杂的人性相去甚远。

福克纳的个人生活在晚年依然是一团糟。与年轻女子的诸多风流韵事终于摧毁了他的婚姻，而持续的酗酒也摧毁了他的健康。福克纳身体不适却依然坚持骑马，最终死于一次坠马后的并发症。

△ **霍华德·霍克斯**
福克纳与好莱坞导演霍克斯成了挚友，两人断断续续一起工作了二十年左右。他们的工作方式是互相协作，由福克纳来提供完整的场景，或者有时只提供简单的创意，再由霍克斯来执行。

◁ **“罗文橡树”的书桌**
福克纳在1930年买下了密西西比州牛津市的这栋希腊复古式房屋“罗文橡树”，并花了很多时间来修复它。如今，游客可以在这里参观他创作大部分名篇的书房。

▷ **贝托尔特·布莱希特**，1927年
时年二十九岁的布莱希特在柏林寓所的钢琴旁拍摄了这张照片，展示了他标志性的皮夹克、短发和大雪茄。在一些评论家看来，作为一个讨厌资产阶级的马克思主义知识分子，布莱希特的这个形象有些出人意料。

贝托尔特·布莱希特

Bertolt Brecht，1898—1956，德国人

布莱希特以一个社会主义者的视角来撰写史诗，探索了社会和历史议题，并发展出革新性的戏剧技巧，对后世的很多作家和导演都产生了重要影响。

欧根·贝托尔特·布莱希特（Eugen Berthold Brecht）出生于德国巴伐利亚的一个中产阶级家庭，他从虔诚的新教徒母亲那里学到了《圣经》知识，这些知识影响了他之后的写作。布莱希特曾因反对爱国主义的观点被学校开除，后在1917年进入慕尼黑大学学习医学（同时通过参加戏剧研讨班来巩固他对文学的热爱）。他在军医院曾短暂工作过，并开始写戏剧评论。第一次世界大战结束后，布莱希特参与了一个政治性的卡巴莱（cabaret）歌舞剧演出，然后与作家、导演阿诺尔德·布龙宁（Arnolt Bronnen）合作成立了一家公司，并把自己的名字改成了贝托尔特（Bertolt），这样他与导演的名字就押韵了。

柏林合作

不久后，布莱希特开始创作自己的剧本，于1918年完成了《巴尔》（*Baal*），次年又完成了《夜半鼓声》（*Drums in the Night*），同时他在传统歌谣、法国香颂以及弗朗索瓦·维庸（François Villon）这样的诗人的影响下开始写诗。1925年，他搬去了柏林，此时的柏林在魏玛共和国的统治下变成了一个充满活力的文化中心。布莱希特在这里认识了很多艺术家、作家和音乐家，值得一提的是，他还参观了开创性的“新客观主义”（Neue Sachlichkeit）艺术展，这次展览被组织者描述为带有社会主义特质的新现实主义风格，它对视觉艺术的全新、客观的诠释激励了布莱希特在他的戏剧创作上变得更大胆了：他的作品变得非常写实，开始使用强光和圆形舞台（受拳击台布局的影响）。

他在魏玛共和国时期最好的搭档是作曲家库尔特·魏尔（Kurt Weill）。这对搭档制作了一系列歌剧：《三分钱歌剧》（*The Threepenny Opera*，改编自英国诗人约翰·盖伊的《乞丐歌剧》）、《快乐结局》（*Happy End*）和《马哈哥尼城的兴衰》（*The Rise and Fall of the City of Mahagonny*）。其中，魏尔负责作曲，布莱希特（及其他无名合作者）则负责填词。

遭遇流放

1933年，纳粹掌权后，布莱希特离开德国，先在美国定居了一段时间，之后搬去了瑞士。战后，他创作了多部著名的戏剧，包括《伽利略传》（*The Life of Galileo*）、《四川好人》（*The Good Person of Szechuan*）和《高加索灰阑记》（*The Caucasian Chalk Circle*）。这些剧作采用了“史诗戏剧”的原则，即通过使用史诗剧的松散场景，结合间离效果（见右下框），来强调“当下存在”（contemporary existence）。

“二战”后，布莱希特移居社会主义阵营的东柏林，他在那里主管柏林剧团。他将流亡期间创作的剧本，以及索福克勒斯、莎士比亚的经典剧目搬上了舞台，还坚持写歌和创作与戏剧理论相关的作品，直到1956年去世。

△ 在舞台上，1930年
布莱希特的讽刺性、非现实主义剧作《三分钱歌剧》，表达了他对自然主义戏剧的强烈反对，认为后者让观众“把他们的大脑连同帽子一起挂进了衣帽间”。

△ 东德邮票
在1949年搬到东柏林后，布莱希特一开始支持民主德国的政策，包括1953年对人民起义的镇压，但之后他改变了自己的立场。他的形象被印在东德邮票上，以示缅怀。

文学风格
间离效果

布莱希特将他的核心戏剧理论称为“间离效果”（德语为“Verfremdungseffekt”）。这是一种将观众与戏剧表演拉开一定距离的方法，这样观众就不会沉浸到戏剧的情绪里，并能意识到戏剧是种艺术体验。布莱希特采用的间离手法包括演员们脱离角色来总结或评价表演技巧，抑或是唱歌。他还使用未装饰的舞台来表明这出剧是在剧场里演出的。布莱希特认为，这些手法有助于解释他剧作中的那些戏剧化的社会议题和历史议题。

布莱希特在戏剧《大胆妈妈和她的孩子们》（*Mother Courage and Her Children*）中使用了歌唱的方式

“只要社会仍分裂为**各自为敌的阵营**，就无法共享一套**交流体系**。”

贝托尔特·布莱希特，《戏剧小工具篇》（*A Short Organum for the Theatre*）

豪尔赫·路易斯·博尔赫斯

Jorge Luis Borges，1899—1986，阿根廷人

博尔赫斯被尊崇为同时代最好的作家之一。他的诗歌和“反类型”的短篇小说让读者们沉浸在丰富的想象力，以及意料之外的事物与现实的组合之中。

豪尔赫·路易斯·博尔赫斯1899年出生于布宜诺斯艾利斯。他父亲有部分英国血统，在家时会说英语；母亲家族里则有阿根廷独立战争时期的英雄。

以诗人的身份出现

博尔赫斯很小时就被鼓励阅读西班牙语和英语文学作品。他长成了个小书呆子，如饥似渴地汲取着父亲藏书室里的书籍的养分，包括罗伯特·路易斯·史蒂文森、刘易斯·卡罗尔、H. G. 威尔斯（H. G. Wells）和G. K. 切斯特顿（G. K. Chesterton）的作品。1914—1921年，博尔赫斯一家人在欧洲生活，最初是在日内瓦，而年轻的博尔赫斯在那里上学，离开时却没有取得毕业证书。之后，他们搬去了西班牙，博尔赫斯在此投身于以马德里为基地的前卫的极端主义诗歌运动。极端主义者们想要通过颠覆传统的韵律和运用隐喻、有冲击力的视觉想象，以及在页面上对文字的创新排列，来适应20世纪社会的活力。1921年，博尔赫斯回到阿根廷，并于两年后出版了他的诗集《布宜诺斯艾利斯激情》（*Fervour of Buenos Aires: Poems*），这是一部极端主义风格的诗集（但之后他却因其“无节制”而与之疏远）。大约在这一时期，他还与人共同创办了两本文学杂志，即《船首》（*Proa*）和《棱镜》（*Prisma*），他在这些杂志上发表了自己早期的部分作品，为阿根廷读者翻译了无数海外诗人的作品，并写了一些关于诗歌的广泛且极具批判性的文章。

◁ 博尔赫斯，1919年
博尔赫斯的这张照片拍摄于二十岁，当时他和家人住在瑞士。他的第一部诗集于两年后出版。

相关背景
阿根廷传统

19世纪和20世纪初，很多阿根廷作家都描绘了潘帕斯草原的生活，一些文学作品则取材于何塞·埃尔南德斯（José Hernández）的史诗《马丁·菲耶罗》（*Martín Fierro*），歌颂了高乔人的自由。博尔赫斯很欣赏这部史诗，但他没有利用这一传统来创作民族主义色彩的小说。博尔赫斯以身作则地证明了南美作家的世界观可以是国际化的（向盎格鲁－撒克逊诗歌和伊斯兰文学这样多元的影响敞开怀抱），同样，作品的吸引力也不分国界。

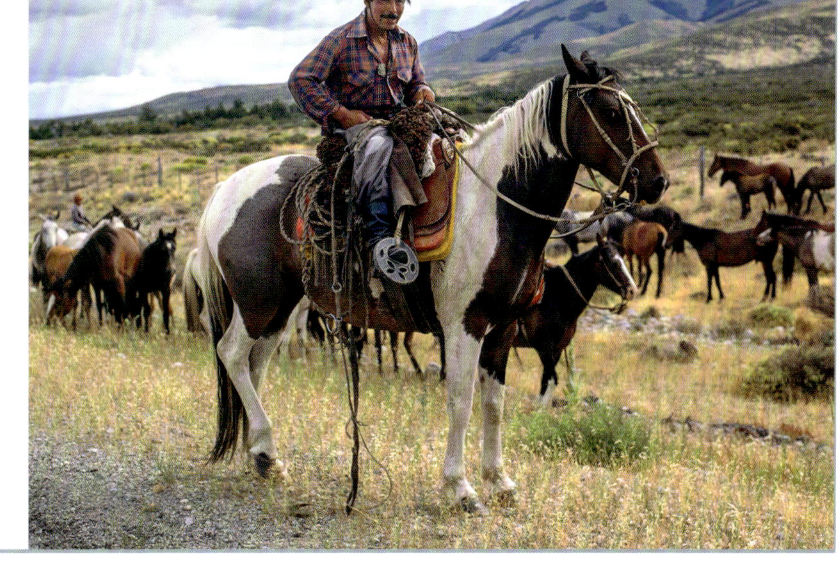

高乔人和他的马，阿根廷，巴塔哥尼亚

短篇小说

20世纪30年代，博尔赫斯开始出版令他蜚声世界的短篇小说。起初，他与好友阿道夫·比奥伊·卡萨雷斯（Adolfo Bioy Casares）合作创作了奇幻小说和戏仿的侦探小说，并以H. 布斯托斯·多梅克（H. Bustos Domecq）的笔名出版。博尔赫斯独立完成的第一部短篇小说集是《恶棍列传》（*A Universal History of Infamy*，1935），这是一部关于现实生活中的罪犯和探险家的虚构传记。这部作品是个大突破，聚焦于身份认同、

> “**作家去世后**，他们就变成了**书**，总之这是一个不错**的化身**。”
>
> 豪尔赫 · 路易斯 · 博尔赫斯

△ **博尔赫斯的迷宫，威尼斯**
这座迷宫在博尔赫斯二十五周年忌辰之际修成，是在向作家频繁使用迷宫这一象征致敬。该迷宫于2011年在威尼斯落成，由博尔赫斯国际基金会（Fundación Internacional Jorge Luis Borges）和乔治·基尼基金会（Giorgio Cini Foundation）牵头。

暴力等主题，令作者声名大噪。不过这样的小书没能赚太多钱，所以博尔赫斯在布宜诺斯艾利斯找了份图书管理员的工作。接下来，他在20世纪三四十年代创作的短篇小说集包括《虚构集》（*Fictions*）和《阿莱夫》（*The Aleph*）。

繁复的幻想

尽管主题不同，博尔赫斯的很多短篇小说（大部分只有几页长）仍有一些独特的共同点：描绘了一个梦幻、谐谑、异想天开的世界，把玩时间这样的概念；取笑迂腐之人和学术世界；时常向读者呈现如迷宫般错综复杂的事物。反复出现的主题——特别是迷宫、图书馆和镜子——让小说有了一种令人难忘的特性，一直萦绕在读者的记忆中。他的很多创作是幽默和矛盾的：著名的形象包括逐字逐句重写西班牙经典著作《堂吉诃德》的作家，与其所描绘的县城大小相当的地图，以及容纳了宇宙中所有可能的书籍的“巴别图书馆”。

政治与总统庇隆

博尔赫斯痛恨所有形式的极端主义。第二次世界大战期间，他支持盟军对抗希特勒。他的自由观与1946年执政的新任阿根廷总统胡安·庇隆（Juan Perón）相左。庇隆着手将阿根廷转变成一党执政的国家，并把要位和闲职都交给了自己忠实的支持者，这使博尔赫斯辞去了图书馆的工作。

遗传因素导致博尔赫斯的视力不断下降，但他仍坚持创作小说，并通过演讲来维持生计，在这个过程中，他分享自己对英语文学的热爱，还发表了关于英国作家的论文。

庇隆总统在1955年的一次政变

重要作品年表

1935
在《恶棍列传》中，博尔赫斯将发表于《标准》杂志上的散篇集结成了一个集子。

1944
博尔赫斯最著名的短篇小说集《虚构集》出版。他在这本书里探讨了他最为人熟知的矛盾和意象。

1949
《阿莱夫》里包含以永生等作为主题的奇幻小说。

1970
短篇小说集《布罗迪报告》（*Doctor Brodie's Report*）的故事背景设定在布宜诺斯艾利斯，其中有很多篇目都生动地表现了噩梦与暴力。

1975
博尔赫斯晚年创作的小说——他认为这些是自己最好的作品——被收录在《沙之书》（*The Book of Sand*）中。

“让其他人为他们书写了多少页而感到骄傲吧；我宁愿夸耀我读过的那些书。”

豪尔赫·路易斯·博尔赫斯

中被夺权后，博尔赫斯被任命为阿根廷国家图书馆的负责人，并担任布宜诺斯艾利斯大学英美文学专业的教授一职。此时，他已经完全失明，《关于天赐的诗》（“Poem of the Giffs”）描述了他在刚刚失明后，获得这份理想工作——一国之书的管理人——的讽刺意味。

国际声誉

博尔赫斯的教职和图书馆职务为他写作和演讲提供了一个理想平台。更多的短篇小说集不断问世，随着《虚构集》和《迷宫》（*Labyrinths*）的译本在英国、北美和法国出版，他的作品开始在国际上获得认可。1961年，博尔赫斯（与塞缪尔·贝克特一起）被授予福明托文学奖（Prix Formentor），这进一步提高了他在国际上的地位。自1967年起，博尔赫斯与美国翻译家、作家诺曼·托马斯·蒂·乔凡尼（Norman Tomas di Giovanni）合作，后者帮助将他的诗歌和散文带给了更多英语世界的读者。

◁《阿莱夫》
关于博尔赫斯的小说《阿莱夫》，这里展示的是1952年的阿根廷版。该作和他的很多创作一样，有关幻觉、无穷无尽和语言在清晰传达人类情感时的不足。

20世纪六七十年代，博尔赫斯仍在坚持创作短篇小说。这些后来的作品都被收录在《想象的动物》（*Book of Imaginary Beings*）、《布罗迪报告》和《沙之书》等小说集中，这些作品篇幅短小、充满诗意，且广泛使用寓言。它们都是在博尔赫斯的母亲以及他的私人助理玛丽亚·儿玉（Maria Kodama）的协助和支持下完成的[他成年后的大部分时光都是和母亲一起度过的，只在60年代时，与一个名叫艾尔莎·艾斯泰德·米兰（Elsa Astete Millán）的寡妇有过一段短暂的婚姻]。

巡回演讲

20世纪70年代，博尔赫斯已经蜚声世界，不仅到世界各地演讲，还经常上电视节目。他写了很多诗歌，他表示自己在彻底失明后更喜欢写诗了，因为这样他就能一次性把一整部作品都记下来。在九十九岁高龄的母亲去世后，博尔赫斯仍生活在当初与母亲同住的公寓里，由管家照顾着。他在1986年与儿玉结婚，几个月后就去世了，享年八十六岁。

◁ 玛利亚·儿玉
博尔赫斯在五十四岁时认识了十六岁的玛利亚·儿玉。后者在1975年成为他的文学秘书，在他失明后协助他写作，并且与他合作了很多作品。1986年，在博尔赫斯因癌症去世的几个月前，两人步入了婚姻的殿堂。

非凡的遗产

很多评论家称赞博尔赫斯为继塞万提斯之后最重要的西语作家。他的作品连接了新旧两个世界的文化，将现代与传统、通俗小说与哲学融合在了一起。他短篇小说中充满想象力的魔幻世界所具有的影响力，可以从拉丁美洲“魔幻现实主义”的蓬勃发展——如加西亚·马尔克斯等作家引人入胜的叙述中——以及北美新一代作家的作品中可见一斑。他留下的文学遗产如此强大，以至于人们以他的名字命名了一种新的文学类型——博尔赫斯式文学。

人物简介
阿道夫·比奥伊·卡萨雷斯

阿根廷作家阿道夫·比奥伊·卡萨雷斯（1914—1999）在1932年成为博尔赫斯的朋友，两人的友谊十分长久。他最知名的作品是短篇小说《莫雷尔的发明》（*The Invention of Morel*，1940），讲述了一名逃亡者躲藏在波利尼西亚群岛的一个岛屿上，在那里，他遭遇了一些离奇事件，从遇见出现又消失的人，到天上升起两个太阳。比奥伊·卡萨雷斯与博尔赫斯合作了很多项目，包括短篇小说、幻想故事、剧本，以及一系列英语侦探小说译本的编辑工作。

阿道夫·比奥伊·卡萨雷斯，1991年

欧内斯特·海明威

Ernest Hemingway，1899—1961，美国人

被战争、暴力和死亡所吸引，作为男子气概象征的“老爹”（Papa）海明威，现代主义文学巨匠。他那朴实、富于运动感的写作方式是一种根本上的革新，可能是 20 世纪文学界最普遍受到模仿的声音。

◁ **奥克帕克的家**
海明威儿时的家位于伊利诺伊州的奥克帕克，距离芝加哥只有约十六千米，但是奥克帕克作为一个保守、笃信宗教的中西部小镇，气质上却与邻近的那个大都市相去甚远。

作家从自己的生活里汲取一定事件作为素材是很普遍的，但欧内斯特·海明威汲取得更多，以至于他的生活和作品紧密地交织在一起。事实上，他活得就像自己小说中的人物一样，塑造出了他那著名的爱酗酒、有男子气概的形象，并把自己的经历写进了作品中。这些经历往往是暴力和极端的，包括斗牛、狩猎活动和战争。自海明威于1920年凭借《太阳照常升起》（*The Sun Also Rises*）突然闯入文坛后，我们可以很明显地看出，他正在通过积累丰富的人生经验以创造新的写作方式。

童年爱好

欧内斯特·米勒·海明威在家中六个孩子中排行老二，他于1899年7月21日出生在伊利诺伊州奥克帕克（Oak Park）——芝加哥的一个中产阶级社区，他描述那里“草坪很宽，但思想狭隘”。父亲克莱伦斯·爱德蒙兹·海明威（Clarence Edmonds Hemingway）是当地受人爱戴的医生，母亲格雷斯·霍尔·海明威（Grace Hall Hemingway）是一位音乐家。他后来曾表示讨厌自己的母亲，确实，在海明威小的时候，母亲曾执着于一种奇怪的习惯：给海明威和他姐姐马塞琳穿同样的衣服——通常是裙子。海明威强势的男子气概可能源于对这种早年性别模糊需求的抵消，而他对母亲的怨恨可能是他之后如此对待女性的根源。

上学时，欧内斯特参加了几项体育运动，包括橄榄球和拳击，不过表现都不算突出。他是个好学生，在英文方面非常出众，曾为校报《高空秋千》（*Trapeze*）以及毕业班年刊《空白》（*Tabula*）撰稿。除学习外，同样对他产生深远影响的是与家人在密歇根州瓦隆湖度过的一个个夏天，父亲在这里教会了他打猎、钓鱼和野营。这些经历给他灌输了一种对探险和户外活动的热爱，而这份热爱贯穿了他的一生。

> **文学风格**
> **冰山理论**
>
> 海明威在《死在午后》（*In Death in theAfternoon*）中写道：“冰山在海里移动是庄严和宏伟的，这是因为它只有八分之一露在水面上。”依据他的冰山理论，海明威只为读者提供一个故事的基本要素，其他的所有——支撑结构、背景故事和背后的主题——都是暗示性的，这样一部作品的“意义”需要穿过表面去寻找。例如，短篇小说《大双心河》（“Big Two-Hearted River”），它巧妙地引出了一个从战争中归来的年轻人的炮弹休克症、伤痛和在自然中的治愈。由此可见，它远比表面所讲述的垂钓故事要复杂。
>
> 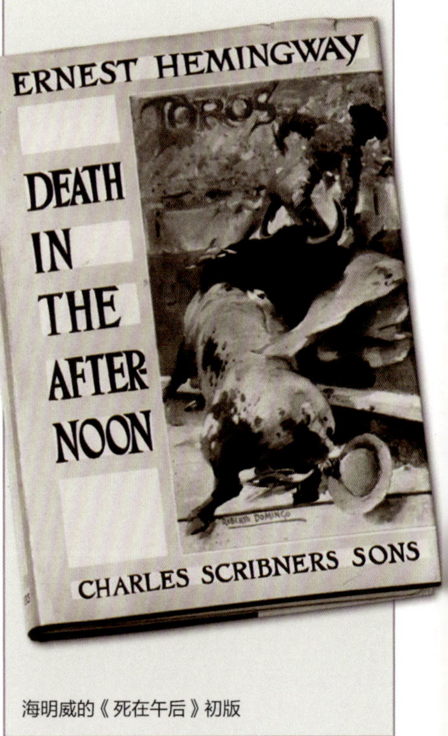
>
>
> 海明威的《死在午后》初版

“好书都有一个共同点，即它们都比真实事件还真实。”

欧内斯特·海明威

▷ **欧内斯特·海明威**
海明威是他那个时代的名人，以其粗犷的性格和酷爱户外探险而闻名；他甚至被拍到在户外写作。他十分鄙夷这张照片，并表示“我从不这样工作”。

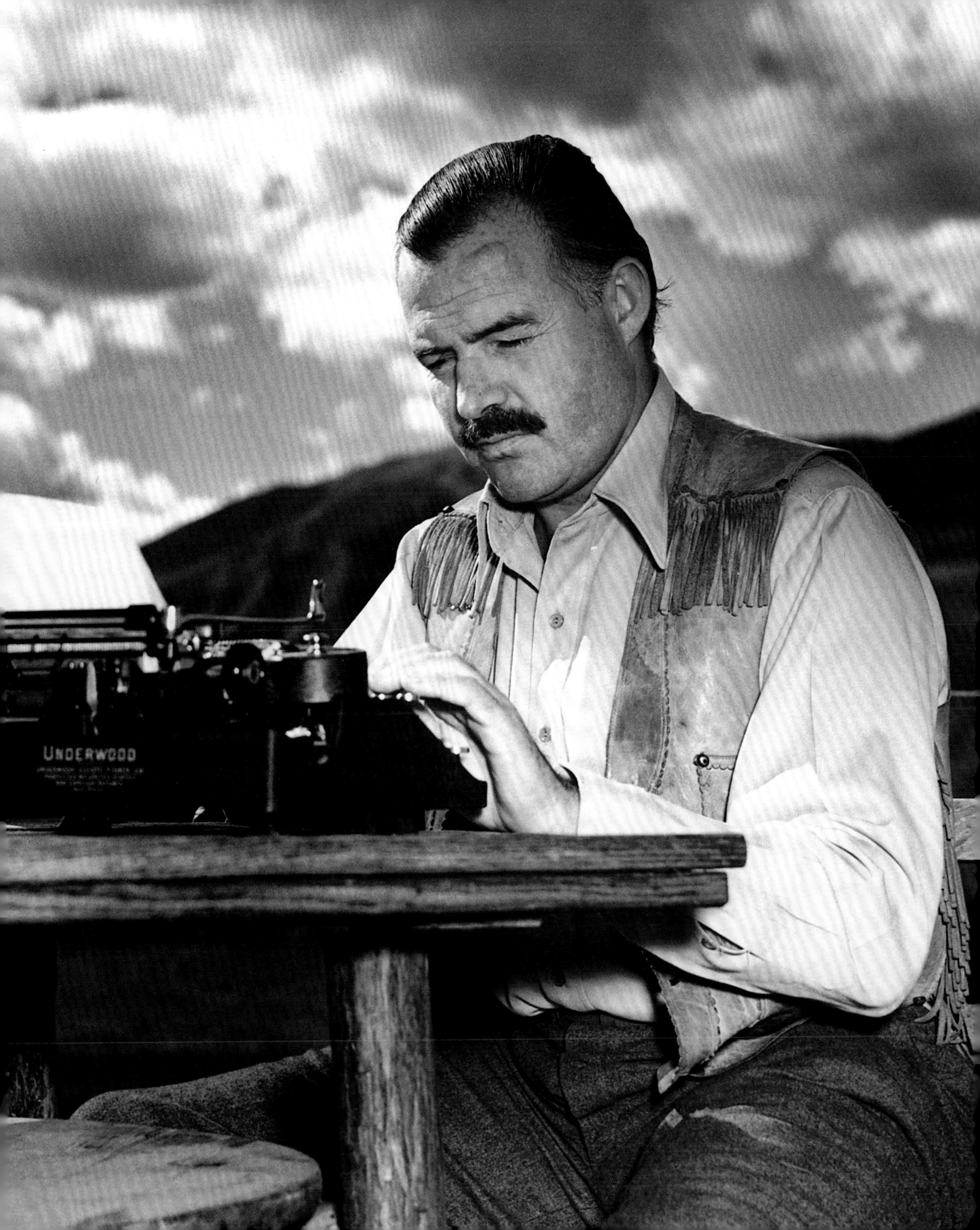
UNDERWOOD

△ 皇家牌打字机
欧内斯特·海明威有时会站着写作，他最喜欢的打字机是皇家打字机。据说，他曾对朋友、女演员艾娃·加德纳（Ava Gardner）说，唯一可以让他敞开心扉的"心理学家"就是他的打字机。

1917年，高中毕业后的海明威没有去上大学，而是成了《堪城星报》（*Kansas City Star*）的一名初出茅庐的记者。在这里，他根据《星报》的写作指南，开始"使用短句、简短的段落开篇、有力的英语；表达肯定，而不是否定"。通过撰写与警察和急诊室相关的报道，他学习并实践了之后成为其标志的写作手法。海明威写作的陈述性、明确性和看似简单的风格之精髓，可以从这些基本的写作指南中看出。

△ 位于基韦斯特的家
欧内斯特和第二任妻子宝琳（Pauline）在1931年买下了这栋位于佛罗里达州基韦斯特岛的西班牙殖民时期的宅邸。这座房子现在成了博物馆，也是美国指定的国家历史名胜。

战争时期的冒险

海明威只在《星报》待了六个月，第一次世界大战愈演愈烈，他迫切地想要加入这场他所认为的伟大的欧洲冒险。在因视力问题被军队拒绝后，他自愿做了红十字会的救护车司机，并被送去了意大利。在那里，他目睹了血腥与战争的恐怖，还在帮助意大利士兵撤退到安全地带时腿部负伤。之后，他被授予了军事英勇银奖章。在米兰养伤时，他与美国护士艾格尼丝·冯·库洛斯基坠入爱河，但后者为了一名意大利公务员而抛弃了他。海明威后来在长篇小说《永别了，武器》（*A Farewell to Arms*）中写到了这段恋情。

回到北美后，情绪低落的海明威在《多伦多星报》（*Toronto Star*）担任记者，一开始驻扎在多伦多，后来去了芝加哥。和朋友在密歇根州蛮荒之地的野营和垂钓之旅激发了他备受好评的短篇小说《大双心河》（1924）的创作灵感，这部小说的主人公是反复出现的半自传性角色尼克·亚当斯（Nick Adams）。

在芝加哥，海明威认识了哈德莉·理察逊（Hadley Richardson），一个年长他八岁的女人。他们恋爱了。这对爱侣在1921年9月结婚，两个月后，他们坐船到了巴黎，因为海明威获得了《多伦多星报》驻外记者这一职位。

欧洲旅行

20世纪20年代的巴黎是充满创意的焦点之城，海明威以极大的热情投身到混乱之中。他结交了詹姆斯·乔伊斯、格特鲁德·斯泰因（Gertrude Stein）、埃兹拉·庞德和F. 斯科特·菲茨杰拉德，这群人被斯泰因称为"迷惘的一代"。斯泰因会阅读并评价海明威的草稿，而庞德的意象主义诗歌风格（见第197页）对海明威打磨自己稀有、精简的写作风格也产生了影响。

海明威在欧洲四处旅行，为《多伦多星报》撰写文章，并为自己的短篇小说收集素材。1923年9月，海明威夫妇返回多伦多，后生下儿子约翰·哈德利·尼卡诺（也

背景知识
迷惘的一代

这一术语最早由格特鲁德·斯泰因使用，代指一群移居国外的美国作家，他们在第一次世界大战期间成年，其中很多人聚集在巴黎，还被海明威写进了他的小说《太阳照常升起》中。他们因失去方向而"迷惘"，对战争带来的变化感到困惑——对那些似乎不再重要的战前价值观感到疏离。除海明威外，其中的作家还包括阿齐博尔德·麦克利什（Archibald MacLeish）、F. 斯科特·菲茨杰拉德、约翰·多斯·帕索斯（John Dos Passos）、E. E. 肯明斯（E. E. Cummings）和约翰·斯坦贝克，他们都取得了巨大的成就。

海明威的《太阳照常升起》初版，1926年

> "这个世界会打击每一个人，但是经历过后，许多人会在受伤的地方变得更强，而那些没有被打击的人则会被杀死。"
>
> 欧内斯特·海明威，《永别了，武器》

就是邦比），但在1924年1月，他们返回了巴黎。同时，海明威出版了第一本书《三个故事和十首诗》（*Three Stories and Ten Poems*），1925年，他的短篇小说集《在我们的时代里》在纽约出版后，受到了评论界的好评。

基韦斯特（Key West）

海明威的下一部作品《太阳照常升起》使他一举成名。这部小说聚焦于一群在法国和西班牙的酒吧与斗牛场游荡的流亡者。它以极简洁的形式、朴实的文字描绘了他那经历战争余波的朋友：愤世嫉俗，夸张且过分放纵。

在写这部小说时，海明威和富有的美国女人宝琳·费孚（Pauline Pfeiffer）发生了婚外恋。1927年，他与哈德莉离婚，迎娶了宝琳，但之后他对这次草率行为表示后悔。同年10月，他出版了另一部短篇小说集《没有女人的男人》（*Men Without Women*），其中包括他最受好评的几个故事，如《杀手》（"The Killers"）、《白象似的群山》（"Hills Like White Elephants"）和《在异乡》（"In Another Country"）。

1928年，宝琳怀孕了，这对夫妇搬到了佛罗里达州的基韦斯特，他们的儿子帕特里克（Patrick）就在那里出生。那年晚些时候，海明威的父亲自杀了；悲痛欲绝之下，这位作家写道："我可能会走同样的路。"在接下来的一年里，他把大部分时间都用在了创作《永别了，武器》上。这部充满力量的小说以朴素的抒情手法描述了战争，讲述了一名年轻的美国救护车司机与一名英国护士在意大利的爱情故事——显然是基于海明威自己的战争经历而创作的。这本书在商业上和评论界都获得了成功。

对动物的热情

与家人生活在基韦斯特期间（他的第三个儿子格里高利出生在1931年），海明威变得焦躁不安，开始四

▽ 斗牛
海明威对斗牛运动十分热爱，并与西班牙众多有魅力的斗牛士都是朋友。他在《太阳照常升起》中对潘普洛纳奔牛节的描写，对"斗牛"成为享誉世界的活动具有巨大的推动作用。

“夫人，所有的故事，如果继续讲下去，最后都会以死亡告终，他不是一个会对你隐瞒真相的人。”

欧内斯特 · 海明威，《死在午后》

处旅游。在他挚爱的西班牙，他回到了几年前让他着迷的斗牛场，由此诞生了非虚构作品《死在午后》（1932）。在这部对斗牛的悲剧仪式进行百科全书式调查的作品中，他深入研究了勇敢和恐惧的本质，说道："斗牛是唯一有可能把艺术家致死的艺术。" 1933年，在东非大草原，他对狩猎比赛产生了兴趣，这启发他创作出两部最好的中篇小说《乞力马扎罗的雪》（*The Snows of Kilimanjaro*）和《弗朗西斯·麦康伯短促的幸福生活》（*The Short Happy Life of Francis Macomber*），以及没那么受欢迎的非虚构作品《非洲的青山》（*The Green Hills of Africa*，1935）。1934年，他买了艘渔船——"皮拉尔号"（Pilar），有了这艘船，他又沉迷于另一项富有男子气概的运动，即钓鱼比赛。

▽ 猎人的奖赏
海明威手拿着一对羚羊角跪在地上。他在肯尼亚和坦桑尼亚的狩猎为他树立了酷爱户外运动的形象，还为他的写作提供了素材。

战地记者

1937年，海明威重返西班牙，担任西班牙内战的战地记者。在那里，他经常和美国记者玛莎·盖尔霍恩（Martha Gellhorn）结伴出游，两人一年前在海明威最喜爱的基韦斯特的邋遢桥酒吧相识。两人很快就发展成了恋人。与盖尔霍恩住在马德里的一家酒店时，海明威创作出他的唯一一部戏剧，即恶评如潮的《第五纵队》（*The Fifth Column*，1937）。

海明威对这场战争做了两年的报道，并亲历了惨烈的埃布罗河之战（1938年7月至11月）。他在1940年创作的小说《丧钟为谁而鸣》（*For Whom the Bell Tolls*）就是对这次西班牙经历的一次成功的虚构化演绎，在这部小说中，他聚焦于残酷战争中的战友情。

△ 事业制高点
《老人与海》巩固了海明威的声誉和财富。《生活》杂志对这个故事的一段摘录（卖了五百万本）使其获得了广泛的关注。

从西班牙回来后，海明威和玛莎·盖尔霍恩移居到了古巴，住在哈瓦那郊外一处名叫瞭望山庄（Finca Vigía）的房子里，在那里，他渐渐形成了男子气概十足的"老爹海明威"的形象，并把时间花在打猎、钓鱼、拳击运动和酗酒上。

1940年，他和宝琳离婚后，与玛莎结婚。第二年，他陪玛莎来到中国，报道中日间的战争情况，他并不喜欢这项任务。1944年，这对夫妇再次一同出游，这次是到欧洲报道世界大战，但是此时他们的婚姻陷入了危机。在伦敦，海明威认识了《时代周刊》的通讯记者玛丽·维尔许（Mary Welsh），并和她发展成了恋人。两人在1946年结婚。

1950年，海明威出版《过河入林》（*Across the River and into the Trees*），批评之声四起。他接着出版了《老人与海》（*The Old Man and the Sea*，1952），这是一部短小精悍却有着史诗气势的长篇小说，讲述了一名古巴渔夫努力钓起一条大马林鱼，但鱼却在送往港口的路上被鲨鱼吃掉的故事。该作被海明威评价为"我一生中写出的最好的一部

△ 位于古巴的家

海明威在他位于古巴的家——瞭望山庄中，创作出了《丧钟为谁而鸣》《老人与海》，以及回忆录《流动的盛宴》。

作品”，赢得了1953年的普利策奖，并对他于1954年荣获诺贝尔文学奖起到了巨大的推动作用。

疾病与衰弱

尽管来到了事业的巅峰，但海明威却处在人生的低谷，忍受着焦虑和病痛之躯。经年累月的艰苦生活导致了恶果，如多次事故，包括1954年在大草原的两次坠机。1956年年底，在巴黎，他发现了旧笔记本上留存的信息，在接下来的几年里，他把这些内容写进了回忆录《流动的盛宴》（*A Moveable Feast*）。1960年，他离开古巴，搬到了爱达荷州。偏执、抑郁并酗酒的他两次住进精神病院，还在明尼苏达州的梅奥医学中心接受过电击治疗。

1961年，海明威被诊断出患有家族遗传病，他的身体无法处理过量的铁元素。当年7月，他用猎枪结束了自己的生命。（他的家族里有五个人自杀：父亲、两个兄弟姐妹，以及孙女。）

海明威的影响是巨大的。他创造了一种关于自然和人类经验的新的写作方式，在20世纪文学界引发了共鸣。在他死后出版的文集《伊甸园》（*The Garden of Eden*，1986），是对性别的一次探索，展现了他强势的男子气概可能并不像他希望人们认定的那么根深蒂固。

人物简介
玛莎·盖尔霍恩

海明威的第三任妻子是一位小说家、记者，她拒绝成为海明威故事里的“脚注”。作为20世纪最伟大的战地记者之一，玛莎·盖尔霍恩（1908—1998）在她六十年的职业生涯里报道了世界上多场重要的战争。她深入西班牙内战和伦敦闪电战，也是1944年诺曼底登陆时唯一的女性战地记者；她报道过达豪集中营的解放、阿以战争和越南战争。盖尔霍恩与海明威的婚姻充满了争吵；她曾表示海明威嫉妒心重且爱欺压人，她还是海明威的几任妻子里唯一一个主动离开他的。

玛莎·盖尔霍恩在意大利与英国军人聊天

重要作品年表

1925 《在我们的时代里》美国版出版，它是一年前在巴黎首次出版的短篇小说集的增补版。

1926 海明威的第一部长篇小说《太阳照常升起》出版，是根据他的朋友和真实事件而创作的，如潘普洛纳奔牛节和巴黎的咖啡馆生活。

1929 《永别了，武器》出版，它巩固了海明威作为重要美国现代主义作家的地位。

1932 《死在午后》是海明威对斗牛进行大量调查研究后的产物。

1940 《丧钟为谁而鸣》被提名普利策奖，出版几个月后就卖出了五十万册。

1953 《老人与海》用八个星期写成，出版后大获成功，并为海明威赢得了普利策奖。

1964 《流动的盛宴》是海明威对早年他在巴黎生活的动人回忆录，在其死后出版。

1986 《伊甸园》（删节版）出版，通过一位作家与妻子的关系来探讨性别的流动性。

川端康成

Kawabata Yasunari，1899—1972，日本人

川端康成以简洁、抒情的写作方式表达了“日式精神的精髓”，并成为首位获得诺贝尔文学奖的日本作家。

川端康成自小就经历了失落、创伤和孤独。这些后来在他笔下的角色时常展现出的超然态度及其对死亡的迷恋中都有所体现。川端于1899年出生在日本大阪，四岁时成了孤儿。他的姐姐被送去一位姑姑家生活，而他则由外祖父母带大。十五岁时，他的姐姐和外祖父母都已过世，留下他独自一人。

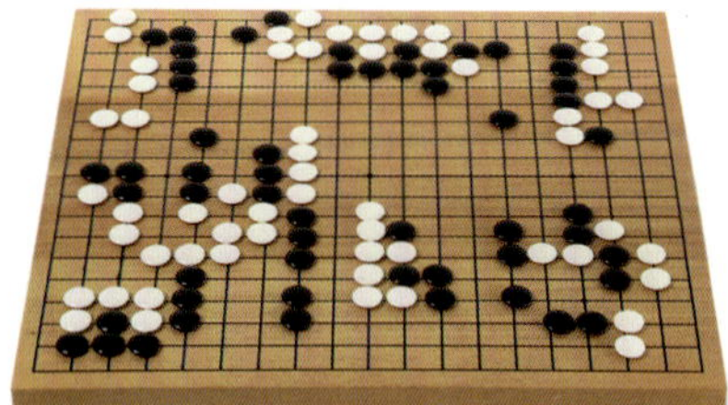

△《名人》，1951年
川端康成的《名人》是一部根据1938年的一场传奇围棋比赛而创作的半虚构作品。两位棋手之间的博弈交锋被认为是对第二次世界大战的隐喻。

童年的影响

川端康成从1917年开始在东京生活，后在东京帝国大学读书，于1924年毕业，并取得了英语专业的学位。在东京，他与十四岁的女孩伊藤初代订婚了，但初代被所在寺院的僧侣侵犯后，悲痛欲绝，取消了婚约。根据初代和这段悲剧恋情而创造的角色之后出现在了川端康成的多部作品中，包括使他备受关注的短篇小说《伊豆的舞女》（1926），这是一部半自传性作品，讲述了一个忧郁的学生对一名年轻舞女的迷恋的故事。其他作品也折射出他的童年经历，探索了不可能的爱恋、空虚和对慰藉的寻求等主题。

日本现代主义

大学毕业后的那几年里，川端康成与他人合办了杂志《文艺时代》（*The Artistic Age*），这一刊物成为日本新感觉派作家的出口。这项运动与西方的表现主义并行，崇尚“为艺术而艺术”，反对当时流行的艺术需要传递道德信号的理念。

1934年，他和于1926年结婚的妻子秀子从东京搬到了镰仓。那段时间，他开始创作他最著名的一系列作品，尽管创作的过程痛苦而缓慢：《雪国》从1935年到1947年以连载的形式发表；《千只鹤》于1949年开始创作，但没有完成；《山音》用了六年的时间才写完。川端康成留下了很多未完成的作品，一部分原因是他喜欢写小片段，另一个原因是他不想面对结局。这种消极回避的状态在他的政治立场上也有所体现，例如，他与第二次世界大战期间的军国主义保持距离，而不是表示抗议或支持。

川端康成在1968年被授予诺贝尔文学奖。他作品中的忧郁特质在他的获奖感言中也有所体现，其中提到了禅宗、插花，以及最能说明问题的自杀。1972年，川端康成的尸体在家中被发现，他口中含着一根煤气管，身旁还有威士忌空酒瓶——对一个从日本古老传统的严谨形式中寻找慰藉和灵感的人来说，这是一个令人惊讶的混乱结局。

人物简介
三岛由纪夫

川端康成与同时代作家三岛由纪夫（1925—1970）关系亲密，三岛是诺贝尔奖的竞争者之一。两年后，也就是川端康成得奖后，三岛由纪夫自杀了。后来事实证明，川端康成曾逼迫三岛由纪夫，让后者推荐他竞逐诺贝尔文学奖，作为交换，他会在三岛的法律诉讼中支持他。也许川端康成在自杀前的一年，对三岛由纪夫的愧疚在他的噩梦中反复出现。

三岛由纪夫，1970年，东京

◁ 镰仓文学馆
川端康成于1934年搬到了东京南部的镰仓。起初，他与这里的知识分子群体有来往，但是随着年龄的增长，他越发喜欢隐居。如今，镰仓文学馆收藏了很多川端康成的日常用品。

▷ 川端康成，1968年
川端康成的这张照片拍摄于他获得诺贝尔文学奖的那年。当时恰逢日本明治维新运动一百周年，这标志着日本文学登上了世界舞台。

名录

伊迪斯·华顿

Edith Wharton，1862—1937，美国人

女作家伊迪斯·华顿，原名伊迪丝·纽伯·琼斯，以其强有力的讽刺小说而闻名，她在作品中对自己所属的特权阶层进行了猛烈抨击。尽管华顿很小就开始写作，但她富有的纽约家族却不鼓励她以写作为生。

伊迪斯与拥有良好社会地位的特迪·华顿（Teddy Wharton）的婚姻并不幸福。四十岁时，她才出版了自己的第一部长篇小说。1905年出版《欢乐之家》后，她取得了成功。这个故事讲述了一个被纽约上流社会虚伪的社会习俗压垮的女人，它很快就成了畅销书。她的声名由中篇小说《伊坦·弗洛美》确立，这部作品聚焦于新英格兰清教徒。1913年，与丈夫离婚后，华顿的余生都是在巴黎度过的。《纯真年代》是她后期最出色的小说之一，又回到了对她童年时代的纽约的批评性写作。她是第一个获得普利策奖的女性（1921）。

代表作：《欢乐之家》（1905）；《伊坦·弗洛美》（1911）；《乡土风俗》（*The Custom of the Country*，1913）；《纯真年代》（1920）。

△ 伊迪斯·华顿，1885年

莫里斯·梅特林克

Maurice Maeterlinck，1862—1949，比利时人

莫里斯·梅特林克是象征主义戏剧家、诗人和散文家，于1911年荣获诺贝尔文学奖。梅特林克出生于根特一个富裕的、说法语的佛兰德家庭。他的戏剧《玛莱娜公主》（*La Princesse Maleine*，1889）取得了写作上的突破，该剧根据格林兄弟的一个故事改编而成。

梅特林克创造了一种新的戏剧风格，在这种风格中，无力反抗命运的角色在充满象征主义的氛围中走向灭亡。他阴郁的爱情故事《佩列阿斯与梅丽桑德》在1902年被克劳德·德彪西（Claude Debussy）改编成了歌剧。莫特林克还因其题材广泛的散文而受到赞赏，特别是《蜜蜂的生活》，以自然界为基础，对人类存在进行神秘主义的反思。在20世纪的前十年里，童话剧《青鸟》这类戏剧保住了先锋派的威望，但在之后的几年里，文学风潮则与梅特林克精致的唯美主义相悖，他的创造力也逐渐衰退。

代表作：《玛莱娜公主》（1889）；《佩列阿斯与梅丽桑德》（1892）；《青鸟》（1908）。

加布里埃尔·邓南遮

Gabriele d'Annunzio，1863—1938，意大利人

意大利作家加布里埃尔·邓南遮是一位备受瞩目的公众人物，他的政治姿态和婚外恋与他的写作一样知名。他十六岁时就出版了诗集《新的第一次》（*Primo Vere*），并很快凭借天赋建立了身为诗人和短篇小说家的名声。从1889年的《欢乐》开始，他出版了基于个人过火的情感和性生活而创作的风格热烈的小说，如《火》，就是根据他与女演员爱莲诺拉·杜丝（Eleonora Duse）众人皆知的婚外恋所写的。他还是位成功的剧作家，最著名的剧作是《里米尼的弗朗切斯卡》（*Francesca da Rimini*，1901），专门为杜丝而写。

邓南遮是一名激进的民族主义者，积极推动意大利加入第一次世界大战。他为自己的国家战斗，取得了英雄之位，还在战斗中失去了一只眼睛。战争结束后，他曾短暂地取得了阜姆的控制权，并在那里实行个人独裁统治。

代表作：《死亡的胜利》（1894）；《火》（1900）；《里米尼的弗朗切斯卡》。

康斯坦丁诺斯·卡瓦菲斯

Constantine Cavafy，1863—1933，希腊人

作为20世纪最有影响力的希腊诗人之一，卡瓦菲斯出生于埃及的亚历山大。因为家族在英国有生意往来，所以他的部分青年时光是在那里度过的，后来他于1885年返回亚历山大居住，并在那里度过了余生。当了三十年公务员的卡瓦菲斯在业余时间写诗。四十岁左右，他找到了自己的风格，最终创作了大约一百五十首他认为可以接受的短诗。

卡尔菲斯的很多诗作的背景都设定在古希腊和古罗马，如广受好评的《等待野蛮人》和《天神放弃安东尼》。凭借细腻的文笔，他用古老的世界来反映当下。他还写情诗，深深唤起了偶然的同性性行为所带来的紧张但短暂的快感。从某种程度来说，这种私密的行为使他的大部分诗作直到他去世才得以出版。

代表作：《等待野蛮人》（1904）；《伊萨卡》（1911）。

安德烈·纪德

André Gide，1869—1951，法国人

诺贝尔文学奖得主、作家安德烈·纪德出生在一个新教徒家庭，是一位教授之子，二十一岁时出版了他

的第一部小说。19世纪80年代，逗留北非期间，他发现自己喜欢男孩，并开始信奉尼采式的异教，这一转变在《人间食粮》(1897)中有所体现。

在巴黎文坛确立了地位之后，纪德在1909年成为影响力巨大的杂志《新法兰西评论》(*NouvelleRevue Française*)的创办人之一。他的作品包括《梵蒂冈地窖》(*The Vatican Cellars*，1914)，引入了“无谓行为”(acte gratuit)的概念，即对自由的任意行使；而《伪币制造者》是一部探索真实性概念的复杂小说。

纪德维护同性恋，攻击殖民主义，拒绝任何教条。1947年，他被授予诺贝尔文学奖。他的自传性作品——包括《如果种子不死》(1926)和《日记》——是他最有趣的作品。

代表作：《背德者》(*The Immoralist*，1902)；《田园交响曲》(*The Pastoral Symphony*，1919)；《伪币制造者》(1926)。

西朵妮－加布丽埃尔·柯莱特

Sidonie-Gabrielle Colette，1873—1954，法国人

作为法国最受欢迎的作家之一，西朵妮－加布丽埃尔·柯莱特由她的第一任丈夫亨利·戈蒂埃－维拉尔(Henri Gauthier-Villars)引入文学界。她最初的小说，即畅销作品“克罗蒂娜”系列，以其丈夫的名义出版。1906年，两人分开后，柯莱特通过在音乐厅做色情表演来维持生计，并以自己的人生经历(包括男男女女的风流韵事)作为半自传体小说的素材，如《流浪名伶》。第二段婚姻给了她经济上的保障，让她得以专心写作。

女人和年轻男子的爱情故事成为柯莱特的小说——特别是在广受好评的《谢里宝贝》中——和人生中反复出现的主题。她曾和继子偷情，而她的第三任丈夫(也是最后一任)比她小十六岁。柯莱特的小说表达了温暖的感官感受、对自然敏锐的爱，以及对男性弱点的敏锐感知，正是这些使她在性别歧视的世界中茁壮成长。

△ 安德烈·纪德，保罗·阿尔伯特·劳伦斯(Paul Albert Laurens)绘，1924年

代表作：《流浪名伶》(1910)；《谢里宝贝》(1920)；《成熟的种子》(*The Ripening Seed*，1923)；《吉吉》(1944)。

罗伯特·弗罗斯特

Robert Frost，1874—1963，美国人

诗人罗伯特·弗罗斯特出生在美国加利福尼亚州，十一岁时搬去了新英格兰。他常年忍受着抑郁和沮丧：只有少数诗作出版了；婚姻因孩子们的死亡而破裂；农场经营的尝试也失败了。1912年，他移居英国，并在那里找到了一个更有共鸣的文学环境。前两部诗集——《一个男孩的意愿》(*A Boy's Will*，1913)和《波士顿以北》(*North of Boston*，1914)——的出版确立了他的名声，这些诗的背景都设定在新英格兰的乡间，反映了日常交谈的节奏。1915年，弗罗斯特回到新英格兰，用《未选择的路》(1916)和《雪夜林间暂驻》(1922)等这些著名的诗篇进一步提升了自己的地位。他对文学界现代主义思潮带来的压力漠不关心，倾其一生创作细腻、淳朴的诗歌。他应邀在1961年约翰·F.肯尼迪的总统就职典礼上朗读了诗歌《彻底的礼物》(1941)，名噪一时。

代表作：《波士顿以北》；《山间之地》(*A Mountain Interval*，1916)；《新罕布什尔》(1923)；《又一片牧场》(*A Further Range*，1936)。

莱内·马利亚·里尔克

Rainer Maria Rilke，1875—1926，奥地利人

作为对现代主义发展有着重要影响的杰出的抒情诗人，里尔克出生于当时还是奥匈帝国一部分的布拉格。里尔克的父母无视其诗人天分，让他在军事学院待了五年。

里尔克早期的诗歌展示了快感与灵性的梦幻结合，这是一种典型的19世纪末的堕落。从1902年起，受到法国先锋派的影响，他创造了“事物诗”，通过强烈、具象的想象来描述在现代世界里精神异化的体验。1912年，在的里雅斯特的杜伊诺城堡生活时，他创作了最著名的《杜伊诺哀歌》中的第一首诗。第一次世界大战破坏了他的生活，直到1922年，伴随着迟来的创意爆发，他终于完成了《哀歌》，还创作了《致俄耳甫斯的十四行诗》。这些晚期作品通过瑰丽和晦涩的诗句，表达了一种独特的美学神秘主义。

代表作：《新诗》(1907)；《马尔特手记》(1910)；《杜伊诺哀歌》(1912—1922)；《致俄耳甫斯的十四行诗》(1923)。

赫尔曼·黑塞

Hermann Hesse，1877—1962，德国人

小说家、诗人赫尔曼·黑塞是一位新教传教士的儿子，尽管他背叛了自己所接受的宗教教育，但仍对生活保持着宗教信仰。第一部小说《彼得·卡门青》于1904年获得成功后，他全身心投入到写作之中。第一次世界大战期间，黑塞经历了信仰危机和痛苦的婚姻关系破裂。他通过东方哲学和荣格的精神分析学（他后来把荣格的原型引入了自己的写作中）获得了救赎。

20世纪20年代，黑塞的小说《悉达多》使佛教在西方得到普及，而《荒原狼》中的“魔幻剧场”激发了对想象力更广阔边际的探索。从1932年开始，黑塞一直在创作《玻璃球游戏》，直到1943年该作出版，它讲述了一种哲学上的乌托邦式设想。他的晚年在瑞士度过，并在1946年获得了诺贝尔文学奖。黑塞的小说在20世纪60年代的反主流文化运动中非常受欢迎。

代表作：《德米安：彷徨少年时》（1919）；《悉达多》（1922）；《荒原狼》（1928）；《玻璃球游戏》（1943）。

罗伯特·穆齐尔

Robert Musil，1880—1942，奥地利人

小说家罗伯特·穆齐尔出生在奥地利克拉根福市一个有名望的家庭。注定要参军的他在军校学院接受了教育，这是一段痛苦的经历，也成为其第一部小说《学生托乐思的迷惘》的创作基础。

拒绝当军人的穆齐尔开始学习工程和哲学，并于1911年出版了自己的短篇小说集《协会》。在第一次世界大战期间担任军官的他，凭借剧本《最新的人们》和短篇小说集《三个女人》在文学界建立了声誉。他的不朽之作《没有个性的人》的第一卷在1930年问世，故事背景设定在奥匈帝国逐渐衰落之时。虽然这部作品现在被视作现代主义文学的杰作，但在当时没有取得商业上的成功，而且最后一卷也没写完。为了躲避纳粹，穆齐尔和他的犹太妻子逃亡到瑞士，并最终在那里离世。

△ 凯瑟琳·曼斯菲尔德

代表作：《学生托乐思的迷惘》（1906）；《协会》（1911）；《三个女人》（1924）；《没有个性的人》（1930、1932、1942）。

尼科斯·卡赞扎基斯

Nikos Kazantzakis，1883—1957，希腊人

尼科斯·卡赞扎基斯出生于希腊的克里特岛，当时那里处在奥斯曼帝国的统治之下，因此卡赞扎基斯是在希腊人的反抗和帝国镇压的暴力环境下长大的。二十多岁时，他出版了早期的小说和剧作，主张人们日常所用的希腊口语也能成为一种书面用语。

卡赞扎基斯四处旅行，受到了佛教和共产主义思想的影响。多年来，在通过做翻译、撰写旅行书和学校教科书来维持生计的同时，他还创作了史诗《奥德修记现代续篇》，该作于1938年完成。

卡赞扎基斯最著名的作品《希腊人左巴》是在第二次世界大战期间创作的，他通过一系列小说表达了他对克里特岛的迷恋，以及特殊视角下的宗教信仰。他充满争议的小说《基督的最后诱惑》遭到了东正教和罗马天主教会的谴责。

代表作：《奥德修记现代续篇》（1938）；《希腊人左巴》（1946）；《复活的基督》；《米卡利斯上尉》（1950）；《基督的最后诱惑》（1955）。

凯瑟琳·曼斯菲尔德

Katherine Mansfield，1888—1923，新西兰人

短篇小说作家凯瑟琳·曼斯菲尔德·包姗普（Katherine Mansfield Beauchamp）出生于新西兰惠灵顿，是一位富有商人的女儿。为了对抗生活环境的狭隘偏见，她于1908年来到英国，成为一名作家。她过着波希米亚式的生活，有着复杂的情感经历，而第一段婚姻只维持了几个星期。她在写作上成长飞快：有份出色的杂志从1910年开始发表她的短篇小说，而她的第一部作品集《在德国公寓》（*In a German Pension*）没过多久便出版了。

受到榜样安东·契诃夫的启发，曼斯菲尔德创作犀利且具有敏锐洞察力的小说，这些作品被她的同时代人视作现代主义作品。她和布卢姆斯伯里文化圈建立了往来，并在1918年嫁给了评论家约翰·米德尔顿·默里（John Middleton Murray）。她后来的作品，如《序曲》和《园会》，都是以新西兰的童年时光为背景。在与肺结核的长期斗争中，曼斯菲尔德于三十四岁在法国病逝。

代表作：《在德国公寓》（1911）；《序曲》（1918）；《幸福》（“Bliss”，1920）；《园会》（1922）。

费尔南多·佩索阿

Fernando Pessoa，1888—1935，葡萄牙人

佩索阿作为一位独特的现代主义诗人，在南非德班（Durban）长大，他的继父是葡萄牙使领馆领事。他在十七岁时返回了家乡里斯本，并在那里度过了余生。身为葡萄牙文学圈的杰出人物，佩索阿对同时代人而言是毫无名气的。除一些英文诗歌（英文是他小时候接受教育时使用的语言）外，他一生只出版了一本诗集《使命》（*Message*），其余作品均在其死后才出版。然而，他的创意写作是无止境的。他创造了各种各样的“异名者”（heteronyms）——以虚构人物之名创作了很多具有不同观点和风格的诗歌和散文。他主要诗歌创作的异名者为阿尔贝托·卡埃罗（Alberto Caeiro）、阿尔里卡多·雷耶斯（Ricardo Reis）和瓦罗·德·坎波斯（Alvaro de Campos）。佩索阿

的“非事实自传”《不安之书》(*The Book of Disquiet*)被认为是助理会计贝尔纳多·索阿雷斯(Bernardo Soares)写的。

以佩索阿之名写的诗歌，表达了一种对无聊和怀旧的令人沮丧的痴迷。他的声名在其死后不断提升。

代表作:《使命》(1934);《费尔南多·佩索阿诗歌》(*Poems of Fernando Pessoa*, 1942);《阿尔贝托·卡埃罗诗歌》(*Poems of Alberto Caeiro*, 1946);《不安之书》(1982)。

鲍里斯·帕斯捷尔纳克

Boris Pasternak，1890—1960，苏联人

鲍里斯·列昂尼多维奇·帕斯捷尔纳克是一位诗人和小说家，1958年获得诺贝尔文学奖后成了政治争议的焦点。他出生在圣彼得堡的一个有教养的家庭(父亲曾为托尔斯泰的作品配插图)，于1914年出版了第一卷诗集。1917年十月革命后，他选择留在苏联。20世纪20年代，他在象征主义诗人亚历山大·勃洛克(Aleksandr Blok)和未来主义诗人弗拉基米尔·马雅可夫斯基(Vladimir Mayakovsky)的影响下，出版了广受好评的抒情诗。然而，在斯大林时期，他的创意产出却在减少。1949年，帕斯捷尔纳克的情人奥莉加·伊文斯卡娅被送到劳动营，而他本人未受影响。

1956年，他完成了小说《日瓦戈医生》，讲述了一个发生在十月革命期间的爱情故事。这部作品曾在苏联被禁。在西方出版后，它为帕斯捷尔纳克赢得了诺贝尔文学奖。

代表作:《生活——我的姐妹》(*My Sister, Life*, 1922);《主题与变奏》(1923);《日瓦戈医生》(1956);《雨霁》(1959)。

J. R. R. 托尔金

J. R. R. Tolkien，1892—1973，英国人

现代奇幻小说之父约翰·罗纳德·瑞尔·托尔金出生于南非，在英格兰中部长大。他十二岁时成了孤儿，后由一位天主教牧师抚养长大。第一次世界大战期间，他担任初级军官，当时他开始精心筹划后来成为其全部小说故事背景的神话世界。“一战”后，他成为牛津大学彭布罗克学院盎格鲁－撒克逊语教授。

传统英国诗歌，特别是史诗《贝奥武夫》，对托尔金的写作影响最大。写给自己孩子的《霍比特人》于1937年出版后获得了成功，这激励他开始创作《魔戒》系列。于1948年完成的三部曲在20世纪50年代出版，并在接下来的十年里成为国际超级畅销书。托尔金早期未完成的作品《精灵宝钻》在其去世后的1977年问世。

代表作:《霍比特人》(1937);《魔戒同盟》(1954);《双塔殊途》(1954);《王者归来》(1955)。

费德里科·加西亚·洛尔迦

Federico Garc í a Lorca，1898—1936，西班牙人

诗人、戏剧家费德里科·加西亚·洛尔迦是安达卢西亚格拉纳达的一位地主的儿子。1919年，他在马德里求学，成为包括萨尔瓦多·达利(Salvador Dalí)在内的一代有抱负的作家和艺术家中的一员。洛尔迦的第一部诗集于1921年问世。他的个人风格是将欧洲现代主义和安达卢西亚民间传统结合在一起，以1928年的《吉卜赛谣曲集》(*Gypsy Ballads*)最受欢迎。次年，他访问美国，开始创作超现实主义诗歌《诗人在纽约》(1940)。1931年，西班牙的新任共和政府委托洛尔迦经营一家旅游公司，旨在将戏剧推广给农村观众。巡演时，他创作了一系列重要剧作，包括《血姻缘》和《叶尔玛》(1934)，戏剧化地表现了西班牙女性的悲惨境遇。

1936年8月，西班牙内战之初，洛尔迦被民族主义者杀害。他的尸骨至今仍未找到。

代表作:《歌集》(*Songs*, 1927);《吉卜赛谣曲集》(1928);《血姻缘》(1932);《伊·桑·梅希亚斯挽歌》(“Lament for Ignacio Sánchez Mejías”, 1934)

△ J. R. R. 托尔金

20 世纪中期

第五章

弗拉基米尔 · 纳博科夫

Vladimir Nabokov，1899—1977，俄罗斯裔美国人

纳博科夫因其小说《洛丽塔》（*Lolita*）而声名狼藉，震撼了那个时代，时至今日仍有争议。他毕生的作品包括长篇小说、诗歌、短篇小说、自传和评论等，是一位闪耀的英语写作大师。

身为五个孩子中的老大，纳博科夫出生在十月革命前俄国圣彼得堡的一个贵族家庭。他从小讲俄语、英语和法语，并表示自己拥有“可以想象到的最幸福的童年”。1919年，也就是十月革命后，他的父亲作为反对派的知名领袖，带着全家人流亡到伦敦，之后又去了柏林。三年后，他父亲被一个君主制狂热分子暗杀了。

从剑桥大学毕业后，纳博科夫搬到了柏林。他在俄国时就已经出版了两卷诗集，现在开始以诗人身份在俄国移民群体中建立名声，以笔名V. 西林（V Sirin）写作。1925年，他和一名俄裔犹太人薇拉·斯隆尼姆（Véra Slonim）结婚，两人育有一子德米特里，后者出生于1934年。

从欧洲到美国

1926年，纳博科夫出版了第一部带有强烈的自传色彩的长篇小说《玛丽》（*Mashenka*）。这之后出版的是《王，后，杰克》（*King, Queen, Nave*，1928），标志着其风格上的创新及令他名声大振的文字游戏的肇始。在接下来的十年里，他用俄语写了大量作品，并通过教授网球、拳击和语言来贴补家用，而他妻子则从事翻译工作。随着战争的来临，纳博科夫一家逃亡到了美国。他在马萨诸塞州的卫斯理女子学院获得了讲师职位，这让他有足够的自由时间来写作和沉迷于自己的爱好——收集蝴蝶（他最终发表了十八篇关于昆虫学的论文）。他的第一部英语作品《塞巴斯蒂安·奈特的真实生活》（*The Real Life of Sebastian Knight*，1941），借用了他在剑桥时的经历。他的第二部英语作品《庶出的标志》（*Bend Sinister*，1947），故事设定在一个极权主义政权的背景下，以作者本人的出现结束。

1945年，纳博科夫成为美国公民。1948年，他被任命为纽约康奈尔大学俄罗斯文学的教授。随着经济上有了保障，他开始创作让他迅速收获国际声誉的小说《洛丽塔》。1955年首次在法国出版后，这颗“定时炸弹”（按他的说法）最终于1958年在美国出版，三个星期就售出了十万册。这部小说讲述了中年叙述者对十二岁的“早熟少女”致命的迷恋，无论在过去还是现在，这一主题都存在争议。《洛丽塔》也为其带来了名声和大量的金钱。

纳博科夫的小说《普宁》（*Pnin*，1957）讲述了一位流亡美国的俄国教授的故事，尽管创作于《洛丽塔》之后，却更早出版并得到了评论界的认可。《微暗的火》（*Pale Fire*，1962）则由一位虚构诗人写就的九百九十九行诗歌和一位虚构评论家对这首诗发表的评论构成，展现了纳博科夫对这种小说形式的把玩。

纳博科夫于1977年去世，留下《劳拉的原型》（*The Original of Laura*）——一部未完成之作。他幽默、精确、抒情优美的散文风格的影响，在马丁·艾米斯（Martin Amis）、托马斯·品钦（Thomas Pynchon）和约翰·厄普代克（John Updike）等后辈作家的小说中不断回响。

△ **电影改编**
纳博科夫的《洛丽塔》混合了黑色幽默、博学多才的文字游戏，以及极富抒情之美的段落，使其超越了粗俗的情色作品。这部作品对过分迷恋进行了精心研究，同时也是对20世纪50年代美国垃圾文化的尖锐讽刺。这部小说被改编成一部成功的电影，由斯坦利·库布里克于1962年执导。

背景知识
索引卡

纳博科夫在索引卡上写作，每部小说都要用上百张索引卡。一旦“事物的模式”在他脑海里变得清晰了，他就开始动笔；他不是线性写作，而是“捡起这里的一点，那里的一点，直到我把纸上的所有空白都填满”。他会将卡片重新排序，直到都写完了才给它们编号；然后他会念给妻子听，后者会打印一式三份。纳博科夫最后未完成的小说《劳拉的原型》，在其逝世后出版（这违背了他的意愿），是对这种手法的原始状态的珍贵记录。

纳博科夫向妻子薇拉口述自己的索引卡，1958年

◁ **晚年时光**
这时的纳博科夫身处纽约伊萨卡，照片拍摄于1958年。三年后，他搬去瑞士蒙特勒，和妻子薇拉在蒙特勒宫酒店度过了余生。

约翰·斯坦贝克

John Steinbeck，1902—1968，美国人

作为美国文学巨擘，斯坦贝克创作了关于大萧条时期风格激荡而灼热的文学作品，探索了普通家庭的命运与遭受的不公，并将自己视作国家的良知。

正是假期在甜菜农场做工，约翰·欧内斯特·斯坦贝克（John Ernst Steinbeck）才得以深刻洞悉移民工人的困境——这是其20世纪30年代的社会小说中的重要主题。他出生在加利福尼亚州蒙特利县一个中阶级产家庭，在那里，他母亲（曾是教师）培养了他对读书的爱好。在文学和生物学反复研究无果之后，他从斯坦福大学辍学，然后去了纽约，在那里，他在建筑工地干活儿，后来还做过记者。回到加利福尼亚后，他通过在农场、森林和渔业工作来支撑写作。

他最初的三本书销量很差，但是1935年的《煎饼坪》（*Tortilla Flat*）终于获得了成功，这是一个关于浸泡在酒罐子里的墨西哥裔西班牙工人们的故事，它的灵感来自亚瑟王传说中的圆桌武士。这之后是《人鼠之间》（*Of Mice and Men*），一部情节逐渐展开的悲剧，讲述了两个移民劳工——孩子气的巨人莱尼和他的保护者乔治的故事。

一场风暴催生了他的史诗之作《愤怒的葡萄》（1939），该作是斯坦贝克与俄克拉何马州难民——绝望的移民从尘暴区逃往加利福尼亚（见右侧栏）——一起行进五个月后创作出的。鼎盛时期，这本书一个星期就售出了一万册，并为斯坦贝克赢得了普利策奖，然而，他对美国梦的控诉遭到了强烈反对。

战后岁月

第二次世界大战期间，斯坦贝克是《纽约先驱报》（*New York Herald Tribune*）的通讯记者。这一时期，他创作出《月亮下去了》（*The Moon is Down*，1942），探讨了战争以及曾经宁静的村庄被占领后受到的影响。这是对纳粹占领挪威的赤裸裸的审视。

定居纽约的斯坦贝克，通过《罐头厂街》（Cannery Row，1944）和史诗《伊甸之东》（*East of Eden*，1952）找回了他的根。前者以蒙特利的沙丁鱼罐头包装区为原型，后者则以其家族在萨利纳斯的历史为基础。20世纪60年代，因为支持越南战争，他失去了作为自由派之声的信誉——他第二段婚姻的两个儿子都是新兵。

《烦恼的冬天》（*The Winter of Our Discontent*，1961）是对美国道德堕落的深入研究，也是斯坦贝克作品形式的回归，该作帮助他获得了1962年的诺贝尔文学奖。作家于1968年12月因心脏病逝世，他一生共写了近三十本书。

△《愤怒的葡萄》
这部小说以《圣经》的基调写成，根植于约德一家朴素的生活细节之上。"我试着以生活本来的样子写这本书，而不是以这本书来反映生活。"他说。

相关背景

在1929年的金融危机后，美国陷入了严峻的经济大萧条；到20世纪30年代中期，百分之二十五的人口处于失业状态。粮食价格下跌了百分之六十，在过度开垦、土地侵蚀和干旱的夹击下，肥沃的土地变成了沙暴区。成千上万的佃农被地主和银行收去了房屋和土地，他们只得向西迁移。这些人被能够在加利福尼亚富饶的土地上耕作和维持生计的许诺所诱惑，但到达那里后面临的却是敌意和拒绝。

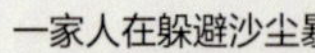

一家人在躲避沙尘暴

"一些人在宗教中领悟到的东西，作家可以在他的作品中领悟到……这是一种通往荣耀的突破。"

约翰·斯坦贝克

▷ 斯坦贝克，约1939年
作家的这张照片拍摄于普利策获奖作品《愤怒的葡萄》出版的那一年。这之后不久，他逃到科尔特斯海，和他的好朋友、海洋生物学家爱德·里克茨（Ed Ricketts）一起收集海洋生物标本。

BBC

乔治 · 奥威尔

George Orwell，1903—1950，英国人

奥威尔写作黑暗的讽刺作品，来描述历经两次灾难性的世界大战后的不满与不祥的预言。作为一名坚定的社会主义者和道德家，他时常冒着生命危险来寻求真理。

乔治·奥威尔是埃里克·阿瑟·布莱尔（Eric Arthur Blair）的笔名。1903年，奥威尔出生于英属殖民地时期印度的莫提哈里（如今的比哈尔邦），他父亲任职于印度总督府的鸦片局，监督鸦片的合法出口。奥威尔一岁时和母亲艾达返回英国。艾达带着孩子们在牛津郡定居下来，一家人与父亲分开生活，直到1912年。奥威尔后来将他们家族的社会地位形容为“中产阶级下层分子”（lower-upper-middle class）：尽管他们是英国绅士阶层的后代，但家用一直短缺。

△ 缅甸，卡塔
一辆马车从缅甸卡塔的警察局前经过，这是奥威尔的小说《缅甸岁月》的背景地。

私立学校教育

奥威尔的童年十分孤独，但他通过创作小说和诗歌找到了安慰，其中一些作品还发表在了当地的媒体刊物上。八岁时，他被送到东苏塞克斯郡一所“势利的”寄宿学校，并获得了一笔奖学金，正是在那里，他看到了英国阶级体系的真相，观察到了他所遭受的恶劣待遇以及他与更富有、“出身更好”的男孩之间的差距。

奥威尔获得了著名的私立学校伊顿公学的奖学金，在这里，他参与了校办杂志的制作，但在学业上的表现却一塌糊涂。完成中学学业但负担不起大学费用的他，只得接受了印度皇家警察局的职位。他选择在缅甸就职，而他的祖母正好在那里生活。奥威尔曾在文章《猎象记》（“Shooting an Elephant”）中表达了他对这份工作的厌恶，文章以非常大胆的言论开篇：“在下缅甸的毛淡棉（Moulmein），我被很多人憎恨——我一生之中，被人如此重视，这种情况仅此一次。”

他对当权者的不信任和对帝国统治的厌恶喷薄而出，而他对祖国的热爱通过异常华丽的小说《缅甸岁月》（*Burmese Days*，1934）表达了出来。

伦敦和巴黎

奥威尔在1928年返回了英国，决心成为一名作家。他住在伦敦西区时，冒险去了破落的东区，因为他想要获得工人阶层生活的第一手信息。为此，他创造了另一个身份：衣衫褴褛，睡在“长钉”（救济院）和只有床铺的小客栈中，甚至在“牢房”里还受了伤。奥威尔很快就把这项调查扩展到了巴黎，他可以时不时靠定居巴黎的姑姑接济。他蔑视巴黎的文学派别，更喜欢深

◁ 奥威尔在英国广播公司
1943年，也就是“二战”期间，奥威尔在伦敦的英国广播公司工作。1941年，他以东方服务公司的谈话节目制作人的身份加入了这家公司，后于1943年辞职。

> “所有动物生来平等，但有些动物比其他动物更平等。”
>
> 乔治 · 奥威尔，《动物庄园》

人物简介

主要影响

奥威尔年轻时的志向是写一部类似于H. G. 威尔斯（H. G. Wells）的《现代乌托邦》（*A Modern Utopia*）的作品——一部分是哲学分析，一部分是叙述。他受杰克·伦敦（Jack London）《深渊居民》（*The People of the Abyss*，1903）的启发，这本书详细叙述了作者在伦敦贫民窟的经历。奥威尔表示：“我最关心且从不厌倦的作家有莎士比亚、斯威夫特、菲尔丁（Fielding）、狄更斯、查尔斯·里德（Charles Reade）、福楼拜，以及现代作家詹姆斯·乔伊斯、T. S. 艾略特和D. H. 劳伦斯。但……对我影响最大的是W. 萨默塞特·毛姆，我非常钦佩他直截了当、不加修饰地讲故事的能力。”

小说家 W. 萨默塞特 · 毛姆

△ **威根码头，1939年**
大曼彻斯特郡的威根码头如图所示（在右侧），紧邻运河。奥威尔冷酷的小说《通往威根码头之路》聚焦于受阶级统治下的英国的贫穷与虚伪。

△ **共和军海报**
奥威尔曾参加西班牙内战。

入这座城市和它的人民中去，并把这些经历以半社会评论、半旅行小说的形式写进自己的作品。

这部作品因为包含大量强奸和毒品交易之类的争议性内容，最初被文学界拒绝。奥威尔和他亲近的同时代作家、英国小说家D. H. 劳伦斯一样，认为英国出版商是一群“没胆量的人”。他给自己找了个文学经纪人——伦纳德·摩尔（Leonard Moore）。1932年夏，他得知维克托·戈兰茨有限公司（Victor Gollancz Ltd）愿意出版他的回忆录。这部作品于次年以《巴黎伦敦落魄记》（*Down and Out in Paris and London*）的书名出版。

北方的贫穷

白天担任教师的奥威尔完成了他的第一部长篇小说《缅甸岁月》（1934）。后来他辞去教师的工作，搬到了伦敦西北部的汉普斯特德，在一家书店上班，并通过朋友结识了艾琳·奥修兰西（Eileen O' Shaughnessy），一年后，他们结婚了。《叶兰在风中飞舞》（*Keep the Aspidistra Flying*，1935）一书对这一时期的情况进行了虚构的描写，但是这对夫妇相对舒适的家庭生活并没有维持太久。在出版商的鼓励下，奥威尔打算写英格兰北部萧条的经济状况的文章，那里有数百万人正处于贫困之中。于是，他又出发了。他的《通往威根码头之路》（*The Road to Wigan Pier*，1937）融合了他对北部城镇生活的观察和个人作为社会主义者的宣言。这部作品引起了英国安全部门的注意，他们怀疑奥威尔是共产主义者，部分原因是他的“波希米亚风打扮”，因此他被当局监视了十多年。

西班牙内战

1936年，奥威尔决定加入志愿军，抗击佛朗哥将军在西班牙兴起的法西斯统治。在去巴塞罗那的路上，他在巴黎认识了作家亨利·米勒（Henry Miller），后者警告奥威尔，任何想要打败法西斯主义的想

> “所有问题都是**政治**问题，而政治本身就是一大堆**谎言**、借口、愚蠢、**仇恨**。”
>
> 乔治·奥威尔

重要作品年表

1933
《巴黎伦敦落魄记》记录了奥威尔与流浪汉和临时工生活在近乎贫困中的时光。

1937
《通往威根码头之路》是对北方工业区贫穷状况的无望但引人注目的描述。

1938
《向加泰罗尼亚致敬》描绘了奥威尔对西班牙内战的贡献。

1939
《上来透口气》是一部充满怀旧之情的习作，追忆了奥威尔童年的点点滴滴。

1945
《动物庄园》是对极权主义的悲观呈现，出版后好评如潮。

1949
奥威尔出版了《一九八四》，一部描写独裁统治下人们噩梦般生活的作品。

法都是“完全愚蠢的”。事实上，很多共和党派系耗费了很多时间互相斗争，而不是对抗法西斯分子。奥威尔去到前线，但他的战斗被狙击手的一颗子弹终结，这颗子弹击中了他的喉咙，他差点因此丧命。

回到英国后，奥威尔在《向加泰罗尼亚致敬》（*Homage to Catalonia*）一书中讲述了他参与西班牙内战的经历，该作于1938年出版。作家的身体从小就虚弱，后来逐渐恶化，并被诊断出患有肺结核。在一位匿名捐助者的资助下，奥威尔在法属摩洛哥度过了一个冬天，并写出《上来透口气》（*Coming up for Air*，1939），这是一部对已被商业化发展摧残的英格兰充满怀旧之情的小说。

战后作品

受到战争的威胁，艾琳在伦敦新闻审查司供职，而奥威尔则在英国广播公司为大英帝国制作宣传节目。心生怨恨的他后来离开了这里，开始为工党杂志《论坛》撰稿，于1943年成为这份杂志的文学编辑。当时他开始写小说《动物庄园》。这本书最初被出版商拒绝，还遭到当权者的严厉谴责，因为在那个时期，斯大林是英国的战时盟友。然而，这本书于1945年出版后，获得了巨大成功。

战争后期，奥威尔夫妇收养了一个婴儿——理查德·霍雷肖（Richard Horatio）。但不幸的是，他们在一起的时间非常短暂。他们伦敦的家被德军的一颗炸弹摧毁，接着艾琳在一次子宫切除手术的麻醉过程中丧生。奥威尔被迫成了单亲父亲。痛失亲人、身体欠佳的他将自己投身到写作中，撰写论文和散文，并开始创作伟大的经典著作《一九八四》。他欣然接受了赞助人、报社老板大卫·阿斯特（David Astor）的提议，寄宿在他位于赫布里底朱拉岛上与世隔绝的庄园里。在那里，他完成了这部作品——对独裁政权下国家控制的后果的一种令人不寒而栗的反乌托邦设想。

与索尼娅·布劳纳尔（Sonia Brownell）结婚后，乔治·奥威尔于1950年1月逝世。索尼娅将丈夫的作品捐赠给了学术界。

◁ **议事大楼**
议事大楼，是伦敦大学的行政中心，它激发了奥威尔令人毛骨悚然的创造，即《一九八四》中的“真理部”（Ministry of Truth），该机构主要负责国家宣传和历史修正。

文学风格
新词

奥威尔对文学界最大的贡献之一是将令人难以忘记的新词引入了英语。在小说《一九八四》中，他将日常词语合并成了新词，如“思想罪”（thoughtcrimes）、“双重思想”（doublethink）、“正统思想”（goodthink）和“官腔”（newspeak）。奥威尔式语言在今天仍然适用，并在现代大众传播时代引起相当大的共鸣。奥威尔用新词描绘了语言即权力的信念。他渴望展示民众是如何被语言和媒体洗脑，以及政权是如何通过故意迷惑人民和破坏人民的判断力来控制他们的。

《一九八四》封面，英国初版

巴勃罗·聂鲁达

Pablo Neruda，1904—1973，智利人

高产的聂鲁达留下了丰富且多样的作品，包括温柔而炽烈的情诗、史诗、政治诗，以及描绘普通事物和动物的诗歌。

巴勃罗·聂鲁达是诗人、外交家和政治家，原名内夫塔利·里卡多·雷耶斯·巴索阿尔托（Ricardo Eliécer Neftalí Reyes Basoalto），出生于智利南部的帕拉尔城。他的母亲是名教师，在他出生后不久就去世了。两年后，他的父亲，一名铁路工人，搬到了特木科，并在那里再婚。聂鲁达不顾父亲的反对，十岁起开始写诗。1918—1920年，在加夫列拉·米斯特拉尔（Gabriela Mistral，见右侧栏）的鼓励下，他为当地的杂志和报纸贡献了各种各样的作品。1920年，他取了巴勃罗·聂鲁达这个笔名（1946年正式更名为此），以避免父亲的反对。

1921年，聂鲁达搬到智利首都圣地亚哥，进入大学学习法语，打算成为一名教师。两年后，年仅十八岁的他出版了第一部诗集《黄昏》（*Book of Twilights*）。接下来，他在1924年出版了《二十首情诗和一首绝望的歌》（*Twenty Love Poems and a Song of Despair*），这部浪漫、忧伤的情诗集将他推到了聚光灯下，并因其直白的感官享受而引起轰动。第一首诗是这样开篇的："女人的身体，白色的山丘，白色的大腿 / 你委身于我的姿态就像这个世界。"

聂鲁达运用原始的想象和隐喻来追溯他的爱情历程，唤醒了大海、天气、家乡的荒野和肉体的激情，并把它们交织在一起。1926年，第三部诗集《奇男子的引力》（*The Attempt of the Infinite Man*）与一部小说一同问世，这些作品帮助作家建立了声誉。

▽ 乌拉圭大逃亡

这里展示的是聂鲁达的书桌，位于乌拉圭首都蒙得维的亚附近的阿特兰蒂达度假区的房子里。作家和他的妻子玛提尔德经常在这里居住。

人物简介

加夫列拉·米斯特拉尔

智利诗人、外交家和教育家加夫列拉·米斯特拉尔（原名卢西亚·戈多伊·阿尔卡亚加，1889—1957）是拉丁美洲第一位获得诺贝尔文学奖的作家，她于1945年获得该奖项。作为特木科一所女子高中的董事，她认识了年少的聂鲁达，并对后者成长为一名诗人提供了巨大的帮助。作为一名教师，米斯特拉尔在智利和墨西哥积极地实行教学系统改革。她的第一部伟大诗集《绝望》（*Despair*）于1922年出版。

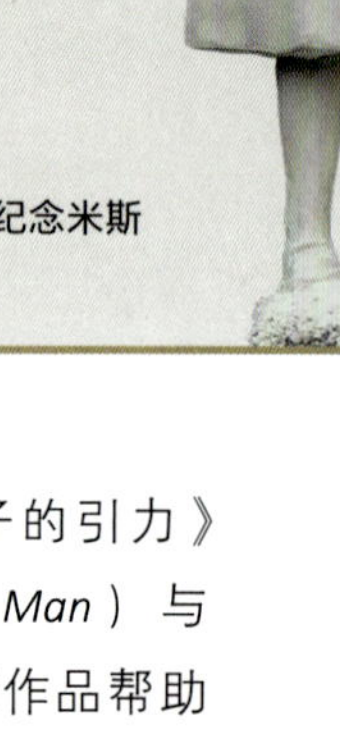

坐落于蒙特格兰德的雕像，用以纪念米斯特拉尔的一生

领事任命

1927年，聂鲁达被任命为缅甸仰光的名誉领事。在接下来的几年里，他从一个领事馆到另一个领事馆，并在锡兰（如今的斯里兰卡）、

"除了与**最受愚弄**和**最受剥削**的人**相互理解**时的**无能**外，诗人没有其他任何敌人。"

巴勃罗·聂鲁达，诺贝尔文学奖获奖演说

▷ **聂鲁达，约1952年**

聂鲁达是智利历史和政治上的杰出人物，而他充实且充满冒险经历的一生并没有使他的作品失色，加西亚·马尔克斯称赞他是"20世纪所有语言中最杰出的诗人"。

“没有孤独的奋斗，没有孤独的希望。”

巴勃罗·聂鲁达，诺贝尔文学奖获奖演说

爪哇和新加坡生活过。他非常谦逊，因为这份领事职位没有薪水，而且他在目睹贫穷之后深受触动。他对亚洲贫困民众日益的认同，促成了《大地上的居所》（*Residence on Earth*，1925—1935）的出版。这些诗篇奠定了他的国际声誉，且与《二十首情诗和一首绝望的歌》中传统抒情诗的风格完全不同。这些反映了聂鲁达的疏离感，以及他对世界的喧嚣与无意义所做的回应，在形式上具有超现实主义风格。

在爪哇，聂鲁达认识了荷兰女子玛利亚·安东涅塔·哈根娜（Maria Antonieta Hagenaar），两人在1930年成婚。1932年，这对夫妇回到了智利。第二年，聂鲁达被任命为驻布宜诺斯艾利斯的领事，在那里，他和西班牙诗人、剧作家费德里科·加西亚·洛尔迦成了好友。

▽ **拉塞巴斯蒂亚纳（La Sebastiana）**
巴勃罗·聂鲁达这座位于山顶上的房子使他得以以壮观的视角俯瞰多彩的智利城市瓦尔帕莱索和大西洋。他开玩笑式地装修这栋房子，把墙面刷成彩色，好“让它们舞蹈”。他的书房里有一座等身大小的沃尔特·惠特曼（Walt Whitman）的雕像，聂鲁达非常崇敬这位诗人。

西班牙共和主义

1934年，聂鲁达就任驻西班牙巴塞罗那的领事，后来被调到马德里，他的女儿马尔瓦在那里出生。通过与加西亚·洛尔迦的交情，他成为一群左翼文学家中的一员。随着1936年西班牙内战爆发，聂鲁达参与到动员支持共和党人的行动中，而在加西亚·洛尔迦被民族主义行刑小队处决后，他进一步投身于政治运动。

此时，聂鲁达的诗歌变得越来越不个人化，更具社会和政治倾向，1937年，支援共和党运动的组诗《西班牙在我心中》（*Spain in my Heart*）的问世，使他失去了领事一职。他被召回智利，并参与了那里的左翼政治。这时，聂鲁达已经和妻子分居，与情人、阿根廷画家迪莉娅·德尔·卡瑞尔（Delia del Carril）生活在一起。

在巴黎的领事任命之后，聂鲁达成为驻墨西哥城的总领事，并于1943年和德尔·卡瑞尔结婚。那一年，他访问了秘鲁，登上了马丘比丘的印加古城，这一经历启发他创作出了《马丘比丘之巅》（*The Heights of Machu Picchu*，1945），这是一首歌颂南美洲古代文明、共十二章节的长诗。这部作品构成了《诗歌总集》（*General Song*）的主要部分，后者是他在1938年左右断断续续创作的一部史诗。

政治与流亡

于1943年回到智利后，聂鲁达投身到国家政治之中，成为一名参议员，不久后，他还加入了共产党。他协助左翼总统候选人加夫列尔·冈萨雷斯·魏地拉（Gabriel González Videla）竞选，后者于1946年当选总统后，却意外地向右翼倒戈。因为公开批评了魏地拉的镇压政策，聂鲁达从参议员的位置上被驱赶下来，最终受到逮捕的威胁。1948年，他被迫东躲西藏，又过了一年多的地下生活后，开始逃亡，骑马穿越安第斯山脉，去了阿根廷。在接下来的三年里，他在欧洲各地旅行，还去了一趟苏联，他当时非常崇拜苏联的领袖约瑟夫·斯大林。聂鲁达开始与智利女人玛提尔德·乌鲁齐雅（Matilde Urrutia）交往，后者是聂鲁达一生的挚爱和最重要的缪斯，他们于1966年结婚。

△ **抗议军政府**
1973年的智利政变导致了聂鲁达的好友阿连德被罢免，民主统治走向了终结。左翼团体开始抗议军政府。

聂鲁达继续写《诗歌总集》，这部作品最终于1950年在墨西哥出版。作为其大众诗歌的顶峰，它反映了聂鲁达身为共产主义者怀有的同情心和民族自豪感。总集大约有

重要作品年表

1924
《二十首情诗和一首绝望的歌》出版，之后成为西班牙语诗歌中的畅销作品。

1935
《大地上的居所》出版了两卷，第三卷在1945年出版。

1945
《马丘比丘之巅》赞美了这座神圣之城和这里受压迫的人民。

1950
《诗歌总集》在墨西哥出版，当时聂鲁达正在流亡；这本书也在智利偷偷地出版。

1954—1957
《元素的颂歌》（*Elemental Odes*，三卷本）以简单、直接的语言审视了日常事物、植物和动物。

1959
聂鲁达将《爱的十四行诗》献给他挚爱的第三任妻子、他的缪斯——玛提尔德·乌鲁齐雅。

1964
《黑岛纪事》（*Isla Negra: a Notebook*）包含超过一百首反思性的自传诗歌。

三百三十首诗，被分为十五个章节，探究了拉丁美洲的过去和现在。它们歌颂了自然世界，赞颂了该地区的探险家和征服者、英雄和烈士，以及普通的个体。

1952年，聂鲁达返回智利，并在那里支持（但没能成功）萨尔瓦多·阿连德（Salvador Allende）竞选总统，还出版了一本献给乌鲁齐雅的情诗（《船长的诗》），但这部诗集是匿名出版的，因为这样不会给德尔·卡瑞尔带来麻烦——那时两人还维持着婚姻关系。1955年，这对夫妇永远地分开了，聂鲁达和乌鲁齐雅从此生活在了一起。

此时的聂鲁达有财富，有名气，他的作品也被翻译成了多种语言。在他人生的最后二十年里，他疯狂地写作，出版了超过二十本书。1954年，聂鲁达出版了《元素的颂歌》，标志着其风格的转变：以短小的诗句，简单的形式，描绘微小、日常的事物——一种街头语言。例如，《酒的颂歌》如此开篇："白昼般明亮的葡萄酒，/黑夜般幽深的葡萄酒，/如指尖般紫红的葡萄酒，/流淌着黄玉般琼浆的葡萄酒。"他的下一部重要作品是《放纵》（*Estravagaria*，1958），包括一些内省式的诗歌和情诗。在此期间，他还创作了自然诗，以及个人化、政治化、大众化的诗句。

1970年，新当选的总统萨尔瓦多·阿连德是社会主义者，他任命聂鲁达为驻法国大使。第二年，聂鲁达被授予了诺贝尔文学奖。在诊断患有癌症后，身体状况极其糟糕的诗人于1972年返回智利。1973年，他在目睹了好友阿连德在军事政变中丧生，以及对祖国的希望破灭的几天后，就去世了。哀悼的人群使他的葬礼演变成了对新一届政权的即兴公开抗议。关于聂鲁达被谋杀的传言一直流传到今天。

△ 马丘比丘

《马丘比丘之巅》被认为是聂鲁达最伟大的作品之一，见证了诗人前往秘鲁安第斯山脉的印加古城的旅程。他赞颂了建造这座城市的人民的伟大成就，并认同他们的苦难，回溯过去以寻求有关人类现状的普遍真理。

背景知识

共产主义者的感召

西班牙内战之后，聂鲁达余生都是满怀热情的共产主义者。与同时代的无数理想主义左翼知识分子一样，他支持苏联及其领袖约瑟夫·斯大林。他写了诸多诗篇赞美苏联政体（如《献给斯大林格勒的情歌》，1942），并在1954年获得了斯大林（之后的"列宁"）和平奖。他在斯大林逝世的同年为其写了一首颂歌。他也同样崇敬列宁，称其为"本世纪的伟大天才"。

斯大林

格雷厄姆·格林

Graham Greene，1904—1991，英国人

小说家、散文家兼剧作家格雷厄姆·格林创作了大量可读性强且广受欢迎的作品，通常是用天主教的观点来探讨道德复杂性的主题。

亨利·格雷厄姆·格林（Henry Graham Greene）于1904年出生在英格兰哈福德郡一个庞大且有影响力的家族。他是由其父亲担任校长的伯克姆斯特德学院（Berkhamsted School）的一名寄宿生，其间，他遭受霸凌，并数次尝试自杀，后来在十六岁时被送到一位精神分析学家那里接受治疗。1926年，从牛津大学毕业一年后，无神论者格林在维维安·戴雷尔－布朗宁（Vivien Dayrell-Browning）的影响下皈依了天主教，并在1927年与后者结婚。

格林的第一部长篇小说《内心的人》（*The Man Within*）讲述了一个关于走私和背叛的"无望的浪漫"故事。这本书收获的好评促使他放弃了《泰晤士报》副总编的职务，专注于做自由撰稿人和作家。

◁ 格雷厄姆·格林，1940年
这张照片拍摄于《权力与荣耀》出版的那年，这部作品经常被认为是格林的第一部伟大小说，也是他自己最喜爱的作品之一。

严肃的娱乐

作为一位小说家，格林的《斯坦布尔列车》（*Stamboul Train*，1932）为其带来了商业上的成功，这部快节奏的惊悚小说是第一部被他称为"娱乐小说"的作品（有意为之的平民化作品）。《布赖顿棒糖》（*Brighton Rock*，1938）是他最著名的作品之一，有娱乐小说的元素——惊悚的情节和被追捕的主角——但也探讨了道德与邪恶这类深层次的主题。在这本书出版的那年，格林为躲避一场官司，逃到了墨西哥，而这一经历促使他创作出游记《无法无天的道路》（*The Lawless Roads*，1939）和小说《权力与荣耀》（*The Power and the Glory*，1940），后者围绕着一个道德败坏的天主教"威士忌牧师"展开。

作为一个花花公子，格林在1946年与已婚的天主教教徒凯瑟琳·沃尔斯顿（Catherine Walston）展开了一段恋情。这段恋情在1951年终结，这激发他在创作并出版了另一部著名的小说《恋情的终结》（*The End of the Affair*，1951）。格林在1947年离开了维维安，但他们没有正式离婚。

四处旅行

格林去世界上"最原始和偏远的地区"旅行，利用冲突和战争的背景来渲染他笔下的角色所面临的道德矛盾和伦理困境。1954年，他逗留海地的经历激发了《喜剧演员》（*The Comedians*，1966）的创作灵感，这是一部探索这个国家政治镇压的小说；而在他访问了比属刚果（Belgian Congo）的麻风病隔离区后，《一个自行发完病毒的病例》（*A Burnt-Out Case*，1960）——一部关于个人自我救赎可能性的悲剧——由此诞生。格林在古巴的旅行催生了《我们在哈瓦那的人》（*Our Man in Havana*，1958），这是一部将故事背景设定在卡斯特罗革命前的黑色喜剧。

1966年，格林移居法国昂蒂布，和情人伊维特·克洛埃塔（Yvette Cloetta）生活在一起。他们后来又搬去了瑞士沃韦，作家在那里度过了晚年。1966年和1967年，格林入围了诺贝尔文学奖。他直到去世前都在进行创作，其中，较著名的作品有《名誉领事》（*The Honorary Consul*，1973）和《人性的因素》（*The Human Factor*，1978）。他清晰的写作风格、现实主义的对话和扣人心弦的情节，加上他作品中的道德严肃性，确保了他在20世纪文学伟人的圣殿里占据一席之地。

◁ 弗里敦城市酒店
格林在塞拉利昂做情报人员。图中是弗里敦的城市酒店（在小说中被伪装成虚构的贝德福德旅馆），在他的小说《命运的内核》（*Heart of the Matter*，1948）中象征着一个日渐衰落的帝国的枯萎的野心。

相关背景
银幕改编

格林的写作方式非常适合改编成电影，他的很多惊悚类娱乐小说都被改编了。他为卡罗尔·里德（Carol Reed）的经典黑色电影《第三人》（*The Third Man*，1949）撰写了剧本，一开始，他通过创作一部同名中篇小说来确定故事的背景、人物个性和基调。为了调查，他走遍了战后的维也纳，被引领着穿梭于这座四分五裂的城市的小巷、下水道和夜总会之间，并会见了军人和黑市骗子。格林原本设定的美满结局和影片悲观的结局不同，但他后来承认，里德的方式"被证明是成功的"。

卡罗尔·里德的电影《第三人》的海报

让－保罗·萨特

Jean-Paul Sartre，1905—1980，法国人

存在主义哲学家、小说家兼剧作家萨特认为，人“注定要受自由之苦”。他一生都在与自由和行动的理念做斗争，这些理念启发了他的哲学和写作。

◁ 1922年的预备班
这张照片是巴黎高等师范学院前的人文学科预备班的集体合影。萨特坐在第一排右起第二个，他左边第二个人是他的朋友保罗·尼桑（Paul Nizan）。

让－保罗·萨特出生于巴黎的一个中产阶级家庭。他的父亲，一名海军军官，在让－保罗不到两岁时因黄热病去世，而他的母亲则带着他搬回了巴黎郊区的外祖父家。萨特的外祖父查尔斯·施韦泽（Charles Schweitzer）是一位受人尊敬的学者（他的哥哥是诺贝尔奖得主阿尔贝特·施韦泽），在家里教授萨特，并向萨特介绍了古典文学。

教育及其影响

萨特十二岁时，母亲改嫁，全家人搬到了法国大西洋海岸的拉罗谢尔。他在当地的公立高中遭到霸凌，后在十五岁时转学到巴黎的一所学校。他成绩优异，于1924年被法国最优秀的大学之一巴黎高等师范学院录取。在那里，萨特以其聪明才智和善于制造恶作剧而闻名。

在准备考取哲学教师资格考试时，萨特认识了西蒙娜·德·波伏娃（Simone de Beauvoir），后者成为他一生的伴侣，是他“必要的爱情”，他对这个女人的爱超越了其他任何人，尽管两人奉行着开放式关系。

在1929年至1931年服兵役后，萨特在接下来的十四年里在多所高中教授哲学。他还在柏林学习，在那里，他接触到埃德蒙德·胡塞尔（Edmund Husserl）创立的现象学，这对他的思想产生了巨大的影响。

存在主义宣言

1938年，萨特出版了第一部长篇小说《恶心》（*Nausea*），一部受现象学（对我们有意识地体验到的客体的研究）影响，充满哲思且带有部分自传色彩的作品。在《恶心》中，主角罗根充满了绝望，但当存在的无意义显露出来时，他最终克服了恶心。根据他的存在主义哲学，这正是人类的自由状态——在萨特看来，只有人们对自己的存在负责时，才能真正获得解脱。他在第二年出版的短篇小说集《墙》（*The Wall*）中，也表达了类似的观点。第二次世界大战初期，萨特被征召加入法国军队。1940年，他被德国人抓获，在战俘集中营里待了

背景知识

《现代》杂志

这份“左倾”杂志由萨特和西蒙娜·德·波伏娃等知识分子于1949年创办。萨特在创刊号的社论中指出，该期刊的目标是发表“介入文学”（littérature engagée），这符合其有关个人与政治承诺的存在主义概念。《现代》杂志发表了很多新作家的作品，并对世界事件发表了重要评论，包括越南战争、阿尔及利亚独立斗争和阿以冲突。

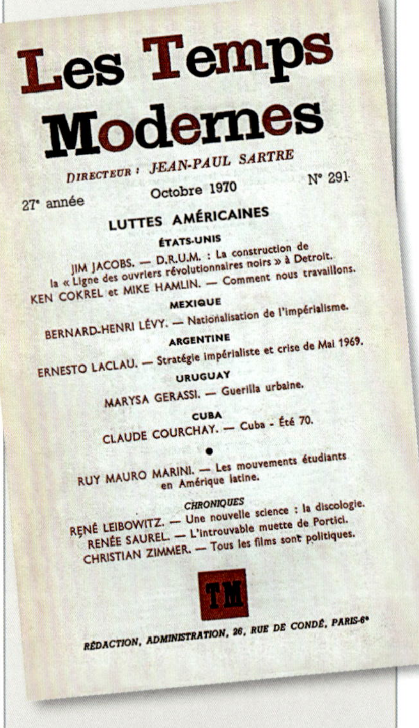

Les Temps Modernes
DIRECTEUR : JEAN-PAUL SARTRE
27e année — Octobre 1970 — N° 291
LUTTES AMÉRICAINES
ÉTATS-UNIS
JIM JACOBS. — D.R.U.M. : La construction de la « Ligne des ouvriers révolutionnaires noirs » à Detroit.
KEN COKREL et MIKE HAMLIN. — Comment nous travaillons.
MEXIQUE
BERNARD-HENRI LÉVY. — Nationalisation de l'impérialisme.
ARGENTINE
ERNESTO LACLAU. — Stratégie impérialiste et crise de Mai 1969.
URUGUAY
MARYSA GERASSI. — Guerilla urbaine.
CUBA
CLAUDE COURCHAY. — Cuba - Été 70.
•
RUY MAURO MARINI. — Les mouvements étudiants en Amérique latine.
CHRONIQUES
RENÉ LEIBOWITZ. — Une nouvelle science : la discologie.
RENÉE SAUREL. — L'introuvable muette de Portici.
CHRISTIAN ZIMMER. — Tous les films sont politiques.
TM
RÉDACTION, ADMINISTRATION, 26, RUE DE CONDÉ, PARIS-6e

1970年10月刊的《现代》杂志

> “**人注定**要受**自由**之苦。从他被**抛进**这个**世界**的那一刻起，他就要为他做的**每件事负责**。”
>
> 让－保罗·萨特，《存在与虚无》（*Being and Nothingness*）

▷ 让－保罗·萨特，1946年
萨特的这张照片拍摄于巴黎安托万剧院上演他的戏剧《恭顺的妓女》期间。这部戏剧探索了美国的种族分歧和自由思想。

重要作品年表

1938
萨特出版了他的第一部长篇小说《恶心》，以虚构的形式呈现了自己的存在主义哲学。

1943
政治性戏剧《苍蝇》在纳粹占领的巴黎逃过了审查。

1943
里程碑式著作《存在与虚无》出版，被视作萨特最重要的哲学作品。

1944
萨特的《禁闭》上演，这是一部描述存在主义下地狱的戏剧，其中有著名的台词“他人即地狱”。

1945
《不惑之年》和《缓期执行》出版。这两卷是一套四卷本作品的一部分。

1948
在戏剧《脏手》(*Dirty Hands*)中，萨特调查了一起犯罪的动机，这一动机可能出于个人或政治。

1960
《辩证理性批判》(*The Critique of Dialectical Reason*)出版。萨特后来表示希望这部哲学著作能被人铭记。

▽《禁闭》，1946年版
此时，萨特的戏剧正在纽约上演，三个主人公被关在地狱的一个房间里。他们的彼此陪伴是对其罪恶人生的永恒惩罚。这部戏剧被美国评论界赞赏，一位评论家称之为“现代戏剧的现象级作品”。

九个月，这次经历使他在政治上觉醒。他早期的作品关注于个体自由的思想，很少关注世界事件，而他之后的作品则更强调社会责任和政治承诺。

1941年，萨特因健康状况恶化被释放，并在巴黎获得了一个教职。他参与了抵抗运动，但在自己参与组建的一个地下组织失败后，萨特决定把手中的笔当作最好的工具。1943年，他创作出《苍蝇》(*The Flies*)，一部以古希腊神话《厄勒克特拉》(*Electra*)为蓝本的戏剧。在被德军占领的巴黎城内，这部戏在空荡荡的剧院里上演，通过对古希腊神话的象征性运用，成功逃过了德军的审查，掩盖了其反抗镇压的信号，同时还融入了有关自由和责任的存在主义主题。在首演之夜，萨特认识了阿尔贝·加缪(Albert Camus)，后者将他带入了一个抵抗组织，即“战斗”(Combat)。之后，萨特开始为同名地下期刊撰写文章。

同年，萨特出版了他的里程碑式哲学专著《存在与虚无》。在这部著作中，他颠覆了传统的“本质先于存在”的哲学观念，拥护“存在先于本质”的观念，并颂扬自由选择的重要性。在1944年5月上演的独幕剧《禁闭》(*No Exit*)中，他检视了“他人”的概念，通过这个概念，表达个体的自我意识是明确具体的，这是《存在与虚无》中的一个关键思想。

政治参与

萨特创办了《现代杂志》，该杂志致力于发表存在主义文学作品，这些作品不仅具有文化价值，还有社会价值。这份杂志是萨特本人以及其他战后杰出的思想家创作的出口，如西蒙娜·德·波伏娃和哲学家雷蒙·阿隆(Raymond Aron，两人都是编辑委员会的成员)、让·日奈(Jean Genet)和塞缪尔·贝克特(Samuel Beckett)。1945年，萨特出版了三部曲《自由之路》的前两卷，即《不惑之年》(*The Age of Reason*)和《缓期执行》，而第三卷《痛心疾首》(也被译作*Iron in the Soul*)于1948年出版。带有部分自传性质的三部曲涉及萨特创作的典型主题，即承诺、自由和责任，自我欺骗和真实性。《缓期执行》以实验性手法写成，变换的视角和松散的标点反

人物简介

西蒙娜 · 德 · 波伏娃

著名的小说家、散文家、存在主义哲学家兼女性主义者西蒙娜·德·波伏娃（1908—1986），是萨特一生的伴侣。波伏娃和萨特从未结婚或同居生活，但他们总是品读和评论对方的作品，显然也影响了对方的思想。波伏娃的私生活很混乱，有众多情人，还因为勾引一名女学生而被解雇；她和萨特还经常分享女性情人。1949年，波伏娃出版了论著《第二性》（*The Second Sex*），这部作品是女性主义思想的奠基石，融合了存在主义哲学和女性主义概念。波伏娃于1986年在巴黎去世，葬在蒙马特公墓的萨特身旁。

西蒙娜 · 德 · 波伏娃和让－保罗 · 萨特，1970 年

映了作者受到约翰·多斯·帕索斯和弗吉尼亚·伍尔夫的现代主义写作技法的影响。

整个三部曲体现了萨特思想的转变，从战前对个体的关注，到战后对行动和参与的重要性的信念，以及他自己的日益政治化。相较于存在主义，他更愿意将马克思主义称为“我们这个时代的哲学”。尽管他最初支持苏联，但从未加入共产党。

在苏联政权于1956年进攻匈牙利，并对作家群体进行镇压后，萨特对苏联的信念发生了动摇，但他在政治上依然活跃，不仅反抗反犹太主义和殖民主义，还反对法国对阿尔及利亚的统治，这导致他在1961年遭到炸弹袭击。作为古巴革命的支持者，萨特于1960年和西蒙娜·德·波伏娃前往古巴旅行，并会见了菲德尔·卡斯特罗（Fidel Castro）和切·格瓦拉（Che Guevara），当时他称赞格瓦拉是“当代最伟大的人”。

萨特在余生里一直是左翼事业的热心支持者，包括支持法国1968年的“五月风暴”。在其他问题上，他反对美国对越南的干涉，并为从巴勒斯坦和越南偷渡来的难民争取权利。甚至在隐居巴黎的晚年时光里，他仍抽出时间指导激进的学生团体，并担任左翼出版物的名誉编辑。

晚年时光

1964年，萨特被授予诺贝尔文学奖，但他拒绝了这一荣誉，不愿被“牵扯进一个机构”。同年，他出版了《文字生涯》（*The Words*），这是一部富有才气、诙谐幽默的自传，表达了他对文学的告别。随着视力的下降，他在20世纪70年代中期放弃了写作，留下一本他于60年代就开始创作的福楼拜的传记。

萨特七十四岁时因肺水肿病逝，五千人走上巴黎街头，来护送他的葬礼列队。

▽《脏手》，1948 年
在戏剧《脏手》中，萨特探讨了政治承诺，特别是在革命行动中对政治暴力的使用。

“我们的责任比我们想象的还要大，因为这涉及全人类。”

让－保罗 · 萨特，《存在主义与人类情感》（*Existentialism and Human Emotions*）

塞缪尔 · 贝克特

Samuel Beckett，1906—1989，爱尔兰人

贝克特因其阴郁的荒诞派戏剧而为人称道，然而，他还是一位受人尊敬的现代主义诗人和小说家。他成年后的大部分时光是在巴黎度过的，并用法语写了很多重要的作品。

◁ 20世纪20年代的都柏林三一学院
贝克特在大学里非常成功，毕业时获得了金奖。作为那里的讲师，他对学术界的自我良好非常失望——称其为"学习的蠢汉"。

与奥斯卡·王尔德、乔治·伯纳德·萧（George Bernard Shaw）和W. B. 叶芝一样，贝克特出生于都柏林一个信奉新教的中产阶级家庭。他的父亲是一名工料测量师，在福克斯洛克植被茂密的郊区建了一栋大房子，塞缪尔·巴克利·贝克特（Samuel Barclay Beckett）于1906年4月13日出生在那里。他享有当时富裕的盎格鲁－爱尔兰家庭所期望的特权和教育，并被送到恩尼斯基林的波托拉皇家学校（Portora Royal School）学习。他学习成绩优异，是一名天生的运动员，热衷于多项体育运动——特别是典型的英国板球运动，他打到了职业水平，这也是他一生的爱好。

1923年，贝克特进入都柏林的三一学院学习罗曼语。于1927年获得学士学位后，他开始了学术生涯。他在贝尔法斯特短暂地教过书，之后担任巴黎高等师范学院的英文讲师，并在1928年搬去了巴黎。

乔伊斯和贝克特

贝克特喜爱巴黎，但被学术生活挫败。幸运的是，他结识了同样把这座城市当作自己的家的爱尔兰人詹姆斯·乔伊斯，找到了能激励自己的人。乔伊斯因为争议性小说《尤利西斯》而声名狼藉，是当时巴黎文学圈界的知名人物。为了照顾年轻的贝克特，乔伊斯把他介绍给了其他的作家和艺术家，另外，乔伊斯意识到他身上巨大的语言天赋，于是请他协助自己为小说《芬尼根的守灵夜》做调查。

当贝克特开始更加认真地对待自己的作品时，他担心自己永远无法从这位导师的阴影下突破出来："它有着乔伊斯的味道。"他曾这样评价自己的一篇短篇小说。两人之间的关系变得尴尬，因为贝克特对乔伊斯的女儿露西娅做出的讨厌的性挑逗，1930年，他回到都柏林。他在那里的三一学院教授法语，但是第二年就辞职了。

文学风格

荒诞派戏剧

"荒诞派戏剧"这一术语最早由出生于匈牙利的评论家马丁·埃林斯（Martin Esslin）创造，用来形容20世纪50年代出现的一种戏剧类型，其特征是黑色幽默及超现实或荒谬的情节。其中重要的作品是贝克特的《等待戈多》（*Waiting for Godot*）、《终局》（*Endgame*）和《开心的日子》（*Happy Days*），埃斯林认为这是加缪存在主义荒谬观念的体现。贝克特本人否认了他在哲学上的过人之处，而是通过刻画人生悲喜剧的形式来呈现作品：就像妮尔在《终局》里说的："没有比不幸更滑稽的了……这是世界上最好笑的事情。"

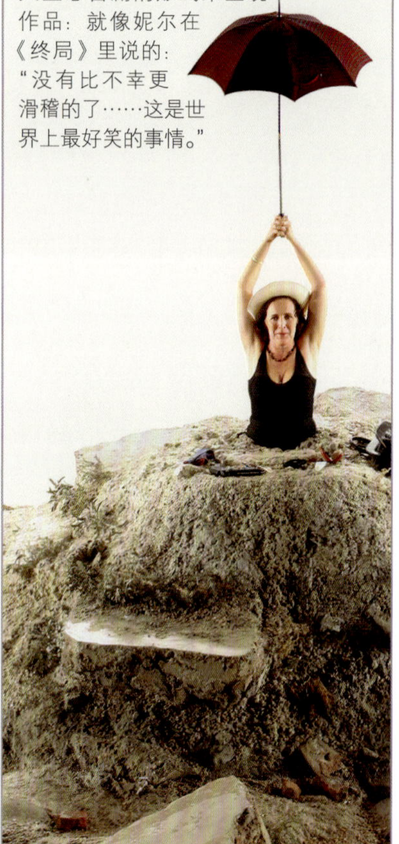

贝克特《开心的日子》在纽约上演时其中的一幕，2008年

"**一切**旧时的。**从没有什么别的**。**努力**过。**失败**过。没关系。重新**努力**。重新**失败**。**失败得更好**。"

萨缪尔 · 贝克特，《向着更糟去呀》（*Worstward Ho*）

▷ 贝克特，1976年
贝克特严肃的外表有助于他树立一个严厉且令人生畏的形象。然而，据朋友和同事说，他的性格热情而幽默。

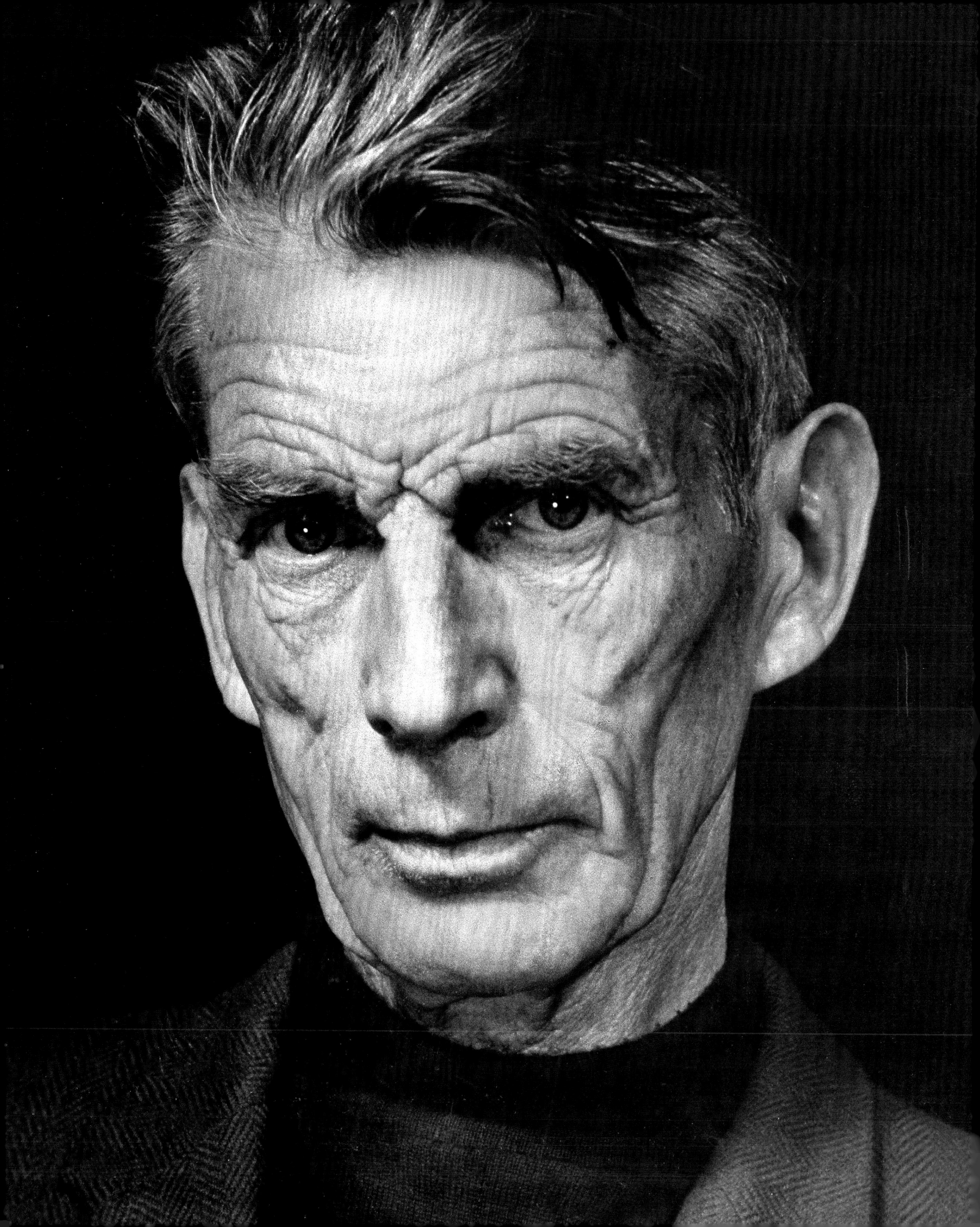

△《等待戈多》，1953年
贝克特这部具有重大影响力的荒诞派戏剧于1953年在巴黎巴比伦剧院（Théâtre de Babylone）首演。评论家维维安·麦西尔（Vivian Mercier）对这部两幕剧发表了著名的评论："什么都没有发生，两次。"

放弃了学术事业的贝克特，开启了为期六年的欧洲之旅。这一时期，他开始认真写作，创作了一部诗集和大量的短篇小说，还有一部长篇小说《梦中佳人至庸女》（*Dream of Fair to Middling Women*），然而，他在有生之年都没能为这部作品找到出版商。但是，这一经历却给短篇小说集《徒劳无益》（*More Pricks than Kicks*，1934）提供了素材。

贝克特挚爱的父亲于1933年去世，引发了这位作家的生存危机和焦虑，他不得不在伦敦接受了两年的精神治疗。根据这段经历，他在之后的作品里创造了梦幻般的场景和受折磨的灵魂。在伦敦期间，他的第二部小说，即荒诞派杰作《莫菲》（*Murphy*）。这部阴郁的戏剧聚焦于一个男人，他意识到自己无法在现实世界中获得满足后，退缩到了摇椅上。

定居巴黎

在旅行德国后，贝克特于1937年返回爱尔兰，但是归国的时间是短暂的。家人的纷争以及与母亲的争吵，导致了家人之间的不和。他随即决定永远地离开爱尔兰，在巴黎永久定居。

一回到巴黎，他便重回了巴黎文化圈，恢复了和乔伊斯的友谊，并和极其富有的名媛佩吉·古根海姆（Peggy Guggenheim）开启了一段婚外情。在巴黎的第一个冬天，他差点因被皮条客刺伤胸部而丧命。在因肺穿孔而住院多日后，贝克特在法庭上质问攻击者，为什么要攻击他。这个人回答道："我不知道，先生。很抱歉。"这反倒引起了贝克特的共鸣，他撤销了所有的指控。康复期间，苏珊·德舍瓦尔－杜梅尼勒（Suzanne Deschevaux-Dumesnil）来看望了贝克特，两人在几年前曾见过，这之后，他们开始了一段持续余生的关系。

战争与抵抗

德军于1940年入侵巴黎。作为中立国爱尔兰的公民，贝克特获准和苏珊一起留在这里。贝克特被纳粹的占领和暴行激怒，参加了法国抵抗运动，担任卧底情报员。1942年，当所在部队的成员被盖世太保逮捕后，他和苏珊被迫藏了起来，这对爱侣最终逃到了法国南部非沦陷区的鲁西永乡村。记忆中的这段一路向南、漫长且孤寂的乡村之旅，被认为是《等待戈多》剧本的灵感来源。

战后，贝克特回到巴黎，重启了写作事业。他回爱尔兰看望了母

"他们让新的生命诞生在坟墓上，光明只闪现了一刹那，跟着又是黑夜。"

塞缪尔·贝克特，《等待戈多》

▷ **英勇十字勋章（Croix de Guerre）**
贝克特在巴黎和法国南部为抵抗组织效力。战后，他被授予英勇十字勋章和抵抗勋章。

亲，正是在母亲的卧室里，贝克特经历了他所谓的对未来创作方向的“启示”，即他应该拥抱内心的阴暗，其中“包括愚蠢和失败，无能和无知”。他开始在困惑和无知的情况下写作，通过删减词语而不是添加它们。他还用法语写作，这使他可以“不拘泥于形式”，从英语文学的传统中解放出来。贝克特迎来了创作的高峰期，他写出开创性的散文叙事三部曲：《莫洛伊》（*Molloy*）、《马龙之死》（*Malone Dies*）和《无法称呼的人》（*The Unnamable*）。这些以自我为参照的独白缺乏场景或人物的塑造，经常被称为“文学中的抽象绘画”。苏珊最终在1951年为《莫洛伊》找到了出版商，它的成功在一定程度上保证了贝克特的其他著作得以出版。

戏剧作品

1948年，贝克特开始创作一部日后将成为巨著的戏剧作品。《等待戈多》（后来由贝克特本人翻译成了英文版）讲述了一个救赎永远在推迟的故事，故事通过一个顽固的、像小丑一样的角色来讲述。该剧于1953年第一次在巴黎上演时，被评论界誉为戏剧界的革命性时刻，它的名声迅速传播开来。贝克特不仅获得了作为作家的认可，还找到了让自己感到舒适的写作手法和类型。从此，他把自己的大部分时间和精力投入到戏剧，既当编剧又当导演。20世纪50年代末，他还扩展到写作广播剧，在伦敦经常为英国广播公司工作。在那里，他遇到了年轻、守寡的剧本编辑芭芭拉·布雷（Barbara Bray），并与她展开了一段婚外情，尽管贝克特在1961年已与苏珊举办了秘密婚礼。

隐居避世与晚期诗作

贝克特继续住在巴黎，但在马恩山谷的一处偏僻的房子里过起了隐居生活。他很注重隐私，不愿出现在公众面前，拒绝接受采访。1969年，当他得知自己获得诺贝尔奖的消息时，他和苏珊——当时正在突尼斯度假——却躲了起来，并派一位朋友到斯德哥尔摩代他领奖。

然而，年事已高的贝克特又开始写散文和诗歌。1986年，他被诊断出患有肺气肿，可能还患有帕金森病，于是搬进了疗养院。妻子苏珊于1989年7月去世，五个月后，贝克特也去世了，享年八十三岁。这对夫妇一同被葬在了巴黎。

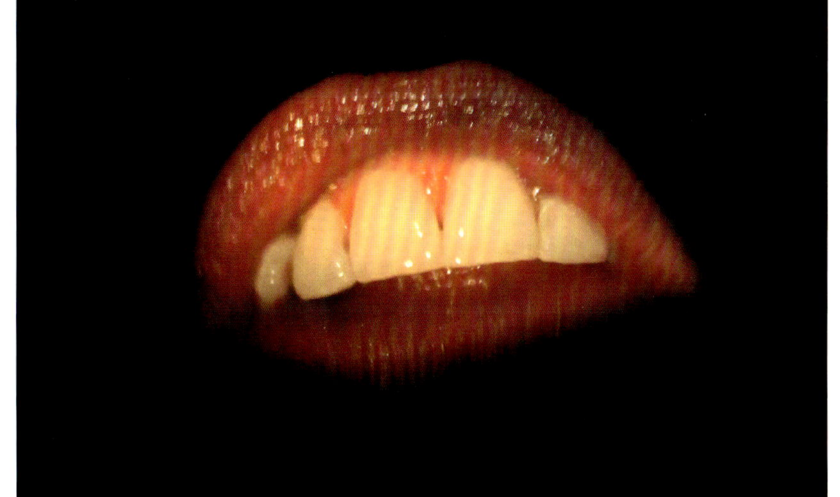

◁《不是我》，2014年
在贝克特的这部短剧（演出仅有十四分钟）中，看不到演员，只能看到一张被黑暗包围的、脱离身躯的嘴，通过这张嘴，他道出了一段关于烦恼生活的意识流独白。

文学形式
媒介大师

贝克特从事戏剧创作的时间相对较晚，但是很快就成为舞台艺术的大师。他利用自己的技巧，通过一系列媒介来打破边界，这点尤其体现在他为电视台写的电视剧《喂，乔》（*Eh Joe*，1965）中。其电视作品中的现代主义实验表现为有限的语言、极简主义的场景，以及对过于缓慢的身体动作的关注。举个例子，在《喂，乔》的结尾，镜头渐渐地移向主人公乔，以其脸部的特写结尾。贝克特的广播剧也同样是革新性的，特别是声音、音乐和话语之间的互动。他甚至拍了部由巴斯顿·基顿（Buster Keaton）主演的短片。

20世纪60年代电视摄影棚里的摄像机

重要作品年表

1934
《徒劳无益》，贝克特的第一部完整的作品出版。这是一部短篇小说集。

1938
长篇小说《莫菲》在被出版社拒绝了两年后才出版。

1948—1949
贝克特创作了第一部戏剧作品《等待戈多》。这部戏剧于1953年在巴黎首演。

1951
《莫洛伊》，法语小说“三部曲”的第一部出版。紧随其后的是《马龙之死》和《无法称呼的人》。

1972
戏剧《不是我》（*Not I*）在纽约林肯中心首演。

1989
中篇小说《陪伴》（*Company*）、《看不清道不明》（*Ill Seen Ill Said*）和《向着更糟去呀》被结集为小说集《无法继续》（*Nohow On*）出版。

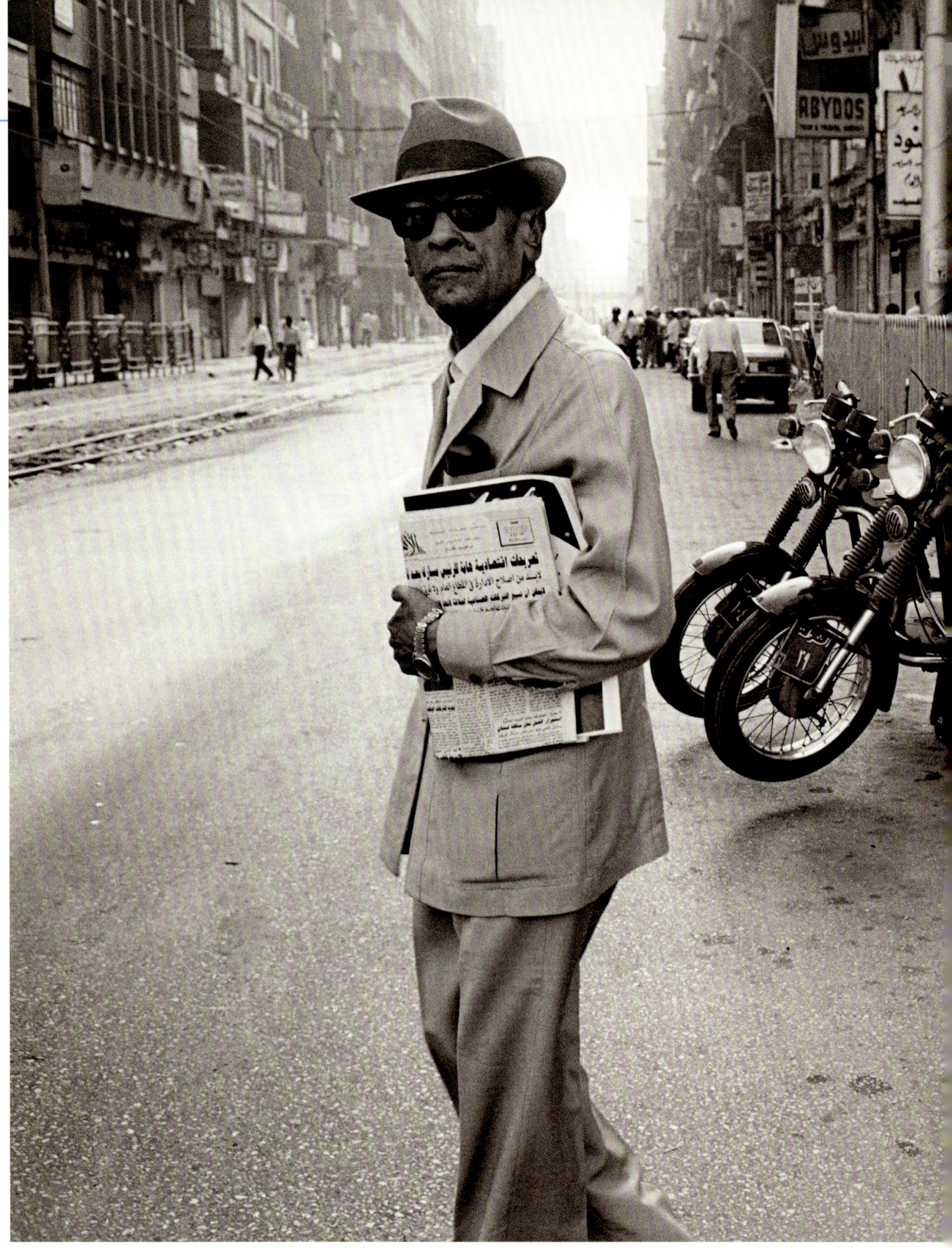

▷ 马哈福兹在开罗

马哈福兹的这张照片拍摄于1989年开罗的杰马利耶，他在那里长大。他非常高产，出版了三十四部长篇小说和数以百计的短篇小说。一些作品已被改编成电影。

纳吉布·马哈福兹

Naguib Mahfouz，1911—2006，埃及人

马哈福兹是第一位获得诺贝尔文学奖的阿拉伯作家。他因生动地描述 20 世纪前五十年的开罗生活的现实主义小说而闻名。

“这个男人来自第三世界，他是如何找到内心的平静来写故事的呢？”

纳吉布 · 马哈福兹，诺贝尔获奖演说

纳吉布·马哈福兹1911年出生于开罗最古老的区域之一杰马利耶（Gamaliya），在那里中世纪狭窄的街道和小巷居住着密集的人口，人们遵循着传统的伊斯兰生活方式。他是一位公务员的小儿子，父亲非常守旧，把严格的伊斯兰行为准则强加于他的家人。八岁时，马哈福兹目睹了埃及1919年革命中的暴力事件（见右侧栏）。他在当地古兰经学校的教育体系里成长，直至升入大学，20世纪30年代，他因支持反对英国民族主义的华夫脱党而进入公众视线。

为了维持生计，马哈福兹在埃及政府机关找了一份工作，并在那里成就了他的终生事业。然而，他真正的志向是写小说。在尝试了以法老时期埃及为背景的历史小说后，他通过《梅达格胡同》（*Midaq Alley*，1947）一书找到了自己的主题和风格。这部小说以“二战”时的旧开罗为背景，描绘了这样一个社会：唯一摆脱贫困和绝望的方式是采纳西方现代化的发展模式。这部作品展现了令人眼花缭乱的角色群体，从同性恋毒贩到媒人，从向外国官员出卖肉身的无情美人，到专门残害穷人、让他们以残疾人身份乞讨的恶棍。

进步的思想

《梅达格胡同》之后是《开罗三部曲》。这个扣人心弦的传奇故事，记录了阿卜杜·嘉瓦德（Abdal Jawad）一家从20世纪初至40年代的生活，马哈福兹凭借此书在整个阿拉伯世界声名鹊起。第一部《两宫间》（*Palace Walk*，1956）描绘了马哈福兹童年时所经历的世界。书中的一家之主是一个遵从伊斯兰教规、将妻子关在家里的男人，而他自己却沉迷于婚外情。不同家庭成员对这种父权专制的反应提供了全书的核心剧情。第二、三部，即《思慕宫》（*Palace of Desire*）和《怡心园》（*Sugar Street*）于1957年出版。这两本书描述了埃及在快速变幻的时代里政治和社会上的冲突，以及为摆脱英国的影响和军事存在而进行的独立斗争。

马哈福兹之后的小说在结构上更具实验性，通常是寓言式的。《我们街区的孩子们》（*Children of Gebalawi*，1959）因先知穆罕默德在其中作为一个角色出现，被伊斯兰保守派谴责，并在埃及遭禁。在以亚历山大港为背景的《米拉玛尔公寓》（*Miramar*，1967）中，四位叙事者对相同事件给出了不同的版本。

意料之外的1988年诺贝尔文学奖让马哈福兹赢得了非阿拉伯世界迟来的关注。他的现实主义小说在北美和欧洲成了畅销书。年事已高的他仍以充满争议、热衷政治的形象活动。1994年，马哈福兹差点被伊斯兰原教旨主义者暗杀。马哈福兹于2006年去世，享年九十五岁。

背景知识

1919年革命

第一次世界大战期间，埃及成为英国的受保护国和军事基地。粗暴的澳大利亚军队和英国军队恫吓开罗的民众，战争结束后不久，以萨阿德·扎格卢勒（Saad Zaghlul）为首的埃及民族主义者向英国驻埃及高级专员请愿，要求结束受保护国身份。1919年，埃及民众举行了大规模示威，要求外国人离开。数百人在英方镇压骚乱的过程中被杀害。1922年，面对持续不断的抵抗，英国承认埃及正式独立，但仍在这个国家保留实质性存在。1919年革命在马哈福兹的小说《两宫间》中也有提及。

澳大利亚步兵在吉萨大金字塔前，1915年

◁ **开罗市集**
开罗市区——摄于20世纪50年代——是马哈福兹早期小说中最常见的背景。他笔下的人物都是不得不处理传统社会与西方化之间冲突的普通人。

阿尔贝·加缪

Albert Camus，1913—1960，法国人

作为现代主义运动的关键人物和巴黎激进的知识分子群体的一员，加缪摒弃古典文学散文的传统，将其关于人类存在的荒诞哲学小说化。

“今天，妈妈死了，也许是在昨天，我搞不清。”加缪的第一部小说《局外人》（*The Outsider*）的开篇捕捉到了小说主人公默尔索情感上的超然，并概括了作家的荒诞哲学理念——所有人必须接受存在的无意义和混乱。加缪简洁、短小、直白的语句避开了隐喻和修饰，而是一目了然地呈现默尔索的想法和明显的动机。

早年的逆境

加缪1913年出生于法属阿尔及利亚的蒙多维（Mondovi，今德雷安），家境相对贫困。出生后第二年，他的父亲吕西安在第一次世界大战中战死，留下不识字且半聋的妻子凯瑟琳在阿尔及尔的贫民区独自抚养儿子。加缪之后被阿尔及尔大学录取，学习哲学。在那里，他加入了共产党，并和同学们一起成立了劳动剧院（Théatre du Travail），作为左翼政治戏剧的平台。在制作和指导戏剧的同时，加缪还参与创作剧本，包括他出版的第一部剧作《阿斯图里亚斯起义》（*Revolt in Asturia*）。他一生都热爱足球，但在1930年，他染上肺结核被迫放弃了这项运动。之后当被要求在他热爱的戏剧和足球之间做出选择时，加缪回答：“足球，毫无疑问。”

因为糟糕的身体状况，加缪被军队拒收，于是他搬到波尔多，在1942年完成了《局外人》和《西西弗神话》（*The Myth of Sisyphus*），还在被德国占领的巴黎（1940—1944）为杂志撰稿。为了专注于第二部小说《鼠疫》（*The Plague*）的创作，他减少了新闻工作，这部小说借用阿尔及利亚城市奥兰发生的毁灭性鼠疫这一寓言来探究人类的现状。他的作品还包括诸多戏剧和散文，透过这些作品，他探索了一个充满敌意和难以理解的世界中个人自由的概念。他于1957年被授予诺贝尔文学奖。

混乱的爱

个人戏剧化的生活影响了加缪的创作。他是个猎艳高手，四处拈花惹草。他和西蒙娜·依埃（Simone Hié）的第一段婚姻以离婚告终，尽管他很爱第二任妻子弗朗西娜·弗尔（Francine Faure），却公开宣布不遵从婚姻制度，并在自白小说《堕落》（*The Fall*，1956）中虚构了弗朗西娜后来遭受的精神崩溃。

加缪四十七岁时和朋友、出版人米歇尔·加利马尔（Michel Gallimard）同时死于一场车祸。

◁ **法属阿尔及尔**
加缪对法国对阿尔及利亚的殖民统治予以严厉的批评。20世纪30年代，他支持给予阿尔及利亚人完整的法国公民权的提议。

Numéro spécial
COMBAT
VIVE LA FRANCE
Charles de Gaulle
A TOUS LES FRANÇAIS
VIVE LA FRANCE!
LA RAISON D'ETRE DE LA FRANCE COMBATTANTE
SOMMAIRE

△ **抵抗工作**
加缪在“二战”期间的法国抵抗运动中非常活跃，他在《战斗报》做编辑，这份报纸呼吁自由、正义，控诉暴行的罪恶。

人物简介
让-保罗·萨特

加缪通过他在法国抵抗运动中的工作认识了存在主义作家让-保罗·萨特，有一段时间，两人是聚集在巴黎花神咖啡馆（Café de Flore）里的左翼知识分子群体中冉冉升起的明星。两位作家互相评论对方的作品，萨特甚至在自己的剧作《禁闭》里为加缪安排了一个角色。然而，个人和政治上的竞争很快破坏了他们的友谊：加缪勾引了萨特的情人旺达，并抨击他的政治信条。

巴黎圣日耳曼大道的花神咖啡馆，1946年

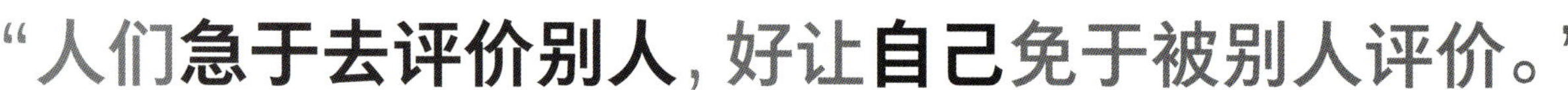

“人们急于去评价别人，好让自己免于被别人评价。”

阿尔贝·加缪，《堕落》

▷ **局外人**
加缪被认为是法国文学界的巨擘，但正是阿尔及利亚的出身和背景为他提供了独特的文学视角。这张照片拍摄于1947年，即小说《鼠疫》出版的那一年。

▷ 艾梅・塞泽尔，1967年
塞泽尔的这张照片拍摄于五十四岁，这一时期，他的文学创作聚焦于政治色彩浓厚的"诗剧"，其中的对话以诗歌的形式写成。

艾梅・塞泽尔

Aimé Césaire，1913—2008，马提尼克人

塞泽尔是加勒比海地区的诗人和政治家，是"黑人特性"（Négritude）运动的创始人之一，这项运动旨在鼓励殖民地人民为自己的传统而自豪，反对殖民统治下的同化政策。

“我支持那些受压迫的人。”

艾梅·塞泽尔

◁ 巴斯角
1960年马提尼克印刷的邮票，展示了艾梅·塞泽尔的出生地巴斯角小镇。

艾梅·塞泽尔出生于法国殖民地马提尼克，加勒比海东部的一座岛屿。他在家中六个孩子中排行第二，在巴斯角镇一个贫困的家庭长大，在他出生的十年前，那里因培雷火山爆发而几近毁灭。塞泽尔在高中时是天才学生，获得了巴黎路易十四中学的奖学金，并从那里进入了巴黎高等师范学院。在巴黎，他和一群黑人知识分子混在一起，并一同创办了《黑人学子》（*L'Etudiant noir*）杂志，他和其他的思想家在此发展了应对固有的种族主义和殖民主义的剥削史的新方法（见右侧栏）。他们提出“黑人特性”这一概念：从广义上说，这是一种呼吁，希望加勒比殖民地区的人民意识到他们是共享非洲传统的统一体，以此拒绝欧洲白人殖民者强加给他们的从属地位。

回到马提尼克

在第二次世界大战前，新婚燕尔（带着一个年幼的儿子）的塞泽尔回到马提尼克的首府法兰西堡，在当地的舍尔歇（Schoelcher）高中教书。他和妻子苏珊一起创办了文学杂志《回归线》（*Tropiques*），以支持马提尼克人的身份认同和加勒比黑人的诗歌。

正是在这个时期，塞泽尔轰动性的作品《回乡札记》（*Return to My Native Land*）在一份法语文学杂志上发表。在这部带有些许自传色彩的长篇诗歌中，塞泽尔结合梦境意象、口语、历史资料和法语书面语，创造了自己的语言风格；他用这种革命性的表达形式来探索黑人的身份认同。

塞泽尔接下来十年的作品受到了超现实主义运动的强烈影响（他成了安德烈·布勒东的朋友），并创作了更多的诗集、戏剧和散文，来配合自己越来越高的政治参与度。塞泽尔于1945年被选为法兰西堡市长，除短暂的中断外，他担任该职务长达五十六年。另外，他帮助马提尼克获得法国海外大区的地位。

后来的一些评论家把塞泽尔看作一个矛盾体：尽管他抨击早期的欧洲殖民者，但他以古典法语写作，并被接纳进入法国先贤祠；他还在促进马提尼克与法国的关系上发挥了重要作用。

▽ 法兰西堡
塞泽尔从马提尼克的风景中汲取灵感，后来他成了法兰西堡的市长。这座岛屿上的机场以他的名字命名。

背景知识
黑人特性

塞泽尔是通过文学评论杂志《黑人学子》来定义“黑人特性”或黑人意识这一概念的学生群体中的一员。这个群体中还有作家列奥波尔德·塞达·桑戈尔（Léopold Sédar Senghor），后者于1960年当选为塞内加尔首任总统。他们向所有加勒比殖民地人民普及泛非（pan-African）身份认同的思想，并将黑人特性视为一种历史现象，它由殖民地人民的共同经历演变而来，特别是奴隶制。塞泽尔是作家弗朗兹·法农的导师，后者表达了对殖民主义更加强烈的反对，并影响了古巴的切·格瓦拉和美国的马尔科姆·艾克斯（Malcom X）这类人物。

塞内加尔独立领袖列奥波尔德·塞达·桑戈尔

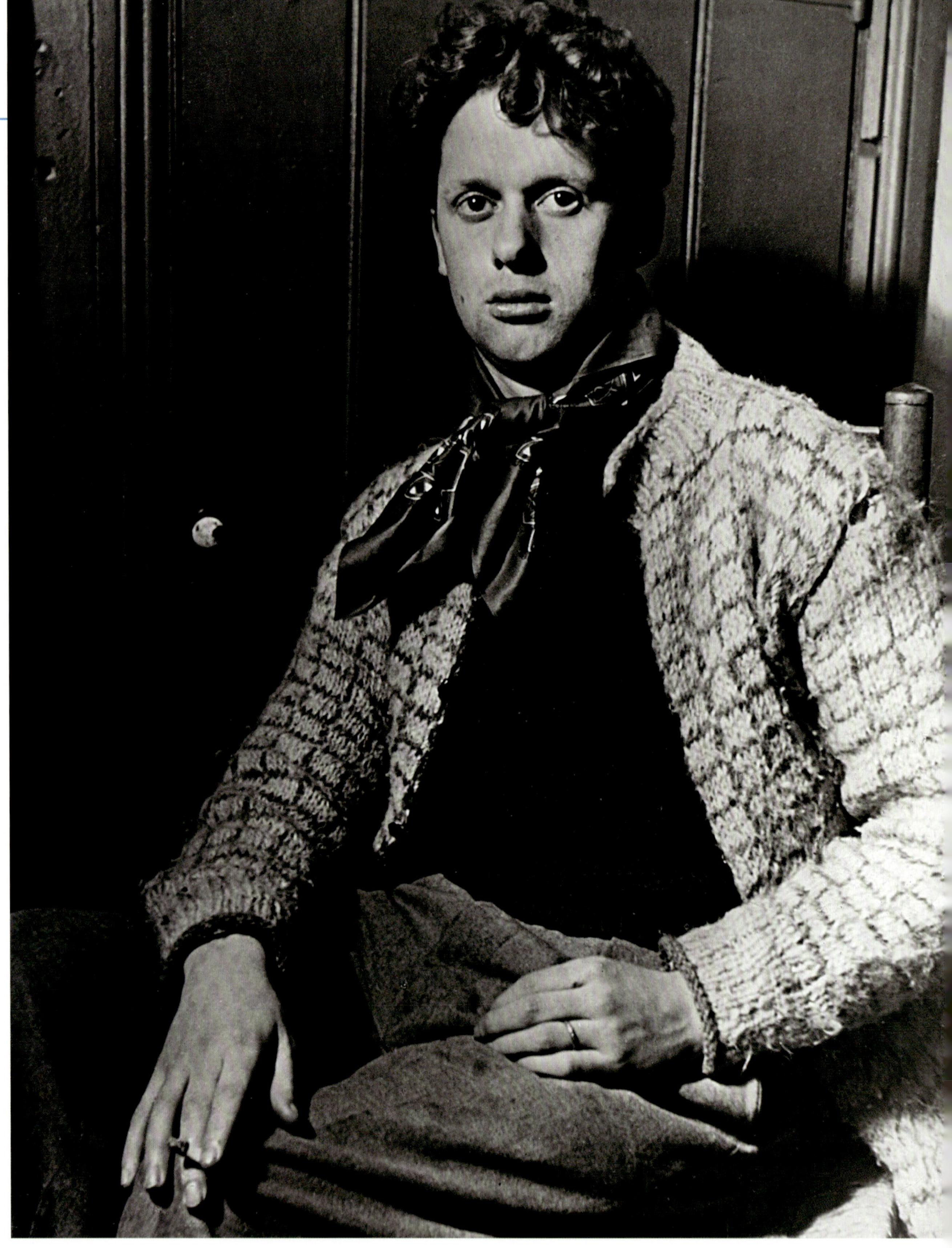

▷ **托马斯，1936年**
托马斯这张照片拍摄于二十岁出头，当时的他喜欢夸张的表演方式，在威尔士风格的轻快音乐中大声朗读自己的作品，以强调他精心创作的诗歌中的类韵及和音。他激励了诸多诗人在公开场合朗诵他们自己的作品。

狄兰·托马斯

Dylan Thomas，1914—1953，英国人

威尔士诗人、散文作家托马斯有很高的修辞天赋和狡黠的幽默感，他还是20世纪中期文学界的杰出人物。然而，酗酒缩短了他的人生。

“时光握住我的青翠与死亡，纵然我随大海般的潮汐而歌唱。”

狄兰 · 托马斯，《羊齿山》

背景知识
广播剧

狄兰·托马斯创作广播剧时，正值广播剧的黄金时代，尤其是受到了对艺术有着郑重承诺的英国广播公司管理层的推动。在电视崛起之前，广播剧吸引了大量观众，为数百万无法前往剧院的人提供戏剧作品。托马斯的《牛奶树下》由英国广播公司委托创作，于1954年1月首次播放，正好在他去世两个月后，主演是理查德·波顿（Richard Burton）。其他为英国广播公司撰稿的优秀作家包括塞缪尔·贝克特、哈罗德·品特（Harold Pinter）和乔·奥顿（Joe Orton）。

演员西碧尔·索恩迪克（Sybil Thorndike）和理查德·基顿在朗读《牛奶树下》

狄兰·托马斯出生于威尔士的斯旺西（Swansea），他的父亲在当地教授英国文学。狄兰的名字源自威尔士神话，但是他从未学会说威尔士语。总体而言，狄兰缺乏父亲的学术能力，在学校里表现很差。被任性的母亲惯坏了的他早年因淘气而出名。他还在诗歌方面表现出了早熟的天分。托马斯十五岁时开始在笔记本上写诗，到十九岁时，他已经写了一些著名的作品，包括《死亡也并不是所向披靡》（“And Death Shall Have No Dominion”）。也许是受到父亲罹患癌症的影响，托马斯在二十岁时创作了一系列紧张、黑暗、超现实的诗歌，包括《穿过绿色茎管催动花朵的力》（“The force that through the green fuse drives the flower”）和《没有太阳照耀的地方，光降临》（“Light breaks where no sun shines”），1934年，这些诗以《十八首诗》（*18 Poems*）之名出版，它们被评论家称赞为诗歌界一种强有力的新声音。1936年，他出版了第二部诗集《诗二十五首》（*25 Poems*），青年时代笔记本上超过一半的诗歌被收入其中。即使在这一时期，他的新诗创作进程也很缓慢。

从伦敦到拉恩（Laugharne）

仍是在二十岁出头，托马斯搬到了伦敦，成了作家和艺术家经常光顾的苏活区酒吧的常客。1937年，他迎娶了凯特琳·麦克纳马拉（Caitlin Macnamara），一位暴躁的爱尔兰舞者兼艺术家的模特。在这段被双方各自的不忠和持续贫困所伤害的激烈的感情中，两人生育了三个孩子。除了诗歌，他开始出版短篇小说和回忆录，其中最著名的是《青年狗艺术家的画像》（*Portrait of the Artist as a Young Dog*，1940），取材于他在斯旺西成长的经历。

第二次世界大战期间，因为健康状况一直很差，托马斯被认定不适合服兵役。战争期间，他为纪录片写脚本，并开启了为广播电台写作的成功事业。托马斯还找回了诗歌创作的灵感。他在战争期间创作的诗歌包括《羊齿山》（“Fern Hill”），该诗基于他在夏天去威尔士乡间拜访一位姑姑的农场的经历写成；以及闪电战诗《拒绝哀悼死于伦敦大火中的孩子》（“A Refusal to Mourn the Death, by Fire, of a Child in London”）。这些诗歌连同其他篇目，于1946年结集成诗集《死亡与出场》（*Deaths and Entrances*）出版，托马斯由此成为文学界的名人。

从1949年起，托马斯开始在威尔士沿海地区拉恩的船屋（Boathouse）生活。这个村庄是他著名的广播剧《牛奶树下》（*Under Milk Wood*）的背景地、虚构的拉来加布（Llareggub）的原型，该剧在1954年首演。1952年，他筹备《诗集》，其中包括受拉恩的景色启发而创作的《在约翰爵爷的山岗上》（“Over Sir John’s Hill”），以及著名的《不要温顺地走进那个良宵》（“Do not go gentle into that good night”），一首写给垂死父亲的十九行诗。从1950年起，托马斯数次造访美国，在那里，他的阅读方式吸引了观众，而他醉醺醺的滑稽动作吓坏了主持人。1953年11月，他因肺炎在纽约去世。

△ **自传性的故事**
在《青年狗艺术家的画像》中（狗很显然指的是托马斯本人），作家讲述了他年轻时的探险和爱情故事，以及他早年在威尔士结识的奇怪人物。

▷ **拉恩的写作小屋**
托马斯的写作小屋，位于拉恩的船屋之上，他在这里生活了四年，这里四个河岸的风景给予他灵感。他在此完成的第一首诗是《在约翰爵爷的山岗上》，其中就描绘了这一景象。

玛格丽特 · 杜拉斯

Marguerite Duras，1914—1996，法国人

杜拉斯是法国小说家、戏剧家、电影编剧、散文家和实验电影制片人，她的作品经常模糊了虚构与自传之间的界限，使她多变的生活变得令人难以捉摸。

◁《广岛之恋》
回忆与遗忘——通过两人的一段长长的对话来深入展现——是这部1959年的电影的关键主题，杜拉斯为其撰写了剧本。

杜拉斯原名玛格丽特・陶拉迪欧（Marguerite Donnadieu），出生于法属印度支那（现越南）的嘉定（Gia Dinh）。玛格丽特四岁时，父亲去世了，母亲带着她和两个哥哥搬到了柬埔寨沿海的一个小农场。这片土地经常遭受洪水侵袭，很难去耕种，一家人的生活极度贫困。

她早年的贫困经历，以及从母亲和大哥那里体会到的暴力和堕落，经常出现在她的作品中。她后来声称，《情人》（*The Lover*）中关于十五岁女孩和二十七岁中国男人的恋情，带有自传性质。这一声明让杜拉斯成了媒体追逐的明星，但有关她的生活细节经常是有争议性的——她非常乐意混淆事实和虚构。

爱与政治

杜拉斯十八岁时去巴黎上大学，1939年，她嫁给了作家罗贝尔・昂泰尔姆（Robert Antelme），他们曾有个儿子，但一出生就夭折了。这之后杜拉斯开始酗酒，并与另一位作家迪奥尼斯・马斯科洛（Dionys Mascolo）成了情人。杜拉斯和昂泰尔姆在第二次世界大战期间都参与了法国抵抗运动；在其战争回忆录《痛苦》（*La Douleur*）中，杜拉斯描述了丈夫在德军战俘营被监禁后，自己是如何照顾他恢复健康的。这对夫妇最终离婚了，杜拉斯嫁给了马斯科洛，两人育有一子。杜拉斯在1945年加入了共产党，十年来一直是积极分子，直到因艺术自由的分歧而退出。

长篇小说《厚颜无耻的人》（*Les Impudents*，1943）是她诸多以杜拉斯为笔名出版的作品中的第一部。她还创作剧本，包括小众的经典电影《广岛之恋》（*Hiroshima Mon Amour*），并开始拍摄自己的电影，在异彩纷呈的法国电影界占据了一席之位。然而，杜拉斯被诊断出肝硬化，差点死掉，之后从长达五个月的昏迷中恢复过来。她在1996年死于喉癌。

文学形式
新小说（The Nouveau Roman）

杜拉斯与米歇尔・布托尔（Michel Butor）、克洛德・西蒙（Claude Simon）等人一起，参与了兴起于20世纪50年代的新小说运动。她的追随者认为，以场景、对话、线性叙事和人情味为传统的古典小说，不适合描述战后世界。杜拉斯的作品体现了这场运动的一些特质，特别是缺少人物描述和叙事，以及经常出现的来源不明的对话。然而，与其说以理论为驱动的、想要改变文学的欲望触动了杜拉斯，不如说她觉得这是在作品中表达心理复杂性和激情的唯一方式。

▽ 湄公河
杜拉斯的部分童年时光是在越南湄公河三角洲的沙沥市（Sa Dec）度过的。这里是她的半自传小说《情人》的故事背景。

> “你必须**非常喜欢男人**。**非常非常喜欢**。你必须**非常喜欢**他们才能**爱**他们。否则，他们简直令人**无法忍受**。”
>
> 玛格丽特 · 杜拉斯

◁ 杜拉斯，1955年
无论是在生活中还是工作中，杜拉斯都是个挑剔的人，在导演或出版商看来，她是出了名的难相处，曾经有评论说她饮酒过度，以至于人们“震惊于”她还能写作。

索尔·贝娄

Saul Bellow，1915—2005，美国人

作为散文家、小说家和教授，索尔·贝娄深入研究了现代世界的疯狂和物质主义，以寻求理智。他把高调和低调、幽默和悲情混合在一起，以达到毁灭性的效果。

贝娄原名所罗门·贝娄，出生于加拿大魁北克一个立陶宛犹太裔家庭。他九岁时，全家搬到了芝加哥——之后这座城市将会成为他几部小说的背景地。贝娄于1935年从西北大学毕业，获得社会学和考古学学位，两年后，他迎来了第一段婚姻（他一生共结了五次婚）。在商船上工作时，贝娄创作了第一部长篇小说《晃来晃去的人》（*Dangling Man*，1944）。这是一个令人不安的故事，讲述了一个男人在不安地等待被派往战场的故事。他之后批评这部作品是对欧洲文学风格的模仿。

都市文学

20世纪40年代后期和50年代初，贝娄住在纽约，这座城市“令人颤抖的能量”吸引了他。但是他的突破性小说《奥吉·马奇历险记》（*The Adventures of Augy March*，1953）是他在巴黎时由古根海姆基金会赞助完成的，故事设定在芝加哥。这部作品充满活力和创新精神，以闲散的口语风格写成，刻画了贝娄自童年起就熟知的犹太群体。该作在评论界和商业上都取得了成功，并获得了美国国家图书奖。

1955年，他再婚了，第二年出版了以纽约为背景的小说《抓住时机》（*Seize the Day*），回到了早期作品的严谨风格。《雨王亨德森》（*Henderson the Rain King*，1959）的背景设定在非洲，是一个中年男人寻求“更高品质”的宏大的传奇式流浪冒险故事。这部将充满活力的喜剧与富有哲理的见解结合起来的小说，据说是作者最喜欢的作品之一。

20世纪50年代后期，贝娄在明尼苏达大学任教后，和第三任妻子搬回了芝加哥。他在小说《赫索格》（*Herzog*，1964）中讲述了一位不安的教授在遭受妻子和最好朋友的背叛后（反映了贝娄人生中的真实事件），疯狂地给各类人——朋友、哲学家、上帝——写信，以试图理解自己的绝望。抛开理智的本质，这部感人且充满黑色幽默的小说在畅销书榜上待了四十二周。贝娄因《洪堡的礼物》（*Humboldt's Gift*，1975）被授予普利策奖，这是一部“关于死亡的喜剧小说”，基于他和诗人戴尔莫·施瓦茨（Delmore Schwartz）之间的关系写成，后者是一位自我毁灭的天才，贝娄曾是他的门生。

成熟的风格

在1976年获得诺贝尔奖之后，贝娄后来的作品中完善了他异常独特的风格，将“街头智慧”与文化的复杂性、强烈的荒诞主义风格以及情感上的辛酸结合起来。尽管贝娄拒绝被归类为犹太作家，但是其书中那些内向的、不合群且拥有知识分子气质的主人公几乎都是犹太人，而他本人就是来自移民家庭的犹太知识分子的典型代表。

1989年，贝娄第五次结婚；他的第四个孩子，也是唯一的女儿于1999年出生。贝娄的最后一部小说《拉维尔斯坦》（*Ravelstein*）出版于2000年，其中对他的朋友、同事阿兰·布鲁姆进行了些许虚构描写。贝娄于2005年去世，获得了无数荣誉。

◁ 风之城
贝娄在《奥吉·马奇历险记》的第一段表明了家乡对自己的影响：“我是个美国人，出生在芝加哥——就是那座灰暗的城市——我这人处事待人一向按自己的风格，自行其是……”

人物简介
阿兰·布鲁姆

在经历了十三年的空白期后，八十五岁的贝娄创作了自己的最后一部小说《拉维尔斯坦》，将其挚友阿兰·布鲁姆（1930—1992）的晚年生活小说化。身为一个具有传奇色彩的角色，布鲁姆是一位保守的知识分子——作为哲学家和芝加哥大学的学者，他因创作了反对美国大学教育倾向的论著《走向封闭的美国精神》（*The Closing of the American Mind*，1987）而闻名。这本书抨击了贬低传统学问的行径，并出人意料地成为出版界的畅销书。

贝娄《拉维尔斯坦》的主角垂死的亚伯·拉维尔斯坦；他的男性情人（以布鲁姆现实中的情人为原型）；以及一位叙事者或者说传记作家，即贝娄本人。这部小说因暗示布鲁姆（他虽然没有隐藏性取向，但大众对此并不知情）死于和艾滋病有关的疾病，而引发争议。

索尔·贝娄的《拉维尔斯坦》，美国初版

▷ 贝娄在巴黎，1982年
贝娄是一个复杂的人物。他可能魅力十足，对女性有着强烈的吸引力，但他不轻易接受批评，经常与朋友发生争吵。

亚历山大 · 索尔仁尼琴

Aleksandr Solzhenitsyn，1918—2008，俄罗斯人

索尔仁尼琴是一位保守的道德家，描绘了苏联时代的充满苦涩意味的画面，特别是他亲身经历过的劳改营生活。

十月革命一年后，亚历山大・伊萨耶维奇・索尔仁尼琴（Aleksandr Isayevich Solzhenitsyn）在高加索地区的基斯洛沃茨克（Kislovodsk）出生。他由母亲带大，在大学里学习物理和数学，同时一直梦想着成为一名作家。第二次世界大战期间，他在苏联红军里担任炮兵，表现非常出色。

1945年2月，索尔仁尼琴因在私人通信中对斯大林有不敬言论而被秘密警察逮捕。他被判监禁八年，其中部分时间是在一处特殊的劳动营服役，那里有一群受过大学教育的囚犯在为维持苏联政权进行科学研究——这段经历构成了小说《第一圈》（*The First Circle*，1968）的基础。其余的时间里他承受着繁重的体力劳动和严酷的生活考验，这些他之后在《伊凡・杰尼索维奇的一天》（*One Day in the Life of Ivan Denisovich*，1962）中有所描述。

◁ 流亡中的索尔仁尼琴

索尔仁尼琴的《古拉格群岛》在西方出版后，苏联领袖列昂尼德・勃列日涅夫声明"这个小流氓索尔仁尼琴已经不受控制了"。这位作家在1974年被驱逐，在搬去美国前，曾和妻子娜塔莉亚及孩子们在苏黎世生活了一段时间。

释放和出版

索尔仁尼琴于1953年从监狱获释，恰巧是斯大林去世的那一天，但他仍被判处永久流放哈萨克斯坦。1956年，新一任苏联领袖尼基塔・赫鲁晓夫公开谴责斯大林时期的极权统治，索尔仁尼琴也因此恢复了完整的公民身份，不过当时他没有想到自己正在创作的作品之后会出版。然而，1961年，《伊凡・杰尼索维奇的一天》被《新世界》（*Novy Mir*）认可，并于第二年在赫鲁晓夫的准许下出版。这部作品对劳动营直白且不加修饰的描述在苏联引起了轰动。随后，短篇小说集《为了事业的利益》（*For the Good of the Cause*）在1963年问世。

赫鲁晓夫倒台后，苏联掀起了一场针对索尔仁尼琴的清剿活动，尽管作家的作品经翻译传播到了西方国家，但在苏联，它们只能以"地下"文学的形式流传。

多年以来，索尔仁尼琴也一直致力于研究苏联劳动营体系的历史，创作了《古拉格群岛》（*The Gulag Archipelago*）。这部作品于1973年在西方出版。被再次流放后，索尔仁尼琴去到美国佛蒙特州隐居，回避名人身份的同时，仍在谴责西方社会的无宗教信仰的物质主义。他着手创作一部宏大的小说《红轮》（*The Red Wheel*），旨在将俄罗斯现代史以托尔斯泰式史诗的形式呈现出来。第一卷《往日叙事》（*August*，1914）在1971年出版，但之后只出现了一些片段。索尔仁尼琴于1991年回到自己的祖国，于2008年逝世。

背景知识

古拉格（The Gulag）

古拉格是个首字母缩略词，指的是在苏联早期建立并在20世纪30年代至1953年得以壮大的劳动营。在三卷本的《古拉格群岛》中，索尔仁尼琴用岛屿来隐喻分散在苏联各地的劳动营，将他个人的经历和数百位狱友的经历交织在一起，描述了众多的磨难和不公正。

意大利版《古拉格群岛》

▷《获释》，1953年

索尔仁尼琴的这张照片拍摄于他从古拉格获释的那天。那时，他正在和癌症做斗争，这段抗争经历之后反映在了小说《癌症楼》（*Cancer Ward*，1966）中。

普里莫·莱维

Primo Levi，1919—1987，意大利人

莱维对自己在奥斯威辛集中营地狱中度过的岁月的描述，被普遍认为是大屠杀文学中最深刻、最感人的作品之一。

普里莫·莱维出生于1919年，是个胆怯但勤奋好学的孩子，他因生病在家学习了一年。他和妹妹安娜·玛利亚在都灵乌姆贝托的一间宽敞的家庭公寓里长大，这间公寓是一件结婚礼物，用来巩固来自中产阶级家庭的知识分子母亲埃斯特尔（里娜），和比母亲年长二十岁的工程师父亲切萨雷（Cesare）的婚姻。

对普里莫来说，犹太人的身份带来的文化影响非常小，仅限于不能拥有圣诞树、要为成年礼学习希伯来语，以及不允许吃意大利蒜味香肠（但他还是在吃）。普里莫专横跋扈的母亲和外向的父亲关系紧张，但一家人都热爱艺术和文学。和父母一样，普里莫阅读广泛。他十四岁时进入学会（中学），古典文学和文学的成绩非常优异，但由于被科学研究《关于事物的本质》——根据诺贝尔奖得主威廉·布拉格爵士（Sir William Bragg）的演讲写成——所吸引，他开始专注于化学和生物。

在墨索里尼时期的意大利，和所有男学生期盼的一样，莱维加入了由年轻的法西斯者组成的青年先锋队，但他选择去山里滑雪，而不是练习枪法。

1937年，莱维进入都灵大学学习化学。他选择的时机非常幸运：当意大利种族宣言宣布犹太人禁止进入公立学校和大学时，莱维已经是一名在校生，所以被允许继续就读。随着对犹太人的迫害日益加剧，大学成了安全的避风港。莱维于1941年以优异的成绩毕业，但是“犹太种族”的字样被写进了他的学位证书。

◁ **位于都灵的家**
尽管在都灵长大，莱维的心仍属于城市上方的山麓地区。他曾描述过在山间徒步时所带来的心灵治愈。

被迫害的岁月

在德国人入侵意大利北部和中部后，莱维被迫伪造身份才能工作。他找到了一份从石棉矿废料中提取镍的工作，之后又在米兰的一家瑞士化工厂工作。

莱维加入了一个混乱的抵抗组织，但很快就和两个同胞一起被逮捕。当面对两难抉择——作为游击队员被处死，还是作为犹太人被驱逐——时，他承认了自己的犹太人身份。于是，1944年2月，莱维作为六百五十名男女老少中的一员，在小村庄佛索里被塞进了火车车厢，踏上了前往波兰奥斯威辛集中营营地的五天行程。火车上既没有水，也没有卫生设施，有三个人在途中丧生。到达终点时，剩余的人中有九十六名男性和二十九名女性被认定有工作能力，而其余的女

背景知识
战争的进程

1939年，意大利法西斯党领导人墨索里尼与纳粹德国签订了结盟的《钢铁条约》（*Pact of Steel*）。在希特勒的影响下，墨索里尼引入了反犹主义的种族宣言政策，在德国以“闪电战”征服欧洲后，意大利在1940年6月对英国和法国宣战。然而，接连三年的挫败，使墨索里尼被罢免。他在德军入侵意大利北部后，以傀儡首领的身份重新上台，并开始向纳粹集中营输送犹太人。大约有一万名犹太人被送进了波兰的奥斯威辛，其中大部分人都遇难了。当时共计有一百一十万人在那里丧生。

庆祝《钢铁条约》的明信片

▷ **普里莫·莱维，1986年1月**
普里莫·莱维在去世前一年在罗马家的书房里。他一生创作了许多作品，其中包括回忆录、短篇小说、长篇小说、诗歌和散文。

> “为什么每日的**痛苦**会如此**频繁**地**转化**为我们的**梦**，在那**无人倾听**的**故事**不断重复的场景之中？”

普里莫·莱维，《这是不是个人》（*If This Is a Man*）

LA DIFESA DELLA RAZZA

ANNO I - NUMERO 1

5 AGOSTO 1938-XVI

Direttore: TELESIO INTERLANDI

SCIENZA DOCUMENTAZIONE POLEMICA

RAZZISMO ITALIANO

△ **种族辩护**

1938年，意大利种族主义宣言发表。它的十个要点是由一群大学教授在大众文化部的支持下提出的，目标是“拒绝种族间杂交带来的灾难性瘟疫”。

性和儿童、年老和体弱多病者，都被送进了毒气室。莱维被分配到莫诺维茨（Monowitz）做苦役，在布纳（Buna）橡胶厂工作。这位瘦弱的二十四岁青年可能体质虚弱，但他在为期一年可怕而艰辛的生活中找到了求生的意志。他决心记录下自己的所见所闻，并在战后创作出了大屠杀文学的最典型作品。

在《这是不是个人》中，莱维如实且不带一丝苦涩地记录了集中营里的生活：脱光衣服，剃掉头发，文身的编号将他归为“174517号”囚犯；薄薄的条纹棉布套装和不匹配的鞋子；夜晚蜷缩在狭窄的床铺上；以及凌晨四点恐怖的工作号角。他描绘了定量供应的面包和淡而无味的炖菜导致的饥饿状态，以及在寒冷的环境下从事繁重工作的疲惫。附近的比克瑙（Birkenau）集中营不分昼夜地焚烧死尸。赤身裸体的囚犯经历过事关生存的常规挑选后，

△ **人间地狱般的景象**

1944年，在奥斯威辛－比克瑙外侧的监狱广场上，纳粹士兵正在将俘虏分门别类。在场的大部分俘虏都未被派去干活，而是直接被投入毒气室并丧命。

重要作品年表

1958

《这是不是个人》在世界范围内出版，被认为是对一个人坠入地狱的清晰描写。

1963

《休战》（*Truce*）描述了莱维从波兰返回都灵的混乱的火车之旅。

1975

《元素周期表》（*The Periodic Table*）以不同的化学元素作为二十一个自传性故事的切入点。

1978

在《扳手》（*The Wrench*）中，一位沉迷女色的工程师解决问题的过程，为这部短篇小说集提供了框架。

1982

《若非此时，何时？》（*If Not Now, When?*）出版。这是一部虚构的小说，描述了苏联人、波兰人和犹太人突击队员被困在敌人的防线后方的故事。

1986

《被淹没和被拯救的》（*The Drowned and the Saved*）是莱维最绝望的作品，它探究了压迫者和被压迫者的心态。

"有奥斯威辛，就不能有上帝的存在。我没有为这种困境找到解决办法。我一直在找，但是没有找到。"

普里莫 · 莱维

体弱者和老人就会从莱维所在的集中营消失，被送去毒气室。

忍耐与幸存

将精确的证词与无可指摘的道德立场相融合，莱维的叙述肯定了曾陷入最不人道计划中的人的尊严。他并没有从无数不明身份的受害者入手，而是描绘了那些通过决心、智慧和运气幸存下来的个体。

集中营里关押着不同国籍的囚犯，很多犯人听不懂德国人的指令，而后者可以在数秒内决定他们的命运。莱维通过用面包换取旁听德语课，以及与意大利人同胞阿尔贝托・达拉・伏尔塔（Alberto Dalla Volta）的亲密友谊的支撑才得以存活下来。此外，他还讲述了意大利平民工人洛伦佐・佩隆（Lorenzo Perrone）的小小善举——经常分享自己的口粮。莱维写道："多亏了洛伦佐，我才能不忘记自己是个人。"

1945年1月，当解放他们的苏联军队快到来时，集中营里的囚犯被正要撤退的德军疏散。包括阿尔贝托在内的大部分人都将前去赴死，但幸运的是，莱维患上了猩红热，成为留在医务室的八百名病人中的一个。

回归人性

在接下来的著作《休战》中，莱维回忆了等待被营救的日子。他同其他约一百名幸存者一起被苏联人带走，进行了一场长达七个月的毫无必要的火车之旅，一直深入到白俄罗斯，直到1945年秋天才返回都灵。他是最初的归家之旅中仅剩的三人中的一个。

文学上的成功

莱维回家后没几个月就开始写作，并与他的首位读者、编辑卢西亚・莫普戈（Lucia Morpurgo）分享了他的故事，后者之后成为他的妻子。于1947年首次出版的《这是不是个人》影响甚微，于是他重拾化学家的身份，并担任都灵市郊一家油漆厂的经理。1958年，这本书的新版本被翻译成多种语言，并成了畅销书。接下来，《休战》也在1963年出版。

1975年，莱维通过《元素周期表》确立了他作为20世纪最有天赋的作家这一声誉，这是一部积极向上的短篇小说集，每个故事都与门捷列夫元素周期表内二十一个元素中的一个相关联。

莱维退休后把全部精力都放在了写作上，创作了一系列作品，包括奥斯威辛的回忆录、诗歌，以及那部获得斯特雷加文学奖的小说《扳手》——通过一位意大利工程师的冒险经历来赞颂技术工作。

1987年，莱维从他公寓外的栏杆上摔了下去，尸体在楼梯井里被发现。验尸官将其判定为自杀，这让许多人认为奥斯威辛最终还是夺走了莱维。然而，其他人仍坚持认为他的摔倒是一场意外。

◁ 奥斯威辛-莫诺维茨，1942年
普里莫・莱维被关押在莫诺维茨集中营，这里为法本公司（IG Farben）的工厂提供工人。工厂生产化学产品，包括有毒气体齐克隆B（Zyklon B）。

文学风格

见证者

莱维以见证者而不是受害者的语言来描述奥斯威辛。他真实地描绘了集中营里的传统、劳动和劳工濒临饿死的状态，把哲学讨论留给了他对乐观主义者、悲观主义者、合作者、野心家和看守员（被任命为监督者的囚犯）的分析。他的小逸事充分说明了人性。例如，一名看守在一个囚犯的肩膀上擦了擦脏兮兮的手，这表现了麻木不仁；莱维在为一名狱友背诵但丁笔下有关《尤利西斯》的诗章时，感受到了短暂的快乐。

英国版《这是不是个人》

▷ 杰克 · 凯鲁亚克
凯鲁亚克成为“垮掉的一代”的代言人。然而，这限制了他生前作为作家的成就，因为当时很多文学评论家认为“垮掉的一代”不过是一时风潮。

杰克 · 凯鲁亚克

Jack Kerouac，1922—1969，美国人

凯鲁亚克经常被描述为20世纪50年代“垮掉的一代”的代言人，他是一位特立独行的作家，其作品描绘了他一生的精神追求。他凭借小说化的回忆录《在路上》而为人所知。

"……对我来说，真正的人是疯疯癫癫的，他们热爱生活……"

杰克·凯鲁亚克《在路上》

让-路易·凯鲁亚克（Jean-Louis Kerouac）出生于马萨诸塞州衰败的工业城市洛厄尔，父母都是法裔加拿大人。他小时候讲法语，直到青年时期才能流利地说英语。他父亲因其印刷生意在大萧条中崩溃，转向借酒消愁，所以杰克主要由母亲带大。在体育方面很有天赋的他获得了纽约哥伦比亚大学的足球奖学金，但他却辍学去商船上当了一段时间的水手。

在20世纪40年代的纽约，凯鲁亚克第一次接触到一群有抱负的作家，包括诗人艾伦·金斯堡（Allen Ginsberg）、威廉·巴勒斯（William Burroughs）和尼尔·卡萨迪（Neal Cassady）。他们奉行一种波希米亚式的生活方式，拒绝物质主义，探索毒品、神秘主义和自由的爱。凯鲁亚克之后将他们命名为"垮掉的一代"。

自发性写作

凯鲁亚克的第一部长篇小说《镇与城》（*The Town and the City*）是一部相当传统的作品，在1950年出版时几乎没有引起关注。然而，到那时，他已经开始以一种完全不同的方式写作，他称这种方式为"自发性写作"（spontaneous prose），这是一种即兴的语流，部分原因是受到了现代爵士乐的影响。1951年，他用这种方式创作了《在路上》，这部作品是对他和尼尔·卡萨迪一起横穿美国的旅行所做的随心所欲的描写。在六年的时间里，《在路上》只是他背包里众多没有出版的手稿中的一部。当"垮掉的一代"运动的中心转移到旧金山后，凯鲁亚克搬去了美国西部。在那里，他受加里·斯奈德（Gary Snyder）的影响，对佛教产生了兴趣。于1957年创作的《达摩流浪者》（*Dharma Bums*），描写了他和斯奈德为寻找新鲜空气和精神超脱，一起踏上登山冒险之旅。同年，当删改版的《在路上》出版并获得盛赞后，凯鲁亚克的人生发生了改变。被誉为一代人之心声的凯鲁亚克成了名人。他的其他作品相继出版：《达摩流浪者》和《地下人》（*The Subterraneans*）于1958年出版；《萨克斯医生》（*Doctor Sax*）和《玛吉·卡西迪》（*Maggie Cassidy*）于1959年出版。

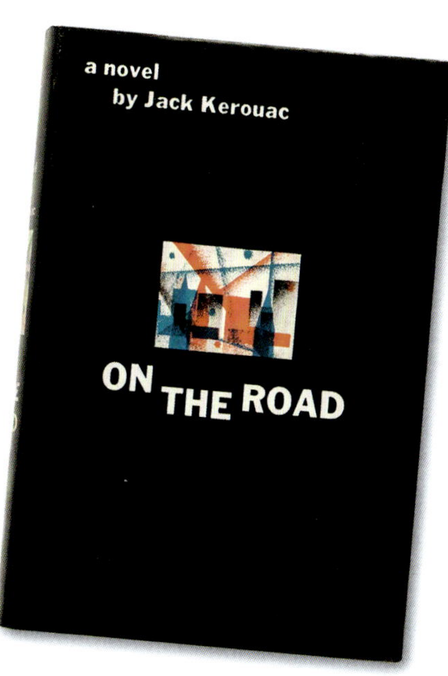

◁《在路上》初版
将小说和自传融合在一起的《在路上》，记录了萨尔·帕拉迪斯（基于凯鲁亚克本人创作的角色）以及他的神秘朋友迪安·莫里亚蒂的享乐主义和混乱的自我发现之旅。

成名的代价

尽管年轻人喜欢凯鲁亚克的作品，但评论家却对他冷嘲热讽。凯鲁亚克以酗酒作为回应；他的创作充满了痛苦，且变得断断续续。《大瑟尔》（*Big Sur*，1962）记录了他与抑郁及毒瘾相抗衡的过程；《杜洛兹的虚荣》（*Vanity of Duluoz*，1968）是对他性格形成的描写。但是大多数时候，他沉迷于酗酒和打牌，和母亲住在纽约皇后区。他保守的政治立场，包括支持美国对越南发动战争，让他与60年代的激进分子和嬉皮士格格不入。凯鲁亚克四十七岁时因长期酗酒去世。

人物简介

尼尔·卡萨迪

化身为《在路上》中的主人公迪安·莫里亚蒂的尼尔·卡萨迪（1926—1968），被描述为凯鲁亚克的缪斯。作为一个犯过小错且有入狱记录的双性恋者，他在与纽约的"垮掉的一代"作家群体接触后，有了写作的志向。显然，正是卡萨迪漫无边际的书信中的自发性写作风格，激发了凯鲁亚克《在路上》中的革新性尝试。20世纪60年代，卡萨迪加入作家肯·凯西（Ken Kesey）的"瘾君子圈"，1964年，他开着迷幻巴士，进行了一场广为流传的"快乐的恶作剧者"穿越美国的公路之旅。

尼尔·卡萨迪

▽ 卷轴手稿
为了让自己的写作不被打断，凯鲁亚克把几张纸粘在一个卷轴里，并通过打字机输入。《在路上》的手稿长达三十六米，十分惊人。

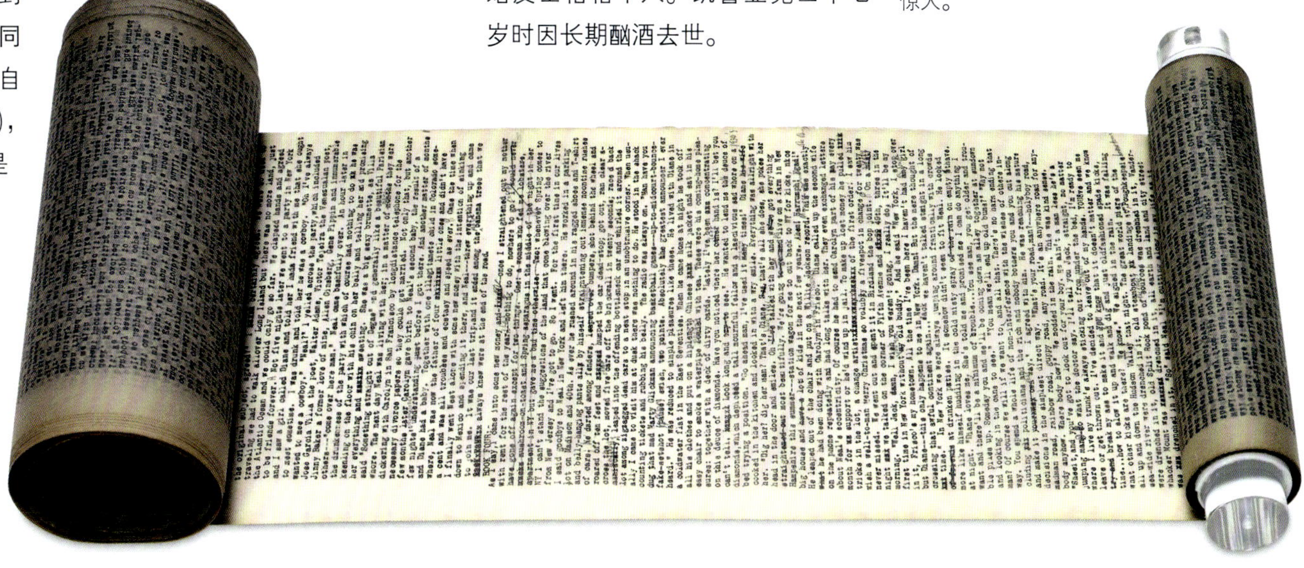

▷ 伊塔洛·卡尔维诺，1984年
卡尔维诺这张照片是在罗马的家中拍摄的。一年后，他病逝了，教皇和意大利总统均为他写了哀悼之词，这也印证了他在意大利的地位和受欢迎程度。有趣的智慧和无尽的创造力使他从同时代作家中脱颖而出。

伊塔洛·卡尔维诺

Italo Calvino，1923—1985，意大利人

卡尔维诺博学而诙谐的后现代小说使他成为 20 世纪最重要的作家之一。他的叙述颠覆了人们对形式和内容、作家和读者的传统期望。

伊塔洛·卡尔维诺1923年出生于古巴，父母都是意大利科学家。后来，全家搬到了意大利圣雷莫，伊塔洛在这里度过了童年。十八岁时，尽管他热爱文学，但还是进入了都灵大学（之后转学到佛罗伦萨）学习建筑学。

第二次世界大战期间，他成为一名共产党员，并加入了反法西斯抵抗组织。战后，他回到都灵学习，毕业时获得了文学硕士学位。出于政治上的承诺，他在共产党的报刊《团结报》担任撰稿人，但在十二年后离开了，因为1956年苏联进攻匈牙利的行动令他大失所望。

他参与抵抗运动的经历为其两部虚构作品提供了素材：其一是新现实主义小说《通向蜘蛛巢的小路》（*The Path to the Spiders' Nest*，1947），这部小说从一个男孩的视角来看待抵抗运动；其二是小说集《亚当，一个下午及其他故事》（*Adam, One Afternoon and Other Stories*，1949）。1955年，卡尔维诺和已婚女子艾尔莎·德·吉奥吉（Elsa De Giorgi）陷入热恋。他写给这位女演员的露骨情书在他去世后的2004年出版，成为当时的一桩丑闻。作为一位非常注重隐私的人，卡尔维诺对这种审视其私生活的行为感到畏惧。

小说的技巧

20世纪50年代，卡尔维诺的创作重心转向了幻想和寓言，特别是获得了国际认可的三部小说——《分成两半的子爵》（*The Cloven Viscount*，1952）、《树上的男爵》（*The Baron in the Trees*，1957）和《不存在的骑士》（*The Nonexistent Knight*，1959）。从此时起——在这些回荡着博尔赫斯、塞万提斯和卡夫卡之声的作品中——卡尔维诺在自己的作品中摈弃了现实主义，以及作者控制意义的理念。从20世纪60年代开始，他的作品通常采用精心设计的游戏般的形式，鼓励读者参与其中，如短篇小说集《时间零》（*t zero*，1967）。

卡尔维诺于1964年迎娶了阿根廷翻译家艾斯特·茱蒂丝·辛格（Esther Judith Singer）。搬去罗马后，两人的女儿乔凡娜出生。此时，他把注意力转向了别出心裁、广受好评的短篇小说集《宇宙奇趣全集》（*Cosmicomics*，1965—1968）。他在其中广泛地引经据典，如塞缪尔·贝克特、刘易斯·卡罗尔、代数、天文学、符号学、结构主义和《大力水手》漫画，这些故事重述了宇宙的创造和演化。

1968年革命前不久，卡尔维诺和家人搬到巴黎，并加入了激进的文学团体乌力波（Oulipo）（见右侧栏）。《看不见的城市》（*Invisible Cities*）在1972年问世。它以优美、令人陶醉的文辞探讨了一种理念，即“意义”并不可靠，而是在不断地变化，否定了单一、统一真理的可能性。

卡尔维诺最著名的超小说《如果在冬夜，一个旅人》（*If on a Winter's Night a Traveller*，1979），由十篇未完成的小说组成。这是一部关于阅读行为和文学进程本身的书，有些段落是用第二人称写的，写给读者“你”，即文本中的核心角色：“你即将开始阅读伊塔洛·卡尔维诺的新小说《如果在冬夜，一个旅人》。先放松一下，然后集中注意力。抛掉一切无关的想法，让周围的世界隐去。”

1980年，卡尔维诺回到罗马。三年后，他出版了最后一部作品《帕洛马尔》（*Mr Palomar*）。1985年，他因脑出血在锡耶纳的一家医院去世，终年六十二岁。他去世时，已是作品被翻译最多的意大利当代作家。

◁ **共产党海报**
第二次世界大战后，卡尔维诺曾认为意大利共产党能领导共产主义的国际复兴。

“我写的大部分书……都源于我无法写出这样一本书的想法。”

伊塔洛·卡尔维诺

◁《树上的男爵》（1957）
卡尔维诺笔下这个迷人的幻想故事讲述的是一个出身贵族的男孩柯希莫爬上树，然后拥有一段非常充实的人生，而且他终身都没有从树上下来。这是一个关于背叛、逃避与分离的乌托邦故事。

背景知识

乌力波

20世纪60年代后期，卡尔维诺成为以巴黎为大本营的实验作家群体乌力波中的活跃成员，乌力波是“潜在文学工场”（Workshop of potential literature）的简称。在这里，他结识了众多作家和理论家，如罗兰·巴特（Roland Barthes）、雷蒙·格诺（Raymond Queneau）、克洛德·列维-斯特劳斯（Claude Lévi-Strauss）和乔治·佩雷克（Georges Perec），他们影响了卡尔维诺对文学和写作的理论尝试。这个团体致力于在各个方面探索数字、系统和文学之间的潜在关联，以及“语言在新形式中的无限潜能”。

罗兰·巴特，巴黎，1979年

▷ **一代人的声音**
君特·格拉斯的这张照片拍摄于1981年，当时他已经写了近四十部长篇小说、回忆录、短篇小说、诗歌、戏剧和政治文论。他结过两次婚，有八个孩子，还有十八个孙子孙女。

君特·格拉斯

Günter Grass，1927—2015，德国人

作为作家、艺术家和诗人，格拉斯被誉为“民族的良知”。格拉斯在他的小说《铁皮鼓》（*The Tin Drum*）中讽刺地描绘了纳粹统治下的普通德国人，以及他们对过去历史的否认。

“然而，**几十年**来，我**拒绝承认这个词**，也拒绝承认这两个字母（SS）。”

君特·格拉斯，《剥洋葱》

君特·威廉·格拉斯出生于1927年，十一岁时，家乡但泽（今波兰格但斯克）被纳粹德国吞并。尽管但泽是国际联盟的自由城市，但很多德裔市民还是忠于帝国。格拉斯和妹妹、德裔父亲，以及卡舒比裔母亲一同生活，在成长过程中，他目睹了当地纳粹主义的蔓延和对这个城市少数族群的迫害。他自称是个听话的孩子，对艺术史很感兴趣，而这都是从他收集的香烟卡片上的名作中了解的。

为“祖国”而战

格拉斯成为纳粹儿童组织少年团（Jungvolk）的成员，在接受了强制性军事训练后，年仅十七岁的他便加入了令人恐惧的党卫军的炮兵队。他在这场残酷战争的最后几年里长大，在对抗苏联军队的前线受伤，被美国军队当作战犯扣留后，于一家疗养院内疗伤。在回忆录三部曲之一的《剥洋葱》（*Peeling the Onion*，2007）中，格拉斯努力去认同年轻时的自己，试着将“元首、民族、祖国”的口号崛起时其他人遭受的苦难屏蔽掉。关于德国前线英雄的新闻短片起了一定作用。“我很容易被他们提供的美化过的黑白‘真相’打动。”他写道。他对隐藏自己的党卫军身份近半个世纪的做法深感后悔。

成功与争议

战后，在为追随自己的艺术热情而前往杜塞尔多夫和柏林之前，格拉斯曾在农场和钾盐矿场工作。在巴黎，他加入了有影响力的作家群体“四七社”（Gruppe 47），并出版了诗歌和戏剧，以及第一部长篇小说《铁皮鼓》。这部作品在德国被指控亵渎神明和描写色情，还被故事的背景地格但斯克（Gdansk）所禁止。然而，它还是为作家本人赢得了世界范围内的认可，以及1999年的诺贝尔文学奖。

文学风格
被拓展的现实（broadened reality）

格拉斯的长篇小说因准确的历史事件、放飞的幻想，以及抒情性的消遣，经常被形容为“魔幻现实主义”。然而，格拉斯更喜欢将自己的写作风格称为“被拓展的现实”。在《铁皮鼓》中，他通过“不可靠的叙述者”奥斯卡来降低对现实主义写作的期望，这位主人公在一家精神病院开启了他的故事。格拉斯从第一人称叙事降到第三人称叙事，甚至把笔交给了另一个人物来提供不同的视角。

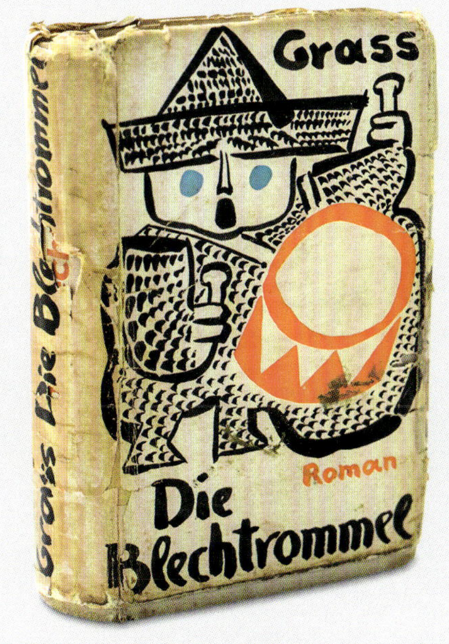

《铁皮鼓》的封面基于格拉斯自己的设计

格拉斯通过主人公，即瘦小、暴躁的奥斯卡·马策拉特（Oskar Matzerath），以及他的铁皮鼓和能够击碎玻璃的尖叫，来重新回顾战争的暴行和人们自鸣得意的后果，并以魔法、幻想和后见之明来启发他们。格拉斯继续在《猫与鼠》（*Cat and Mouse*，1961）和《狗年月》（*Dog Years*，1963）中发展这种写作风格，这两部作品与《铁皮鼓》一同组成了“但泽三部曲”。《蟹行》（*Crabwalk*，2002）亦是如此，这部作品聚焦于真实的“威廉·古斯特洛夫号”（Wilhem Gustlo）沉船事件，这艘搭载着数千名德国难民的游轮被苏联潜艇击沉。

作为一名热忱的道德家，格拉斯成了维利·勃兰特（Willy Brandt）的社会主义工人党的代笔人，创作了一系列政论性作品。1990年，他反对德国统一，害怕统一后的德国会自我改造为激进的民族国家，因此与很多人渐行渐远。格拉斯八十七岁时，在位于德国北部吕贝克的家附近去世。

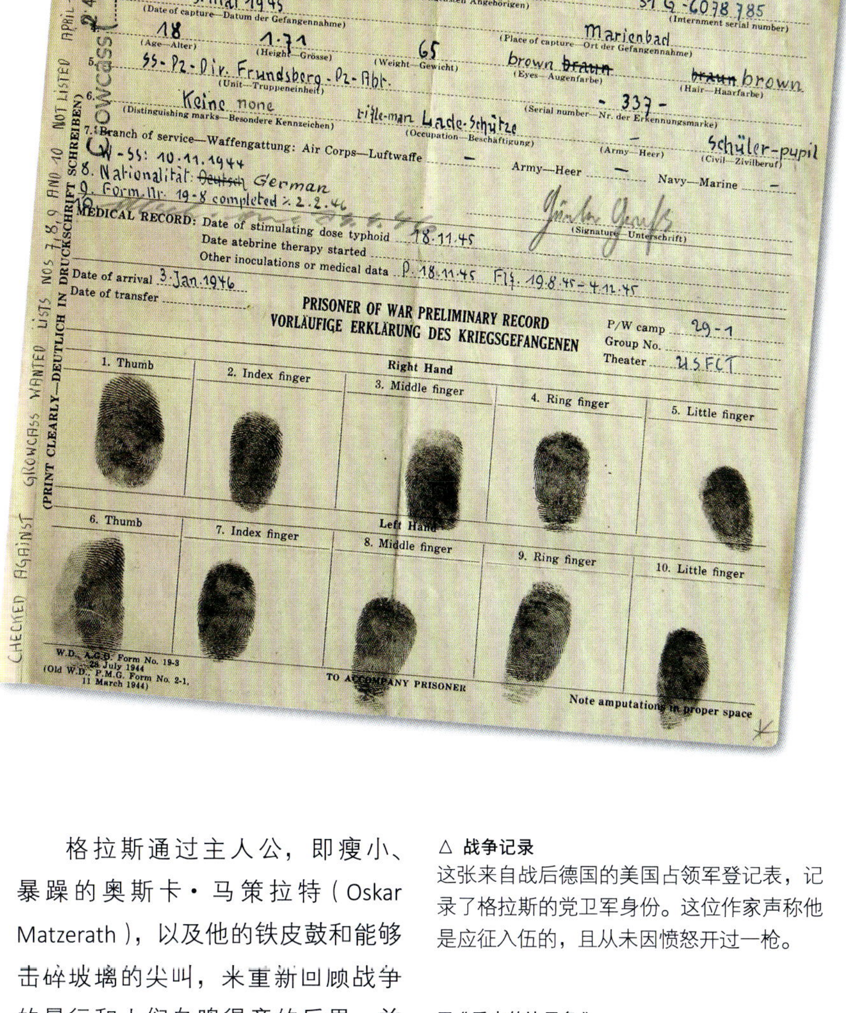

GRASS (Surname—Zuname) Günther (First name—Vorname) Pvt. (Rank—Dienstgrad) October 16. 1927 Danzig (Date and place of birth—Geburtsdatum und Geburtsort)

Vater: Wilhelm Grass, Danzig-Langfuhr, Labesweg 13 (Name and address of next of kin—Name und Anschrift des nächsten Angehörigen) 31 G-6078785 (Internment serial number)

8. Mai 1945 (Date of capture—Datum der Gefangennahme) Marienbad (Place of capture—Ort der Gefangennahme)

18 (Age—Alter) 1.71 (Height—Grösse) 65 (Weight—Gewicht) brown (Eyes—Augenfarbe) brown (Hair—Haarfarbe)

SS-Pz-Div. Frundsberg-Pz-Abt. (Unit—Truppeneinheit) -337- (Serial number—Nr. der Erkennungsmarke)

Keine none (Distinguishing marks—Besondere Kennzeichen) Title-man Lade-Schütze (Occupation—Beschäftigung)

7. Branch of service—Waffengattung: Air Corps—Luftwaffe — Army—Heer — Navy—Marine — (Army—Heer) — (Civil—Zivilberuf) Schüler-pupil

W-SS: 10.11.1944

8. Nationalität: German

9. Form Nr. 19-8 completed 2.2.46

MEDICAL RECORD: Date of stimulating dose typhoid 18.11.45
Date atebrine therapy started
Other inoculations or medical data P. 18.11.45 Flt. 19.8.45 – 4.11.45

Günter Grass (Signature—Unterschrift)

Date of arrival 3. Jan. 1946
Date of transfer

PRISONER OF WAR PRELIMINARY RECORD
VORLÄUFIGE ERKLÄRUNG DES KRIEGSGEFANGENEN

P/W camp 29-1
Group No.
Theater U.S.F.E.T.

(PRINT CLEARLY—DEUTLICH IN DRUCKSCHRIFT SCHREIBEN)

CHECKED AGAINST CROWCASS WANTED LISTS NOS 7, 8, 9 AND 10 NOT LISTED APRIL 15 46

Right Hand				
1. Thumb	2. Index finger	3. Middle finger	4. Ring finger	5. Little finger

Left Hand				
6. Thumb	7. Index finger	8. Middle finger	9. Ring finger	10. Little finger

W.D., A.G.O. Form No. 19-3, 28 July 1944 (Old W.D., P.M.G. Form No. 2-1, 11 March 1944)
TO ACCOMPANY PRISONER
Note amputations in proper space

△ **战争记录**
这张来自战后德国的美国占领军登记表，记录了格拉斯的党卫军身份。这位作家声称他是应征入伍的，且从未因愤怒开过一枪。

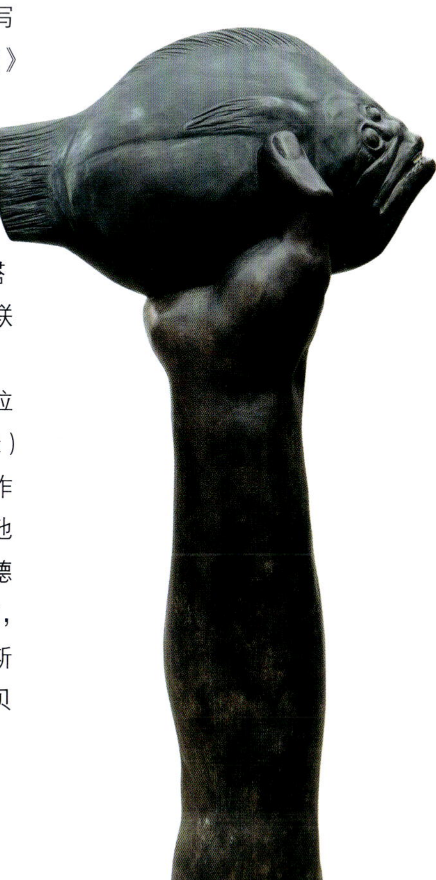

▽ **《手中的比目鱼》**
作为一名有天赋的雕塑家，格拉斯在1977年小说《比目鱼》（*The Flounder*）出版后，制作了这尊铜雕塑。这部一定程度上参考了童话故事的作品成了德国的畅销书。

加夫列尔 · 加西亚 · 马尔克斯

Gabriel García Márquez，1927—2014，哥伦比亚人

作为历史上最伟大的西语作家之一，加西亚 · 马尔克斯是魔幻现实主义大师。他的作品将幻想、民间传说和历史结合起来，展示了拉丁美洲的美丽与疯狂。

1967 年，加夫列尔·加西亚·马尔克斯写出了能让他的家庭摆脱贫困的小说，并在全世界售出了三千多万册。这位四十岁的作家凭借着疯狂的创造力完成了《百年孤独》，但这颗种子其实很早就播撒了。加西亚·马尔克斯的巨著聚焦于一个名为马孔多的小村庄，那里被香蕉种植园环绕，是根据他童年时生活的哥伦比亚小镇阿拉卡塔卡重新构想出来的。

1927 年 3 月 6 日，加西亚·马尔克斯出生，他是路易莎·圣地亚哥·马尔克斯（Luisa Santiaga Márquez Iguarán）和从电报员转为药剂师的加夫列尔·伊利吉奥·马尔克斯（Gabriel Eligio García）所生的十一个孩子中的老大。他人生的头八年是在阿拉卡塔卡和外祖父母一起度过的。外祖父尼古拉·马尔克斯·梅西亚是一名退伍的陆军上将，曾在哥伦比亚的千日战争中为自由党而战，他成了马尔克斯世界的中心，并成为马尔克斯日后创作的许多角度的灵感来源。加西亚·马尔克斯在汲取这位老兵的故事的同时，还深深地受到外祖母多娜·安奎琳娜·伊瓜兰·柯特（Doña Tranquilina Iguarán Cotes）的影响，她和老房子里的鬼魂住在一起，并带着对真理的坚定信念来传递幻想和预兆。在与父母团聚后，年少的马尔克斯在哥伦比亚的城镇之间穿梭，因为父亲要靠顺势疗法维持生活。逃离这里的机会以他获得波哥大市郊外的一所公立寄宿学校的奖学金的形式降临。有了一日三餐的保障，这个“海边来的孩子”后来成了书虫、诗人和明星学生。

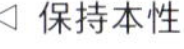

◁ **保持本性**
加西亚·马尔克斯承认他无法“在酒店或借来的房间或借来的打字机上写作”。他使用的打字机已成为其被广泛展示的标志物之一。

父母希望他们的长子能从事一项受人尊敬的职业，所以加西亚·马尔克斯先后在波哥大、卡塔赫纳学习法律。他继续培养对写作的热情，向报纸投稿，并最终放弃学习法律，确定要当一名作家。

◁ **出生地**
这栋位于阿拉卡塔卡的房子是加西亚·马尔克斯成长并吸取外祖父母故事的地方，如今已变成展示作家一生成长历程的袖珍博物馆。

早年经历

二十多岁时，加西亚·马尔克斯住在巴兰基亚一家妓院的楼上，

文学风格

超越现实

加西亚·马尔克斯把历史的风味——而不是事实——注入了他的作品，利用一系列革新性的技巧展示了拉丁美洲的丰富与复杂。他采用的象征——如会说话的鸟和花——昭示了西方文学和加勒比文化的意义。时间是非线性、变幻、断裂且循环的（如在《百年孤独》中一样），视角可以由全方位的叙述转为意识流，再转变为超小说式的评论。现实由日常事件和魔幻事件组成，以同样的方式描述它们，并注入了气味、味道、声音、触觉和视觉。作家以多重感官的尝试，将角色和他们的故事嵌入到他们的环境中。

有歧义的象征意义是加西亚 · 马尔克斯创作的一个特质

◁ **写作人生**
加西亚·马尔克斯的这张照片拍摄于 1982 年，即他被授予诺贝尔文学奖的那年。他笔耕不辍，直至古稀之年。马尔克斯的最后一部小说《苦妓回忆录》（*Memories of My Melancholy Whores*）于 2004 年出版。

> **“每个人都有三种生活：公共生活、私人生活和秘密生活。”**
>
> 加夫列尔 · 加西亚 · 马尔克斯

“事实是，我的作品中没有一句话是没有现实基础的。问题在于，加勒比的现实如同最狂野的想象。”

加夫列尔·加西亚·马尔克斯

△ 唯一的目标
作为有强迫症的作家和臭名昭著的烟鬼，加西亚·马尔克斯表示他在创作《百年孤独》时“十八个月都没起身”。

靠记者职业勉强维生。他在自传中声称自己的第一次性经历是和一名妓女，当时他年仅十三岁；十五岁时，他被一名轮船领航员的妻子引诱；一名警察发现他和自己的妻子躺在一张床上，遂逼迫他用左轮手枪玩俄罗斯转盘。出格的经历，以及风尘女子的慷慨成为他写作中的一个突出特征。

这位年轻的记者加入了巴兰基亚的作家和记者圈，如饥似渴地阅读海明威、马克·吐温、麦尔维尔和福克纳的作品，他称赞后者唤醒了公众想象中的南方腹地。他还对狄更斯、托尔斯泰、卡夫卡和普鲁斯特的作品，以及弗吉尼亚·伍尔夫和詹姆斯·乔伊斯的内心独白着迷。“我实在无法想象，一个人会对过去一万年的文学毫不了解，哪怕一点点模糊的概念都没有，那他怎么可能会想要写一部小说。”他在一次采访中说道。

早期的小说创作

在面对“暴力”（La Violencia），即哥伦比亚持续十年、导致三十万人丧生的内战和镇压运动时，加西亚·马尔克斯的政治立场变得坚定起来。1955年，他的第一部中篇小说《枯枝败叶》（*Leaf Storm*）出版，同年，他调查了一个事件，即一名水手从满载违禁药品的海军舰艇上被冲进海里。之后这个故事以《一个海难幸存者的故事》（*The Story of the shipwrecked Sailor*）的面貌出版，反驳了官方的报道。然而，成了众矢之的的他只得到欧洲寻求临时避难。在重返南美洲、前往委内瑞拉之前，他去了伦敦、巴黎、罗马，还游历了东欧国家。加西亚·马尔克斯为古巴的拉丁美洲通讯社工作，担任驻纽约的通讯记者。1958年，他回到哥伦比亚，并娶了梅赛德斯·巴尔查·普拉多（Mercedes Barcha Prado）——他小学时的心上人——为妻。他们追随福克纳的脚步，探索了美国南部各州，之后在墨西哥城定居，两个儿子也在那里出生。

挣扎与成功

加西亚·马尔克斯继续小说创作，例如，短篇小说集《格兰德大妈的葬礼》（*Big Mama's Funeral*）将背景设定在虚构的马孔多小镇（之后在《百年孤独》中再次出现）。《没有人给他写信的上校》（*No One Writes to the Colonel*），讲述了一个和他外祖父的经历很像的贫穷军官的故事，这也是马尔克斯在文学创作上第一次获得成功。然而，在成功的间隙，他也有一些经济困难时

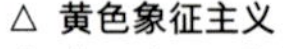

△ 黄色象征主义
在《百年孤独》中，围绕在毛利西奥周围的黄蝴蝶成了加西亚·马尔克斯本人的象征。

期，因此这个家庭不得不典当家当来维持生活。在经历了相对低产而紧张的四年后，《百年孤独》的第一句在作家开车去阿卡普尔科的路上诞生了：“多年以后，面对行刑队，奥德里亚诺·布恩迪亚上校将会回想起父亲带他去参观冰块的那个遥远的下午。”经过十八个月的写作，这部小说于1966年8月完成。第一版印刷的八千册在几个星期内就售罄了，这对这个家庭来说是一种极大的安慰，因为此时他们已经欠了一年的房租。

《百年孤独》

在这部小说中，加西亚·马尔克斯回顾了童年的困苦生活，阿拉卡塔卡的成人奥秘，现实生活中香蕉种植园工人因针对联合水果公司而发起的罢工行为所招致的屠杀，

重要作品年表

1967
《百年孤独》已被翻译成二十五种语言，描述了马孔多镇上的布恩迪亚家族在一百年的时间跨度内发生的故事。

1981
《一桩事先张扬的凶杀案》（*Chronicle of a Death Foretold*）是一个严肃、破碎的侦探故事，其叙事是颠倒的，基于一个真实的谋杀案件。

1985
《霍乱时期的爱情》（*Love in the Time of Cholera*）是对性的浪漫颂扬，聚焦于两位昔日恋人的激情重逢。

1989
《迷宫中的将军》（*The General in His Labyrinth*）将虚构和史实结合起来，不带奉承语调地描述了委内瑞拉领袖西蒙·玻利瓦尔（Simón Bolívar）生命的最后时日。

2002
《活着为了讲述》（*Living to Tell the Tale*）是一部引人共鸣的回忆录，揭示了推动加西亚·马尔克斯前二十五年人生的影响因素和各类事件。

以及其外祖父的战争经历。他从自己的文化中汲取魔法、复活和再生等失落的传统，创造了一种新的叙事：对南美洲几个世纪来的压迫和西方化的隐喻性评论。像福克纳创造南方腹地那样，加西亚·马尔克斯找到了一种能让读者想起南美洲及其复杂性的方法。

◁ 新的开始
《百年孤独》于1967年以西班牙语出版，获得了公众的广泛好评。之后它在全世界售出了三千多万册。

文化英雄

《百年孤独》与20世纪60年代革命性的反主流文化相一致，成为南美文学创作大爆发中最耀眼的火焰。魔幻现实主义并不是加西亚·马尔克斯发明的，但其艺术灵感启发了世界各地的作家，包括智利的伊莎贝尔·阿连德（Isabel Allende）和英国的萨尔曼·鲁西迪（Salman Rushdie）。马尔克斯担心自己未来的作品会让人失望，但是像长篇小说《族长的秋天》（*Autumn of the Patriarch*，1975）、《一桩事先张扬的凶杀案》（1981），以及《霍乱时期的爱情》（1985）都成了畅销书。他继续写了十七部长篇小说、短篇小说集、八部非虚构作品，以及超过二十部电影剧本。

这位作家是拉丁美洲左翼阵营的英雄，但却因他的政治立场被美国拒绝入境。他一生中收获了众多荣誉，特别是1982年的诺贝尔文学奖，他的好友还包括总统，如他的崇拜者比尔·克林顿，后者在他被禁止入境美国三十年后解除了禁令。

加西亚·马尔克斯七十岁后依然笔耕不辍，于2002年出版了回忆录《活着为了讲述》，于2004出版了最后一部小说《苦妓回忆录》。八十七岁时，他因淋巴癌在墨西哥城的家中去世。

背景知识
政治参与

拉丁美洲文学大爆发是文学创造力的爆炸，为加西亚·马尔克斯、胡里奥·科塔萨尔（Julio Cortázar）、马里奥·巴尔加斯·略萨（Mario Vargas Llosa）等作家赢得了世界范围内的关注。这些知识分子深入参与拉丁美洲的政治斗争，而他们的写作则受到了20世纪60年代反主流文化思潮的推动。加西亚·马尔克斯是菲德尔·卡斯特罗一生的朋友和支持者，也是智利前军政府领导人奥古斯特·皮诺切特将军（General Augusto Pinochet）的劲敌。

菲德尔·卡斯特罗，1998年

◁ 阿拉卡塔卡（马孔多）
加西亚·马尔克斯的家乡，哥伦比亚的阿拉卡塔卡是马孔多镇的原型，出现在作家的多部作品中。在他那个时代，这里是一个繁忙的商业中心，由美国水果公司的财政实力所主导。

▷ **玛雅·安吉罗，1976年**
作家的这张照片拍摄于她那令人痛心的回忆录《我知道笼中鸟为何歌唱》(*I Know Why the Caged Bird Sings*)出版后，她也因该作品而备受瞩目。据安吉罗所言，在写这部书时，她“下午是半醉的状态，整夜都在痛哭”。

玛雅·安吉罗

Maya Angelou，1928—2014，美国人

勇敢而无所畏惧的安吉罗从被虐待和被忽视的童年中走出，成长为一位传奇作家和黑人赋权运动的标志性人物。她本人和书籍中所描绘的她的形象一样，熠熠生辉。

◁ 卡里普索小姐

20世纪50年代，安吉罗带着她成功的卡里普索风格的舞台在美国和欧洲巡演。这张照片是她1957年的专辑《卡里普索小姐》的封面。

小时候，玛雅·安吉罗就梦想着成为一名地产经纪人；而当她去世时，却以诗人、剧作家、散文家、电影导演、艺人、教授和民权活动家等身份为人颂扬。她在两任总统的委员会任职，获得过无数荣誉学位、三座格莱美奖，以及久负盛名的总统自由勋章（2010）。然而，她的生活并不是一直如此迷人。

早年的创伤

安吉罗原名玛格丽特·安·约翰逊（Marguerite Ann Johnson），出生于密苏里州的圣·路易斯。1931年父母分手后，她搭火车——手腕上系着一条写着“敬启者”字样的带子——去了阿肯色州乡下的斯坦普斯（Stamps）和外祖父母一起生活。八岁时，安吉罗回到圣·路易斯的家，却被母亲的男友强奸了，不久后，这个男人被发现已经死亡。在这之后的近五年里，她拒绝说话。“我以为，是我的声音杀死了他，”她说，“我杀了那个人，因为我说出了他的名字。”

十几岁时，玛格丽特辍学去了旧金山工作，成为当地黑人巴士上的第一位女性售票员，但第二年她就回了学校，并且怀孕了。1945年，她唯一的儿子盖伊·约翰逊在她毕业后不久出生。为了抚养儿子，玛格丽特当过服务员、厨师，甚至妓女，1952年，她开始在旧金山一家夜总会做舞者和歌手。这时的她起了玛雅·安吉罗这个名字，并开启了三段婚姻中的第一段。

20世纪50年代末，搬到纽约的安吉罗投入民权运动，并加入了哈莱姆作家协会（Harlem Writers Guild，一个非裔美国作家论坛，成立于1950年），她在这里提高了诗歌写作的技能，并认识了黑人作家中的几位佼佼者。1960年，安吉罗去了埃及开罗，担任《阿拉伯观察家》（*Arab Observer*）的编辑，之后又去了加纳，担任《非洲评论》（*Africa Review*）的编辑。

文学突破

安吉罗于1964年回到美国，在接下来的四十年里，她著作颇丰。《我知道笼中鸟为何歌唱》是她七卷本自传中的第一部，也是最好的一部。这本书对她在南方遭受的种族主义暴力和童年经历的直白描述，获得了迅速且轰动性的成功，并因创新性地融合了自传和文学小说而广受好评。

安吉罗是自己作品的最佳演绎者，一个明显的例子是在1993年美国总统比尔·克林顿的就职典礼上，她朗读了自己的诗歌《清晨的脉搏》（“On the Pulse of Morning”），这首诗是对多样性的赞颂，并传达了关于希望的强有力信息：“历史，纵然令人刻骨铭心，/岂能回避，不过/倘若勇敢正视，也无须重复。”2000年，在授予安吉罗美国国家荣誉艺术奖章（National Medal of Arts）时，克林顿直言美国欠她“巨额债务”，因为她不仅坚持不懈地呈现“最初的真相”，还让“让我们展望明天”。

安吉罗最后一部自传体作品《妈妈和我和妈妈》，是在向母亲和外祖母致敬，该作于2013年出版，即她在北卡罗来纳的家中去世的前一年。

△ 竞选徽章

通过民权工作，安吉罗结识了马尔科姆·艾克斯（Malcolm X），和他一起计划了非裔美国人团结组织的创建，她还结识了马丁·路德·金，后者鼓励她为南方基督教领袖会议筹集资金。

背景知识

文学影响

安吉罗的一些作品延续了非裔美国人从奴隶歌曲和奴隶叙事开启的传统，包括由逃跑奴隶弗雷德里克·道格拉斯创作的意义非凡且影响深远的自传《弗雷德里克·道格拉斯：一个美国奴隶的生平自述》（*Narrative of the Life of Frederick Douglass*）。她也谙熟于20世纪的黑人作家，如佐拉·尼尔·赫斯顿（Zora Neale Hurston）、W. E. B. 杜波依斯（W. E. B. Du Bois）、保罗·劳伦斯·邓巴（Paul Laurence Dunbar）和拉尔夫·埃里森（Ralph Ellison）的作品。这些作家要么受到了“哈莱姆文艺复兴”的影响，要么活跃其中。“哈莱姆文艺复兴”，标志着非裔美国人文化自豪感的兴起，崛起于20世纪二三十年代的纽约，涉及文学、戏剧、音乐和视觉艺术等领域。

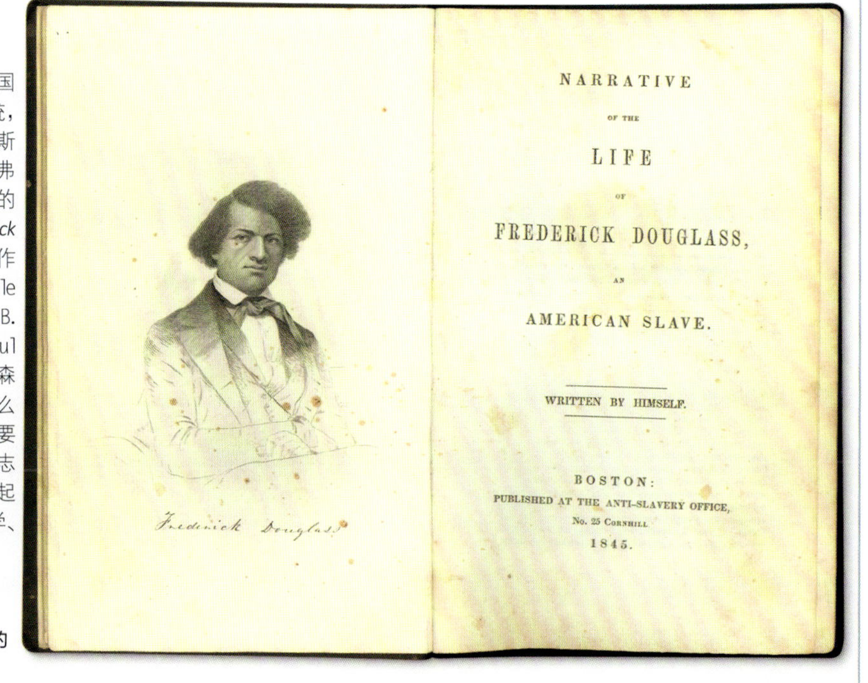

NARRATIVE
OF THE
LIFE
OF
FREDERICK DOUGLASS,
AN
AMERICAN SLAVE.
WRITTEN BY HIMSELF.
BOSTON:
PUBLISHED AT THE ANTI-SLAVERY OFFICE,
No. 25 CORNHILL.
1845.

《弗雷德里克·道格拉斯：一个美国奴隶的生平自述》，卷首插画，1845年

米兰·昆德拉

▷ **昆德拉在巴黎，1979 年**
作家的这张照片拍摄于《笑忘录》出版的那年。这本书由七个独立的故事构成。

Milan Kundera，1929—，捷克裔法国籍（2019 年重获捷克公民身份）

小说家、散文家昆德拉以其幽默、情色的故事而闻名，聚焦于他自己的祖国捷克斯洛伐克的混乱状况。

米兰·昆德拉离开祖国捷克斯洛伐克（捷克共和国）后，有近半生的时间都在法国生活。但大多数读者仍将他视作捷克人，因为他的两部标志性小说《笑忘录》（*Book of Laughter and Forgetting*，1979）和《不能承受的生命之轻》（*The Unbearable Lightness of Being*，1984），均夹杂着对20世纪中叶祖国遭入侵这一事实的尖锐讽刺。

自由与镇压

昆德拉1929年出生于布尔诺，是一位钢琴家、音乐家的儿子，在转向写作之前，他学习过音乐。第二次世界大战期间，青年昆德拉目睹了德军入侵捷克斯洛伐克造成的破坏。1948年，在共产党执政后，他入了党。但在学生时代，他因参与了“反党活动”而被开除党籍。转向剧本写作和电影制作之前，他在布拉格学习文学和美学，1952年毕业后成为一名文学老师。1956年，他再次入党。

在亚历山大·杜布切克（Alexander Dubcek）的统治下，20世纪60年代的捷克斯洛伐克见证了一段社会自由的时期，即“布拉格之春”。这一时期，包括昆德拉和剧作家瓦茨拉夫·哈维尔（Václav Havel）在内的激进的捷克作家们引起了国际社会的关注。昆德拉从诗歌和剧本创作转向了第一部长篇小说《玩笑》（*The Joke*，1967），它让人想起了斯大林时期的捷克斯洛伐克。在这个故事里，一张具有颠覆性的明信片被寄给了思想严肃的女友，从而引发了一连串后果，包括矿井里的艰苦劳作。

1968年，苏联对捷克斯洛伐的干涉导致激进派作家的作品遭禁。昆德拉又一次被开除党籍，还被学校解除了教职。1975年，他获准和结婚八年的妻子薇拉·赫拉班科娃（Vera Hrabánková）一起移居国外，并开始在法国雷恩大学教书。

法兰西岁月

昆德拉接下来的三部小说聚焦于受外部力量控制、被剥夺权利的人。《笑忘录》以松散的叙事，讲述了一个私人的想象中的故事，关乎对记忆的否认和对历史真相的抹杀——将不受欢迎的官员从照片上抹去。《不能承受的生命之轻》描写的是四个活跃于“布拉格之春”和苏联干涉时期的知识分子的生活。这部作品之后是1990年的《不朽》（*Immortality*），也是昆德拉最后一部用捷克语写成的作品。在他近年的法语小说和散文中，如《无知》（*Ignorance*，2000）和《庆祝无意义》（*The Festival of Insignificance*，2014），昆德拉的风格更偏哲学性，而不是政治性的。

尽管1989年后，捷克斯洛伐克政权更迭，并自此分离为捷克共和国和斯洛伐克，但昆德拉却很少回自己的祖国。如今他认为自己是法国作家，并把自己的作品归为法国文学。

◁ **干涉，1968 年**
1968年8月20日苏联武装干涉捷克斯洛伐克时，布拉格市民包围了苏联坦克。武装行动由苏联领袖列昂尼德·勃列日涅夫发动，他想要遏制这里的改革和日益高涨的革命热情。

文学风格
颠覆现实主义

昆德拉在哲学性著作《小说的艺术》（*The Art of the Novel*）中，批评了现实主义风格的写作，并向塞万提斯和拉伯雷作品中无拘无束的快乐致敬。在自己的小说中，作者经常插入文本来质疑言语和行动的选择。角色的人物特征只被刻画了一部分，等着读者运用想象力来填补。政治讽刺与情色和玩笑交织在一起，但令人不安的、无趣的性爱和狂欢的画面暗示着对人性的一种评论。线性阅读常被断裂的时间轴和哲思破坏，但不同主题的发展，如“忘却”和“天使”，则赋予了文本的连贯性。

《玩笑》德语初版

钦努阿·阿契贝

Chinua Achebe，1930—2013，尼日利亚人

阿契贝经常被尊称为“非洲文学之父”。他关于尼日利亚的后殖民主义小说为孤苦无依的人民发声，并促进了全球文学界一个闪耀的分支的发展。

小说家钦努阿·阿契贝于1930年出生在尼日利亚东南部伊博地区的奥吉迪（Ogidi），这里也是他的祖籍所在地。父母给他起名阿尔伯特·奇努阿卢莫古·阿契贝（Albert Chinualumogu Achebe），且父母都放弃了各自部落里信仰的宗教，皈依了新教圣公会差会（Protestant Church Missionary Society）。钦努阿就读于基督教主日学校，并在学校学习英语，但在家说伊博语，此地的传统故事和仪式对他和其他五个兄弟姐妹的童年来说是不可或缺的。“我们活在文化的十字路口。”阿契贝回忆道。他后来去掉了自己名字里向维多利亚时代的英国致敬的部分。他是非洲最后一代从老一辈人那里了解到白人到来前非洲是什么样子的人。部落传统和殖民主义的破坏性力量之间的紧张关系成了他写作的基石。

学术希望

十三岁时，阿契贝通过了乌穆阿希亚（Umuahia）著名的政府公学（Government College）的入学考试，这是殖民者为培养尼日利亚未来的精英而建立的学校。仿照英国的私立学校，强制要求那些说各类尼日利亚语言的男孩说英语。阿契贝回忆道，自己曾因在请求别人递肥皂时说了伊博语而受到惩罚。

阿契贝获得了伊丹巴大学医学院的奖学金，但他却转向了英国文学的学习。他跟随自己对世界宗教和非洲文化的兴趣，阅读各类经典，却发现它们对非洲的描写令人反感。爱尔兰作家乔伊斯·卡里（Joyce Cary）的小说《约翰逊先生》（*Mister Johnson*）被视作描写非洲的典范，但阿契贝和他的同学都认为这个尼日利亚英雄是个“尴尬的蠢货”，对其有一种潜在的厌恶之感。在他的半自传作品《家园和流放》（*Home and Exile*，2000）中，阿契贝坚持认为，约瑟夫·康拉德在《黑暗的心》中对野蛮人耸人听闻的描述，代表了欧洲人在非洲大陆存在五百年间所产生的典型的种族主义文学。

非洲三部曲

毕业后，阿契贝在奥巴的一所破败不堪的学校教书，之后搬去拉各斯帮助尼日利亚广播电台制作广播节目。1956年，作为英国广播公司培训员工中的一员，他第一次来伦敦。他随身带着一个他正在写的故事，意图把所谓“黑大陆”的故事交还给它

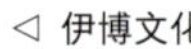

◁ 伊博文化

戴着面具表演舞蹈、音乐和戏剧是伊博文化中的一个关键特征。阿契贝的小说主要取材于伊博歌曲、民谣和寓言。

文学风格

更丰富的英语

阿契贝从小说伊博语，但用英语写作，因为他觉得可以将殖民者的语言作为一种强有力的武器，以此来重述殖民地人民的故事。在他的作品中，他通过皮钦语（pidgin）、抑扬顿挫的伊博语，以及尼日利亚丰富的口头谚语和神话元素，丰富了标准英语。他曾这样评价《这个世界土崩瓦解了》：“我知道我无法像狄更斯或康拉德那样写作。我的故事不会接受那样的风格。所以你不得不创造一种新式英语。至于这是否可行，我没法确定。”他独特的语言使这部作品获得了评论界的认同。

《这个世界土崩瓦解了》五十周年纪念版

> “有位作家叫钦努阿·阿契贝，同他在一起，监狱的墙壁也会倒塌。”
>
> 纳尔逊·曼德拉

▷ 钦努阿·阿契贝，纽约

阿契贝的这张照片拍摄于他在纽约巴德学院任教期间。通过写作，这位作家为非洲历史提供了一个全新的、自由的视角。

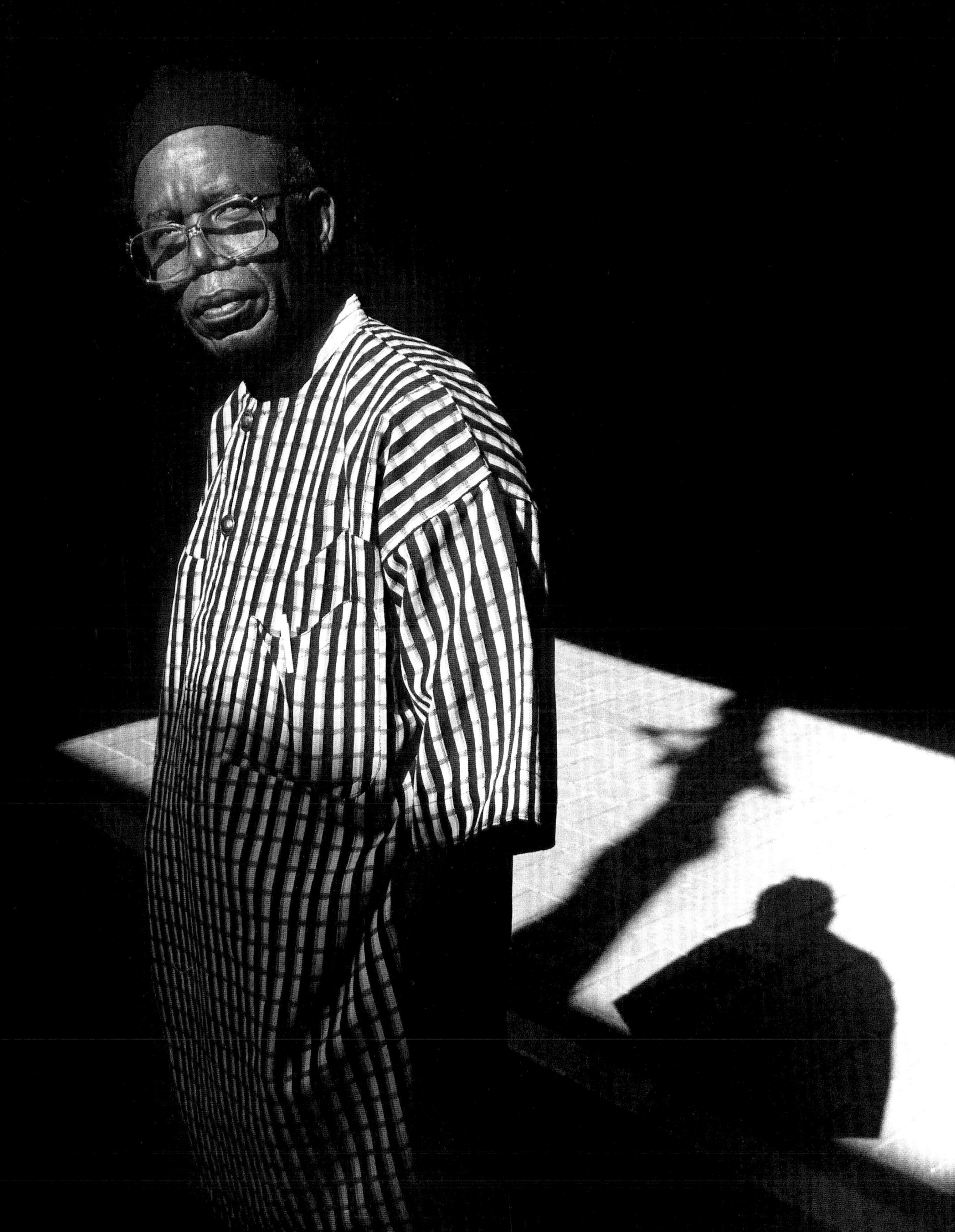

△ **比夫拉战争**
1967年，东尼日利亚的伊博人谋求独立失败。随后尼日利亚的内战造成许多比夫拉人死亡，主要原因是饥荒。

◁ **《神箭》**（*Arrow of God*）
《神箭》如今被称为阿契贝“非洲三部曲”的最后一部，于1964年首次出版。标题中的短语“神箭”在伊博语中指的是负责传达神之审判的人。

的人民。小说《这个世界土崩瓦解了》（*Things Fall Apart*）是三部曲的第一部，基于虚构的尼日利亚村庄，以及它在19世纪晚期与英国殖民者的灾难性联系。这部小说中的主人公奥贡喀沃（Okonkwo），是一个不妥协的骄傲战士，小说描绘了一个经济、文化、宗教和司法都极为繁荣的部落社会。该作品是用英文写的，向世界展示了（用阿契贝自己的话说）“非洲人民第一次没有从欧洲人那里听说过的文明”。伦敦的一位小说家朋友愿意帮助他出版这本书，但在将他唯一的副本寄给伦敦的出版社之前，阿契贝依然继续在尼日利亚创作。但是包裹被投错了地方，并在一间办公室的角落里放了好几个月，后来它被海涅曼教育图书公司的一位编辑发现并出版。

阿契贝的小说书名借鉴了W. B. 叶芝写于“一战”后的诗作《第二次降临》（“The Second Coming”），即其中的“一切都崩落，再无核心可以掌握……”，该诗句恰如其分地描绘了殖民者对部落社会的影响。《这个世界土崩瓦解了》于1958年出版后，在世界各地引发了共鸣。该作已被翻译成五十七种语言，至今依然是世界上普及率最高的非洲小说。纳尔逊·曼德拉宣称，这部作品是他在南非罗宾岛监狱的二十七年囚禁岁月中的慰藉。

腐败与殖民主义

回到拉各斯，因为尼日利亚已趋于独立，这座城市挤满了来自村庄的移民，这是一个动荡的时期。其间，阿契贝创作了他的第二部小说《再也不得安宁》（*No Longer at*

“胜利者讲述故事，而那些被打败的人无人倾听。”

钦努阿·阿契贝，《家园和流放》

重要作品年表

1958
《这个世界土崩瓦解了》讲述了一个虚构的部落村庄，以及它与殖民者的灾难性联系。

1960
《再也不得安宁》中的故事发生在独立前夕，讲述了一个男人与贿赂、腐败的抗争。

1983
在论著《尼日利亚的困扰》(*The Trouble with Nigeria*)中，阿契贝谈到了祖国政治领导层的失败。

1987
《荒原蚁丘》讲述了三个受军政权压迫的好朋友的生活。

2000
《家园和流放》探讨了故事的力量可以使人失去或获得权力，这取决于谁执笔。

2012
《有一个国家：比夫拉的个人历史》(*There Was A Country：A Personal History of Biafra*)重新开启了关于尼日利亚内战的讨论。

Ease，1960)，讲述了奥贡喀沃的孙子在一个腐败成风的城市里艰难前行的故事。

三部曲的最后一部《神箭》(1964)，基于阿契贝在电台工作时发现的一则故事——一位伊博牧师因拒绝与英国殖民者合作而被监禁。在拉各斯的这段岁月里，阿契贝结识了伊巴丹大学的学生克里斯蒂·欣维·奥考莉(Christie Chinwe Okoli)；这对情侣在1961年结婚。

一个独立的民族

《人民公仆》(*A Man of the People*，1966)是一部关于一场虚构的政变的讽刺喜剧，但当脱离了尼日利亚的比夫拉地区谋求独立时，阿契贝因其颇有预见性的小说而受到怀疑。他逃到伊博地区，并在那里开始执行维和任务，将注意力集中在比亚夫兰内战期间数千名伊博儿童的饥饿和被屠杀问题上。他自己的家被炸毁，而他最好的朋友、诗人克里斯托弗·奥基博(Christopher Okigwo)也被杀害了。阿契贝的诗集《当心啊，我的心灵的兄弟》(*Beware Soul Brother*，1971)和短篇小说集《战地姑娘及其他》(*Girls at War and Other Stories*，1971)都描述了这段战争经历。

在尼日利亚政府于1970年重新夺回该地区后，阿契贝在恩苏卡(Nsukka)的尼日利亚大学任教，并与海涅曼合作确立了非洲作家的文学准则。在整个20世纪80年代，阿契贝把他的大部分时间都用于政治活动，以及在尼日利亚和美国的大学授课。他的小说《荒原蚁丘》(*Anthills of the Savannah*，1987)反映了尼日利亚社会因腐败、失败的领导和屈从于外国操纵而陷入困境。伊肯(Ikem)是这部作品中的三个主人公之一，他将统治者未能与穷人和被剥夺权利的国家建立联系描述为“一颗受伤的心在这个国家的中心痛苦地跳动着”。

在美国

1990年，阿契贝从美国回到尼日利亚，以庆祝自己的六十岁生日，但却遭遇了一场车祸，致使腰部以下瘫痪。为了确保未来的治疗有所保障，他接受了纽约巴德学院的教职，之后他又去了罗得岛州的布朗大学，但仍与祖国保持着政治联系。他批评了20世纪90年代的军事统治者萨尼·阿巴查将军(General Sani Abacha)对国家财富的掠夺，以及近期为了政治利益煽动穆斯林和基督徒之间冲突的行为。

2009年，在一次辛酸的归乡之旅中，阿契贝作为国家名人受到热烈欢迎，并因他对祖先神话和传说的贡献而受到表彰。阿契贝一生创作了五部长篇小说、五部非虚构作品，以及多部短篇小说集和诗集，并获得了包括布克国际文学奖在内的多个奖项。

阿契贝一直在美国教书，直到2013年去世，享年八十二岁。这位作家最终被安葬在家乡奥吉迪。

背景知识
在尼日利亚的一生

阿契贝的生活和小说与尼日利亚动荡的历史密不可分。对家庭早期的部落记忆、在殖民学校读书的日子，以及作为知识精英的生活细节与普罗大众的贫穷生活之间的反差，都为他的写作提供了素材。在英国统治了五十年后，紧随尼日利亚的独立而来的是政变和反政变、领导人、作家和竞选者被暗杀，以及总统对油田所带来的巨额财富的大肆挥霍。1967年，阿契贝目睹了比夫拉争取自治的失败和残酷的内战。

名录

路易-费迪南·塞利纳

Louis-Ferdinand Céline，1894—1961，法国人

塞利纳是一流的小说家，却被政治倾向损坏了名声。出身中下阶层的他在第一次世界大战中受伤，战后，他成为一名医生，并选择在巴黎的贫困区行医。

小说《茫茫黑夜漫游》（*Journey to the End of the Night*）是他的处女作，令人惊叹。这是一部用口语写成的黑色喜剧，充满了粗话。《死缓》（*Death on Credit*）是一部成熟的作品，通过不断重复的省略，延续了文体上的革新，这也成了塞利纳的标志。

20世纪30年代，塞利纳出版了粗鄙的反犹主义作品。第二次世界大战期间，他在纳粹占领期间与通敌者联系。战后，他在丹麦的监狱里度过了一年。之后，他获准返回法国，作为第三帝国崩塌的见证者，他出版了一系列基于自身经历的虚构小说，呈现了在痛苦、闹剧和悲剧之间摇摆不定的幻觉式独白。

代表作：《茫茫黑夜漫游》（1932）；《死缓》（1936）；《丑帮》（*Guignol's Band*，1943）；《北方》（1960）。

朱塞佩·托马西·迪·兰佩杜萨

Giuseppe Tomasi di Lampedusa，1896—1957，意大利人

托马西·迪·兰佩杜萨因一部长篇小说而闻名，但他在其有生之年没有看到它出版。他出生于一个衰败的西西里贵族家庭，并在1934年父亲去世后继承了兰佩杜萨王子的头衔。年轻时，他参加了“一战”，除此以外，他的生活没有多少风浪。在意大利法西斯时期，他尽量避免麻烦，尽管1943年他位于巴勒莫的宫殿还是被盟军炸毁。

20世纪40年代末，他开始创作巨著《豹》，每天都步行去一家咖啡厅写作。这部华丽的小说以复兴运动（见证意大利成为统一国家的运动）时期的西西里为背景，但他投稿的两家出版社都拒绝了这部小说。作者去世后不久，这本书就出版了，并获得巨大成功。他的其他作品包括一部短篇小说《教授和美人鱼》，以及一些回忆录和评论文章。

代表作：《豹》（1958）；《短篇小说集》（1961）。

维托尔德·贡布罗维奇

Witold Gombrowicz，1904—1969，波兰人

小说家兼戏剧家贡布罗维奇出生于一个信奉民族主义的天主教贵族家庭——他一生都在颠覆这个群体的社会和文化态度。当他在1933年出版第一部短篇小说集《未成年时期的记忆》时，他在波兰文学圈已经颇有名气。

贡布罗维奇的第一部长篇小说《费迪南杜凯》是一个荒诞的讽刺故事，讲述了一个成年人变回少年的经历；这部作品至今仍被认为是现代主义的杰作。第二次世界大战爆发时，贡布罗维奇被流放到阿根廷。他在那里生活了二十四年，且大多数时间生活都很贫困。战后，波兰当局将他的作品列为禁书。然而，从20世纪50年代起，他的小说和戏剧引起了翻译界的注意。1963年回到欧洲后，他主要居住在法国，享受低调的名人生活。他的怪诞作品《日志》（*Journals*）在1957—1966年出版，被视为其最有趣的作品之一。

代表作：《费迪南杜凯》（1937）；《伊沃娜，柏甘达的公主》（*Yvonne, Princess of Burgundy*，1938）；《横渡大西洋》（*Trans-Atlantyk*，1953）；《色》（*Pornography*，1960）。

W. H. 奥登

W. H. Auden，1907—1973，英国人

威斯坦·休·奥登（Wystan Hugh Auden）是位多产的诗人，在技术上熟练地运用传统的诗歌形式。他的早期诗作隐晦且神秘，为其成长的英国中部的工业化景观感到忧心。20世纪30年代，他被认为是一个在牛津大学形成的左翼诗人群体的领袖。

西班牙内战（1936—1939）期间，奥登表现出反法西斯事业的坚定立场。然而，他的诗作表达的却

△ W. H. 奥登

是同性之爱的失落和普遍的文化萎靡，而不是某种特定的政治观点。1939年，奥登移居美国，并在1946年成为美国公民。他宣称反对自己曾忠于的诗歌，表示"诗歌不能成就任何事"。他后期的作品反映了基督教信仰和对现代文明的悲观主义态度。奥登最受欢迎的诗歌包括《吉小姐》（1938）、《葬礼蓝调》（1938）和《1939年9月1日》（1940）。

代表作：《诗集》（1930）；《陌生人请看》（*Look, Stranger!*，1936）；《焦虑时代》（*The Age of Anxiety*，1947）；《阿喀琉斯之盾》（*The Shield of Achilles*，1955）。

阿尔贝托·莫拉维亚

Alberto Moravia，1907—1990，意大利人

小说家阿尔贝托·平凯尔莱（Alberto Pincherle）以笔名莫拉维亚为人熟知，他记录了意大利资产阶级的生活，揭露了他们在金钱和性上的欲望、吝啬和虚伪。

莫拉维亚童年时期患有骨结核，他形容这是他人生中最具影响力的两段经历之一——另一段是生活在法西斯的统治之下。他在墨索里尼执政时期以作家身份声名鹊起；第一部长篇小说于1929年出版，他当时担任报社的记者，并帮助创办了两份文学评论杂志。他的几部作品都被法西斯政权禁止。

在第二次世界大战结束后的那段时间里，他成为一位知名的通俗小说家，以直白、现实主义的风格写作，同时敏锐地观察到意大利的新消费社会的阴暗心理根源，以及存在漏洞的民主制度。从20世纪60年代开始，他的创作逐渐减少。莫拉维亚在晚年被选为意大利共产党在欧洲议会的代表。

代表作：《冷漠的人》（*Time of Indifference*，1929）；《同流者》（*The Conformist*，1951）；《罗马故事》（1954）；《乔恰里亚女人》（957）。

△若热·亚马多

伊丽莎白·毕肖普

Elizabeth Bishop，1911—1979，美国人

作为20世纪美国最出色的诗人之一，伊丽莎白·毕肖普出生于马萨诸塞州，但在父亲去世、母亲被送进精神病院后，她童年的大部分时光是在新斯科舍（Nova Scotia）郊区的亲戚家度过的。

受诗人玛丽安·摩尔（Marianne Moore）的影响，毕肖普在纽约瓦萨学院时就开始创作诗歌。她的作品反映了自己四处旅行的生活，如在巴黎、佛罗里达州和巴西的长途旅行。她的诗作充满细致的观察且经常利用传统的诗歌形式，脱离了自白模式，但常常与她频发的抑郁、酗酒和同性恋情有关。

身为完美主义者，毕肖普一生仅发表了一百零一首诗。尽管自20世纪50年代起她就获得了认可，但其作品却在诗人死后才获得应有的地位。毕肖普最著名的诗作包括《早餐奇迹》（1935）、《鱼》（1946）和《一种艺术》（1976）。

代表作：《北与南》（*North & South*，1946）；《旅行的问题》（*The Complete Poems*，1969）；《地理学之三》（*Geography Ⅲ*，1976）。

若热·亚马多

Jorge Amado，1912—2001，巴西人

小说家若热·亚马多是巴西北部巴伊亚的一位种植园主的儿子。他十八岁时出版了第一部作品。作为信奉马克思主义的现实主义作家，他描绘了巴西社会核心群体的残暴和剥削。在热图利奥·瓦加斯（Getúlio Vargas）的独裁统治下，亚马多的书籍被焚毁，他本人也被迫流亡海外。1954年回到巴西后，他转向写作更为轻松的小说，充满幻想、幽默和感官享受。《味似丁香、色如肉桂的加布里埃拉》（*Gabriela, Clove and Cinnamon*）是他尝试新风格后的第一部作品，在巴西和海外都是畅销书。几乎同样成功的《弗洛尔和她的两个丈夫》（*Dona Flor and Her Two Husbands*）接近于魔幻现实主义，以超自然的方式化解了无法解决的冲突。

尽管亚马多已经成为一位受欢迎的小说家，但他却因对女性性行为的直白描述而备受争议。晚年时，他继续关注重要议题，如协调巴西文化中的欧洲元素和非洲元素。

代表作：《茹比亚巴》（*Jubiabá*，1935）；《无边的土地》（*The Violent Land*，1943）；《味似丁香、色如肉桂的加布里埃拉》（1958）；《弗洛尔和她的两个丈夫》（1966）。

奥克塔维奥·帕斯

Octavio Paz，1914—1998，墨西哥人

诗人、散文家奥克塔维奥·帕斯出生于墨西哥城的一个知识分子家庭。他很小时就开始写诗，于1933年出版了第一部诗集。尽管帕斯非常关心祖国（散文《孤独的迷宫》是对墨西哥人身份和文化的深刻思考），但他还是受到了欧洲现代主义的影响，特别是法国超现实主义者的影响。

自1945年起，帕斯在海外担任外交官。诗集《东山坡》（*East Slope*）中的诗歌受到了他从1962年起在印度担任大使这段时光的启发。1968年，他因政府在墨西哥城屠杀学生而辞去了外交官的职务。帕斯被认为是墨西哥顶尖的知识分子领袖和重要诗人，于1981年被授予让人梦寐以求的塞万提斯奖，后于1990年获得诺贝尔文学奖。

代表作：《石与花之间》（"Between the Stone and the Flower"，1941）；《孤独的迷宫》（"The Labyrinth of Solitude"，1950）；《太阳石》（1957）；《东山坡》（1969）。

卡米洛·何塞·塞拉

Camilo José Cela，1916—2002，西班牙人

小说家卡米洛·何塞·塞拉-特鲁洛克（Camilo José Cela y Trulock）用新的文学技巧，呈现了西班牙社会中一种强烈的厌世情绪，决心不“以文学的疯狂面具来掩饰生活”。出生于西班牙加利西亚的塞拉，在西班牙内战期间为佛朗哥一派战斗。他轰动性的长篇小说处女作《帕斯库亚尔·杜阿尔特一家》（*The Family of Pascual Duarte*）通过一个冷酷、嗜血的死囚农夫的自白，描述了贫穷与落后带来的残酷影响。

塞拉的部分著作起初在西班牙是禁书，包括《蜂巢》（*The Hive*）（很多人认为这是他的杰作）。这部作品通过三天内接二连三出现的上百个角色，呈现了人们对马德里生活的悲观态度。塞拉在后期作品中将实验性发挥到了极致，例如，小说《克利斯托对亚利桑那》（*Christ Versus Arizona*，1988），它以长达一百多页的单句写成。塞拉于1989年获得诺贝尔文学奖。

代表作：《帕斯库亚尔·杜阿尔特一家》（1942）；《蜂巢》（1950）。

卡森·麦卡勒斯

Carson McCullers，1917—1967，美国人

小说家卡森·麦卡勒斯原名卢拉·卡森·史密斯（Lula Carson Smith），出生于佐治亚州的哥伦布。尽管她成年后的大部分间都是在纽约度过的，但南方腹地仍在她的想象中占据一席之地。

麦卡勒斯于1936年出版了首部短篇小说《神童》（“Wunderkind”）。20世纪40年代，她最受好评的小说——《心是孤独的猎手》（*The Heart is a Lonely*）、《金色眼睛的映像》（*Reflections in a Golden Eye*）和《婚礼的成员》（*The Member of the Wedding*）——是对社会排斥、身体残疾和心理障碍方面进行的强有力且充满感性的研究。

麦卡勒斯本人的生活麻烦不断，被严重的疾病和酗酒所折磨。她与李维·麦卡勒斯（Reeves McCullers）结婚、离婚、复婚，直到1953年李维自杀。中篇小说《伤心咖啡馆之歌》（*The Ballad of the Sad Café*）是麦卡勒斯最后一部重要作品。她还于1958年创作了一部剧作《奇妙的平方根》（*The Square Root of Wonderful*），于1961年创作了一部长篇小说《没有指针的钟》（*Clock Without Hands*），但这些都没有取得其早期作品的成就。

代表作：《心是孤独的猎手》（1940）；《金色眼睛的映像》（1941）；《婚礼的成员》（1946）；《伤心咖啡馆之歌》，（1951）。

△ 海因里希·伯尔

海因里希·伯尔

Heinrich Böll，1917—1985，德国人

小说家海因里希·伯尔来自科隆一个信奉天主教的艺术家庭。他重要的成长经历是在第二次世界大战期间，以士兵的身份为自己所厌恶的纳粹政权战斗。战后，他清晰有力地阐述了作为普通德国士兵所经历的战斗，以及重返这个物质和道德都被摧毁的国家的经历。伯尔的早期风格，受欧内斯特·海明威等美国作家的影响，现实、直白且充满讽刺意味。当时的西德社会充斥着无情的物质主义和对这段尴尬历史的健忘，他因此成为一名直言不讳的批评家，他的作品也随之在技巧上变得复杂起来。

伯尔的作品经常是好斗的，他批判了《小丑之见》（*The Clown*，1963）中的天主教堂和《丧失了名誉的卡塔琳娜·勃罗姆》（*The Lost Honour of Katharina Blum*）中阴沟小报等各类现象。他是西德作家中唯一一位有作品在东德广为流传的。伯尔于1973年荣获诺贝尔文学奖。

代表作：《列车正点到达》（*The Train Was on Time*，1949）；《流浪人，你若到斯巴》（*Traveller, If You Come to Spa*，1950）；《莱尼和他们》（1971）；《丧失了名誉的卡塔琳娜·勃罗姆》（1974）。

J. D. 塞林格

J. D. Salinger，1919—2010，美国人

青春文学经典著作《麦田里的守望者》（*The Catcher in the Rye*）的作者杰罗姆·大卫·塞林格（Jerome David Salinger），出生于纽约一个犹太家庭。“二战”服役归来后，他确立了作家的名声，于1948年在《纽约客》上发表了短篇小说《逮香蕉鱼的最佳日子》（“A Perfect Day for Bananafish”）。

《麦田里的守望者》于1951年一经问世，就大获成功。该作品涉及青少年疏离与叛逆的主题，通过充满困惑的主人公霍尔顿·考尔菲德（Holden Caulfield）的声音来探索，使其多年来在青少年群体中依然广受欢迎。

在出版了《九故事》，包括备受好评的《为埃斯米而作——既有爱也有污秽凄苦》后，塞林格从纽约搬到了新罕布什尔州（New Hampshire），开始隐居生活，强烈保护自己的隐私。他的产出减少，从1953年起，十年间只完成了四部短篇小说，都与虚构的纽约格拉斯家族有关。评论界和大众都认为《弗兰妮与祖伊》是他最后一部真正意义上的成功之作。自1965年起，他再也没有出版新作。

代表作：《麦田里的守望者》（1951）；《九故事》（1953）；《弗兰妮与祖伊》（1965）。

多丽丝·莱辛

Doris Lessing，1919—2013，英国人

多丽丝·莱辛原名为多丽丝·梅·泰勒，在南罗德西亚（现津巴布韦）的农场长大，该农场由出身英国的父母所经营。于1949年回到英国时，莱辛已是一名坚定的共产党员和反殖民主义者，并离了两次婚。莱辛的早期著作都以非洲为背景，包括第一部长篇小说《野草在歌唱》，以及半自传系列《暴力的孩子们》五部中的四部。

1962年出版的《金色笔记》显示出她已从政治导向的现实主义转向了精神分析和形式革新。1979年至1983年，她通过科幻小说《南船座中的老人星》系列，颠覆了人们的期待。1985年的《好人恐怖分子》是对政治题材的一次令人印象深刻的回归。莱辛于2007年被授予诺贝尔文学奖。

代表作：《野草在歌唱》（1950）；《金色笔记》（1962）；《希卡斯塔》（*Shikasta*，1979）；《好人恐怖分子》（1985）。

远藤周作

Shusaku Endo，1923—1996，日本人

日本小说家远藤周作是名天主教徒，对他所处的社会而言，他是个怪人。20世纪50年代，他在法国里昂上学，受到了小说家乔治·贝尔纳诺斯（George Bernanos）等激进的天主教作家的影响。此时，他经历了人生几次久病中的第一次（以至于医院这一设定在他作品中占有重要位置）。

回到日本后，远藤出版了批判日本社会的小说，他谴责这是一个无情的“泥沼”，以至于基督教的爱的信息都无法到达。他最著名的小说《沉默》（*Silence*）是一个关于天主教传教士的痛苦故事，他们的信仰受到日本人的冷漠和残酷的考验。但是远藤也批判了天主教会的专制立场，认为耶稣是一个充满怜悯、为世人分担痛苦的形象，而不是权威者和审判者。他晚年的小说《深河》（*Deep River*）则聚焦于一群游览印度的日本人，充满了温暖的人情味。

代表作：《白种人》（*White Man*，1955）；《海与毒药》（*The Sea and Poison*，1957）；《沉默》（1966）；《深河》（1993）。

三岛由纪夫

Yukio Mishima，1925—1970，日本人

平冈公威以笔名三岛由纪夫为人熟知，是战后日本最卓越的文化人物。他虽出身于崇尚帝国主义的日本精英阶层，但却经历了充满创伤的青年时代，忍受着施虐般的纪律和日本战败的耻辱。他的第一部长篇小说《假面的告白》揭露了自己施虐－受虐狂式的同性恋幻想人生，使他在二十三岁时就一举成名。

三岛由纪夫将西方现代主义的影响和对日本逝去的武士道的浪漫化视角相结合，不仅成为重要的小说家，还成为优秀的剧作家、演员和电影制作人。政治上，他是右翼极端分子，致力于恢复天皇的传统权力。

1970年，三岛在试图领导个人武装政变但遭遇失败后，切腹自尽。在去世前不久，他完成了最后一部作品——四卷本的《丰饶之海》（*Sea of Fertility*），这是一部讲述20世纪日本人生活的史诗。

代表作：《假面的告白》（1948）；《金阁寺》（1956）；《午后曳航》（1963）；《丰饶之海》（1965—1970）。

西尔维娅·普拉斯

Sylvia Plath，1932—1963，美国人

普拉斯混乱的一生与其自白式的诗歌同样出名。她来自马萨诸塞州。出生于德国的父亲是生物学教授，在她八岁时就去世了。普拉斯年轻时就发表了诗歌和短篇小说，并于1955年从史密斯学院毕业。

到那时，她已经第一次尝试自杀，并接受了精神治疗，包括电击疗法。这些事后来成为她唯一一部长篇小说《钟形罩》的主题。

在凭借富布赖特奖学金进入英国的剑桥大学念书后，普拉斯和英国诗人特德·休斯（Ted Hughes）结婚了。她的第一部诗集《巨人》（*The Colossus*）只引起了少数人的关注。普拉斯和休斯育有两个孩子，但在1962年9月，休斯的不忠导致了两人分手。这段时间，普拉斯写下了她最著名的诗作，包括《爸爸》和《拉撒路夫人》，这些诗在其过世后被收录在诗集《爱丽尔》中。她于1963年2月自杀身亡。

代表作：《巨人》（1960）；《钟形罩》（1963）；《爱丽尔》（1965）；《诗选》（1981）。

△ 西尔维娅·普拉斯

当代文学

第六章

若泽·萨拉马戈

José Saramago，1922—2010，葡萄牙人

萨拉马戈根深蒂固的政治信仰孕育出了挑战性的作品，它们通常是寓言式的讽刺作品，涉及宗教、权力、剥削、腐败和社会分裂等主题。

在生命将尽时，若泽·萨拉马戈指出自己创作的起点是“不可能的可能性。我要求读者接受一个约定：即使这个想法是荒谬的，重要的是，想象它的发展变化”。所以他那冗长、优雅、非正统的句子——缺少标点和段落，只用一个大写字母来标记对话——推动读者展开宏大而富有创造性的寓言之旅，其中交织着历史和幻想、现实和怪诞。

像这样的想象跳跃都被记录了下来，如《修道院纪事》（*Baltasar and Blimunda*，1982）中残废士兵的英勇事迹，他的千里眼情人，以及一架神奇的飞行器；《石筏》（*The Stone Raft*，1986）中从欧洲分离出来的伊比利亚半岛；悲惨的政治寓言《失明症漫记》（*Blindness*，1995）中，一个因失明的瘟疫而陷入野蛮状态的城市。萨拉马戈小说中的元小说元素、魔幻现实主义和健谈的风格，使人们将其与塞万提斯、加西亚·马尔克斯和卡夫卡等作家进行比较。

◁ 若泽·萨拉马戈，1997年
萨拉马戈在巴黎的一次宣传旅行中的摆拍。直到晚年，他仍在坚持写作，甚至尝试每日都写博客。

记录的错误

萨拉马戈出生于阿济尼亚加偏远村庄的一个穷苦家庭。他父亲姓德·索萨（de Sousa），但登记员——喝醉了或是在搞恶作剧——却把新生儿的姓氏登记成了“萨拉马戈”（这是他父亲的绰号）。青年时期，萨拉马戈通过训练成为一名汽修工，之后又通过当翻译和记者来维持生计。他的第一部长篇小说《罪恶的大地》（*Land of Sin*）于1947年出版，当时他年仅二十五岁。同年，他的女儿维奥兰特出生了，她是他和伊尔达·瑞斯（Ilda Reis）爱情的结晶。

生命线

1966—1976年的十年间，萨拉马戈创作了三部诗集，但他最著名的还是小说。1969年，他加入被当局禁止的葡萄牙共产党——反对安东尼奥·德奥利维拉·萨拉查（António de Oliveira Salazar）独裁统治的主要政党，且一生都是坚定的共产主义者和无神论者。1974—1975年，在康乃馨革命推翻了萨拉查的继任者后，萨拉马戈担任革命日报《新闻日报》（*Diário de Notícias*）的编辑，却因走强硬的路线被解雇——据说他赶走了报社里的所有非共产党员。作家严肃、傲慢、有点铁石心肠的名声，很可能就是在这一时期出现的。当时，他的政治信仰在一个长期沉浸于极右意识形态的国家里并不受欢迎，而他又表现得如此明显。

萨拉马戈六十岁前都没有获得国际声誉，直到《修道院纪事》被翻译成英语。一系列成功之作紧随其后，1998年，他成为第一位获得诺贝尔文学奖的葡萄牙语作家。2010年，他因罹患白血病在兰萨洛特去世，有超过两万人参加了他在葡萄牙里斯本的葬礼。

◁ 作家的办公室
这里是萨拉马戈位于兰萨洛特的书房。作家和第二任妻子皮拉尔·德·里约（Pilar de Río）于1991年搬到加纳利群岛，以抗议葡萄牙政府对其作品进行审查。

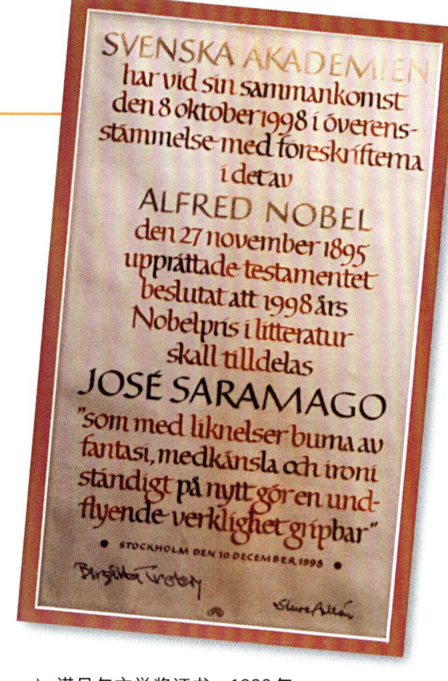

SVENSKA AKADEMIEN
har vid sin sammankomst
den 8 oktober 1998 i överens-
stämmelse med föreskrifterna
i det av
ALFRED NOBEL
den 27 november 1895
upprättade testamentet
beslutat att 1998 års
Nobelpris i litteratur
skall tilldelas
JOSÉ SARAMAGO
"som med liknelser burna av
fantasi, medkänsla och ironi
ständigt på nytt gör en und-
flyende verklighet gripbar"
STOCKHOLM DEN 10 DECEMBER 1998

△ 诺贝尔文学奖证书，1998年
瑞典文学院在1998年授予萨拉马戈诺贝尔文学奖时，称赞了他“极富想象力、同情心和颇具反讽意味的作品”。

相关背景

作家与激进分子

萨萨拉马戈表示，他无法想象自己存在于“任何形式的社会或政治参与之外”。他的政治和宗教信仰构成了其诸多小说的核心，因此经常会引来愤怒和争议。例如，《石筏》（有关伊比利亚半岛从欧洲分离的寓言）于1986年出版，正巧赶上西班牙和葡萄牙加入欧盟。这本书是对欧盟的控诉，被葡萄牙人甚至更多外国人批判。

五年后的1991年，《耶稣基督福音》（*The Gospel According to Jesus Christ*）因把耶稣描绘成一个有欲望、容易犯错的人，把上帝描述成一个善于操纵、渴望权力的神，震动了天主教国家葡萄牙。葡萄牙政府在教会的施压下，封禁了这部作品，并取消了萨拉马戈于1992年入围的一项欧洲文学奖的提名。此外，2002年，作者在访问约旦河西岸期间，将以色列占领下的巴勒斯坦人的困境与奥斯威辛犹太人的苦难相提并论，进一步激起了一些人的愤怒。

DIKTER I URVAL

德里克 · 沃尔科特

Derek Walcott，1930—2017，圣卢西亚人

沃尔科特经常通过辞藻优美的段落，以起源、归宿、风景和记忆等问题向读者阐述其家乡残酷的殖民地历史和复杂的现代身份认同之间的关系。

1990年，德里克·沃尔科特出版了《奥美罗斯》（*Omeros*），这是一部极其惊人的史诗，使他一举成名。两年后，即他六十二岁时，被授予诺贝尔文学奖。尽管国际声誉姗姗来迟，但他仍因早期杰出的作品而为加勒比海地区的读者所熟知。

殖民遗产

沃尔科特出生在圣卢西亚，一个风光旖旎的小岛。他的父亲是画家、诗人，母亲是一位校长，常常出口成章。尽管法语方言在岛上十分普及，但一家人在家时说英语。沃尔科特以他"良好的英语教育"为傲，其中包括西方文学经典的浸润——荷马、莎士比亚、但丁、弥尔顿、艾略特、庞德、乔伊斯和叶芝是主要的影响因素。

他的作品经常提及西方传统的语言和形式，但通常是为了探索自己独特的联想，且较多地聚焦于殖民主义、加勒比和非洲身份等问题。例如，《奥美罗斯》参考了荷马的《奥德赛》和《伊利亚特》，在现代加勒比的背景下探究流离失所和流放的主题。

◁ **艺术家兼作家**
这张照片拍摄于德里克·沃尔科特的书房。他起初被训练为艺术家。他生动描绘加勒比风景的水彩作品被印在了自己一些书的封面上。其中一幅海景画在这张照片的顶部就可以看见。

赞誉和争议

沃尔科特还是少年时，向母亲借了两百美元，出版了他的第一部诗集。两年后，他创作并参演了他的第一部戏剧，从而开启了戏剧事业，包括获奖作品《猴山上的梦》（*Dream on Monkey Mountain*，1970）、《提金和他的兄弟们》（*TiJean and his Brothers*，1972），以及《塞维利亚的小丑》（*The Joker of Seville*，1978）。他创立了特立尼达剧院工作室（1959）和美国波士顿大学的波士顿剧作家剧院（Boston Playwrights' Theatre，1981）。然而，他最出名的作品还是诗歌。

沃尔科特于1953年从西印度大学毕业后，搬去了特立尼达做记者和评论员。1969年，诗集《在绿夜里》（*In a Green Night*）在美国出版，他的事业取得了突破。从20世纪80年代到2007年，他在各个大学任教，教授诗歌、创意写作和戏剧，其中包括哈佛大学和耶鲁大学。他的众多奖项中分量最重的是凭借最后一部诗集《白鹭》（*White Egrets*，2010）所获的艾略特奖。

沃尔科特的一生是动荡的：三段婚姻均以离婚告终；与作家V. S. 奈保尔（V. S. Naipaul）的友谊演变成了公开的对立；甚至在2009年，他撤回了牛津大学诗歌教授的教职申请。2010—2013年，他担任艾塞克斯大学的诗歌教授。

沃尔科特与谢默斯·希尼（Seamus Heaney）、约瑟夫·布罗茨基（Joseph Brodsky）等顶尖诗人的友谊和相互仰慕之情，再次凸显了他在国际诗歌舞台上拥有的最受尊敬诗人之一的地位。尽管如此，他"基本上甚至坚定"认为自己是加勒比作家，继续在圣卢西亚生活和工作。沃尔科特于2017年3月17日在家中去世，死后享受了国葬待遇。

△ **白鹭**
在去世前七年出版的诗集《白鹭》中，沃尔科特选择了加勒比海天空中优雅的白鹭来代表他对友谊、死亡和时间流逝的深刻反思。他把这些"无礼的天使"的贪婪比作自己的求知欲："我钢笔的鸟嘴，叼起扭动的昆虫 / 像名词那样吞咽它们。"

背景知识
失乐园

加勒比的风景，特别是海景是沃尔科特作品中强有力的母题。这位作家尖锐地批判了对这一地区脆弱的生态系统造成毁灭性破坏的旅游业、政府的贪婪，以及政府对民族、文化、环境遗产缺乏敬意。2013年，他尤其对圣卢西亚政府计划在该岛壮观的皮顿山（the pitons）脚下建造豪华酒店感到愤怒。"当一个国家同意毁坏自己的面貌时，你能说什么呢？"他失望地表示。

犬牙交错的皮顿火山，是圣卢西亚的著名地标

托妮 · 莫里森

Toni Morrison，1931—2019，美国人

莫里森的小说是对美国黑人历史强有力的诗意探索。她热情而诚实的写作赢得了国际赞誉，并使她成为首位获得诺贝尔奖的黑人女性。

△ 总统荣誉
莫里森是一位知名的小说家。1993年，她因“具有想象力和诗意的”作品而被授予诺贝尔文学奖。2012年，她获得总统自由勋章（上图）——美国最高的平民荣誉。

克洛伊·沃福德（Chloe Wofford）出生于俄亥俄州的工业小城洛雷恩（Lorain）。年轻时，她以昵称托妮而为人熟知，之后以莫里森的姓氏（丈夫哈罗德的姓氏）来发表作品，两人在1958年结婚，1964年离婚。

莫里森是焊接工乔治（George）和家政工拉马（Ramah）的第二个孩子，两人为了躲避美国南部盛行的种族歧视和隔离，从佐治亚搬到洛雷恩。莫里森的母亲是一名卫理会信徒，在音乐、歌唱和讲故事方面都很擅长，尤其是从外祖母那里传下来的鬼故事。超自然的故事和歌曲显然构成了莫里森之后作品的主题，并帮助她塑造了那咒语般的诗歌风格和颇具洞察力的对话。

学生和老师

在父母的鼓励下，莫里森在学校表现优异，并在文学中找到了灵感，从客厅剧到经典名著，她什么书都看。1949年，她进入华盛顿的霍华德大学。在那里，她与当时最杰出的一批黑人知识分子混在一起，但也被迫面对一个现实问题，即生活在一个被令人窒息的种族等级制度所困扰的隔离城市。

◁ 多元化的事业
莫里森这张照片拍摄于1977年，当时她已经出版十一部长篇小说和几乎同样数量的非虚构作品。她是杰出的黑人权利倡导者，也是卓有成就的教育家。1989—2006年，她在普林斯顿大学任教，如今是那里的荣誉教授。

△ 分裂的社会
阿拉巴马种植园的一次舞会，图中显示了美国南部种族歧视和隔离的现实，这也是莫里森在自己小说中强调的不平等。

在获得纽约康奈尔大学的硕士学位后，莫里森开始了英语教授的职业生涯。她回到霍华德大学教书，并加入了一个充满创造力的写作群体。正是在霍华德大学，她创作了一部短篇小说，探讨了黑人女性被排除在流行文化之外的问题，这也是她的第一部长篇小说《最蓝的眼睛》（*The Bluest Eye*，1970）的引子。

莫里森的大部分小说都与历史相关。通过创作，她开始重新审视此前“不为人知和未经检验的”非裔美国人的故事。作家书写内心，目的是解放被恶意压制的声音——在小说《宠儿》（*Beloved*）中，塞丝将这种行为描述为“记忆”。莫里森持续创作小说；她最新的小说《孩子的愤怒》（*God Help the Child*）于2015年出版。

相关背景
出版成就

离婚后，带着两个孩子的莫里森自1967年起在纽约出版商兰登书屋（Random House）担任编辑，只有在清晨孩子们还在睡觉时，她才能写作。她是黑人写作的支持者，编纂了包括沃莱·索因卡（Wole Soyinka）、钦努阿·阿契贝、阿索尔·富加德（Athol Fugard）等人的作品在内的文集《当代非洲文学》（*Contemporary African Literature*）。她还出版了穆罕默德·阿里（Muhammad Ali）的争议性自传，并策划了《黑人之书》（*The Black Book*，1974），该作品记录了自奴隶时代起黑人在美国的生活。

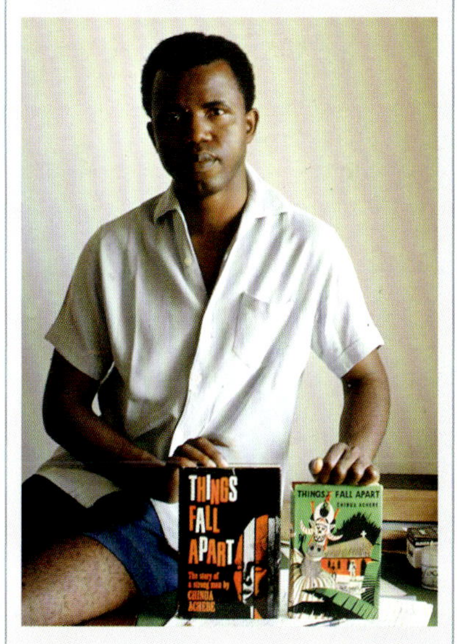

尼日利亚作家钦努阿·阿契贝，莫里森为其出版作品

> **“她的故事是可以忍受的，因为这也是他的故事——讲述，提炼，再讲述。”**
>
> 托妮 · 莫里森，《宠儿》

艾丽丝·门罗

Alice Munro，1931— ，加拿大人

这位诺贝尔文学奖得主以揭示日常生活中的奇妙之处而闻名，她以祖国加拿大的普通人的生活和思想为基础，创作出了最精彩的短篇小说。

艾丽丝·安·莱德劳（Alice Ann Laidlaw）生于1931年，在父亲经营的以水貂和狐狸为主的农场长大，该农场位于加拿大安大略省休伦县温厄姆镇的郊区。艾丽丝和母亲没法自然地融入这个社区：一个原先是教师的农场主妻子；一个“过于聪明”且在漫长上学路上编故事的孩子。当她母亲患上多发性硬化症时，艾丽丝开始操持家务，并需要照顾弟弟和妹妹。

她获得了在西安大略大学学习英语和新闻学的奖学金，但是在毕业前，她的奖学金就花光了。二十一岁时，她与同学詹姆斯·门罗（James Munro）结婚，搬去了温哥华西部，后生下他们的第一个孩子。在接下来的十五年里，她为杂志社和电台创作短篇小说，怀孕期间也在疯狂写作——甚至在婴儿小睡时、上学时和深夜里——她担心再也没有这样的时间来创作。门罗后来又生了三个女儿，但她的第二个孩子出生后没多久就去世了。多年后，她在接受诺贝尔文学奖采访时说：“写作时，我极度疲惫，但还是会为孩子们准备午餐。”

▽ **休伦县**
门罗出身寒微，她从自己休伦县的生活经历中挖掘到巨大的财富。她的故事一次又一次地回到乡村社区，带着复杂的人物和轻声低语的历史。

掌控故事

三十七岁时，门罗的首部文集《快乐影子之舞》（*Dance of the Happy Shades*，1968）出版，并获得了加拿大最高文学奖项——加拿大总督奖。这时，一家人搬到了多伦多，并在那里开了一家书店。门罗之后尝试写一部长篇小说，但写到一半就回归了她所熟悉的短篇小说形式，后于1971年出版了短篇小说集《女孩和女人们的生活》（*Lives of Girls and Women*）。“就是那时，我了解到自己永远没法写一部真正的长篇小说，因为我无法那样思考。”门罗回忆道。门罗是揭示，而不是讲故事的大师，她写的故事几乎没有长篇小说的情节，但有长篇小说的深度。她刻画丰富且复杂的人物，有着挖掘人物内核的天赋，揭示了是什么让所有人的生活非凡且充满邪恶。

晚期作品

从20世纪80年代起，门罗每四年至少出版一部短篇小说集。凭借《公开的秘密》（*Open Secrets*，1994）、《好女人的爱情》（*The Love of a Good Woman*，1998）和《逃离》（*Runaway*，2004）等书，她获得了加拿大、英国和美国等近二十个主要奖项，其中包括2009年的布克国际文学奖和2013年的诺贝尔文学奖。

在与地理学家杰拉德·弗莱林（Gerry Fremlin）开始第二段婚姻后，门罗搬到了安大略乡下的克林顿，距离两人长大的地方不足三十公里。2013年，她八十二岁，宣布封笔。最后一本书《亲爱的生活》（*Dear Life*）包括四个不算故事的故事，“它们都与我的生活相关，而且是我不得不说的最亲密的事情”。

文学形式
非线性叙事

门罗是非线性叙事的早期革新者，这种叙事在现在、过去和未来之间来回跳跃。她的故事总是半遮半掩，有时甚至从未完全揭露；手中的一件遗物唤起了人们对过去的回忆，通过剪报或一个不可靠的目击者，一个秘密被爆出。一位叙述者对某个事件的描述可能之后会被另一个人转述，以此阐明叙事这种行为本身。门罗将自己的写作描述为“自然而然”，但这并不是什么简单的天赋。她的手稿被转录和打印，经过严格的修改，从而形成能够捕捉生活的微妙和复杂的清澈词句。

艾丽丝·门罗的《女孩和女人们的生活》

▷ **“加拿大的契科夫”**
艾丽丝·门罗在八十二岁时被授予诺贝尔文学奖，成为世界上仅有的十六位女性获奖者中的一位。她的作品被拿来和契诃夫的作品进行比较——情节简单，但意义深刻。

纳瓦勒·萨达维

Nawal El Saadawi，1931—2021，埃及人

萨达维毕生都在关注阿拉伯世界女性的现状以及她们所受的压迫，关注性别和阶级议题，在国际上享有盛誉。

纳瓦勒·萨达维的写作根植于女性主义、政治，以及她作为阿拉伯世界的一名医生兼精神病学家的经历。她最著名的小说之一《冰点的女人》（*Women at Point Zero*，1975），讲述了费达斯（Firdaus）的故事，主人公费达斯是一个骄傲、口才好的女人，因杀害皮条客而被判处死刑。这部小说在诸多中东国家被禁，它是萨达维与一个被关在女子监狱中的女子会面后创作的。

萨达维于1931年出生在塔拉村（Kafr Thala），尼罗河沿岸的一个小村庄。她很早就在政治上觉醒了：在自传中，她记录了当祖母告诉自己“一个男孩至少值十五个女孩……女孩是祸水”时，她愤怒地跺着脚。六岁时，她经历了可怕的女性割礼，出于宗教和政治原因，这一仪式在有些地方经常举行。“伤痛就在那里，就像深埋在我肉里的脓肿。”她之后写道，而她从未停止过在自己的作品中质疑这种虐待行为。

医生、女性主义者和激进主义分子

萨达维在开罗的大学接受医生的培训，专攻精神病学。她回到家乡行医，在那里，她目睹了人们对女性施加的暴行，并由此创作了第一部长篇小说《女医生回忆录》（*Memoirs of a Woman Doctor*，1958）。1963年，她开始在埃及公共卫生部任职，但在描写女性生殖器被切割和其他压迫性行为的批判性作品《女人与性》（*Women and Sex*，1972）出版后被解除职务。她被当权者视为危险分子后，仍在继续创作。

1981年，萨达维因“危害国家罪”被关进卡纳提尔监狱。在那里，她创作了《女子监狱回忆录》（*Memoirs from the Women's Prison*）——用一支偷带进来的眉笔在一卷卫生纸上创作。三个月后，她被释放了。

持续增长的迫害和死亡威胁迫使萨达维和当时的丈夫逃到了美国，她在那里担任各种教职。于1996年回到埃及后，萨达维继续写作，并保持着政治上的活跃度。她最近的作品包括《泽娜》（*Zeina*，2009），这部小说讲述了两个女人的一生，即波多尔（Bodour）和她被遗弃的女儿泽娜以不同的方式面对父权压迫的故事。

背景知识
政治活动

在阿拉伯世界，萨达维一直坚持不懈地反对女性生殖器切割和男性以其他形式对女性压迫。1979—1980年，她担任了联合国在非洲和中东地区妇女方案的顾问。她公开反对西方的帝国主义和阿拉伯国家的阶级结构，她认为这是让女性成为二等公民的原因。

“自从我拿起**笔写作**，危险就成了**我生活**的一部分。在一个充满**谎言**的世界里，没有什么比**事实**更**危险**的了。”

纳瓦勒·萨达维

▷ **自然的力量**
纳瓦勒·萨达维是位高产的作家和热心的活动家。尽管经常受到审查和官方谴责，她还是出版了五十多本书，并在近期表示自己“年纪越大越激进”。

▷ **约翰·厄普代克，1991年**
拍摄这张照片时，厄普代克正与他1977年迎娶的第二任妻子玛莎·鲁格尔斯·伯纳德（Martha Ruggles Bernhard）在马萨诸塞州的贝弗利生活。

约翰·厄普代克

John Updike，1932—2009，美国人

作为一位特别高产的小说家，厄普代克在他的整个职业生涯中一直处于行业的顶端。他的天赋在于能用优美、感性且具有启发性的文字来描述日常事物。

“我唯一的职责就是描述我所看到的现实，赋予世俗应有的美丽。”

约翰 · 厄普代克，《早期故事》（*Early Stories*）

约翰·厄普代克于1932年出生在宾夕法尼亚州雷丁市。尽管他的父母很贫穷，但他在学校成绩优异，获得了哈佛大学的奖学金，并在那里成为《哈佛妙文》（*Harvard Lampoon*）的编辑。他本想成为一名漫画家，但在开始这项事业之前，他已经通过写作获得了优渥的收入。

◁《纽约客》
厄普代克一生都是《纽约客》杂志的常规供稿人，写作小说、诗歌、散文和评论。

20世纪50年代中期，厄普代克结婚，并与怀孕的妻子在纽约短暂地生活了一段时间。作为著名的《纽约客》杂志的年轻撰稿人，他的作品曾由杰出的威廉·麦克斯韦尔担任编辑，后者培养出了20世纪的多位知名作家，包括J. D. 塞林格、尤多拉·韦尔蒂（Eudora Welty）和约翰·契弗（John Cheever）。1957年，厄普代克和家人一起搬到了乡下，他认为自己属于那里。他在马萨诸塞州的伊普斯威奇定居下来，这里的邻居——努力工作、坚持去教堂、郊区中产阶级民众——为他接下来的多部小说提供了主题。厄普代克极为高产，他的作品又很受欢迎，所以他二十四岁时就能通过写作养家糊口。

郊区编年史

1959年，厄普代克出版了第一部长篇小说《贫民院义卖会》（*The Poorhouse Fair*），次年出版了《兔子，快跑》（*Rabbit*, *Run*）——作为“兔子”系列的第一部，这本书让他成为美国最重要的作家之一，至今仍有很多人认为它代表着厄普代克的最高成就。“兔子”系列包括四部长篇小说和一部短篇小说，讲述了宾夕法尼亚州布鲁尔一位普通的中产阶级男人“兔子”哈利·安斯特朗（Harry “Rabbit” Angstrom），从他青年时期的迷茫到富有（尽管不快乐且不满足）的中年时代，再到之后的死亡。这个系列因厄普代克异常丰富的语言而显得与众不同，他的遣词造句使日常生活的每个细节都闪耀着美和意义。厄普代克和他作品中的角色的衰老速度一样快，大约每隔十年出版一部作品。这个系列（1961—2000）为他赢得了两次普利策奖，并为美国战后经济繁荣中心的孤独、不稳定和绝望竖立了一座艺术纪念碑。

厄普代克在小说《夫妇们》（*Couples*，1968）中书写了20世纪50年代基督教道德的衰落，以及60年代性解放运动对社会的影响。这本书引起了争议，因为其细致描绘了——在很多评论家看来是过度渲染——一群生活在郊区的职业人士的通奸行为和荒淫无度，而他们用性这种方式来掩盖自身存在的恐惧。

厄普代克的创造力和好奇心并没有随着年龄增长而衰减，在之后的人生里，他尝试了各种各样的主题，创作了有关非洲独裁（《政变》，1978），末日时代的未来世界（《时间的尽头》，1997）等主题，甚至《哈姆雷特》的前传（《葛特露和克劳狄斯》，2000）。在与肺癌抗争后，他在马萨诸塞州的一家临终关怀医院里逝世。

◁ 波利·多尔别墅
这座位于马萨诸塞州伊普斯威奇的漂亮故宅，其中一部分建筑的历史可以追溯到1680年，约翰·厄普代克和他的第一任妻子玛丽在这里养育了他们的四个孩子。这对夫妇于1974年离婚。

背景知识
反复出现的人物

约翰·厄普代克这类文学小说家和他同时期的菲利普·罗斯（Philip Roth）（写了九部关于自己另一个身份内森·祖克曼的小说）因创作一个主人公的系列作品而闻名。这些系列让作者能够描绘一个人物随时间所产生的变化，并以一种不可能在一卷书中完成的方式探索不断变化的政治和社会背景。熟悉度显然也带来了商业优势，作者同样乐于回归主题。对厄普代克来说，写“兔子”的故事“就像每十年回一次故乡”。

《兔子，快跑》初版

科马克 · 麦卡锡

Cormac McCarthy，1933— ，美国人

作为在世的美国作家中最神秘的一位，麦卡锡也是最受欢迎的作家之一，这要归功于他那些描写人类在严酷的环境中挣扎求生的阴郁且有力量的小说。

文学风格

减少分心之物

科马克・麦肯锡长期以来一直拒绝使用引号来标记对话，也很少指出谁在说话。实际上，他尽量避免使用标点符号。这方面，他追随着威廉・福克纳和詹姆斯・乔伊斯的脚步。麦卡锡说："没有理由，用奇怪的小符号把纸张弄脏……如果你写得够好，就不应该用标点符号。"因此，他的作品印刷出来的页面显得简洁和稀疏。这常常与他书中设置的鲜明而引人注目的场景相呼应，或许与他叙述故事的简约和冷酷风格相呼应。

科马克・麦卡锡（原名查尔斯）出生在罗得岛州，但在田纳西州的诺克斯维尔长大。他父亲在田纳西河流域管理局（Tennessee Valley Authority）工作，部分工作是让几个世代都居住在山里的人们迁移出来，好让这片区域被河流淹没。这似乎对年轻的麦卡锡产生了一定影响，他对这里的乡民有着同情之心和迷恋，并从他们的生活和处境中汲取了自己前四部长篇小说的灵感。

△ **南部风格**

麦肯锡因其设定在美国南部诸州、道德扭曲的故事而知名。他利用这些景观颠覆了美国民间传说中英雄牛仔的传统形象。

美国式哥特

20世纪50年代，在美国空军服役四年后，麦卡锡进入了田纳西大学。之后，他没有完成学业，而是努力成为一名作家。自1965年的《果园守门人》（*The Orchard Keeper*）起，他的连续四部长篇小说好评连连，这为麦卡锡赢得了足够多的奖项，使他得以继续写作，但是它们的主题往往是令人毛骨悚然的，其中包括谋杀儿童、乱伦、肢解尸体和恋尸癖。这些书都没有重印，导致麦肯锡经常缺钱。20世纪80年代，经历了两次离婚后的他搬去了得克萨斯州的厄尔巴索，这样就能更好地为《血色子午线》（*Blood Meridian*）收集素材了，这部半历史、极端暴力的"反西部"小说标志着其作品的成熟。他的事业在《天下骏马》（*All the Pretty Horses*，1992）的成功后得以扭转，这部书获得了国家图书奖。这是他的《边境三部曲》（*The Border Trilogy*）的第一部，描述了美国西南部和墨西哥的两名成年男子的生活。

◁ **科马克・麦肯锡**

这张照片展现的是1991年隐居中的作家。麦肯锡很少出现在公众视野，当2007年他现身《奥普拉脱口秀》（*Oprah Winfrey Show*）时，震惊了整个文学界。

麦卡锡描写了那些在冷酷世界中挣扎的人，他们在同样凄凉的环境中直面自己作恶的能力。人们认为他的作品追随了威廉・福克纳和弗兰纳里・奥康纳（Flannery O' Connor）的脚步，对南方哥特风格做出了巨大贡献。他还为美国西部片增添了黑暗的一面。

1997年，麦卡锡与第三任妻子詹妮弗・温克利（Jennifer Winkley）结婚，两人育有一子（他的第二个儿子）。他曾说，为人父的经历使他写出了《路》（*The Road*），这是一部讲述一个男人和他儿子世界末日后的旅途的畅销书。

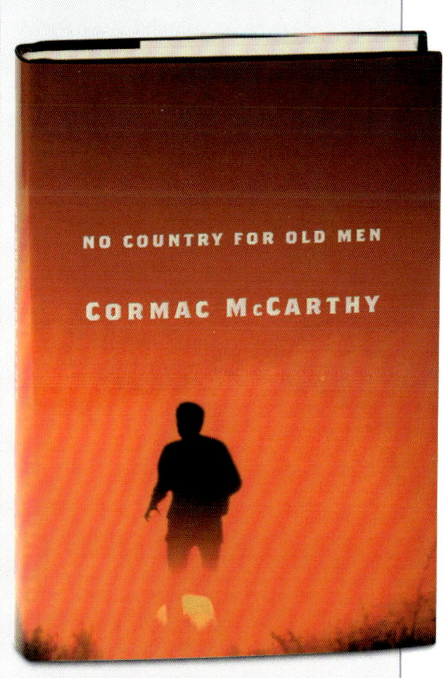

《老无所依》（*No Country For Old Men*，2005）是麦卡锡风格的例证

> "我的完美一天就是坐在一间放有白纸的房间里。那简直是天堂，是黄金屋，其他的任何事都只是浪费时间。"
>
> 科马克 · 麦肯锡

谢默斯·希尼

Seamus Heaney，1939—2013，爱尔兰人

希尼是当代最伟大的挽歌诗人之一，也是著名的文学评论家和翻译家。他的作品——通过多种形式探索古代文本、北爱尔兰问题，以及爱情——在世界范围内都很有吸引力。

△ 德里郡和福伊尔河（River Foyle）
北爱尔兰构成了希尼生活和创作的背景。他的童年是在家人的爱中度过的，并深深扎根于当地社区。

谢默斯·希尼出生于1939年，是贩牛商帕特里克和妻子玛格丽特所生的九个孩子中的老大。他在北爱尔兰德里郡的乡下农场长大，是个天主教徒，并在家乡贝拉希附近的安娜荷瑞什（Anahorish）小学接受教育。他后来认可了学校灌输的价值观，并以在“罐头屋子”里接受教育而感到自豪。直到今天，他仍被德里郡的人们称为“谦逊的贝拉希人”。

希尼的很多诗作都表达了对往昔的敬畏，关注童年和本地社区的价值观及传统，常常着眼于事物的微小细节。例如，在《日光》中，他回忆起了姨妈烤面包；在《铁匠铺》中，他回忆了村里铁匠的工作（这是对诗人技艺的隐喻）。但是作为成长于第二次世界大战期间的男孩，他还目睹了家附近的美国空军基地的军事演习，这表明除自己所熟知的安全世界之外，还有一个截然不同的世界。正是这些早年的影响塑造了希尼的个性、文化和民族图景，并在后来成为他诗作的素材来源。

天堂与地狱

1951年，希尼获得了德里郡一所离家四十英里的天主教寄宿学校的奖学金。在那里，他学习了拉丁语和爱尔兰语，这两门语言是他成为诗人的核心。希尼把他的第一次离家经历描述为“从农场劳作的土地到教育天堂”的转变，但在学校没待多久，他年仅四岁的弟弟克里斯多夫就在一起车祸中丧生了。希尼在《期中假期》（“Mid-Term Break”）中以简短的诗句描述了这一

背景知识
北爱尔兰问题的开始

20世纪60年代末，北爱尔兰的政治局势动荡不安，天主教极端分子做好了反抗英国统治的准备，以建立统一的爱尔兰共和国。1968年10月5日，皇家警察部队（Royal Ulster Constabulary）的警察在德里郡组织了一场民权游行，在这一过程中，很多抗议者受了伤。20世纪70年代，随着统一党（英国统治的支持者）和天主教共和党人之间的敌意日益加剧，希尼开始在更广泛的历史背景下描绘这场时常充满暴力的斗争，这在诗集《在外过冬》（*Wintering Out*，1973）和《北方》（*North*，1975）中均有体现。

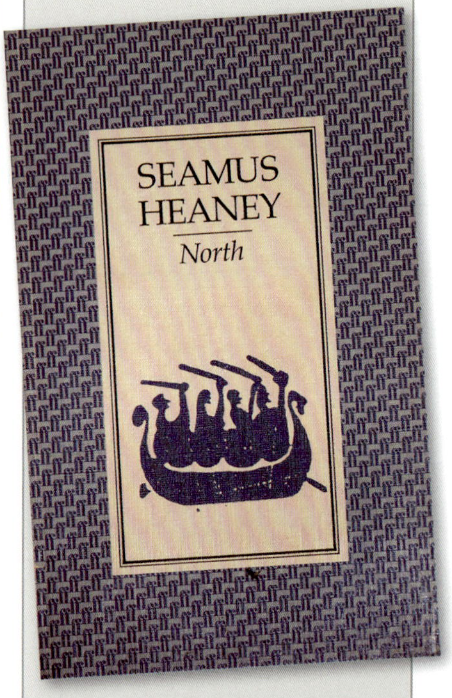

谢默斯·希尼的诗集《北方》，1975年

> “这位诗人从他的词汇库里编织了一个奇怪的故事／一个关于生活和一段畏畏缩缩的爱情故事。”

谢默斯·希尼，《关于他的英语作品》（“On His Work in the English Tongue”）

▷ 谢默斯·希尼，1995年
作为一个受欢迎且善于交际的人，希尼是一位有魅力的教师和播音员，也是自己作品的优秀朗读者。他的这张照片拍摄于获得诺贝尔文学奖那年。

背景知识
文学合作

希尼的文学关系网囊括了很多大人物，包括德里克·沃尔科特、罗伯特·洛威尔和约瑟夫·布罗茨基。然而，他在创作上与英国作家特德·休斯（1930—1998）的关系特别密切，后者对战争暴行的记忆，启发了希尼很多诗作的创作。两位诗人共同编纂了《百纳袋》（*The Rattlebag*，1982）和《书包》（*The Schoolbag*，1997），这是一套兼收并蓄、简洁的英语诗歌选集，已被世界各地的教育工作者广泛用于诗歌教学。

特德·休斯，1970年

△ **德里郡的街头，1975年8月**
图中展示了20世纪70年代骚乱最严重的时候，全副武装、手持防暴盾牌的英国占领军在德里郡的街道上维持治安。

事件：“躺在一个四英尺长的小盒子里，就像睡在婴儿床上一样。/没有多彩的伤疤，汽车干净利落地将他撞飞。/四英尺的盒子，一英尺代表他一年的寿命。”

离开学校后，希尼在贝尔法斯特女王大学学习，获得了英语专业的第一名。他留在了这座城市，在圣约瑟夫学院接受教师培训，之后在圣托马斯高等中学教书。那里的校长是享有盛誉的爱尔兰作家迈克·麦克拉维提（Michael McLaverty），他成为希尼的导师（希尼的诗作《养育》正是献给麦克拉维提的），并向希尼介绍了很多诗人，其中包括帕特里克·卡文纳（Patrick Kavanagh）。在贝尔法斯特，希尼还发现了一个名为“团体”（the Group）的作家工作室，由菲利普·霍布斯鲍姆（Philip Hobsbaum）创立，霍布斯鲍姆在女王大学任教，同时发掘同时代其他作家的作品，尤其是特德·休斯的《牧神节》（“Lupercal”）。

上帝的来信

至1962年，希尼已经是一位发表过作品的诗人。在接下来的几年里，各类顶尖的出版物都推荐了他的作品，其中包括《爱尔兰时报》（*The Irish Times*）和《新政治家》（*The New Statesman*）。然而，他的重大突破是在1964年，当时北爱尔兰人、英国著名的费伯－费伯出版公司的董事查尔斯·蒙塔斯（Charles Monteith）写信给希尼，表示想要阅读他的诗作。希尼表示他被这个请求惊呆了，这“就像从上帝那里收到一封来信”。两年后，该公司出版了希尼的第一部重要诗集《一个自然主义者的死亡》（*Death of a Naturalist*，1966），该作荣获四个奖项，其中包括毛姆奖和杰弗里·费伯纪念奖。希尼把这部诗集献给了玛丽（德夫兰），两人于1965年结婚。这部诗集共有三十四首诗，主题从对爱情的描写和对共同生活的期待，到童年、家庭、自然、爱尔兰的乡村及战争。

20世纪60年代末，当北爱尔兰

重要作品年表

1966
希尼的第一部诗集《一个自然主义者的死亡》出版后，立即获得好评。

1975
《北方》出版，这是希尼第一部回应北爱尔兰暴力和政治动乱的作品。

1980
《先人之见》（*Preoccupations*）是希尼出版的第一部论文集，包括对叶芝、华兹华斯和霍普金斯的评论文章。

1984
在诗集《斯特森岛》（*Station Island*）中，希尼关注了历史和当下事件之间的关系。

2000
希尼翻译的盎格鲁－撒克逊语史诗《贝奥武夫》出版。该译作后来获得了几项重要奖项。

2004
《底比斯的葬礼》（*The Burial at Thebes*）是希尼的第二部剧作，作者将底比斯的统治者克瑞翁与美国的乔治·W. 布什做比较。

2010
希尼的最后一部诗集《人之链》（*Human Chain*）出版。很多人认为它收录了诗人最优秀的一批作品，包括希尼本人。

“我的食指和拇指间夹着一支矮墩墩的笔，依偎着像杆枪。”

谢默斯·希尼，《挖掘》

的敌对状态变得逐渐严峻时，希尼的作品变得越来越政治化，他越发批判英国的干涉，并越来越多地提到了祖国的动乱和暴力（见第318页的右侧栏）。希尼有时会表达他对成为北爱尔兰代言人的矛盾心理，但他的诗作承认了生命的悲惨损失，并引入了分析和评论。他继续写关于家乡生活和风景的文章，捍卫诗人赞颂教区的权利。

逃离内乱

1970年，希尼和家人通过在美国加利福尼亚大学度过的一学年，暂时从北爱尔兰的问题中解脱出来，他则在那里任教。

1971年9月，一回到北爱尔兰，希尼就从贝尔法斯特女王大学辞职了，并在1972年迈出重要一步，即移民爱尔兰共和国，生活在威克洛市格兰莫尔的一座庄园里，那里曾是剧作家J. M. 辛格（J. M. Synge）的家。在诗集《北方》的结尾，希尼将自己的处境形容为“从大屠杀中逃脱”。希尼喜爱这个偏远的地方，而格兰莫尔几乎就像他的缪斯女神一样：他在那里生活时，由于没有电话，经常会持续写作好几个小时。

一些评论家认为，希尼接下来的诗集《野外工作》（*Field Work*，1979）远离了直接的政治参与；而其他评论家，如美国诗人约书亚·维纳（Joshua Weiner），则认为这是“一种日益增长的参与承诺，但是……保持长远的眼光，提出问题，而不是假设立场”。

到20世纪70年代末，希尼的作品获得了世界的认可，特别是在美国。1979年，他在哈佛大学教授了一个学期的诗歌，还获得了纽约两所大学的荣誉博士学位。1981年，他又回到哈佛大学，并在那里每年教一个学期的课程，直到1997年。

20世纪80年代，希尼和剧作家布莱恩·弗里尔（Brian Friel）、演员斯蒂芬·瑞（Stephen Rea）遵循叶芝建立都柏林阿贝剧院（Abbey Theatre）的传统，在德里郡创办了“田野岁月戏剧公司”（The Field Day Theatre Company）。希尼的诗歌也转向了悲伤的主题，因为他在两年内先后失去了双亲。《山楂灯笼》（*The Haw Lantern*，1987）和十四行诗组《出空》（*Clearances*），都是献给他已故的母亲。他翻译了《斯威尼的重构》（*Sweeney Astray*，1984）中的爱尔兰语诗歌，并以获奖译作《贝奥武夫》这样一部具有开创性的现代史诗结束了这个世纪（被认为是一部杰出的译作）。

希尼于1995年获得诺贝尔文学奖，他的作品被评委们形容为“具有抒情之美和伦理深度”。领奖时，他提到了爱尔兰作家叶芝、萧伯纳、贝克特，并形容自己就像“绵延山脉底部的一个小山麓”。次年，他又迎来了另一项荣誉，即诗集《酒精水准仪》（*Spirit Level*）获得了惠特布莱德年度图书奖。

希尼晚期的诗作讨论了死亡的主题。他在诗集《幻视》（*Seeing Things*）中改写了维吉尔的《埃涅阿斯纪》（*Aeneid*），用以指代来世：“无论如何，当光线吞没我时……我将同那些穿透过我的东西步调一致。”2006年的一次中风使他“差点死去”，但也激发他创作了最后一部诗集《人之链》（2010）。希尼七十四岁时去世，生前他已告知家人将其埋葬在贝拉希，也就是他最早的诗作《挖掘》（“Digging”）中所描绘的父亲和祖父劳作的那片土地。

△《人之链》
希尼最后的诗集《人之链》最终为他赢得了前进诗歌奖（Forward Poetry Prize），这是英国最有声望的诗歌奖项之一，此前他已两次与该奖项失之交臂。

∨ 位于贝拉希的希尼之墓
诗人的墓碑上写道：“自大阻碍你更好地做出判断。”这句话出自他的诗歌《碎石路》（*The Gravel Walks*，1992）。希尼在发表诺贝尔文学奖获奖感言时也引用了这句话。

J. M. 库切

J. M. Coetzee，1940— ，南非人

作家、语言学家、评论家兼翻译家库切凭借引人入胜、错综复杂的作品，将小说写作带入了新的想象领域。此外，他还获得了多个重要的文学奖项，包括诺贝尔文学奖。

◁ **开普敦大学，1985年**
学生和老师们参加了一场反对种族隔离限制（包括大学入学的种族配额）的大规模抗议活动。

约翰·马克斯韦尔·库切（John Maxwell Coetzee）是南非最著名的作家之一，如今已经八十多岁，他以一系列模糊了小说、散文和自传之间区别的作品而声名鹊起。虽然库切很出名，但他是一个非常注重隐私的人，人们对其生活的了解很大程度上源于他的三个虚构的自传体故事，而这三个故事都是用第三人称写的，即《男孩》（*Boyhood: Scenes from Provincial life*，1997）、《青春》（*Youth*，2002）和《夏日》（*Summertime*，2009）。

库切生于1940年，父母分别是南非白人撒迦利亚（杰克）和薇拉。父亲杰克是名律师，但因不法行为和酗酒使家人陷入了混乱和贫穷之中。“二战”期间，父亲离家在外时，母亲薇拉是一名教师，她辗转于一系列临时住所并努力照顾约翰和襁褓中的小儿子大卫。然而，杰克的归来则是对这个关系紧密的母系家庭的入侵。

学术之路

库切一家是讲英语的自由主义者，这与南非政府实行的种族隔离法的强硬政策格格不入。然而，他们默默地接受了这个社会的运作方式；在开普敦时，他们雇用了一个名叫艾迪的七岁大的“有色人种”男孩。之后，他们搬到了西开普省伍斯特边缘的新住宅区，那里的唯一好处是离叔叔位于卡鲁沙漠（Karoo desert）的农场更近。那是一个自由之地，也成了库切憧憬的地方。

欧洲文化

在学校，库切是个不合群的人，他坚称自己是英国人，因为他不想被分到南非荷兰语班。他所受的教育为其留下了深刻影响；在1990年的小说《铁器时代》（*Age of Iron*）中，他将南非白人政客形容为“坐在最后一排的恶霸们，骨瘦如柴、笨拙的男孩，他们现在已经长大成人，并被提升为这片土地的统治者”。在开普敦的一所天主教中学读书时，库切继续发展他对欧洲文化的热情，开始关注现代诗人T. S. 艾略特和埃兹拉·庞德的作品，以及巴赫的音乐。

库切后来在开普敦大学学习数学和英语，这里是左翼抗议日益独裁的政府的温床。库切只是在一旁观看，因为大批群众的聚集让他产生了“近乎恐惧的情绪”。库切就读的这所大学的一位教授回忆他时，说他是那么不显眼，几乎是隐形的。库切缺席了毕业典礼，为了躲避义务兵役，他早已起航前往了英格兰

文学风格
后现代叙事

库切将自己的写作方法描述为试图发展新的见解和叙事形式。他的故事的特点是模糊、难以捉摸，以及对语言的后现代主义关注。作家故意使其故事中的叙述者看起来不可信，经常提供一个互相竞争的故事版本。在种族隔离时期的南非，很多文学作品都根植于社会现实和政治，而库切的目标是“对抗历史”。在他的小说中，历史萦绕着当下，并以自传、小说和散文的形式创造出超越时间和空间的叙事。

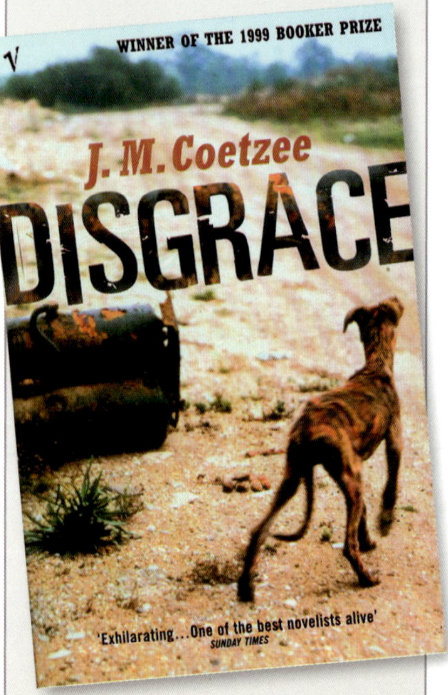

库切的长篇小说《耻》（*Disgarce*），英国版封面

“恐怕我让**不讨论自己的作品**成了一条**规定**。”

J. M. 库切

▷ **J. M. 库切**
库切创作了十三部长篇小说、三本小说式的自传、七部短篇小说，九部文学理论，以及大量评论和书信，并翻译了大量荷兰语诗歌。

△ 库切的卡鲁
童年时期，库切在南非的卡鲁生活了很长一段时间，并对这片荒漠之境产生了热爱。卡鲁是他的第二部长篇小说《内陆深处》的创作背景，讲述了一个南非白人女子在一个偏远农场里的故事。

的南安普顿。

伦敦和美国

搬到伦敦后，库切曾做了一段时间的计算机程序员，并完成了他关于英国现代主义作家福特·马多克斯·福特的硕士论文。在《青春》中，库切回忆了他的风流韵事，以及那伴随着挥之不去的耻辱的失败恋情，却没有提及他与戏剧系学生菲莉帕·贾伯（Philippa Jubber）在开普敦相识，以及他短暂回国与其结婚的事。

在美国，六年的学习和教书生涯激发了库切的想象力。他在得克萨斯大学获得博士学位，所学课程包括日耳曼语、语言学和对塞缪尔·贝克特作品的计算机分析。贝克特的厌世独白可以在库切的《内陆深处》（*In the Heart of the Country*，1977）中找到回响，其中，未婚女子玛格达（Magda）在一个偏远的南非农场里预演着她人生历史的各种版本。

库切继续自己的学术生涯，并在纽约的布法罗大学任职，教授南非文学的课程。他渴望留在美国，因为他的两个孩子都出生在那里，但他的居留申请被拒绝了，部分原因是库切曾参与了一场反对越南战争的示威游行。

不情愿地回国

1971年，库切带着刚开始创作的第一部长篇小说《幽暗之地》（*Dusklands*）回到了南非，该作品将17世纪南非殖民者的道德堕落与美国在越南的暴行相提并论。之后，他在开普敦大学任职，并在三十多年后，被提升为优秀文学教授。在美国教书和学习的休假间隙，他开始创作长篇小说《等待野蛮人》

“现在我们之间发生的是一种**戏仿**。我出生在一种**等级分明**、**视角疏远的语言**中。那是**我的第二语言**。”

J. M. 库切，《内陆深处》

重要作品年表

1974
《幽暗之地》并行讲述了两个故事：一个布尔人对霍屯督人部落展开的复仇故事；凝固汽油弹在越南战争中爆炸的故事。

1977
在《内陆深处》中，一个老处女通过对性和死亡的幻想而陷入疯狂。

1980
《等待野蛮人》审视了那些无视正义和尊严的政权的同谋。

1983
《迈克尔·K的生活和时代》讲述了一个男人带着他快要死去的母亲返乡的绝望之旅。

1999
《耻》中的故事情节极为阴暗，与南非第一次自由选举后国民的乐观情绪背道而驰。

2007
《荒年日记》（*Diary of a Bad Year*）将作家学者式的思考与一位年长的讲师的痴迷故事结合在了一起。

（*Waiting for the Barbarians*，1980），讲述了在一个时间不详的年代里，将酷刑、审讯和暴力引入一个虚构帝国的故事。通过这部作品，库切获得了詹姆斯·泰特·布莱克纪念奖，以及国际的认可。

超越历史

一系列精心创作的小说使库切站在了以写作反对种族隔离的最前线，但他认为自己是一个实验性的故事讲述者，而不是活动家。他希望自己的小说能脱离历史，即与如阶级斗争和种族这类直接的主题保持距离。因此，尽管当时有很多南非现代作家的作品被禁，但具有讽刺意味的是，库切高度复杂的后现代主义叙事却得到了一些保护：审查人员在他设置的宽泛的故事背景下努力地寻找性或政治上的差池，而且他们认为这些“难读”的书不太可能受欢迎。

布克奖

在《迈克尔·K的生活和时代》（*Life & Times of Michael K*）中，库切讲述了一个生来就是“兔唇”的园丁准备用独轮车把他生病的母亲送回卡鲁的故事。途中，在经历了多次监禁和几近饿死之后，他最终获得了一定的自由。这部残酷、令人震惊和难忘的作品在1983年荣获布克奖。

库切的第二部布克奖获奖小说《耻》在南非第一次自由选举的五年后出版，这与当时乐观的后种族隔离时期的“蜜月”文学形成了鲜明对比。尽管该作品因暴力的故事情节受到批评，但它仍是一部微妙的作品，探索了历史上和仍在持续的耻辱。库切因一再拒绝回答有关他作品意义的问题，在记者和评论家那里获得了难以相处的名声。20世纪80末和90年代，他的写作重点转到了文学评论和理论研究上。例如，《白人写作：论南非的文学文化》（*White Writing: On the Culture of Letters in South Africa*），这部著作研究了现代南非作家的作品，而这些作家“不再是欧洲人，但也不是非洲人”。

◁《迈克尔·K的生活和时代》
这部出版于1983年的小说，讲述了一个男人在一个被内战蹂躏的国家中为生存而斗争和寻求尊严的故事。

个人哲学

库切从三十岁起就是一个素食主义者，也是动物权利的热情的倡导者，无论是他本人，还是他通过《伊丽莎白·科斯特洛：八堂课》（*Elizabeth Costello, in The Lives of Animals*，1999）虚构的另一个自我。和作家多萝西·德赖弗（Dorothy Driver）一起移居澳大利亚后，他在2006年成为澳大利亚公民。2012年，他与南非荷兰语传记作家约翰·坎尼米耶（John Kannemeyer）合作撰写了《J. M. 库切传》（*J. M. Coetzee: A Life in Writing*），这是一部传记，证实了他早年的生活经历，并揭露了一连串悲剧事件：儿子在二十三岁时意外死亡；女儿常年疾病缠身；兄弟和前妻菲莉帕相继离世。库切晚年的处事方式可能变柔和了，但他继续以自己的哲学题材小说来拓展写作界限，如《耶稣的童年》（*The Childhood of Jesus*，2013）和《耶稣的学生时代》（*The Schooldays of Jesus*，2016）。

背景知识

残暴的种族隔离

种族隔离制度所导致的不公正是库切在南非生活时的社会背景。他八岁时，所有的南非人都被分成了不同族群：黑人、白人、印度人和其他有色人种。法律在就业和教育方面实施歧视政策，禁止跨种族的性行为和婚姻，并将数百万黑人转移到指定的“部落家园”。在库切的学生时代，非暴力反抗、蓄意破坏和武装斗争引发了政府的残暴反应。因对贸易和体育的制裁，南非成了一个被孤立的国家。1994年，非洲人国民大会（African National Congress）在南非首次不分种族的民主选举中获胜，该政党主席纳尔逊·曼德拉（Nelson Mandela）则获选担任南非总统。

1994年5月2日，纳尔逊·曼德拉庆祝竞选胜利

伊莎贝尔·阿连德

Isabel Allende，1942— ，智利人

作为拉丁美洲最受欢迎的作家之一，阿连德用魔幻现实主义来表现人物在面对政治压迫和情感剧变时所展现的不屈不挠的力量。

伊莎贝尔·阿连德是边缘人和失败者的支持者，令人惊讶的是，她早年曾属于当权者阶层。20世纪60年代和70年代初，在祖国智利，她作为一名记者和电视主持人获得了成功，而她叔叔萨尔瓦多·阿连德（Salvador Allende）时任智利总统。之后发生的一件事改变了她的生活和国家：在美国的支持下，皮诺切特将军发动军事政变，实行军事独裁，将通过民主选举当选为总统的社会主义者萨尔瓦多·阿连德赶下了台。

几代人的故事

伊莎贝尔·阿连德逃亡到委内瑞拉，在那里生活了十三年。1981年，她开始创作第一部也是最著名的作品《幽灵之家》（*The House of Spirits*），这是一封写给垂死的百岁外祖父的信，在阿连德的父亲逃亡后，外祖父将她抚养长大。她是想向外祖父表明，他将永远活在他身后人的心中。然而，这个文本变成了一个智利家庭几代人的故事，通过家族女性们的抗争来展现。该作于1982年出版，确立了阿连德作为拉丁美洲文学中一股重要力量的名声。自此以后，她创作了二十多部作品，包括短篇小说集、回忆录和童书，共计出售了五千多万册。1989年，阿连德移居到美国加利福尼亚州，并在那里继续创作。

魔幻现实主义

阿连德经常被认为是魔幻现实主义作家：在她的作品中，超自然事件常发生在一个平凡而真实的环境中，如千里眼、悬浮和幽灵。她用这些奇异事件来阐述那些极为可怕或极其美妙的事件或想法，以至于它们几乎呈现出一种近乎超现实的复杂性。尽管阿连德经常超越现实主义叙事的局限，但她依然与作品主题产生了强烈的情感联结，而且她的作品一直聚焦于被压迫者（经常是女性）背后不为人知的故事，展示了她们的刚毅和情感上的韧性，以及爱的胜利。例如，在《幽灵之家》中，最年轻的女性被囚禁、折磨和强奸，但她活下来了并克服了这些创伤。在她的回忆录《宝拉》（*Paula*）中，阿连德满怀激情地描述了自己二十八岁的女儿不幸死于卟啉病并发症。

阿连德宣称，自己的作品中没有政治倾向，她只想讲述人类的故事。这一承诺——引人入胜、真情实感的讲故事——是她受欢迎的关键因素，而且几乎肯定会成为她的文学遗产。

△ **《爱情与阴影》**（*Of Love and Shadows*）
阿连德的第二部小说于1985年首次出版，是一个与爱、牺牲和背叛有关的故事，故事发生在一个恐怖和镇压行为横行的国家。

▷ **伊莎贝尔·阿连德，2004年**
作家的照片拍摄于她的小说《金龙王国》（*Kingdom of the Golden Dragon*）出版的那年。她一直很高产，而最新一部著作于2017年问世。

背景知识
智利“革命”

1973年的智利“革命”推翻了社会党人士阿连德的政权，得到美国中央情报局（CIA）支持，后者视社会主义为对美国稳定的威胁。阿连德被军事独裁者皮诺切特将军取代，在他的统治下，数千名政敌被处死或“消失”，还有数万人遭到虐待。作为对国际社会压力的回应，皮诺切特在1987年使反对党合法化，这导致他在1988年的公民投票中被赶下台。他于1998年被捕，这是前国家元首第一次为自己的罪行承担责任，尽管他并未入狱。2006年，他在案件开庭前去世。

彼得 · 凯里

Peter Carey，1943— ，澳大利亚人

作为世界上最著名的文艺小说家之一，凯里是一位精力充沛、想象力丰富的作家，还关注澳大利亚历史上的重要议题。

彼得·凯里不仅是畅销文艺小说家，还是仅有的四位曾两次获得久负盛名的布克奖的作家中的一位。他来自一个中下层家庭，于1943年出生在墨尔本附近的村庄巴克斯马什，一家人节衣缩食把他送进了全国最好的寄宿学校之一——吉隆文法学校（Geelong Grammar）。多年后，他意识到小小年纪就被送走的经历是他后来的小说中出现众多孤儿角色的原因之一，狄更斯也是如此。之后，作为对狄更斯的颠覆性致敬，凯里创作了《杰克·迈格斯》（*Jack Maggs*）——《远大前程》的非正式续集。

文学成就

从大学辍学后，凯里去了一家广告公司，这时他发现了自己对文学的热爱，于是开始写作。20世纪70年代，他创作了大量的短篇小说，发表在杂志上，后于1974年将它们结集成书出版。但是，他的第一部小说《幸福》直到1981年才出版，

◁ 在纽约家中，2007
凯里于1991年搬去了纽约，至今仍在此生活、教书。尽管其小说家的身份最为出名，但他也写作短篇故事、游记、电影剧本，甚至包括一本儿童读物。

◁ 内德·凯利
凯里的《凯利帮真史》讲述了殖民时期的亡命之徒内德·凯利的故事，他为了追求自由而使维多利亚东北部充满恐怖氛围。他因穿了自制的盔甲在一场枪战中幸免于难，但不久后被绞死了。

尽管对职业小说家来说，三十八岁这个年纪还相对年轻。凯里没多久就获得了成功。1988年，他凭借第三部长篇小说《奥斯卡与露辛达》（*Oscar and Lucinda*）获得了布克奖，而在2001年，他凭借《凯利帮真史》（*The True History of the Kelly Gang*）再度获奖。

凯里在2006年卷入了一桩丑闻，当时他的前妻指控他在小说《偷香窃爱：一个爱情故事》中以她为原型，塑造了一个肤浅、挥霍无度的人，也就是书中叙述者的前妻——所谓“原告”。凯里对此予以否认，尽管当时许多人认为他和书中的叙述者一样，1943年出生于维多利亚州的巴克斯马什。

真实和欺骗的主题在凯里的作品中反复出现。他的第二部长篇小说《赫伯特的奇幻人生》（*Illywhacker*，1985）的书名来自澳大利亚俚语（指的是嘉年华上的骗子），讲述了一位自称有一百三十九岁的骗子艺术家的故事。小说《偷香窃爱：一个爱情故事》和《我的生活如同骗局》（*My Life as a Fake*）都关注了艺术界不同领域的欺诈行为。

凯里还关注澳大利亚的历史，他在《远离家乡》（*A Long Way From Home*，2017）中提到了澳大利亚殖民时期的罪行，在《健忘症》（*Amnesia*，2014）中提到了政府在20世纪70年代中期的“宪政危机”，还在《凯利帮真史》中讲述了澳大利亚亡命之徒和英雄内德·凯利的故事。

凯里以其创造的不同且引人入胜的叙事声音方面的高超技巧而闻名，或许他为内德·凯利发明的不合语法、难学又极具表现力的方言最能展现这种技巧。评论家们经常说，凯里不知疲倦、精力充沛，且充满创造力，他对不同时代、不同地方的人都充满了好奇心，尤其是那些难以确认年代和地点的人。

> “如果一部小说无法把我**带到**比我所到之处**更远**的地方，那么我**不会动笔**写它。”
>
> 彼得 · 凯里

背景知识
文学灵感

尽管凯里的很多作品涉及典型的澳大利亚主题，但他一些小说的灵感则直接来自英美文学。《杰克·迈格斯》（1997）续写了《远大前程》中的马圭奇（Magwich）被流放到澳大利亚之后的故事；《特里斯坦·史密斯的非凡生活 》（*The Unusual Life of Tristan Smith*，1994）是劳伦斯·斯特恩（Laurence Sterne）的《项狄传》（*Tristram Shandy*）一书主题的变体。《主仆美国历险记》（*Parrot and Olivier in America*，2010）是描写法国贵族亚历西斯·德·托克维尔（Alexis de Tocqueville）一生的小说版本，托克维尔的著作《论美国的民主》是对美国的风俗和政治所做的颇具影响力的研究。

彼得 · 凯里的《主仆美国历险记》

▷ **黄皙暎在巴黎，2005年**
黄皙暎从政治异见人士转变为著名的国民畅销书作家的过程，经历了韩国历史上一个动荡时期，并做出了巨大的个人牺牲。

黄皙暎

Hwang Sok-yong，1943— ，韩国人

作为韩国战后一代最著名的作家之一，黄皙暎通过他的长篇小说和短篇小说记录了被战争和政治权力所掌控地区里人们的生活。

“除非我们能找到原谅彼此的方法，否则我们再也见不到彼此了。”

黄皙暎，《客人》（*The Guest*）

黄皙暎出生在中国长春，一家人一直过着流亡生活，直到1945年，他们的祖国从日本帝国主义的统治下被解放出来。之后，他们回到了被苏联和美国分裂并分别占领的祖国（见右侧栏）。

黄皙暎在韩国长大，在首尔的东国大学学习哲学，但是冷战分裂的阴影始终存在，民族认同感的丧失也挥之不去。因此，他在政治上变得活跃起来，反对外界对祖国的控制，尽管当时韩国已被认为是独立的。他的激进行为致使他在1964年被短暂监禁，直到20世纪60年代末在越南战争期间服役后，他才将精力投入写作。在专制独裁统治下生活的黄皙暎开始积极地参与抵抗运动，并在1980年光州爆发的反对军事统治的起义中达到高潮。他在写作上更为谨慎，于1974年出版了短篇小说集《森浦之路》（*On the Road to Sampo*），以及系列史诗《张吉山》（*Jang Gilsan*），用寓言来表明独裁统治的不公正，从而逃避审查。在整个80年代，黄皙暎变得更加直言不讳，无论是在关于越南战争的《武器的影子》（*The Shadow of Arms*，1985）等小说中，还是对政府的直接批评中。

不公正的审判

身为坚定的民主人士，黄皙暎希望能在朝鲜和韩国艺术家之间搭建桥梁，他无视法律，经由日本和中国前往朝鲜平壤。由于不愿回首尔接受审判，他自愿流亡美国，后在长岛大学授课。之后，他还在德国待了一段时间。

然而，祖国对他的吸引力实在太大了，于是黄皙暎于1993年回到了韩国。他因违反国家安全罪被判监禁七年，其间，他不仅被拒绝提供书面材料，在狱中还受到恶劣对待。黄皙暎以绝食作为回应。1998年，新当选的韩国总统金大中迫于压力，将已服刑五年的黄皙暎赦免。

这位作家通过广泛的历史和政治作品继续表达“无家可归”的感觉：战争和占领造成的损失和孤立，以及现代化造成的传统价值观的异化和消失。

△ 当代首尔
在21世纪更加自由的韩国，黄皙暎在《客人》（2001）和《熟悉的事》（*Familiar Things*，2011）等小说中继续强调分裂国家的种种弊端。

相关背景
三八线

1945年之前，日本统治时期的朝鲜半岛是统一的，但“二战”结束时，朝鲜半岛被“三八线”一分为二。韩国于1948年在南部成立，朝鲜在北部成立。双方都声称对整个朝鲜拥有主权，这导致了1950—1953年的朝鲜战争。从那以后，一个大致沿着三八线形成的非军事区将朝鲜半岛分隔为两部分。

朝鲜战争期间，“三八线”上的过境处，1950年

W. G. 塞巴尔德

W. G. Sebald，1944—2001，德国人

德国学者塞巴尔德将自传、游记、饱含沉思的散文同历史交织在一起，创作出独特而有力的文本。不幸的是，他在其创造力的鼎盛时期去世，享年五十七岁。

◁ 巴伐利亚州的阿尔卑斯山
塞巴尔德在阿尔卑斯山脚下一个大约有一千名居民的村庄长大，那里一年中的大部分时间都被冰雪覆盖。他将其形容为一个“宁静的地方”。

温弗里德·格奥尔格·塞巴尔德（Winfried Georg Sebald）于1944年出生在德国北部巴伐利亚州韦尔赫塔，仅仅几个月后，这个国家在第二次世界大战中战败。他的父母信仰天主教，来自务农的工薪阶层，尽管他父亲格奥尔格·塞巴尔德（Georg Sebald）曾在军队中晋升为上尉。然而，父亲在1947年之前一直被关在法国的战俘营里，因此年幼的塞巴尔德主要由他那慈祥的祖父带大，后者成为他一生中的重要角色。

◁ W. G. 塞巴尔德，1999年
塞巴尔德在英国生活了很多年；他特别喜欢家所在的诺福克旧教区，也喜欢英国人的幽默。

一代人的沉默

虽然塞巴尔德在“二战”后不久的德国长大，但直到十七岁时，他观看了一部有关贝尔森的纪录片，才接触到德国集中营中关于迫害的影像。“无论如何，”他说，“我们都必须把它放在心上——当然，我们并没有。”20世纪50年代是对犹太人和少数族群的迫害保持沉默的所谓“阴谋时期”。德国民众——在战争的恐惧中伤痕累累，且无疑充满了内疚和羞耻——从不提及他们历史中的这个重大层面，而且令人震惊的是，塞巴尔德和他的同代人是在完全不了解这一切的环境中长大的。在他看来，大屠杀已经成了一个“将所有德国人凝聚在一起的秘密”。他说，他“用了好多年”才弄清楚究竟发生了什么。对他这一代的很多德国人来说，这种与过去的历史之间纠缠不清的矛盾关系后来导致了人们的愤怒。

不安与“流放”

20世纪60年代初，塞巴尔德获得了在弗赖堡大学学习德国和英国文学的机会。他于1965年毕业，后于次年搬去了英国曼彻斯特，在那里，做了三年的大学讲师。他曾有过一个犹太房东，后者启发他塑造了小说《移民》（*The Emigrants*，1992）中的角色马克斯·费伯（Max Ferber）。书中有关费伯的部分带着忏悔的口吻：叙述者描述了在目睹了大屠杀对德国犹太人费伯及其家庭的伤害后所产生的个人觉醒。

在曼彻斯特，塞巴尔德回想起他在巴伐利亚省受庇护的生活，在那里，他几乎没有经历过多元文化，当然也没有接触过犹太文化。1967年，塞巴尔德与出生于奥地利的尤

“对我来说，**很显然，没有记忆**的人**更有机会活得幸福**。”

W. G. 塞巴尔德

背景知识
表现暴行

和普里莫·莱维一样，塞巴尔德是大屠杀的代表作家。然而，他认为无法用语言来描述集中营的真实暴行。在《奥斯特利茨》（*Austerlitz*）这样的作品中，犹太人主人公雅克（Jacques）在童年时被送到英国抚养，因此没有出现恐怖的场景，但它们仍然以一种缺席的存在占据小说的核心位置。塞巴尔德决定隐晦地处理这些暴行，他想向读者暗示，“这些主题是永远相伴的，它们的存在掩盖了你写的每句话的每一个变化”。

犹太儿童通过“儿童运输”救援行动于1939年抵达英国

△ **东安格利亚大学**
从1970年起至2001年12月突然去世，塞巴尔德一直在这所大学教书。从诺福克郡诺维奇这所具有野兽派风格的校园望去，可以看到布罗德湖的风景。

重要作品年表

1990
《眩晕》是塞巴尔德三部曲的第一部，讲述了司汤达、卡夫卡、卡萨诺瓦及作者本人生命中的趣事。

1992
《移民》是三部曲的第二部，探究了四个生活在英国和美国的德国移民的圣湖。

1995
在三部曲的最后一部《土星之环》中，叙述者面对真理、艺术和历史时陷入了沉思。

2001
《奥斯特利茨》中的主人公最初是被人们从集中营里解救出来的婴儿难民。

特（Ute）结婚。两年后，在生命中某个四处游荡的阶段，他尝试在瑞士生活，希望能以教师的身份留在那里，但他仍觉得不安，随即搬到了英国，并在东安格利亚大学任教。塞巴尔德在英国度过了余生，但他从未完全把那里当成家——或者，按大家的说法，他从未把任何地方当作家。

1973年，塞巴尔德以德国作家阿尔弗雷德·德布林（Alfred Döblin）作为论文的研究课题，并最终获得博士学位。德布林在写作方面兼收并蓄的方法，无疑激发了塞巴尔德的创造力，前者的创作包括游记、哲学论述、科幻小说和历史小说。塞巴尔德还提到，直言不讳的奥地利小说家托马斯·伯恩哈德（Thomas Bernhard）对自己的写作产生了重要影响；在《移民》和《土星之环》（*The Rings of Saturn*，1995）中，他还参考了博尔赫斯、卡夫卡和纳博科夫的作品。

1987年，塞巴尔德被任命为东安格利亚大学欧洲文学系主任，并在余下的学术生涯里一直担任该校德国现代文学教授。他于1999年创立了英国文学翻译中心（British Centre for Literary Translation），该中心持续支持东安格利亚大学的文学翻译硕士课程和其他类似的学术项目。该中心现在每年都会举办一场关于塞巴尔德的讲座，向这位有影响力的作家和学者致敬。在近二十年的时间里，塞巴尔德只写学术文章。在德国和奥地利文学方面，他是令人生畏的评论家，发表了相关研究论文和文集。

受追捧的地位

然而，塞巴尔德四十多岁时，同尤特及女儿安娜一样，已经适应了诺福克生活，他开始用母语写散文，其风格和韵律与19世纪德国散文和德昆西等英国散文家的作品相似。塞巴尔德冗长而正式的句子中缺少描述性语言，但处处引经据典。他对自己用英语写作感到难为情。“不像康拉德或纳博科夫，”他说，“我没有那种不得不从母语中脱离出来的环境。”

《移民》（1996年以英语出版）是他第一部被翻译成英语的德语作品，译者是迈克尔·赫斯（Michael Hulse），后者还将塞巴尔德的其他作品翻译成了英语。《移民》是一次文学上的革命，获得了柏林文学奖、诺德文学奖和约翰内斯·波勃罗夫斯基勋章。这本书让评论家们既困惑又眼花缭乱，而塞巴尔德也因此被众人崇拜。

另外两部著名的德语作品也由赫斯翻译，即《土星之环》和《眩晕》（*Vertigo*）。在对《眩晕》的评论中，文化评论家苏珊·桑塔格（Susan Sontag）称赞塞巴尔德“焦躁不安、长期不满”的头脑中“充满激情的阴郁”。

文学风格
文学技法

塞巴尔德用德语写作，散文倾向于使用长句，包括不同复句，且很少分段。其叙事跨越几个世纪，交织着各种各样的主题，以及显然并不相关的历史、个人和文学依据，包括生动——尽管不完美——的回忆录、游记，以及参观历史遗迹。塞巴尔德用自己拍摄的黑白照片为书籍配图：这些没有配文字的图片令读者们着迷和迷惑，同时扰乱了文本的意义和确定性。因为风格忧郁且充满顿悟，他的作品有时会被拿来与马塞尔·普鲁斯特的作品进行比较。

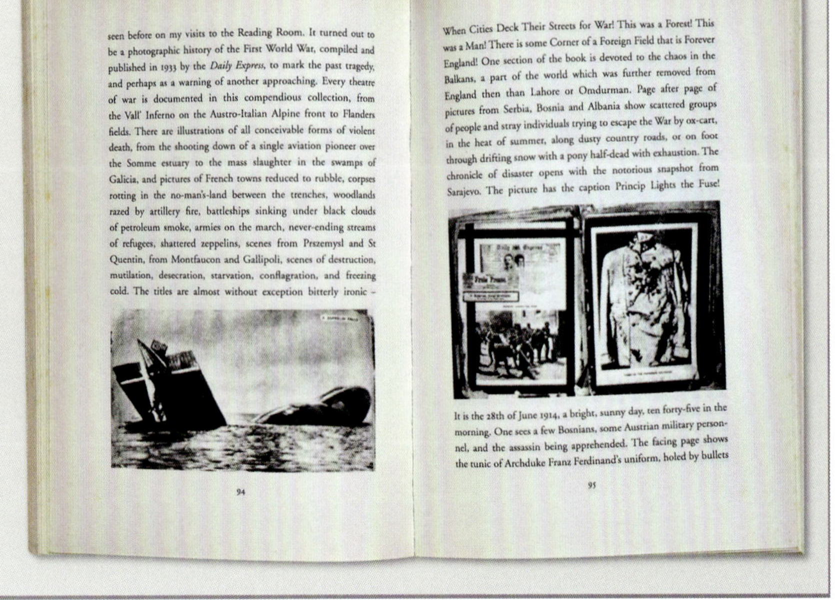

seen before on my visits to the Reading Room. It turned out to be a photographic history of the First World War, compiled and published in 1933 by the *Daily Express*, to mark the past tragedy, and perhaps as a warning of another approaching. Every theatre of war is documented in this compendious collection, from the Vall' Inferno on the Austro-Italian Alpine front to Flanders fields. There are illustrations of all conceivable forms of violent death, from the shooting down of a single aviation pioneer over the Somme estuary to the mass slaughter in the swamps of Galicia, and pictures of French towns reduced to rubble, corpses rotting in the no-man's-land between the trenches, woodlands razed by artillery fire, battleships sinking under black clouds of petroleum smoke, armies on the march, never-ending streams of refugees, shattered zeppelins, scenes from Prszemysl and St Quentin, from Montfaucon and Gallipoli, scenes of destruction, mutilation, desecration, starvation, conflagration, and freezing cold. The titles are almost without exception bitterly ironic –

94

When Cities Deck Their Streets for War! This was a Forest! This was a Man! There is some Corner of a Foreign Field that is Forever England! One section of the book is devoted to the chaos in the Balkans, a part of the world which was further removed from England then than Lahore or Omdurman. Page after page of pictures from Serbia, Bosnia and Albania show scattered groups of people and stray individuals trying to escape the War by ox-cart, in the heat of summer, along dusty country roads, or on foot through drifting snow with a pony half-dead with exhaustion. The chronicle of disaster opens with the notorious snapshot from Sarajevo. The picture has the caption Princip Lights the Fuse!

It is the 28th of June 1914, a bright, sunny day, ten forty-five in the morning. One sees a few Bosnians, some Austrian military personnel, and the assassin being apprehended. The facing page shows the tunic of Archduke Franz Ferdinand's uniform, holed by bullets

95

《土星之环》中的插图

“所以他们会回到我们身边，那些死去的人。”

W. G. 塞巴尔德，《移民》

△《土星之环》
在这部1995年的小说中——一位无名的叙述者徒步环游了英格兰的萨福克（Suffolk）——塞巴尔德采用了他特有的将虚构、历史和游记结合在一起的写作手法。

弥补沉默

伴随着成功而来的是人们对更多著作的渴望与需求。然而，在20世纪90年代末，塞巴尔德创作了一部非虚构作品《关于破坏的自然史》（*On the Natural History of Destruction*，1999），这是一部德语散文集，聚焦于注第二次世界大战期间盟军对德国城市的轰炸（该作在他去世后于2003年被翻译和出版）。不同于他的散文式回忆录，该作品描绘了德国民众遭受的苦难，而不是大屠杀的迫害。但是这部非虚构作品与他的小说一样，都有着同样的决心，即希望弥补历史上的一个沉默时刻，揭露文献记载中的不足，以准确描述人类遭受的损失和破坏。

《奥斯特利茨》的出版让很多人感到兴奋，它是塞巴尔德的最后一部小说。他将作品版权从一家小型的出版社转到了企鹅出版社，还有了一位新翻译——安西娅·贝尔（Anthea Bell）。塞巴尔德写这本书的灵感来自英国广播公司的一部令人难忘的纪录片，这部纪录片讲述了一个三岁的犹太儿童苏西·贝乔弗（Susi Bechhöfer）于1939年被带离德国的故事；抵达英国后，她被一名威尔士牧师和他的妻子收养。成年后，贝乔弗发现她的亲生母亲死在了奥斯特利茨，而她父亲是名纳粹军人。《奥斯特利茨》于2001年11月问世，但不幸的是，仅仅一个月后，塞巴尔德在诺福克的家附近因动脉瘤发作，导致他在一辆货车前突然急转弯，由此身亡。同乘的女儿在车祸中生还。

《奥斯特利茨》荣获了美国国家图书评论奖，而塞巴尔德的伟大已经众所周知，且被认为有望获得下一届诺贝尔文学奖。讣告表达了人们对这位作家去世的哀悼，他丰富了欧洲文化，并对我们如何书写记忆和过去提出了挑战。

▽ 盟军飞机经过基尔（Kiel），1944年
战后，德国作家对盟军轰炸德国城市造成数十万平民死亡一事一直保持沉默，塞巴尔德在《关于破坏的自然史》中谴责了他们的这种做法。

洛娜·古迪森

Lorna Goodison，1947— ，牙买加人

作为战后加勒比地区最出色的作家之一，古迪森有着超乎寻常的想象力，她的诗歌和短篇小说探究了语言、历史、家庭、性别和种族认同。

洛娜·盖伊·古迪森解释说，当她于1947年在牙买加的金斯顿出生时，母亲把她的手指浸在糖里，然后再将它"在我的舌头下摩擦几下，以给予我语言的天赋"。然而，她把自己对诗歌的热爱归功于小学时接受的殖民教育，那里的课程是从"祖国"引进的，主要是英国男作家，如莎士比亚、济慈、艾略特和劳伦斯，他们的作品通常与加勒比地区没什么关联。古迪森说，正是华兹华斯那首著名的黄水仙诗歌"刺激了"她开始创作反映自己文化的诗歌。

离开学校后，古迪森先后做过图书管理员和广告撰稿员。但从很小时候起，她就梦想着成为一名艺术家，因此在1967年，古迪森考入牙买加艺术学校，之后进入美国纽约的艺术学生联盟。自此以后，她曾多次教授艺术课程，并担任设计师和插画师；她的艺术作品也被频繁展出，并出现在她的多部文学作品的书封上。

正是在纽约，当时古迪森只有二十多岁，诗歌像"专横、入侵的君主"一样控制了她。她的第一部诗集《罗望子的季节》（*Tamarind Season*）涉及抗争、生存、家庭、国家和性别认同等主题，开启了她的职业生涯。这部诗集于1980年出版。同年，古迪森生下儿子迈尔斯（Miles）。三年后，她成为艾奥瓦大学的访问作家，在那里，她因作品令人印象深刻而获得名声。1986年，她的第二部诗集《我正在成为我母亲》（*I Am Becoming My Mother*）出版，讲述了她对加勒比地区妇女创造奇迹的反思（"她会用正方形的布做一件衣服／在与时间对抗的片刻"）以及由此产生的不安，如自我牺牲与否定。然而，可以说是《玫瑰：诗歌》（*Roses: Poems*，1995）确定了古迪森成为战后西印度群岛最出色的诗人之一的地位。

画家式的写作

古迪森将自己的写作技法比作艺术中的明暗对比法（明与暗）："我把所有光明的形象与黑暗的历史事实相对照，或者把它们作为护身符来对抗可能会让我们人类不堪重负的绝望。"她的诗歌几乎触及了所有感官，经常歌颂日常生活：例如，对吃杧果或薄荷味道的描述，对洗衣服或周日午餐的描写。古迪森还善于捕捉牙买加口语中的不同韵律，并擅长将不同的声音（标准英语、牙买加克里奥尔语及拉斯特法里派的"令人恐惧的话"）融合在一起，写成一两句诗。

作为密歇根大学的荣誉教授，她学会了同时在几个地方生活，奔波在牙买加和北美之间。在她辉煌的职业生涯中，她在北美多所大学任教过。

△ 艺术学生联盟

古迪森刚二十岁出头就进入了这所艺术学校。她作为画家的天赋在她的写作中引发了共鸣，并由此创作出充满活力、结构丰富的文学景观。

背景知识

祖先的历史

古迪森的第一部长篇散文作品《自哈维河》（*From Harvey River*，2007）是一部描写作家祖先的回忆录，文笔细腻、引人深思且饱含温情。它将牙买加的历史与迷人的家庭故事交织在一起，向读者介绍了一系列非凡的人物。这本书的书名来自古迪森的曾祖父威廉·哈维，这个英国人以自己的名字命名了牙买加西北部汉诺威教区的一个小村庄和附近的一条河，那里后来成了这个家族的家园。《自哈维河》广受好评，并于2008年获得了加拿大最高国家文学奖——不列颠哥伦比亚非文学类奖。

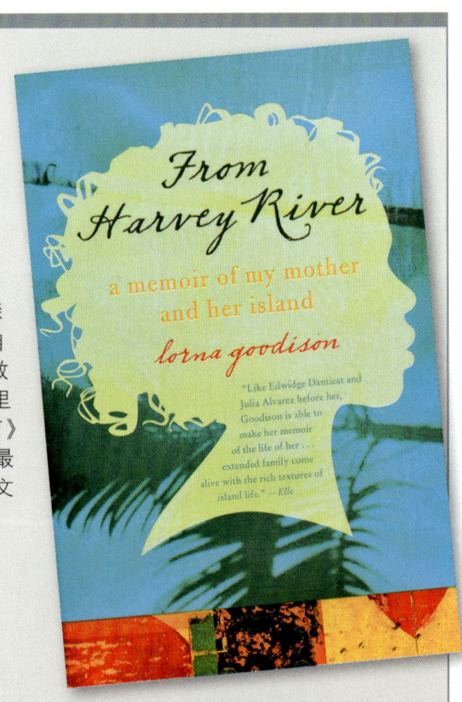

《自哈维河》

"好的诗歌就像有效的祈祷，它哺育着人类的精神，滋养着我们，它让我们接触到比我们自身更强大的力量。"

洛娜·古迪森

▷ 洛娜·古迪森，2017年

在这张照片拍摄的那一年，古迪森被选为牙买加历史上第二位桂冠诗人，她保有这个头衔一直到2020年。

▷ **村上春树，2004年**
村上春树的这张照片拍摄于他五十四岁时，他在世界范围内享有盛誉，在日本也颇受尊敬。作为日本最杰出的知识分子之一，村上经常参与国家当下各类议题的公开辩论。他还是一位经验丰富的长跑选手，同时是其他作家作品的译者。

村上春树

Haruki Murakami，1949— ，日本人

村上春树是一位畅销书作家和散文家，他备受追捧的小说将超现实主义和魔幻现实主义的元素相结合，探索了作为人类意味着什么这一普遍性问题。

“回忆会从内侧温暖你的身体，同时又从内侧剧烈切割你的身体。”

村上春树，《海边的卡夫卡》

作为两位日本文学教师的孩子，出生于美国占领下的京都的村上春树一直觉得自己是祖国的局外人。他主要在港口城市神户长大，在此期间，他沉浸在西方文学和俄国文学——特别是硬派侦探小说，及爵士乐中。村上表示自己拒绝看日本文学，因为一旦他读了，就要和父亲讨论，而他不想这样做。然而，村上显然被西方文化中所展现的另类生活吸引了。

反叛与写作

村上在东京的早稻田大学学习戏剧，并在那里认识了妻子洋子，作为对成为一名企业“工薪族”未来的反抗，他留起长发，并在一家唱片店找了份工作（村上的这一经历与他在1987年创作的关于爱情与青春的沉思性小说《挪威的森林》中的人物渡边彻一致）。攒了些钱后，村上在东京郊区开了家爵士乐酒吧，酒吧内放了一架立式钢琴，可以用来演奏音乐。

在《且听风吟·一九七三年的弹子球》（*Wind / Pinball: Two Novels*，2015）的前言中，村上解释了自己是如何开启写作生涯的。他回忆道，1978年，当他在东京边喝啤酒边坐着观看养乐多燕子队和广岛鲤鱼队之间的棒球比赛时，突然间顿悟了。就在那一刻，美国球员戴夫·希尔顿（Dave Hilton）打出了二垒安打，而村上突然萌生了写小说的念头。这场比赛结束后，村上走出赛场，径直去买了笔和纸。在接下来的十年里，他受库尔特·冯内古特（Kurt Vonnegut）和理查德·布朗蒂甘（Richard Brautigan）反主流文化作品的启发，创作了《且听风吟》（1979），并获得了新人文学奖。村上从不回头。他卖掉了经营十年的爵士乐酒吧，开始全职写作。

文学风格
爵士小说

作为日本最具实验性的小说家之一，村上春树经常将幽默、流行文化和魔幻现实主义元素融入作品中。反复出现的结构是一种现实主义的第一人称叙事，夹杂着对西方文化的借鉴，并穿插着超现实主义元素（悬浮时钟、会说话的猫及会爆炸的狗），以及诸如《斯普特尼克恋人》（1999）中的平行世界。通过这些经常出现的有趣的、充满现实主义和象征性的世界，他探索了失落、记忆和疏远这类主题。

村上春树的《斯普特尼克恋人》

◁ 音乐和写作
村上春树对爵士乐的热情是在阿特·布雷吉（Art Blakey）和爵士信使乐团（Jazz Messengers）于1964年在神户举办的一场演唱会上被点燃的。爵士乐塑造了他的命运和他即兴的写作风格——他表示自己从不知道下一页会写些什么。

体能训练

《挪威的森林》（1987）在日本青年群体中非常受欢迎，售出了几百万册，并使作家摇身一变成了超级巨星。村上春树对这种关注感到极度不适，于1986年离开日本，定居在了美国。从此以后，他把时间分别花在夏威夷和日本的家中，一直坚持着一套众所周知的程式化写作习惯：凌晨四点起床，写作五到六个小时，然后游泳和长跑，晚上九点休息。1996年，村上在日本北海道完成了自己的第一个超级马拉松，他在回忆录《当我谈跑步时我谈些什么》（2007）中表达了跑步对他的重要性。

2017年，人人都说村上有望获得当年的诺贝尔文学奖，但他却说：“我不想获奖，因为这意味着你完蛋了。”在得知获奖的是同时代的日裔作家石黑一雄后，他或许获得了一丝解脱。

奥尔罕·帕慕克

Orhan Pamuk，1952— ，土耳其人

除了在纽约的那三年，帕慕克一生都在家乡伊斯坦布尔的同一地区生活。东方与西方、古代与现代之间的紧张关系，经常反映在他的小说中。

在凯末尔·阿塔土克于1923年建立的土耳其共和国取代了古老的奥斯曼帝国后，这个国家经历了一个快速现代化的时期。随着因工业化发展而富裕起来的新兴中产阶级的崛起，新的世俗体制将西方社会视为典范。奥尔罕·帕慕克的祖父就是这一精英阶层中的一员，他通过在土耳其修建铁路发家致富。

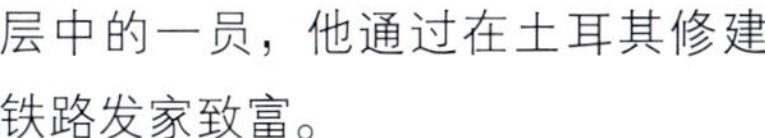

◁ **执着的爱**
帕慕克的长篇小说《纯真博物馆》通过一个男人对其年轻表妹迷恋的故事，探索了伊斯坦布尔人对爱情和性的态度。

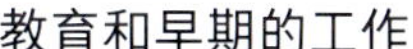

教育和早期的工作

到1952年奥尔罕出生时，他的家族的财富已经缩水，不过他还是在伊斯坦布尔最时髦的地区之一、位于博斯普鲁斯海峡欧洲一侧的尼尚塔石（Nişantaşı）长大成人。奥尔罕被寄予期望延续帕慕克家族的传统，即成为一名土木工程师，但他的梦想是成为一位艺术家。从伊斯坦布尔的罗伯特学院毕业后，他屈服于家庭压力，进入伊斯坦布尔科技大学学习建筑。不快乐的帕慕克在三年后放弃了建筑学，并转学到伊斯坦布尔大学，于1976年从该校的新闻系毕业。

◁ **奥尔罕·帕慕克，1992年**
这张照片摄于伊斯坦布尔。帕慕克是土耳其最成功的小说家之一，尽管他在自己的国家是个有争议的人物。他的第十部小说《红发女人》（*The Red-Haired Woman*）于2016年出版，讲述了一个挖井工人和他徒弟的故事。

从二十三岁起，帕慕克便和母亲一起生活，并投入小说创作。他出版的第一部作品《杰夫德特和他的儿子们》（*Cevdet Bey and His Sons*，1982），讲述了尼尚塔石一个富裕家庭三代人的故事。这部小说广受评论家赞赏，获得了土耳其两项著名的文学奖，它的成功也使帕慕克得以离开家并成婚。

从东方到西方

一年后，他出版了《寂静的房子》（*Silent House*），后于1985年又出版了《白色城堡》（The White Castle），后者的故事背景设定在17世纪的伊斯坦布尔，审视了主人和奴隶之间的关系。同年，帕慕克搬去了纽约，在哥伦比亚大学担任访问学者，但在1988年，他又回到伊斯坦布尔，继续小说家的事业。《我的名字叫红》（*My Name is Red*，1998）和帕慕克的很多作品一样，反映了古老的伊斯兰世界和西方价值观之间的冲突，而这一次是通过苏丹穆拉特三世统治时期奥斯曼帝国宫廷艺术家之间的阴谋故事来展现的。

帕慕克革新性的语言和对一系列后现代文学手法的运用，如多视角、不寻常的讲述者（包括狗和尸体），为他赢得了国际声誉，土耳其政府还授予了他著名的“国民艺术家”的称号，但这一荣誉被他拒绝了。他于2006年获得诺贝尔文学奖，继续在尼尚塔石的公寓里生活和创作。

> **背景知识**
> **“侮辱国格”**
>
> 帕慕克并不认为自己是一位公开的政治作家，但他主张土耳其加入欧盟，而且作为言论自由的捍卫者，他曾公开批评政府对持不同意见的作家的审查，以及对库尔德人民的待遇。
>
> 2005年，帕慕克曾公开提及亚美尼亚人被驱逐、屠杀——土耳其人在第一次世界大战期间实施的大屠杀。他指出：“三万库尔德人和一百万亚美尼亚人在这里被杀害。几乎没有人敢提这件事。”由于提及了这个禁忌话题，帕慕克被指控侮辱共和国。国际社会强烈谴责政府对他的起诉，迫使该案件被撤销，但在上诉后，这位作家却被判有罪，并被命令支付大约一千七百美元的赔偿金。

▽ **波斯布鲁斯海峡风光**
帕慕克的作品是在一张可以俯瞰伊斯坦布尔博斯普鲁斯海峡的书桌上写成的。这座城市曾是奥斯曼帝国的首都，也是他多部作品的背景地。

莫言

Mo Yan，1955— ，中国人

莫言以他充满黑色幽默的小说而闻名，他发展了一套具有高度原创性的声音，将现实主义、魔幻现实主义、中国文学和民间传说相结合，呈现了中国生活的超现实主义视角。

莫言（原名管谟业）的很多小说都以“东北乡”为背景，那是他的家乡——位于中国东北部的山东高密——的虚构版本。莫言的父母都是农民。

1966年，十一岁的管谟业离开学校，下田劳作。七年后，他在棉花厂里找了一份工作，工作的同时他对文学产生了兴趣。那段时间，他的阅读仅限于现实主义书籍，直到后来，他发现了中国古典文学著作和外国作家的作品。虽然他仍然欣赏鲁迅等这类中国作家的现实主义著作，但也受到了威廉·福克纳和加夫列尔·加西亚·马尔克斯作品的启发。

后来管谟业加入了中国人民解放军，但他把大部分空闲时间都用在了读书和写作上。1981年，他的一部短篇小说以莫言的笔名在一个文学杂志上发表。他早期的短篇小说已展现出其独特写作风格的端倪，该风格受到了马尔克斯的魔幻现实主义和中国传统文学的影响，但同时他也牢记毛泽东的格言，即为人民大众服务。

逐渐增长的名声

为了进一步实现他作为一名作家的抱负，莫言于1984年进入中国人民解放军艺术学院攻读为期两年的文学课程。在那里，他发表了包括《透明的红萝卜》和《爆炸》在内的短篇小说，被评论界盛赞，但使他扬名全国及至后来享誉世界的作品，是他的第一部长篇小说《红高粱家族》，故事背景设定在抗日战争的残酷年代。该小说最初于1986年在杂志上连载，由于广受欢迎，它得以在同年以书的形式出版，并于1987年被改编成电影。莫言后来的很多作品都延续了他在《红高粱家族》中发挥到极致的对神话与现实主义融合的运用，例如，《酒国》远离现实主义叙事，借鉴黑色侦探小说、中国传统超自然故事等不同体裁对中国社会进行描绘。尽管他的作品在结构上是实验性的，且从西方文化的角度来看是后现代的，但莫言表示中国民间故事和中国的传统叙事方式是他的灵感来源。

2012年，莫言被授予诺贝尔文学奖，是第一位荣获该荣誉的中国作家。他作品的多样性和创新性使他成为中国最受尊敬的作家之一。

△《红高粱家族》
莫言的《红高粱家族》讲述了高密的一个家族在20世纪的动荡岁月里所发生的故事。该作品被张艺谋改编成了电影，并获得了奖项。

背景知识
传统叙事

评书对莫言的文学想象力产生了重要影响，这种中国传统的叙事艺术至少可以追溯到两千年前。评书艺人从师父那里学习这门技艺（包括背诵大段的文章）要经过漫长的学徒期。说评书时，评书一人会通过一些简单的道具来润饰故事，如打开一把扇子，代表抽出一把剑。评书里关于勇敢侍卫和清廉官员（诸如正义的捍卫者包青天）的故事为流入中国民间传说的理想的社会价值观提供了模板。

2015年的一枚邮票，展示了中国民间故事里的包青天

◁莫言，2004年
这张照片拍摄于法国的一场书展，当时莫言已经在国际上建立了声誉。他的笔名的字面意思是“不说话”，可能暗示了成长过程中得到的启示。

阿兰达蒂 · 洛伊

Arundhati Roy，1961— ，印度人

洛伊的第一部也是她二十年来唯一一部长篇小说获得了布克奖，并取得了商业上的成功。作为一个坚定的环保主义者和政治活动家，她经常受到监禁的威胁。

苏珊娜·阿兰达蒂·洛伊出生在一个非传统的家庭。她母亲玛丽是来自叙利亚的基督徒，父亲是来自西孟加拉邦的印度教徒。洛伊两岁时，父母离婚了，她跟随母亲和弟弟搬去了外祖父家。之后一家人又搬到了印度南部的喀拉拉邦，玛丽在那里创办了一所学校（一开始只有七名学生，其中两名还是自己的孩子），并开始以人权活动家的身份而声名鹊起。

洛伊早年的生活受到她不墨守成规的母亲影响，也没有受到父权的压迫。在成长的过程中，她拒绝遵从人们对印度女人的期待。十六岁时，她离开家乡阿耶门连，到新德里学习建筑学，并和当时的男友一起生活。

在果阿待了一段时间后，洛伊回到新德里，结识了电影制作人普拉迪普·克里什纳（Pradip Krishen），后者让她主演了他后来的获奖电影《梅塞·撒伊卜》（*Massey Sahib*，1985）。两人结婚了，但后来又离婚了。

◁ **阿兰达蒂·洛伊，2017年**
洛伊曾入选《时代》周刊全球一百位最具影响力人物榜单。在中断了二十年之后，她的第二部长篇小说的出版再次引起了人们的兴趣。

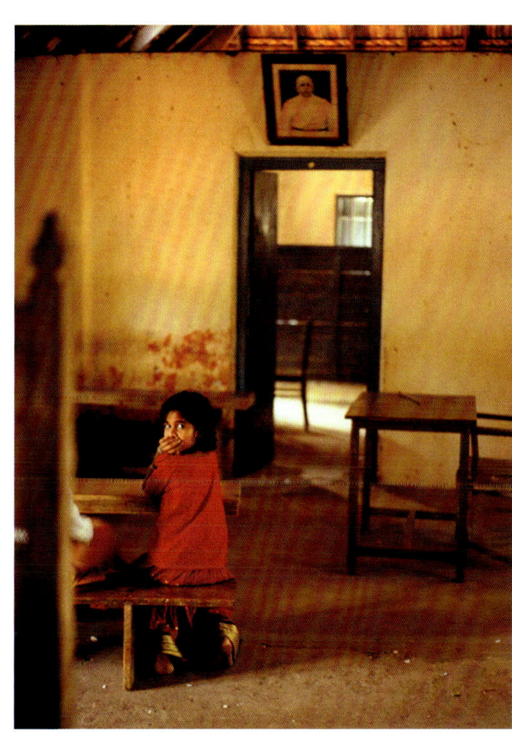

◁ **上学的日子**
图中，一个女孩正坐在洛伊母亲创办的学校的教室里。洛伊起先在学校里帮忙，但后来她说这段经历导致她一辈子都对孩子不感兴趣。

商业成就

三十一岁时，洛伊开始创作了她的第一部长篇小说《微物之神》（*The God of Small Things*），这是一个半自传式的故事，讲述了一个印度家族因一系列悲剧和丑闻而四分五裂，后来逐渐衰落。这部小说用了四年多的时间才完成，在1997年出版时引起了商业轰动。除了成功，这本书还给洛伊带来了麻烦，即在家乡喀拉拉邦，她被指控涉嫌猥亵。

写作和政治活动

自20世纪90年末以来，洛伊创作了大量的散文和非虚构作品，制作纪录片，并参与了反对美国在阿富汗实行的外交政策、印度核试验项目、大坝建设项目、全球化和印度教民族主义等活动。她的所作所为导致她被捕入狱，同时面临着被一群暴徒扔石头和煽动叛乱的指控。2016年，她甚至因担心自己的生命安全而不得不短暂地逃离印度。她的政治主张经常与印度的现代化进程相矛盾，但她仍为那些被印度经济崛起抛在后面的人发声。

2017年，洛伊终于出版了她的第二部长篇小说《极乐之邦》（*The Ministry of Utmost Happiness*），据说，当时她让自己笔下的角色来决定在哪家出版社出版该作品。书中的角色与他们的创造者一样充满活力、毫不妥协，最终他们选择了一家出价只有其他竞标者一半的出版社。

文学风格
创造一种语言

在《微物之神》中，洛伊探索了她在后殖民时代印度的生活经历，并解构了英语这种语言——部分原因是作为一种反抗英国殖民统治的形式。洛伊的写作打破了语法规则，形式有趣、丰富多彩且富有创造力。例如，她把某些单词大写，发明了一些不寻常的短语和复合词。美国作家约翰·厄普代克称赞洛伊创造了“她自己的语言”。

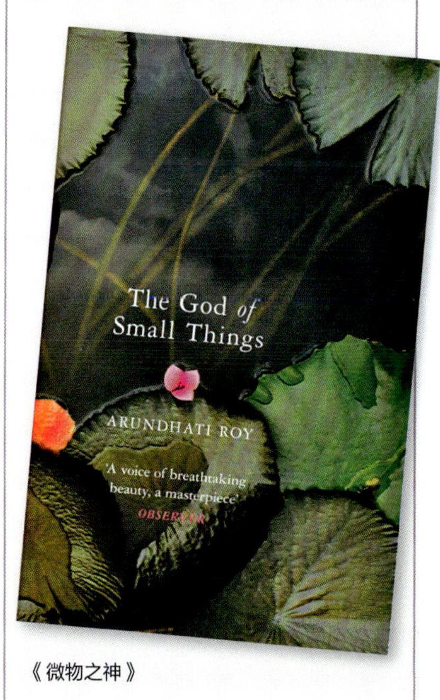

《微物之神》

> “这就是**无心之言**的作用。它们会让人们**爱你少一点**。”

阿兰达蒂 · 洛伊，《微物之神》

名录

罗尔德·达尔

Roald Dahl，1916—1990，英国人

达尔在世时已是世界上最受欢迎的儿童作家之一。他出生在威尔士，父母都是挪威人。在他看来，就读于德比郡寄宿学校的这段经历是残酷的。他曾在石油产业工作了一段时间，后在第二次世界大战期间担任战斗机飞行员，但在利比亚坠机，身受重伤。他在战争中的功绩启发了他早期作品的创作。

达尔的童书中充斥着荒诞的恶棍、怪人，以及其他以细致入微的方式观察到的细节。他为成人写的短篇小说也很受欢迎。这些小说通常围绕着邪恶的曲折情节展开，并被广泛地改编为舞台剧和电视剧。另外，达尔还写了两本受欢迎的自传。

代表作：《詹姆斯和大仙桃》（*James and the Giant Peach*，1961）；《了不起的狐狸爸爸》（*Fantastic Mr Fox*，1970）；《惊奇逸事》（*Tales of the Unexpected*，1979）；《玛蒂尔达》（*Matilda*，1988）。

菲利普·罗斯

Philip Roth，1933—2018，美国人

罗斯是一位作品带有强烈个人色彩的小说家，他漫长而成功的职业生涯展现了其晚年非凡的创造力的爆发。罗斯出生于新泽西州的纽瓦克，作为第一代犹太移民，他的童年和成长经历，以及他与女性的性关系，都是他小说的重要素材来源。

他的第一部作品《再见，哥伦布》（*Goodbye, Columbus*，1959）获得了美国国家图书奖。十年后，他凭借《波特诺伊的怨诉》（*Portnoy's Complaint*）蜚声国际，这部小说似乎总结了他那一代人对爱情和性的痛苦态度。在他职业生涯中期的作品中，罗斯试图模糊虚构情节与现实之间的界限，而他这一时期的小说中经常会出现菲利普·罗斯这个虚构人物。20世纪90年代，他从癌症中死里逃生后，经历了一次惊人的自我革新，创作出许多被认为是杰作的小说，其中一些由他虚构的另一个自我内森·祖克曼（Nathan Zuckerman）和戴维·凯普什（David Kepesh）来讲述。

代表作：《再见，哥伦布》（1959）；《波特诺伊的怨诉》（1969）；《安息日剧院》（*Sabbath's Theater*，1995）；《美国牧歌》（*American Pastoral*，1995）。

大江健三郎

Kenzaburo Oe，1935— ，日本人

作为日本战后最具创新精神的作家之一，大江于1935年出生在日本四个主要岛屿中最小、最偏远的四国岛。上大学时，性格天生害羞的大江因自己的乡下口音和口吃变得更内向了，所以他回避同伴，在夜里从事文学事业。

这种羞怯可能是大江的小说具有内向特质的原因之一，而这种内向很大程度上受到了存在主义哲学的影响。1960年，大江第一个儿子光的出生改变了他的生活，这个孩子有严重的学习障碍。大江与儿子关系紧张，且沟通困难，这些成为他创作长篇小说和短篇小说的关键因素。1994年，大江成为第二位获得诺贝尔文学奖的日本作家。

代表作：《掐去病芽，勒死坏种》（1958）；《饲养》（1958）；《个人的体验》（1964）。

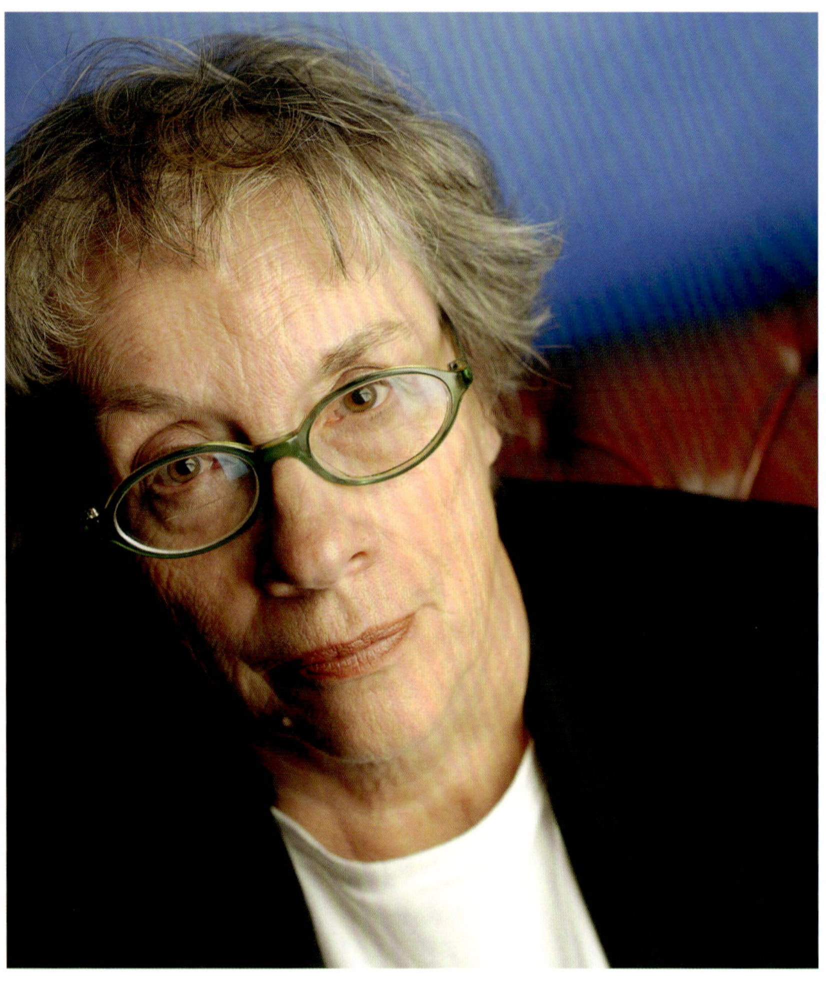

△ 安妮·普鲁，2003年

安妮·普鲁

Annie Proulx，1935— ，美国人

普鲁是一位出生于康涅狄格州诺威奇（Norwich）的小说家和评论家。她三十四岁时才从大学毕业，那时她已经结了三次婚，且有四个孩子。1973年，普鲁取得硕士学位后，一直被荒野所吸引的她搬到了佛蒙特州森林的一间小木屋里生活，在那里，她通过为新闻媒体撰写关于狩猎、钓鱼和自给自足的生活的文章来养育孩子。

普鲁因她的短篇小说而备受好评，但是她没有写长篇小说的野心。然而，由于出版合同中的一项条款，她不得不这么做，却惊奇地发现较长篇幅的形式写起来更容易。后来，她因第二部长篇小说《船讯》（*The Shipping News*）而成名。她富于社会观察力的作品获得了多个重要奖项，尤其值得一提的是，她对美国农村生活残酷现实的真实描写。

代表作：《船讯》（1993）；《手风琴罪案》（*Accordion Crimes*，1996）；《断背山》（*Brokeback Mountain*），1997。

马里奥·巴尔加斯·略萨

Mario Vargas Llosa，1936— ，秘鲁人

巴尔加斯·略萨出生于秘鲁阿雷基帕一个中产阶级家庭。略萨的双亲在他出生前就离婚了，而他是在母亲一家人的宠爱下长大的。十岁时，父母和解了，当时父亲不赞成略萨的文学志向，将他送去了一所军事学院接受教育。巴尔加斯·略萨在他的第一部长篇小说《城市与狗》（*The Time of the Hero*）中借用了这段经历，小说抨击了政府当局对公共和私人领域的侵犯：对秘鲁政权的批评在当时引起了争

议。他在巴黎、伦敦和马德里生活过，但是其小说创作一直植根于秘鲁的生活，揭露了（通常带有大量喜剧元素）教会和独裁者的腐败。

巴尔加斯·略萨是后来被称为“拉丁美洲大爆炸”时期——拉丁美洲文学在20世纪60年代的迅速崛起（其中大部分都带有政治色彩）——的代表作家之一。他最初以左翼分子的身份投入秘鲁的政治活动，后来成为民主阵线党主席，并于1990年竞选秘鲁总统。2010年，巴尔加斯·略萨荣获诺贝尔文学奖。

代表作：《城市与狗》（1965）；《酒吧长谈》（*Conversation in the Cathedral*，1969）；《胡利亚姨妈与作家》（*Aunt Julia and the Screenwriter*，1977）。

乔治·佩雷克

Georges Perec，1936—1982，法国人

乔治·佩雷克出生于法国一个波兰裔犹太家庭，他在“二战”中失去了双亲——母亲在奥斯威辛遇害。他由亲戚抚养长大，二十岁时，他对实验写作表现出了浓厚的兴趣。第一部小说《物》（*Things*）有着类似社会学案例研究的结构，取得了巨大成功，接下来的两部也都很成功。

之后，佩雷克觉得自己的创作陷入了僵局，于是加入了“潜在文学工场”（又名乌力波），这是一个由雷蒙·格诺（Raymond Queneau）和数学家弗朗索瓦·勒利奥内（François Le Lionnais）创立的写作团体，旨在将数学和文学结合起来。在这些规则的约束下，佩雷克的写作事业蒸蒸日上，创作了《消失》（又名《空白》），这是一部完全省略了字母“e”的小说。接下来，他又创作了一些更具实验性的作品，包括一部五千字的回文（顺读和倒读都一样）和小说《人生拼图版》，后于1982年英年早逝。

代表作：《物》（1965）；《消失》（1969）；《人生拼图版》（1978）。

托马斯·品钦

Thomas Pynchon，1937— ，美国人

作为美国文学小说家中最神秘的一个，品钦出生在长岛，毕业于康奈尔大学。他曾在美国海军服役两年，而第一部小说*V.*出版时，年仅二十六岁的他正在波音公司担任技术作家，之后他竭尽全力从公众的视野中逃离。品钦神秘的私生活使他的作品受到狂热的追捧，另外，由于他的作品根植于20世纪60年代反主流文化的偏执，所以一些疯狂的理论也围绕着这位作家和他的作品展开。人们能够确定的是，品钦曾在墨西哥、加利福尼亚和纽约生活过，并和他的文学经纪人结婚了，而且他们还有一个儿子。近几十年来，他转而创作冗长、散漫的历史小说，时间跨度从19世纪梅森和迪克逊的探险到20世纪90年代末的互联网泡沫，并尝试对各流派进行模仿。

代表作：*V.*（1963）；《拍卖第四十九批》（*The Crying of Lot 49*，1966）；《万有引力之虹》（*Gravity's Rainbow*，1973）。

△ 乔治·佩雷克，1965年

雷蒙德·卡佛

Raymond Carver，1938—1988，美国人

卡佛是美国最伟大的短篇小说家之一。他出生于俄勒冈州，二十岁时就结婚了，并育有两个孩子。为了养家糊口，他做过各种各样的工作，并在参加了一次创意写作研讨会后开始写作。

卡佛曾两次从大学辍学，而他作为老师和作家的事业发展也很缓慢，他的才华直到五十岁因肺癌去世后才得到人们的充分认可。卡佛阴郁的诗意故事记录了人际关系的痛苦，以及他笔下的人物在沟通和忍受逆境时的挣扎（他自己的生活被酗酒困扰）。

21世纪初，人们得知了卡佛的编辑如何对他最好的作品进行彻底修改，并使之成为伟大的作品，这引发了争议。尽管如此，他仍在短篇小说作家中占据一席之位。

代表作：《请你安静些，好吗？》（*Will You Please Be Quiet, Please?* 1976）；《谈论爱情时我们都在说些什么》（*What We Talk About When We Talk About Love*，1981）；《大教堂》（*Cathedral*，1983）

恩古吉·瓦·提安哥

Ngugi Wa Thiong'O，1938— ，肯尼亚人

小说家、剧作家、散文家兼评论家恩古吉出生于肯尼亚的卡米里苏。他的家人被卷入20世纪50年代的茅茅运动（Mau Mau Rebellion），其间，他母亲受到了虐待。

1964年，恩古吉获得了英格兰北部利兹大学的奖学金，后来他在那里创作了《大河两岸》（*The River Between*），这是一部关于茅茅运动的小说，如今已成为肯尼亚学校里的必读书目。1967年，他拒绝信仰基督教，拒绝使用英语和原名（詹姆斯），而是选择用吉库尤语（Gikuyu）或斯瓦西希里语（Swahili）进行写作。他之后因创造了一种新型戏剧而闻名，这种戏剧广泛运用了即兴创作和观众互动，更容易为观众所接受。

1977年，恩古吉因剧作《我想结婚就结婚》（*Ngaahika Ndeenda*）中传达的政治信息在肯尼亚被监禁了一年，之后他被释放，流亡美国。在他的第二故乡——美国，恩古吉在耶鲁大学和加利福尼亚大学任教，

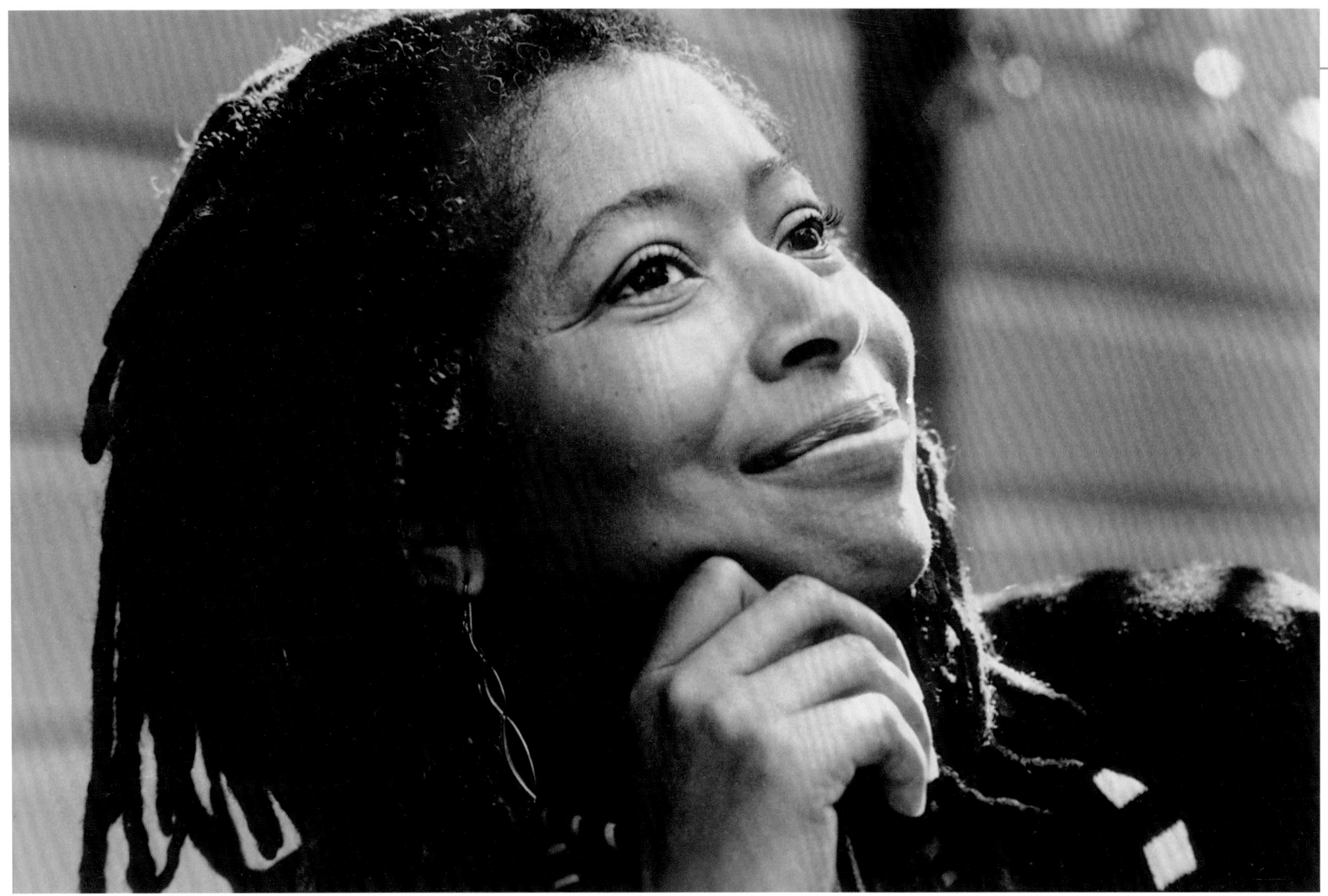

△ 艾丽斯・沃克

并被认为他有望获得诺贝尔文学奖。

代表作：《大河两岸》（1965）；《一粒麦种》（*A Grain of Wheat*，1967）；《我想结婚就结婚》（1977）。

玛格丽特・阿特伍德

Margaret Atwood，1939— ，加拿大人

阿特伍德是一位高产且获得过多个奖项的小说家和诗人。她出生于安大略省的渥太华，她童年的夏日时光都在魁北克灌木丛生的荒野中探索，十几岁时，也就是在致力于写作之前，她对绘画和服装设计产生了兴趣。在多伦多大学时，阿特伍德受到评论家诺思洛普・弗莱（Northrop Frye）的密切指导，后者并鼓励她写诗。从《双面珀耳塞福涅》（*Double Persephone*，1961）开始，她的几部诗集出版后获得了巨大好评，但阿特伍德取得的最大成就是作为小说家为人们所熟知。

阿特伍德最著名的作品是历史小说和科幻小说（她更喜欢“推理小说”一词），她通过这种类型来探索环境恶化、人与自然的联系，特别是厌女症、女性在社会中的地位等主题。在她现在最知名的作品《使女的故事》中，她以新英格兰一个反乌托邦的极权主义社会为背景，展现了父权制阴森恐怖的社会图景。《使女的故事》是1995年美国学校里最受欢迎的文学作品，并被改编成了电影和电视剧。

代表作：《浮现》（*Surfacing*，1972）；《使女的故事》（1985）；《盲刺客》（*The Blind Assassin*，2000）。

艾丽斯・沃克

Alice Walker，1944— ，美国人

沃克是普利策奖得主，并且几乎是单枪匹马地开创了非裔美国妇女研究领域。沃克生于佐治亚州的一个佃农家庭，八岁时的一起意外事故使她的一只眼睛失明。是个腼腆而好学的孩子，在母亲的鼓励下，她获得了亚特兰大州斯帕尔曼大学的奖学金，在那里，她发现了非裔美国作家、民俗学研究者佐拉・尼尔・赫斯顿（Zora Neale Hurston，1891—1960）的作品，并深受启发。

沃克参与过民权运动，在几所大学任教，并创作了多部长篇小说、短篇小说和诗歌，直到凭借《紫颜色》（*The Color Purple*，1982）收获了大量读者，这部书信体小说讲述的是一个来自佐治亚州的、未受过教育且惨遭虐待的女孩的故事，它后来被改编成电影，并荣获了奥斯卡奖。沃克如今生活在加利福尼亚，在政治上仍然很活跃，并继续写作与美国南部和非裔美国女性生活有关的作品。

代表作：《子午线》（*Meridian*，1976）；《紫颜色》（1982）；《拥有快乐的秘密》（*Possessing the Secret of Joy*，1992）。

保罗・奥斯特

Paul Auster，1947— ，美国人

奥斯特出生于新泽西州南奥兰治的一个犹太家庭，他对文学的热爱源于他在舅舅、翻译家艾伦・曼德尔鲍姆（Allen Mandelbaum）的书房里的深入阅读。他就读于哥伦比亚大学，于1970年在那里获得了硕士学位。不久后，他搬去巴黎，然后又搬去了普罗旺斯，他在当地找了个乡村别墅看门人的工作。1974年，他回到了美国。

20世纪70年代和80年代初，奥斯特在几项著名的赠款的帮助

下，以诗人、散文家和编辑的身份维持生计，直到创作出突破性作品《纽约三部曲》（*The New York Trilogy*）——三部短篇小说，以巧妙而意想不到的方式探索了身份和幻觉。

奥斯特的著作通常以悖论或卡夫卡式的谜题为特色，这些都影响了主角——通常是作家。他的作品既具有智力上的挑战性，又有很强的可读性，其吸引力使他登上了国际畅销书作者排行榜的榜首。奥斯特如今生活在纽约的布鲁克林。

代表作：《纽约三部曲》（1985—1986）；《幻影书》（*The Book of Illusions*，2002）；《布鲁克林的荒唐事》（*The Brooklyn Follies*，2005）。

萨尔曼·鲁西迪

Salman Rushdie，1947— ，英国人

鲁西迪以他直面于后殖民主义和伊斯兰文化的魔幻现实主义获奖小说而闻名。他出生在孟买一个富裕的穆斯林家庭，先后在印度和英国接受教育，而他在写头两部长篇小说的同时，还在伦敦做广告人。他的第二部小说《午夜之子》（*Midnight's Children*）内容相当独特，获得了三次布克奖，分别是1982年的布克奖、1993年的特别布克奖和2008年的“最佳布克奖”。

鲁西迪多年来行踪保密。他结过四次婚，如今生活在纽约。

代表作：《午夜之子》（1981）；《摩尔人的最后叹息》（*The Moor's Last Sigh*，1994）。

哈维尔·马里亚斯

Javier Marías，1951— ，西班牙人

小说家、翻译家马里亚斯出生于马德里，是著名的西班牙哲学家胡里安·马里亚斯（Julían Marías）的儿子，胡里安曾因反对西班牙独裁者佛朗哥而被监禁。哈维尔的部分童年时光是和父亲一起在美国度过的，但后来他回到马德里大学，并在那里开始将一些世界上最伟大的文学作品翻译成西班牙语，其中包括厄普代克、纳博科夫、福克纳、康拉德和哈代的作品。他因翻译作品《项狄传》而获得西班牙国家翻译奖。

马里亚斯的小说也和翻译有关。他笔下的主人公大多是翻译，这些人以各种方式捐赠或放弃自己的声音，展示了小说是如何影响事实的，反之亦然。在这个主题上，他最具野心的作品是《你明日的面孔》（*Your Face Tomorrow*），一部完成于21世纪的三部曲。2006年，他当选为西班牙皇家语言学院（Real Academia Española）的“杰出人物”，尽管他在授衔仪式上表示写小说“很幼稚”。

代表作：《如此苍白的心》（*A Heart So White*，1992）；《时间的黑背》（*Dark Back of Time*，1998）；《你明日的面孔》（2002，2004，2007）。

石黑一雄

Kazuo Ishiguro，1954— ，英国人

石黑一雄是英语世界最杰出的作家之一，出生于日本长崎。1960年，他父母将他带去了英国，而当时他只有六岁。

从肯特大学毕业后，石黑成为最早从东安格利亚大学著名的创意写作班脱颖而出的研究生之一，他当时曾师从马尔科姆·布拉德伯里（Malcolm Bradbury）和安吉拉·卡特（Angela Carter）。

尽管他的前两部小说《远山淡影》（*A Pale View of Hills*，1982）和《浮世画家》（*An Artist of the Floating World*，1986）的故事背景都设置在日本，但石黑后来坦言，对他来说，那是一个想象中的地方，因为自童年离开故乡后他再也没回去过。石黑于1983年成为英国公民，但他如今表示，事实上，他一直认为自己是日本艺术家。他的小说通常是用第一人称写作，随着故事情节缓缓展开，这些人物以有缺陷或不完美的目击者的身份显露自己。他那充满巨大情感力量的小说使他在2017年荣获了诺贝尔文学奖。

石黑曾与搭档为美国爵士歌手斯黛西·肯特（Stacey Kent）写过歌，并自称是一个严肃的影迷。他现在生活在伦敦。

代表作：《长日将尽》（*The Remains of the Day*，1989）；《无可慰藉》（*The Unconsoled*，1995）；《别让我走》（*Never Let Me Go*，2005）。

米歇尔·维勒贝克

Michel Houellebecq，1956— ，法国人

维勒贝克是作家、评论家和剧作家。他出生于在印度洋上的留尼汪岛，六岁时被父母抛弃，并被送到巴黎郊区和祖父母一起生活。20世纪90年代，他开始创作那些使他蜚声国际的小说：以阴暗、讽刺的笔法刻画了现代生活的空虚。他的作品通常描写的是虚无主义，严厉批评自由正统思想，因此收到的评价褒贬不一。

2001年，维勒贝克为《平台》（*Platform*）进行宣传时，被控煽动宗教仇恨。然而，这场争议使他的书销量剧增，以至于有时需要采取安全措施来确保他的安全。

代表作：《战线的延伸》（*Whatever*，1994）；《基本粒子》（1998）。

△ 石黑一雄，1995年

索引（加粗页码为词条的主页面）

图片引用说明

Cobalt id would like to thank Helen Peters for indexing. The publisher would like to thank the following for their kind permission to reproduce their photographs:

(Key: a-above; b-below; c-centre; l-left; r-right; t-top)

2 Getty Images: Stock Montage / Contributor (c). **3 Alamy Stock Photo:** maurice joseph (c). **5 Getty Images:** ullstein bild Dtl. / Contributor (c). **12 Getty Images:** Fine Art / Contributor (ca). **12 Alamy Stock Photo:** ART Collection (crb). **13 Getty Images:** UniversalImagesGroup / Contributor (c). **14 Getty Images:** DEA / G. DAGLI ORTI / Contributor (bl). DEA / A. DAGLI ORTI / Contributor (tr). **15 Alamy Stock Photo:** Alexei Fateev (tl). **15 Getty Images:** De Agostini Picture Library / Contributor (cr). **16 Alamy Stock Photo:** Hemis (bl). **16 Getty Images:** Heritage Images / Contributor (crb). **17 Getty Images:** Leemage / Contributor (c). **18 Alamy Stock Photo:** Art Collection 3 (cb). jamesjagger / StockimoNews (crb). **19 Alamy Stock Photo:** Classic Image (c). **20 Getty Images:** UniversalImagesGroup / Contributor (tl). Fine Art Photographic / Contributor (bl). **20-21 Getty Images:** David Goddard / Contributor (tr). **21 Bridgeman Images:** © Christie's Images (cr). **22 Alamy Stock Photo:** Hemis (cla). ART Collection (crb). **23 Bridgeman Images:** Chateau de Versailles, France (c). **24 TopFoto:** Roger-Viollet (tl). **24 Getty Images:** Heritage Images / Contributor (tr). DEA / V. PIROZZI / Contributor (bl). **25 Getty Images:** DEA / J. E. BULLOZ / Contributor (br). **26 Getty Images:** Christophel Fine Art / Contributor (c). **27 Alamy Stock Photo:** Hemis (bl). **27 Getty Images:** Culture Club / Contributor (br). **28 Getty Images:** Leemage / Contributor (ca). Culture Club / Contributor (br). **29 Alamy Stock Photo:** Granger Historical Picture Archive (c). **30 Getty Images:** ullstein bild Dtl. / Contributor (tl). CURTO DE LA TORRE / Stringer (tr). Photo Josse/Leemage / Contributor (br). **31 Alamy Stock Photo:** robertharding (br). **32 Alamy Stock Photo:** DavidCC (cla). **32 Getty Images:** Scott Barbour / Staff (crb). **33 Getty Images:** Fine Art / Contributor (c). **34 Alamy Stock Photo:** Falkenstein / Bildagentur-online Historical Collect (tc). North Wind Picture Archives (cl). **35 Alamy Stock Photo:** Hirarchivum Press (t). **36 Getty Images:** Print Collector / Contributor (cl). DEA PICTURE LIBRARY / Contributor (tr). **37 Alamy Stock Photo:** ART Collection (tr). Michael Brooks (b). **38 Bridgeman Images:** National Portrait Gallery, London, UK (c). **39 Getty Images:** Culture Club / Contributor (cla). De Agostini Picture Library / Contributor (cr). Universal History Archive / Contributor (br). **40 Getty Images:** DEA PICTURE LIBRARY / Contributor (tr). **41 Getty Images:** PHAS / Contributor (tr). **41 Alamy Stock Photo:** PjrStatues (bl). parkerphotography (br). **42 Alamy Stock Photo:** Lebrecht Music and Arts Photo Library (tr). **42 Getty Images:** Photo Josse / Leemage / Contributor (br). **43 Getty Images:** Photo Josse / Leemage / Contributor (c). **44 Alamy Stock Photo:** Artokoloro Quint Lox Limited (c). **45 Bridgeman Images:** London Metropolitan Archives, City of London (tr). **45 Alamy Stock Photo:** Peter Horree (br). **46 Alamy Stock Photo:** PersimmonPictures.com (bl). JTB MEDIA CREATION, Inc. (crb). **47 Getty Images:** Apic / RETIRED / Contributor (c). **48 Getty Images:** Stock Montage / Contributor (c). **49 Getty Images:** Print Collector / Contributor (tl). **49 Alamy Stock Photo:** Peter Horree (br). **50 Alamy Stock Photo:** Florilegius (tc). **50 Getty Images:** Culture Club / Contributor (bl). **51 Alamy Stock Photo:** AF Fotografie (tr). **51 Getty Images:** MARTIN BERNETTI / Staff (b). **52 Alamy Stock Photo:** Ian Dagnall (tr). **53 Alamy Stock Photo:** Ian Dagnall (bl). AF Fotografie (cra). Chronicle (br). **54 Getty Images:** Photo Josse / Leemage / Contributor (c). **55 Bridgeman Images:** Wallace Collection, London, UK (cr). **55 Getty Images:** AFP / Stringer (br). **56 Alamy Stock Photo:** Classic Image (bc). **57 Getty Images:** Christophel Fine Art / Contributor (tl). **60 Alamy Stock Photo:** Heritage Image Partnership Ltd (c). **61 Alamy Stock Photo:** Novarc Images (bl). **61 Getty Images:** Ulrich Baumgarten / Contributor (br). **62 Alamy Stock Photo:** FALKENSTEINFOTO (cl). **62 Getty Images:** Heritage Images / Contributor (br). **63 Getty Images:** DEA PICTURE LIBRARY / Contributor (tl). **63 akg-images:** Joseph Martin (br). **64 Alamy Stock Photo:** Simon Whaley Landscapes (cl). **64 Getty Images:** Culture Club / Contributor (crb). **65 Alamy Stock Photo:** Granger Historical Picture Archive (c). **66 Alamy Stock Photo:** SuperStock (tl). Richard Allen (clb). **66 Getty Images:** Olaf Protze / Contributor (br). **67 Alamy Stock Photo:** nobleIMAGES (ca). Paul Fearn (cb). **67 Alamy Stock Photo:** Pictorial Press Ltd (crb). **68 Alamy Stock Photo:** Peter Titmuss (bl). **68 Getty Images:** Culture Club / Contributor (tc). DEA PICTURE LIBRARY / Contributor (br). **69 Bridgeman Images:** Private Collection (c). **70 Alamy Stock Photo:** Ruby (tl). **70 Bridgeman Images:** Private Collection / The Stapleton Collection (bc). **71 Alamy Stock Photo:** Steve Vidler (t). **71 Bridgeman Images:** British Library, London, UK / © British Library Board. All Rights Reserved (br). **72 Getty Images:** Heritage Images / Contributor (c). **73 Getty Images:** DEA / G. DAGLI ORTI / Contributor (bl). **73 Alamy Stock Photo:** Everett Collection Inc (crb). **74 Alamy Stock Photo:** Glyn Genin (bl). Paul Fearn (crb). **75 akg-images:** Pictures From History (c). **76 Alamy Stock Photo:** Peter Horree (tr). **77 TopFoto:** ©Roger-Viollet (tr). **77 akg-images:** Erich Lessing (bl). **77 Bridgeman Images:** Musee de la Ville de Paris, Maison de Balzac, Paris, France / Archives Charmet (br). **78 Getty Images:** Photo Josse / Leemage / Contributor (c). **79 Getty Images:** Apic / RETIRED / Contributor (c). Mondadori Portfolio / Contributor (br). **80 Getty Images:** Photo Josse/Leemage / Contributor (clb). **80 Alamy Stock Photo:** age fotostock (bc). **80 TopFoto:** Roger-Viollet (tr). **81 Getty Images:** Christophel Fine Art / Contributor (t). Popperfoto / Contributor (c). **83 Getty Images:** Bettmann / Contributor (tr). **83 Alamy Stock Photo:** Chronicle (bl). **83** Dorling Kindersley: Dreamstime.com / Thomas Barrat / Tbarrat (br). **84 Getty Images:** Bettmann / Contributor (tr). **85 Getty Images:** Culture Club / Contributor (tl). Barry Winiker (bl). **85 Alamy Stock Photo:** BFA (br). **86 Bridgeman Images:** Charles Dickens Museum, London, UK (tr). **86 Getty Images:** Culture Club / Contributor (br). **87 Getty Images:** Historical Picture Archive / Contributor (c). **88 Alamy Stock Photo:** Entertainment Pictures (bl). **88 Getty Images:** Culture Club / Contributor (tc). Epics / Contributor (br). **89 Alamy Stock Photo:** VIEW Pictures Ltd (t). **90 Getty Images:** Culture Club / Contributor (tl). **90 Alamy Stock Photo:** Paul Fearn (tr). **90 Getty Images:** Culture Club / Contributor (b). Mondadori Portfolio / Contributor (t). **92 Getty Images:** Fine Art / Contributor (c). **93 Alamy Stock Photo:** Steve Morgan (cr). **93 Getty Images:** Rischgitz / Stringer (br). **94 Alamy Stock Photo:** Granger Historical Picture Archive (t). **94 Bridgeman Images:** Bronte Parsonage Museum, Haworth, Yorkshire, U.K. (bl). **95 Alamy Stock Photo:** Paul Fearn (tl). Virginia Velasco (br). **96 Alamy Stock Photo:** darryl gill (t). **96 Bridgeman Images:** Bronte Parsonage Museum, Haworth, Yorkshire, U.K. (bl). **97 Getty Images:** Culture Club / Contributor (tr). Fine Art Photographic / Contributor (br). **98 Getty Images:** Mondadori Portfolio / Contributor (bl). **99 Alamy Stock Photo:** GL Archive (tl). **100 Getty Images:** Print Collector / Contributor (tr). **101 Getty Images:** Print Collector / Contributor (br). **104 Getty Images:** DEA PICTURE LIBRARY / Contributor (c). **105 Getty Images:** Culture Club / Contributor (tr). **105 Alamy Stock Photo:** Chronicle (br). **106 Alamy Stock Photo:** David Lyons (cla). **106 Getty Images:** Michael Nicholson / Contributor (crb). **107 Getty Images:** Bettmann / Contributor (c). **108 Getty Images:** Apic / RETIRED / Contributor (c). **109 Alamy Stock Photo:** Randy Duchaine (ca). Premium Stock Photography GmbH (crb). **110 Getty Images:** Otto Herschan / Stringer (clb). Library of Congress / Contributor (cra). **111 Library of Congress:** (tr). **111 Getty Images:** GraphicaArtis / Contributor (b). **112 Getty Images:** De Agostini Picture Library / Contributor (cla). Photo 12 / Contributor (crb). **113 Getty Images:** Apic / RETIRED / Contributor (c). **114 akg-images:** arkivi (tl). **114 Bridgeman Images:** Tallandier (tr). **115 Getty Images:** De Agostini Picture Library / Contributor (tr). Christophel Fine Art / Contributor (br). **116 Alamy Stock Photo:** Lebrecht Music and Arts Photo Library (c). **117 Getty Images:** Hulton Archive / Stringer (cla). adoc-photos / Contributor (crb). **118 Bridgeman Images:** Tallandier (tl). **118 Getty Images:** Photo Josse/Leemage / Contributor (b). **119 Getty Images:** Culture Club / Contributor (tl). **119 Alamy Stock Photo:** Granger Historical Picture Archive (crb). **120 Getty Images:** De Agostini Picture Library / Contributor (tr). Heritage Images / Contributor (br). **121 Getty Images:** Fine Art / Contributor (c). **122 Alamy Stock Photo:** Paul Fearn (t). **122 Getty Images:** UniversalImagesGroup / Contributor (bl). **122 TopFoto:** RIA Novosti (br). **123 TopFoto:** RIA Novosti (tr). RIA Novosti (crb). **124 Getty Images:** Culture Club / Contributor (tr). **125 Alamy Stock Photo:** Paul Fearn (tr). **125 Getty Images:** Robbie Jack / Contributor (br). **126 Getty Images:** Bettmann / Contributor (c). **127 Getty Images:** Bettmann / Contributor (tr). **127 Alamy Stock Photo:** Alexey Zarubin (bl). Art Collection 3 (br). **128-129 akg-images:** Elizaveta Becker (tl). **128 Alamy Stock Photo:** SPUTNIK (bl). **129 Alamy Stock Photo:** SPUTNIK (cra). **129 Getty Images:** Elliott & Fry / Stringer (crb). **130 Alamy Stock Photo:** Granger Historical Picture Archive (tr). **131 Getty Images:** Universal History Archive / Contributor (tr). Hulton Archive / Stringer (br). **132 Alamy Stock Photo:** Norman Eggert (bl). Granger Historical Picture Archive (cr). **133 Alamy Stock Photo:** IanDagnall Computing (c). **134 Getty Images:** Buyenlarge / Contributor (bl). Historical Picture Archive / Contributor (cr). **135 Getty Images:** Hulton Archive / Staff (c). **136 Alamy Stock Photo:** International Photobank (cla). **136 Getty Images:** Universal History Archive / Contributor (crb). **137 Alamy Stock Photo:** Granger Historical Picture Archive (c). **138 Alamy Stock Photo:** Pictorial Press Ltd (cl). **138-139 Alamy Stock Photo:** David Noton Photography (tr). **139 Bridgeman Images:** British Library, London, UK / © British Library Board. All Rights Reserved (bl). **139 Alamy Stock Photo:** Chronicle (br). **140 Getty Images:** Christophel Fine Art / Contributor (c). **141 Getty Images:** Photo 12 / Contributor (tr). DEA PICTURE LIBRARY / Contributor (br). **142 Alamy Stock Photo:** IanDagnall (c). **143 Alamy Stock Photo:** Tim Jones (cb). **143 Getty Images:** Bettmann / Contributor (cr). **144 Alamy Stock Photo:** World History Archive (tr). **145 Getty Images:** DEA / A. DAGLI ORTI / Contributor (tl). PHAS / Contributor (cra). **145 Lebrecht:** Tristram Kenton (br). **146 Getty Images:** Heritage Images / Contributor (c). **147 Getty Images:** DEA / J. L. CHARMET / Contributor (cla). Mondadori Portfolio / Contributor (cr). **147 Alamy Stock Photo:** Hemis (br). **148 Alamy Stock Photo:** Heritage Image Partnership Ltd (tr). **149 Alamy Stock Photo:** Paul Fearn (bl). **149 Bridgeman Images:** British Library, London, UK / © British Library Board. All Rights Reserved (tr). **149 Alamy Stock Photo:** Pictorial Press Ltd (br). **150 Alamy Stock Photo:** ART Collection (bl). Everett Collection Inc (cr). **151 Alamy Stock Photo:** Granger Historical Picture Archive (c). **152 Getty Images:** API / Contributor (tl). Universal History Archive / Contributor (tr). **152 Alamy Stock Photo:** Chronicle (bl). **153 Getty Images:** Caterine Milinaire / Contributor (t). **154 Alamy Stock Photo:** Peter Brown (bl). **154 Bridgeman Images:** Private Collection / The Stapleton Collection (cr). **155 Getty Images:** DEA PICTURE LIBRARY / Contributor (c). **156 Bridgeman Images:** Tretyakov Gallery, Moscow, Russia (c).

157 TopFoto: SCRSS (tr). **157 Alamy Stock Photo:** Heritage Image Partnership Ltd (crb). **158 Alamy Stock Photo:** ITAR-TASS News Agency (tl). **158 Getty Images:** SVF2 / Contributor (b). **159 Getty Images:** Heritage Images / Contributor (ca). **159 TopFoto:** SCRSS (bl). **159 Alamy Stock Photo:** Heritage Image Partnership Ltd (br). **160 Getty Images:** Estate of Emil Bieber / Klaus Niermann / Contributor (tr). **161 Alamy Stock Photo:** volkerpreusser (bl). Xinhua (cr). **162 Getty Images:** De Agostini Picture Library / Contributor (tr). **163 Alamy Stock Photo:** Granger Historical Picture Archive (br). **164 Alamy Stock Photo:** Art Collection 3 (br). **165 Getty Images:** Imagno / Contributor (tr). **168 Alamy Stock Photo:** George Munday (bl). **168 Bridgeman Images:** Private Collection / Photo © Christie's Images (crb). **169 Getty Images:** DEA PICTURE LIBRARY / Contributor (c). **170 Getty Images:** Edward Steichen / Contributor (tr). **171 Getty Images:** Universal History Archive / Contributor (cl). Evans / Stringer (cra). **171 Alamy Stock Photo:** ITAR-TASS News Agency (br). **172 Alamy Stock Photo:** JTB MEDIA CREATION, Inc. (bl). **172 Getty Images:** Popperfoto / Contributor (br). **173 TopFoto:** TopFoto.co.uk (c). **174 Alamy Stock Photo:** Masterpics (c). **175 Getty Images:** FRANCOIS GUILLOT / Staff (tr). **175 TopFoto:** The Granger Collection, New York (clb). **175 Getty Images:** Leemage / Contributor (br). **176 Getty Images:** GAROFALO Jack / Contributor (tl). **176 akg-images:** Catherine Bibollet (bl). **177 Getty Images:** Apic / RETIRED / Contributor (bl). **177 TopFoto:** Roger-Viollet (br). **178 Getty Images:** New York Times Co. / Contributor (tr). **179 Alamy Stock Photo:** Michael Snell (bl). Paul Fearn (crb). **180 Getty Images:** Edward Steichen / Contributor (c). **181 Alamy Stock Photo:** Keystone Pictures USA (cr). AF archive (bl). INTERFOTO (br). **182 Getty Images:** Bettmann / Contributor (tr).**183 akg-images:** Pictures From History (cla). **183 Alamy Stock Photo:** SPUTNIK (cr). Henry Westheim Photography (cb). **184 Getty Images:** Photo 12 / Contributor (c). **185 Alamy Stock Photo:** Alain Le Garsmeur James Joyce Ireland (tl). ART Collection (br). **186 TopFoto:** Fine Art Images / Heritage Images (cl). **186 Getty Images:** Hulton Deutsch / Contributor (br). **187 Getty Images:** Bettmann / Contributor (tl). **187 Bridgeman Images:** Private Collection / Courtesy of Swann Auction Galleries (cr). **188 Alamy Stock Photo:** IanDagnall Computing (c). **189 Alamy Stock Photo:** Christopher Nicholson (bl). **189 Getty Images:** Culture Club / Contributor (cr). **190 Alamy Stock Photo:** INTERFOTO (tl). Art Collection 3 (bl). **190 Getty Images:** Hulton Deutsch / Contributor (br). **191 Alamy Stock Photo:** The National Trust Photolibrary (tr). **191 Getty Images:** Lenare / Stringer (cr). **192 akg-images:** Archiv K. Wagenbach (tr). **192 Getty Images:** Three Lions / Stringer (br). **193 Getty Images:** Private Collection / Prismatic Pictures (c). **194 Alamy Stock Photo:** Lebrecht Music and Arts Photo Library (b). **195 Getty Images:** Mondadori Portfolio / Contributor (tl). **195 Alamy Stock Photo:** INTERFOTO (bl). **195 akg-images:** Archiv K. Wagenbach (br). **196 Getty Images:** Historical / Contributor (tr). **197 Getty Images:** Bettmann / Contributor (bl). **197 Alamy Stock Photo:** Paul Fearn (crb). **198 Alamy Stock Photo:** Art Kowalsky (b). **199 Getty Images:** David Lees / Contributor (tc). **199 Alamy Stock Photo:** Granger Historical Picture Archive (clb). **199 Getty Images:** Print Collector / Contributor (crb). **200 Alamy Stock Photo:** Granger Historical Picture Archive (cla). **200 Getty Images:** Central Press / Stringer (crb). **200 Lebrecht:** Lebrecht Music & Arts 2 (br). **201 Getty Images:** Hulton Deutsch / Contributor (c). **202 Getty Images:** John Springer Collection / Contributor (bl). **202 Cobalt id:** (crb). **203 Alamy Stock Photo:** Pictorial Press Ltd (c). **204 Mary Evans Picture Library:** IDA KAR (tr). **205 Alamy Stock Photo:** Granger Historical Picture Archive (cr). **205 Getty Images:** Picture Post / Stringer (br). **206 Bridgeman Images:** Pearl Freeman (tr). **207 Getty Images:** Bettmann / Contributor (ca). **207 Alamy Stock Photo:** Darryl Brooks (bl). **207 Cobalt id:** (br). **208 Bridgeman Images:** © Tobie Mathew Collection (cla). **208 Alamy Stock Photo:** PRISMA ARCHIVO (crb). **209 Alamy Stock Photo:** Paul Fearn (c). **210 Getty Images:** Oli Scarff / Staff (cla). **210 Alamy Stock Photo:** Everett Collection Inc (crb). **211 Alamy Stock Photo:** Everett Collection Historical (c). **212 Getty Images:** Bettmann / Contributor (t). Culture Club / Contributor (clb). **213 Getty Images:** Hulton Archive / Stringer (cra). **213 Alamy Stock Photo:** Hemis (bc). **214 Alamy Stock Photo:** Pictorial Press Ltd (c). **215 Alamy Stock Photo:** Bhammond (bl). **215 Getty Images:** Chicago History Museum / Contributor (br). **216 Getty Images:** Transcendental Graphics / Contributor (tr). Photo 12 / Contributor (b). **217 Getty Images:** Bettmann / Contributor (tc). **217 Royal Books, Inc:** (br). **218 Getty Images:** John D. Kisch / Separate Cinema Archive / Contributor (tl). Popperfoto / Contributor (crb). **219 akg-images:** Olivier Martel (bl). **219 Getty Images:** John Springer Collection / Contributor (cra). **220 Getty Images:** ullstein bild Dtl. / Contributor (tr). **221 akg-images:** ullstein bild (tr). **221 Getty Images:** Imagno / Contributor (bl). Robbie Jack / Contributor (br). **222 Alamy Stock Photo:** MARKA (c). **223 Getty Images:** DEA / P. JACCOD / Contributor (cra). **224 Alamy Stock Photo:** Greg Wright (t). **225 akg-images:** Album / Kurwenal / Prisma (ca). **225 Getty Images:** Rafa Samano / Contributor (bl). Ulf Andersen / Contributor (crb). **226 Getty Images:** Raymond Boyd / Contributor (cla). Herbert Orth / Contributor (crb). **227 Getty Images:** Lloyd Arnold / Contributor (c). **228 Alamy Stock Photo:** Cosmo Condina (tl). Brian Jannsen (tr). Granger Historical Picture Archive (clb). **229 Getty Images:** Europa Press / Contributor (b). **230 Lebrecht:** Lebrecht Music & Arts 2. From *The Old Man and the Sea* by Ernest Hemingway, published by Jonathan Cape, London. Reproduced by permission of The Random House Group Ltd. ©September 2018 (tr). **230 Getty Images:** Hulton Archive / Stringer (bl). **231 Alamy Stock Photo:** john norman (tl). **231 Getty Images:** Keystone / Stringer (cr). **232 Getty Images:** Mondadori Portfolio / Contributor (cr). John S Lander / Contributor (bc). **233 Getty Images:** The Asahi Shimbun / Contributor (c). **234 Alamy Stock Photo:** The Granger Collection (bl). **235 Alamy Stock Photo:** Archivart (ca). **236 Alamy Stock Photo:** Paul Fearn (ca). **237 Getty Images:** Haywood Magee / Stringer (br). **240 Getty Images:** Carl Mydans / Contributor (c). **241 akg-images:** (tr). **241 Getty Images:** Carl Mydans / Contributor (br). **242 Alamy Stock Photo:** Granger Historical Picture Archive (tr). **242 Getty Images:** Arthur Rothstein / Contributor (br). **243 Getty Images:** Hulton Archive / Stringer (c). **244 Alamy Stock Photo:** Granger Historical Picture Archive (c). **245 Alamy Stock Photo:** Julio Etchart (c). **245 Getty Images:** Hulton Deutsch / Contributor (br). **246 Getty Images:** Kurt Hutton / Stringer (t). Hulton Archive / Stringer (clb). **247 Alamy Stock Photo:** Scott Sim (bl). Granger Historical Picture Archive (crb). **248 Getty Images:** MIGUEL ROJO / Stringer (bl). **249 Getty Images:** Keystone-France / Contributor (c). **250 Alamy Stock Photo:** Sueddeutsche Zeitung Photo (clb). World History Archive (tr). **251 Getty Images:** Justin Setterfield / Contributor (t). Heritage Images / Contributor (br). **252 Alamy Stock Photo:** Everett Collection Historical (c). **253 Alamy Stock Photo:** Philip Dunn (bl). Everett Collection Inc (crb). **254 Getty Images:** RDA/RETIRED / Contributor (cla). **254 Bridgeman Images:** PVDE (crb). **255 Getty Images:** Lipnitzki / Contributor (c). **256 Getty Images:** Horst P. Horst / Contributor (bl). **257 Getty Images:** STF / Staff (tr). **257 TopFoto:** (br). **258 Getty Images:** Hulton Archive / Stringer (cla). Hiroyuki Ito / Contributor (cr). **259 Getty Images:** ullstein bild / Contributor (c). **260 Getty Images:** Lipnitzki / Contributor (tl). **261 Dorling Kindersley:** Gary Ombler / Wardrobe Museum, Salisbury (tl). **261 Lebrecht:** John Haynes (clb). **261 Alamy Stock Photo:** ClassicStock (crb). **262 Magnum Photos:** Chris Steele-Perkins (tr). **263 Getty Images:** Frederic Lewis / Staff (bl). Paul Thompson / FPG / Stringer (cr). **264 Alamy Stock Photo:** John Frost Newspapers (tr). Old Paper Studios (bl). **264 Getty Images:** Keystone-France / Contributor (br). **265 Getty Images:** Kurt Hutton / Stringer (c). **266 Getty Images:** Lipnitzki / Contributor (tr). **267 Alamy Stock Photo:** Neftali (tl). **267 Getty Images:** Andia / Contributor (bl). Hulton Deutsch / Contributor (br). **268 Getty Images:** Hulton Archive / Stringer (tr). **269 Getty Images:** Evening Standard / Stringer (cl). **269 Alamy Stock Photo:** Antiques & Collectables (tr). Aled Llywelyn (br). **270 Getty Images:** Lipnitzki / Contributor (c). **271 Alamy Stock Photo:** Everett Collection, Inc. (cla). ERIC LAFFORGUE (br). **272 Getty Images:** Bettmann / Contributor (bl). **272 Cobalt id:** (crb). **273 Getty Images:** Ulf Andersen / Contributor (c). **274 Getty Images:** James Andanson / Contributor (c). **275 Getty Images:** Mondadori Portfolio / Contributor (bl). Apic / RETIRED / Contributor (br). **276 Alamy Stock Photo:** Zoonar GmbH (clb). **276 Bridgeman Images:** Peter Newark Military Pictures (cr). **277 Getty Images:** Gianni GIANSANTI / Contributor (c). **278 Alamy Stock Photo:** Shawshots (t). **278 Getty Images:** Fototeca Storica Nazionale. / Contributor (bl). **279 akg-images:** ullstein bild (bl). **279 Lebrecht:** Lebrecht Music & Arts 2. *If This Is a Man* by Primo Levi, Little, Brown Book Group (br). **280 Bridgeman Images:** Prismatic Pictures (tr). **281 Alamy Stock Photo:** AF Fotografie (ca). **281 Getty Images:** Ted Streshinsky Photographic Archive / Contributor (cr). **281 Bridgeman Images:** © Christie's Images (br). **282 Getty Images:** Gianni GIANSANTI / Contributor (tr). **283 Alamy Stock Photo:** MARKA (bl). **283 akg-images:** Fototeca Gilardi (tr). **283 Getty Images:** Ulf Andersen / Contributor (br). **284 akg-images:** Marion Kalter (tr). **285 Getty Images:** Sean Gallup / Staff (tr). Bloomberg / Contributor (bl). **285 Alamy Stock Photo:** dpa picture alliance archive (br). **286 Getty Images:** Bettmann / Contributor (c). **287 Getty Images:** EITAN ABRAMOVICH / Staff (ca). **287 Alamy Stock Photo:** Xinhua (bl). StellaArt (br). **288 Alamy Stock Photo:** Everett Collection Inc (cl). Organica (tr). **289 akg-images:** Album / Oronoz (tc). **289 Alamy Stock Photo:** dpa picture alliance (bl). **290 Alamy Stock Photo:** Everett Collection Historical (tr). **291 Getty Images:** Gene Lester / Contributor (tl). The Frent Collection / Contributor (tr). **291 Bridgeman Images:** Newberry Library, Chicago, Illinois, USA (br). **292 Getty Images:** Sovfoto / Contributor (bl). **292 Alamy Stock Photo:** INTERFOTO (crb). **293 TopFoto:** Roger-Viollet (c). **294 Alamy Stock Photo:** PRAWNS (bl). Jonny White (cr). **295 Lebrecht:** Hollandse Hoogte (c). **296 Getty Images:** Romano Cagnoni / Contributor (t). **296 Lebrecht:** Lebrecht Music & Arts 2 (bl). **298 Getty Images:** ADALBERTO ROQUE / Stringer (cr). Erich Auerbach / Stringer (br). **299 Getty Images:** Ulf Andersen / Contributor (ca). **300 Alamy Stock Photo:** dpa picture alliance (tr). **301 Alamy Stock Photo:** Granger Historical Picture Archive (br). **304 Getty Images:** Ulf Andersen / Contributor (c). **305 Alamy Stock Photo:** Martin A. Doe (tr). Martin A. Doe (bl). **306 Getty Images:** Brooks Kraft / Contributor (c). **307 Alamy Stock Photo:** Brian Jannsen (br). **308 REX/Shutterstock:** SNAP (c). **309 Alamy Stock Photo:** Science History Images (ca). dpa picture alliance archive (tr). **309 Getty Images:** Eliot Elisofon / Contributor (br). **310 Alamy Stock Photo:** Christopher Stewart (bl). **310 Getty Images:** Rene Johnston / Contributor (crb). **311 Marion Ettlinger:** (c). **314 Getty Images:** Boston Globe / Contributor (tr). **315 Getty Images:** Apic/RETIRED / Contributor (tl). Boston Globe / Contributor (bl). **315 Alamy Stock Photo:** The Protected Art Archive (br). **316 Marion Ettlinger:** (c). **317 Getty Images:** Education Images / Contributor (ca). Christian Science Monitor / Contributor (br). **318 Alamy Stock Photo:** scenicireland.com / Christopher Hill Photographic (cl). Helen Thorpe Wright (crb). **319 Getty Images:** Richard Smith / Contributor (c). **320 Bridgeman Images:** British Library, London, UK / © British Library Board. All

Rights Reserved (cl). **320 Alamy Stock Photo:** Alain Le Garsmeur "The Troubles" Archive (tr). **321 Getty Images:** Tara Walton / Contributor (tr). **321 Alamy Stock Photo:** Paul McErlane (br). **322 Getty Images:** Bernard Bisson / Contributor (cla). **322 Lebrecht:** Lebrecht Music & Arts 2. From *Disgrace* by J. M. Coetzee, published by Vintage, London, 2000. Reproduced by permission of The Random House Group Ltd. ©September 2018 (cr). **323 Getty Images:** Micheline Pelletier Decaux / Contributor (c). **324 Alamy Stock Photo:** AfriPics.com (t). **325 Lebrecht:** Lebrecht Music & Arts 2. From *Life & Times of Michael K* by J. M. Coetzee, published by Sacker & Warburg. Reproduced by permission of The Random House Group Ltd. ©September 2018 (bl). **325 Getty Images:** Per-Anders Pettersson / Contributor (crb). **326 Lebrecht:** Lebrecht Music & Arts 2. From *Of Love and Shadows* by Isabel Allende, published by Jonathan Cape, London 1987. Reproduced by permission of The Random House Group Ltd. ©September 2018 (tr). **326 Getty Images:** ILA AGENCIA / Contributor (br). **327 Getty Images:** The Sydney Morning Herald / Contributor (c). **328 Getty Images:** Ulf Andersen / Contributor (c). **329 Alamy Stock Photo:** GL Archive (c). **329 Getty Images:** Rick Madonik / Contributor (br). **330 Getty Images:** Raphael GAILLARDE / Contributor (tr). **331 Getty Images:** ED JONES / Staff (t). Dominique BERRETTY / Contributor (bl). **331 Alamy Stock Photo:** Science History Images (br). **332 Getty Images:** Gina Ferazzi / Contributor (c). **333 Getty Images:** ullstein bild Dtl. / Contributor (cla). Popperfoto / Contributor (crb). **334 Alamy Stock Photo:** Jim Laws (tl). **334 Cobalt id:** (bc). **335 Cobalt id:** (tr). **335 Alamy Stock Photo:** Photo 12 (b). **336 Alamy Stock Photo:** Sam Kolich (tr). **336 Cobalt id:** (br). **337 Alamy Stock Photo:** GARY DOAK (c). **338 Alamy Stock Photo:** INTERFOTO (tr). **339 Getty Images:** Imagno / Contributor (bl). **339 Lebrecht:** Lebrecht Music & Arts 2 (tr). **340 Lebrecht:** Ulf Andersen/Aurimages (c). **341 Getty Images:** Steve Russell / Contributor (cla). **341 Alamy Stock Photo:** MARKA (br). **342 Getty Images:** Ulf Andersen / Contributor (c). **343 Cobalt id:** (tr). **343 Alamy Stock Photo:** zhang jiahan (br). **344 Getty Images:** Hindustan Times / Contributor (c). **345 Alamy Stock Photo:** Ruby (c). **345 Cobalt id:** (crb). **346 Getty Images:** Fairfax Media / Contributor (tr). **347 Getty Images:** DEUTSCH Jean-Claude / Contributor (bc). **348 Getty Images:** Harcourt Brace / Stringer (t). **349 Getty Images:** David Levenson / Contributor (br).

Endpaper images: *Front*: **Alamy Stock Photo:** Andrejs Pidjass; *Back*: **Alamy Stock Photo:** Andrejs Pidjass

All other images © Dorling Kindersley. For more information see:
www.dkimages.com